网络强国建设

物联网在中国

物联网与后勤保障

Internet of Things and Logistic Service

苏喜生　顾金星　贺德富　**编著**

电子工业出版社
Publishing House of Electronics Industry
北京·BEIJING

内 容 简 介

本书结合军事后勤保障相关业务，对军事后勤领域所涉及的物联网关键技术及其典型应用场景进行了较为详细的描述和研究，并提出了智能军事后勤保障的新概念，为了解物联网技术在军事后勤领域应用提供了第一手资料。

本书可供从事物联网技术研究、应用与发展规划的相关工程技术人员阅读，也可作为高等学校物联网相关专业学生的学习参考书。

未经许可，不得以任何方式复制或抄袭本书之部分或全部内容。
版权所有，侵权必究。

图书在版编目（CIP）数据

物联网与后勤保障 / 苏喜生等编著. —北京：电子工业出版社，2021.1(2022.6重印)
（物联网在中国）
ISBN 978-7-121-38384-7

Ⅰ. ①物… Ⅱ. ①苏… Ⅲ. ①互联网络－应用－军事后勤②智能技术－应用－军事后勤 Ⅳ. ①E075-39

中国版本图书馆 CIP 数据核字（2020）第 021844 号

责任编辑：张正梅　　特约编辑：刘凌非
印　　刷：固安县铭成印刷有限公司
装　　订：固安县铭成印刷有限公司
出版发行：电子工业出版社
　　　　　北京市海淀区万寿路 173 信箱　　邮编：100036
开　　本：720×1 000　1/16　印张：22.75　字数：420 千字
版　　次：2021 年 1 月第 1 版
印　　次：2022 年 6 月第 5 次印刷
定　　价：128.00 元

凡所购买电子工业出版社图书有缺损问题，请向购买书店调换。若书店售缺，请与本社发行部联系，联系及邮购电话：（010）88254888，88258888。
质量投诉请发邮件至 zlts@phei.com.cn，盗版侵权举报请发邮件至 dbqq@phei.com.cn。
本书咨询联系方式：（010）88254757。

《物联网在中国》(二期)
编委会

主　任：张　琪

副主任：刘九如　卢先和　熊群力　赵　波

委　员：(按姓氏笔画排序)

马振洲	王　杰	王　彬	王　智	王　博
王　毅	王立建	王劲松	韦　莎	毛健荣
尹丽波	卢　山	叶　强	冯立华	冯景锋
朱雪田	刘　禹	刘玉明	刘业政	刘学林
刘建明	刘爱民	刘棠丽	孙文龙	孙　健
严新平	苏喜生	李芏巍	李贻良	李道亮
李微微	杨巨成	杨旭东	杨建军	杨福平
吴　巍	岑晏青	何华康	邹　力	邹平座
张　晖	张旭光	张学记	张学庆	张春晖
陈　维	林　宁	罗洪元	周　广	周　毅
郑润祥	宗　平	赵晓光	信宏业	饶志宏
骆连合	贾雪琴	夏万利	晏庆华	袁勤勇
徐勇军	高燕婕	陶小峰	陶雄强	曹剑东
董亚峰	温宗国	谢建平	靳东滨	蓝羽石
楼培德	霍珊珊	魏　凤		

《国之重器出版工程》编辑委员会

编辑委员会主任： 苗　圩

编辑委员会副主任： 刘利华　辛国斌

编辑委员会委员：

冯长辉	梁志峰	高东升	姜子琨	许科敏
陈　因	郑立新	马向晖	高云虎	金　鑫
李　巍	高延敏	何　琼	刁石京	谢少锋
闻　库	韩　夏	赵志国	谢远生	赵永红
韩占武	刘　多	尹丽波	赵　波	卢　山
徐惠彬	赵长禄	周　玉	姚　郁	张　炜
聂　宏	付梦印	季仲华		

专家委员会委员（按姓氏笔画排列）：

于　全	中国工程院院士
王　越	中国科学院院士、中国工程院院士
王小谟	中国工程院院士
王少萍	"长江学者奖励计划"特聘教授
王建民	清华大学软件学院院长
王哲荣	中国工程院院士
尤肖虎	"长江学者奖励计划"特聘教授
邓玉林	国际宇航科学院院士
邓宗全	中国工程院院士
甘晓华	中国工程院院士
叶培建	人民科学家、中国科学院院士
朱英富	中国工程院院士
朵英贤	中国工程院院士
邬贺铨	中国工程院院士
刘大响	中国工程院院士
刘辛军	"长江学者奖励计划"特聘教授
刘怡昕	中国工程院院士
刘韵洁	中国工程院院士
孙逢春	中国工程院院士
苏东林	中国工程院院士
苏彦庆	"长江学者奖励计划"特聘教授
苏哲子	中国工程院院士
李寿平	国际宇航科学院院士

编辑委员会

李伯虎	中国工程院院士
李应红	中国科学院院士
李春明	中国兵器工业集团首席专家
李莹辉	国际宇航科学院院士
李得天	国际宇航科学院院士
李新亚	国家制造强国建设战略咨询委员会委员、中国机械工业联合会副会长
杨绍卿	中国工程院院士
杨德森	中国工程院院士
吴伟仁	中国工程院院士
宋爱国	国家杰出青年科学基金获得者
张　彦	电气电子工程师学会会士、英国工程技术学会会士
张宏科	北京交通大学下一代互联网互联设备国家工程实验室主任
陆　军	中国工程院院士
陆建勋	中国工程院院士
陆燕荪	国家制造强国建设战略咨询委员会委员、原机械工业部副部长
陈　谋	国家杰出青年科学基金获得者
陈一坚	中国工程院院士
陈懋章	中国工程院院士
金东寒	中国工程院院士
周立伟	中国工程院院士

郑纬民	中国工程院院士
郑建华	中国科学院院士
屈贤明	国家制造强国建设战略咨询委员会委员、工业和信息化部智能制造专家咨询委员会副主任
项昌乐	中国工程院院士
赵沁平	中国工程院院士
郝　跃	中国科学院院士
柳百成	中国工程院院士
段海滨	"长江学者奖励计划"特聘教授
侯增广	国家杰出青年科学基金获得者
闻雪友	中国工程院院士
姜会林	中国工程院院士
徐德民	中国工程院院士
唐长红	中国工程院院士
黄　维	中国科学院院士
黄卫东	"长江学者奖励计划"特聘教授
黄先祥	中国工程院院士
康　锐	"长江学者奖励计划"特聘教授
董景辰	工业和信息化部智能制造专家咨询委员会委员
焦宗夏	"长江学者奖励计划"特聘教授
谭春林	航天系统开发总师

前 言

物联网是继计算机、互联网之后的又一新兴信息科学技术，世界各国已将物联网作为抢占新一轮经济科技发展制高点的重大战略。经过近十几年的发展，物联网产业已经上升为国家重点发展的五大新兴战略性产业之一，在我国掀起了一个物联网关键技术和应用示范研究的高潮。发展物联网对于我国社会经济的发展进步和促进我国军事强大具有重要的现实意义。

物联网似乎是专为军队后勤保障"量身打造"的一项完美技术，通过将形式多样的传感器、智能化终端、低功耗信息传输、云计算和大数据分析等多种技术融合，能实时、准确和完整地获取后勤保障信息，实现后勤保障精确化、智能化，极大地提升我国军队后勤保障能力。

本书在介绍物联网基本概念的基础上，重点介绍了物联网技术在军事后勤领域的应用现状和应用前景。全书共分 13 章。

第 1 章在给出物联网定义的基础上，介绍了当前物联网流行的三种分层体系，并就物联网与军事后勤的关系进行了探讨。第 2 章从基本概念、原理、特点、应用现状和发展趋势等方面对与物联网军事后勤保障应用紧密相关的关键技术进行了详细介绍，以期为读者对后续章节的内容理解提供部分理论背景。第 3 章介绍了物联网在军事物流中的应用前景和作用。第 4 章介绍了物联网具有的全面感知、可靠传递、智能处理等特性在军事仓储领域的应用前景和作用。第 5 章介绍了物联网技术在军队医院信息系统、军队药品药材管理、战场伤员救治及军队远程医疗诊断等军事卫勤业务中的应用前景和作用，并给出了典型应用场景。第 6 章介绍了物联网技术在军队公路运输车辆动态跟踪、军用车辆使用监控及军车防

伪等军事交通运输业务中的应用前景和作用,并给出了典型应用场景。第 7 章介绍了物联网技术在军事能源保障中的应用前景,重点介绍物联网技术在军内外输油管线、油库及加油站、油料运输及加注、油料设施安全防护等领域的应用情况,并给出了若干典型应用案例。第 8 章介绍了物联网技术在军事设施资产管理、数字化生活办公营区、数字化野战移动营区等方面的应用情况,并给出了相应的典型应用案例。第 9 章介绍了物联网技术在军队资产管理、智能舰艇后勤监控、后勤装备维修等保障领域的应用,在分析这些领域存在问题的基础上,提出解决思路。第 10 章介绍了物联网技术在核污染应急监测领域的应用,给出了相应的解决思路。第 11 章介绍了物联网技术在机场应急起飞指挥系统、野战设备身份认证、工程车辆故障预测和健康管理智能化等后勤保障领域的应用情况,给出了相应解决方案。第 12 章在对军民兼容物联网应用现状和信息安全需求分析的基础上,提出了适用于军民兼容的物联网信息安全体系架构,并给出了典型场景的解决方案。第 13 章作为全书总结,针对当前我军后勤实际状况,提出了智能后勤概念,并就如何实现智能后勤提出了相应的建设思路和措施。

苏喜生对全书编写进行了规划并编写了第 13 章部分内容,顾金星编写了第 2 章、第 10 章、第 11 章和第 12 章内容,贺德富编写了第 1 章、第 8 章和第 9 章部分内容,江帆、王俊编写了第 3 章和第 4 章内容,李先利编写了第 5 章内容,李明和张海涛编写了第 6 章、第 8 章内容,康勇编写了第 7 章、第 9 章和第 13 章部分内容。在与各章编者一起详细探讨有关章节内容并进行多次修改后,由苏喜生、顾金星和贺德富对全书进行了统稿工作。另外,肖岩平、向永谦、吴耀武三位专家为本书进行了审稿工作,并给出了具体的修改建议。

在本书编著过程中,编者得到了"物联网在中国"系列丛书编委会相关专家的指导,也得到了电子工业出版社的大力支持与帮助,在此一并表示衷心的感谢!

由于作者水平有限,本书内容难免有不足之处,恳请读者给予指正。

苏喜生

2020 年 10 月于重庆

目 录

第1章 概述	001

1.1 后方勤务概念 ·· 001
    1.1.1 后方勤务定义 ································ 001
    1.1.2 后方勤务发展趋势 ···························· 002
1.2 物联网定义 ·· 005
    1.2.1 物联网的提出和发展 ·························· 005
    1.2.2 物联网内涵 ·································· 006
1.3 后方勤务与物联网的关系 ······························ 008
    1.3.1 后方勤务发展技术需求 ························ 008
    1.3.2 物联网对后方勤务的促进 ······················ 009
    1.3.3 后方勤务物联网应用架构 ······················ 015
本章小结 ·· 018

第2章 物联网关键技术 ·································· 019

2.1 物品标识技术 ·· 019
    2.1.1 条码技术 ···································· 020
    2.1.2 Mifare 卡技术 ······························· 028
    2.1.3 RFID 技术 ··································· 032
2.2 卫星定位技术 ·· 042
    2.2.1 美国 GPS ···································· 042
    2.2.2 俄罗斯 GLONASS ······························ 044
    2.2.3 欧洲 GALILEO 定位系统 ······················· 046
    2.2.4 中国北斗卫星导航系统 ························ 047
2.3 物联局域网技术 ······································ 049
    2.3.1 ZigBee 组网技术 ····························· 049

  2.3.2 WiFi 组网技术 ·· 053
  2.3.3 无线传感组网技术 ·· 057
 2.4 物联广域网技术 ·· 060
  2.4.1 NB-IoT 技术 ·· 061
  2.4.2 LoRa 技术 ··· 071
  2.4.3 NB-IoT 与 LoRa 的区别 ······································ 077
 2.5 云计算技术 ··· 077
  2.5.1 概念介绍 ·· 077
  2.5.2 原理及特点 ··· 079
  2.5.3 云计算关键技术 ·· 081
  2.5.4 云计算应用现状 ·· 083
  2.5.5 我国云计算发展趋势 ··· 087
 2.6 大数据技术 ··· 088
  2.6.1 概念介绍 ·· 088
  2.6.2 原理及特点 ··· 089
  2.6.3 应用现状 ·· 090
  2.6.4 发展趋势 ·· 093
本章小结 ·· 095

第 3 章 智能军事物流 ·· 096

 3.1 军事物流概述 ·· 096
  3.1.1 军事物流概念 ··· 096
  3.1.2 军事物流特点 ··· 097
  3.1.3 军事物流流程 ··· 098
  3.1.4 军事物流系统 ··· 100
 3.2 基于物联网的军事物流 ··· 101
  3.2.1 军事物流信息化与物联网建设构想 ························· 102
  3.2.2 军事物流信息化与物联网应用现状 ························· 103
  3.2.3 军事物流信息化与物联网发展趋势 ························· 109
 3.3 基于区块链技术的军事物流 ······································· 110
  3.3.1 区块链技术应用于军事物流的必要性 ······················ 110
  3.3.2 区块链技术应用于军事物流的构想 ························· 111

本章小结···112

第4章　智能军事仓储···113

　4.1　军事仓储概述···113
　　　4.1.1　一般仓储概念···113
　　　4.1.2　军事仓储及其特点···114
　　　4.1.3　我国军队军事仓储现状分析···································115
　　　4.1.4　军事仓储发展方向···118
　4.2　基于物联网技术的军事仓储···································119
　　　4.2.1　军事仓储体系结构···119
　　　4.2.2　军事仓储流程···120
　　　4.2.3　应用于军事仓储的物联网技术·································124
　　　4.2.4　军事仓储的物联网应用实例···································125
　　　4.2.5　基于物联网的军事仓储建设构想·······························127
　　本章小结···129

第5章　智能军事卫勤···130

　5.1　军事卫勤概述···130
　5.2　基于物联网技术的军队医院信息系统·······················131
　　　5.2.1　军队医院信息系统的功能与构成·······························132
　　　5.2.2　临床辅助诊断系统···132
　　　5.2.3　军队医疗卡···133
　　　5.2.4　电子病历系统···134
　5.3　应用于战场伤员救治的电子伤票·······························137
　　　5.3.1　电子伤票应用现状···137
　　　5.3.2　电子伤票系统的功能与构成···································138
　　　5.3.3　电子伤票卡实现技术···139
　5.4　智慧医院···140
　　　5.4.1　智慧医院简介···140
　　　5.4.2　智慧医院建设方案···142
　　　5.4.3　智慧医院中的物联网技术·····································154
　　本章小结···156

第 6 章 智能军事投送 · 157

6.1 基于物联网技术的公路运输车辆动态跟踪 · 157
6.1.1 公路运输车辆动态跟踪意义 · 157
6.1.2 公路运输车辆动态跟踪系统体系结构 · 158
6.1.3 公路运输车辆动态跟踪典型应用场景 · 159
6.1.4 应用于公路运输车辆动态跟踪的关键技术 · · · · · · · · · · · · · · · · · · · 160

6.2 军用车辆使用的智能化监控 · 164
6.2.1 军用车辆使用智能化监控的意义 · 164
6.2.2 军用车辆使用智能化监控总体结构 · 164
6.2.3 军用车辆使用智能化监控功能 · 165
6.2.4 军用车辆使用智能化监控典型应用场景 · 166
6.2.5 应用于军用车辆使用智能化管理的物联网技术 · · · · · · · · · · · · · · 168

6.3 基于物联网技术的军车防伪 · 175
6.3.1 军车防伪意义 · 175
6.3.2 军车防伪系统技术架构 · 175
6.3.3 军车防伪系统功能 · 178

本章小结 · 178

第 7 章 智能军事能源 · 179

7.1 军队油料供应保障流程 · 179
7.2 基于物联网技术的油料储存 · 180
7.2.1 军用油库智能化改造 · 180
7.2.2 智能化野战油库 · 182

7.3 基于物联网技术的油料运输 · 183
7.3.1 野战输油管线巡查系统 · 183
7.3.2 智能型输油泵机组 · 184

7.4 基于物联网技术的油料加注 · 185
7.4.1 无人化野战加油（车）站 · 185
7.4.2 机场无人化加油系统 · 186

7.5 军用油料设施安全防护 · 188
7.5.1 油料设施安全防护现状 · 188
7.5.2 基于物联网油料设施安全防护 · 188

本章小结……………………………………………………………………………190

第8章 智慧军事营区……………………………………………………………192

8.1 军事设施概述……………………………………………………………192
8.1.1 军事区域访问控制…………………………………………………192
8.1.2 传统访问控制的局限性……………………………………………193
8.1.3 基于RFID的访问控制……………………………………………193

8.2 军事设施资产管理………………………………………………………195
8.2.1 集成化协同控制……………………………………………………195
8.2.2 军事设施建设工程管理……………………………………………197
8.2.3 军事设施管理和维护………………………………………………198
8.2.4 应用案例：美国海军航空仓库……………………………………201

8.3 数字化生活办公营区……………………………………………………202
8.3.1 营区人员进出管理…………………………………………………202
8.3.2 营区车辆进出管理…………………………………………………202
8.3.3 营区边界入侵防范管理……………………………………………203
8.3.4 营区环境绿化管理…………………………………………………203
8.3.5 营区节能控制管理…………………………………………………204

8.4 数字化野战移动营区……………………………………………………205
8.4.1 数字化帐篷…………………………………………………………205
8.4.2 移动营区地入侵防范………………………………………………205
8.4.3 热源排放控制………………………………………………………207

8.5 应用案例：陆军某旅智慧军营…………………………………………207
8.5.1 智慧军营物联网基础平台…………………………………………207
8.5.2 网络安全……………………………………………………………208
8.5.3 主要设备……………………………………………………………208
8.5.4 主要功能……………………………………………………………210

本章小结……………………………………………………………………………215

第9章 智能物资管理……………………………………………………………216

9.1 智能舰艇后勤监控系统…………………………………………………216
9.1.1 智能舰艇后勤监控系统的技术方案………………………………216
9.1.2 智能舰艇后勤监控系统的组成与功能……………………………218

　　　　9.1.3　冷链管理系统 ·· 219
　9.2　后勤装备维修系统 ·· 221
　　　　9.2.1　便携/可嵌入式后勤装备故障预报装置 ······································· 222
　　　　9.2.2　面包加工方舱 PLC 故障自诊断系统 ··· 224
　　　　9.2.3　军需装备电路板在线测试仪 ·· 226
　9.3　RFID 在军队物资管理中的应用 ··· 229
　　　　9.3.1　应用案例：医疗设备的管理 ·· 230
　　　　9.3.2　应用案例：美国海军的仪器管理 ··· 231
　　　　9.3.3　应用案例：美国海军的基于 RFID 的资产管理 ·························· 231
　　　　9.3.4　应用案例：基于 RFID 的核材料管理 ··· 233
　9.4　军队档案管理 ·· 235
　　　　9.4.1　传统的档案管理方式的不足 ·· 235
　　　　9.4.2　基于 RFID 的智能档案管理 ·· 236
　　　　9.4.3　应用案例：WhereDoc 文档管理追踪系统 ·································· 238
　本章小结 ·· 240

第 10 章　基于物联网核污染应急监测 ·· 241

　10.1　核应急概述 ··· 241
　10.2　物联网核应急监测平台框架 ··· 242
　10.3　物联网核应急监测关键技术 ··· 243
　　　　10.3.1　核辐射探测传感技术 ·· 243
　　　　10.3.2　核辐射传感器自组网技术 ··· 249
　　　　10.3.3　气象信息采集技术 ·· 251
　10.4　物联网核应急监测平台实现构想 ·· 266
　　　　10.4.1　地面站指挥系统 ·· 267
　　　　10.4.2　平台系统软件 ··· 268
　本章小结 ·· 275

第 11 章　物联网在其他军事后勤保障领域的应用 ·· 276

　11.1　机场应急起飞指挥系统 ·· 276
　　　　11.1.1　建设机场应急起飞指挥系统的必要性 ····································· 276
　　　　11.1.2　机场应急起飞指挥系统的体系结构 ··· 277
　11.2　野战设备身份认证 ··· 278

        11.2.1 传统的设备身份认证························· 278
        11.2.2 物联网条件下的野战设备身份认证················· 279
    11.3 工程车辆故障预测和健康管理智能化······················ 280
        11.3.1 CPS 基本概念····························· 281
        11.3.2 CPS 技术体系架构·························· 282
        11.3.3 工程车辆 PHM 架构························· 284
        11.3.4 工程车辆车联网····························· 286
        11.3.5 工程车辆 PHM 技术·························· 286
        11.3.6 工程车辆智能化管理平台······················· 288
    本章小结······································· 290

第 12 章 后勤领域军民兼容物联网安全防护···················· 291
    12.1 军民兼容物联网概述································ 291
        12.1.1 军民兼容物联网面临的问题······················ 292
        12.1.2 军民兼容物联网安全能力需求···················· 293
        12.1.3 后勤军民兼容物联网安全能力需求················· 294
        12.1.4 后勤军民兼容物联网问题与挑战··················· 294
    12.2 军民兼容物联网安全问题····························· 295
        12.2.1 物联网通用安全问题·························· 295
        12.2.2 军事物联网安全威胁·························· 297
        12.2.3 外军物联网安全现状·························· 298
    12.3 军民兼容物联网安全防护体系························· 299
        12.3.1 军民兼容物联网安全防护内涵··················· 299
        12.3.2 军民兼容物联网安全防护架构··················· 300
    12.4 军民兼容物联网安全关键技术························· 303
        12.4.1 军民兼容物联网轻量级安全认证技术················ 303
        12.4.2 物联网边界访问控制技术······················· 311
        12.4.3 物联网安全监控审计技术······················· 312
        12.4.4 物联网安全事件识别技术······················· 313
        12.4.5 军民兼容物联网云端安全管理···················· 315
    12.5 军民兼容物联网典型应用场景························· 320
        12.5.1 智能港口物流系统··························· 320

12.5.2　智能仓储系统 ································· 322
　本章小结 ··· 324

第13章　智能后勤保障 ··································· 325

13.1　智能后勤保障的演变过程 ························ 325
　　13.1.1　初级阶段：自动化形态 ····················· 325
　　13.1.2　过渡阶段：可视化形态 ····················· 326
　　13.1.3　高级阶段：智能化形态 ····················· 326

13.2　智能后勤保障的特点 ··························· 327
　　13.2.1　高智能性 ································· 327
　　13.2.2　整体性 ··································· 327
　　13.2.3　精确性 ··································· 328
　　13.2.4　全域性 ··································· 329

13.3　智能后勤保障的构想 ··························· 329
　　13.3.1　智能营房 ································· 329
　　13.3.2　智能卫勤 ································· 330
　　13.3.3　智能军服 ································· 331
　　13.3.4　智能食品供应链 ··························· 332
　　13.3.5　智能军交 ································· 332
　　13.3.6　智能后勤装备 ····························· 333

13.4　智能后勤保障建设的思路与基本框架 ·············· 334
　　13.4.1　建设内容 ································· 334
　　13.4.2　体系框架结构 ····························· 335

13.5　智能后勤保障亟待解决的问题 ···················· 337
　　13.5.1　军民融合问题 ····························· 337
　　13.5.2　信息安全问题 ····························· 338
　　13.5.3　综合集成问题 ····························· 338
　　13.5.4　人才建设问题 ····························· 338
　本章小结 ··· 339

参考文献 ··· 340

第1章

概述

现代战争作战节奏越来越快，后勤保障必须紧跟"以快打慢"的作战形态变化。在保障指导上更加注重速度型后勤，应建好用好军事后勤"虚拟专网"，坚持采购物资"出厂入网"，储备物资"入库入网"，动员物资"上车入网"，周转物资"出库入网"，尽快形成贯穿物资流通全过程、覆盖后勤行业全要素、衔接军地物流全领域的军事物联网格局。

1.1 后方勤务概念

1.1.1 后方勤务定义

"后方勤务"简称"后勤"，它是常用的军事术语，但现在已被地方政府机关、企事业单位、院校、科研机构等部门广泛借用，容易对后勤一词的含义产生误解。本书中的后勤专指军事后勤。

我国军队正式使用"后方勤务"一词大约在1930年。当时，中国共产党中央革命军事委员会在上海制定的《中国工农红军编制草案》中，明确在军队各级参谋部（处）内，都编有"后方勤务科"。1934年9月10日，朱德、周恩来签署《中央军委关于军团后方勤务组织的命令》，该命令对军团内后勤机构的设置、后勤指挥关系、后勤部队的编成等做了明确的规定。我国军队于1940年12月在太行山召开了第一次后勤会议，八路军副总指挥彭德怀提出了"后勤工作是我国军队建军的三大任务之一"。

对后方勤务定义的认识，主要有以下三个方面。

一是认为后方勤务是一门科学或学说。例如，德国《梅耶百科辞书》中关于后勤的定义："后勤……，是指计划、筹措和运行武装力量所需的物资器

材,以保障军队作战的学说。"《美国百科全书》把后勤与战略、战术、情报并列为军事四大要素。

二是认为后方勤务是保障活动或过程。例如,《中国大百科全书·军事卷》对后勤下的定义是:"筹措和运用人力、物力、财务,从物资、技术、医疗、运输等方面保障军队建设和作战需要的各项专业勤务的统称。"

三是认为后方勤务是部门或机构。无论是国外还是国内,都有人认为后方勤务就是做勤务保障工作的人和部门,毕竟任何工作最终都需要人来完成。

对后方勤务的不同定义,都源于对后方勤务的不同认识,由于后勤工作涉及很多方面,自然也需要从不同的方面或不同的角度加以定义,但要把握后勤的本质属性。后勤的本质属性有哪些呢?第一,后勤是一种社会活动,有其社会活动的主体后勤人员,活动的组织后勤机构,活动的内容后勤工作,活动的物资基础和后勤装备、物资和设施,活动规律的知识体系后勤科学等;第二,后勤的目的是保障战争的主体即武装力量的生存、运输、作战和再生;第三,后勤工作的内容是不断发展的,随着时间条件的变化而发展,原来主要是物资保障,现在增加了技术保障;第四,后勤是相较于前线的直接交战而言的,是后方对前方的支援保障;第五,后勤是为战争而进行的一种特殊活动,是联结国民经济和军事斗争的桥梁。

由此,我们可以给后方勤务下这样的定义:国家和军队为保障军事斗争、军事建设需要,在财务、军需、物资、能源、卫生、交通运输、军事设施等方面进行的各种工作及相应活动的统称,其中由军队组织实施的各种后勤工作及相应活动统称为军队后勤。军队后勤的基本任务,主要是测算军事需求、组织资源筹措、合理分配和监督消耗,对军队人员系统和装备系统实施保障,保障和平时期军队建设和战时作战需要,巩固和增强部队的作战能力,保障作战任务的完成。

1.1.2 后方勤务发展趋势

后方勤务因战争而生,伴战争而行。战争需要什么,后勤就保障什么,战争需要什么样的保障,后勤就提供什么样的保障。当今世界,并不总是和平,军队需要时刻绷紧"能打仗、打胜仗"的主题,而且军事与经济之间具有矛盾关系:一方面,需要强大的国防实力,以保证经济发展的成果不被掠夺;另一方面,军事又必须控制,不能超越经济发展水平,导致经济无力承载。所以,走精兵之路是世界各国军队的共同选择,精兵之路就是压缩数量、提高质量、精干高效。

1.1.2.1 保障效果精确化

审视历次军改精兵之路，后勤均是精减的主要方面。后勤在精减的同时，必须精干高效，用较少的人、财、物的消耗，取得更好的保障效果。这就要求精确保障，即在恰当的时间将恰当的保障资源送到恰当的单位。

作战物资的巨大消耗迫使人们去寻求后勤保障的新途径。长期以来，对于军队后勤来说，如何做到既保障作战需要、又尽量减少战场过多储备始终是个难题。以往，一般采用在既设战场，根据预定的战略目标、作战可能持续的时间和消耗，以大量储备战争物资的方法解决这一难题。然而，战争的事发地点、战争的进程、时间的长短等又不完全取决于人的主观意志。其结果，如战争没发生在既设战场，不得不临时从各地紧急调运，造成后勤工作的忙乱、被动；如战争进程大大超出预定进程，时间大大延长，又常因储备的物资过少，不得不再次大量动员调运物资；战争时间如果大大缩短，储备的物资过多，致使大量物资堆弃于战场，要么花大力气运出战场，要么丢弃于战场，有时甚至会成为敌方的战利品，造成很大的损失浪费。

现代战争的物资消耗与第二次世界大战时相比是几十倍，甚至是几百上千倍地增加。这时的后勤保障必须避免工业时代作战物资高消耗、高浪费问题，精确保障自然地成为新的后勤保障模式。

信息技术的发展为精确保障提供了可能。后勤保障通过借助信息技术和物资可视系统，能使后勤指挥人员准确掌握物资储备情况和后勤部署情况，适时修订保障方案，进而在战略、战役、战术各层次的保障活动中，最大限度地避免盲目性，确保保障的及时与准确。顺畅的通信可及时了解各部队对后勤供应的需要，包括时间、地点、线路、物资品种和数量等，快速的输送工具可以及时将部队所需的物品准确运到。美军为适应未来数字化战场的需求，在后勤保障中正在实施"全资产可见性计划"，其目的就是向战略、战役、战术各物资供应环节提供全资产可见性和在用物资的可见性。

1.1.2.2 保障方式智能化

战争从机械化战争向信息化战争发展的过程，实质就是由传统的轻武器、火炮等机械系统向"光—机—电—网集成系统"的转化过程。由于后者集微电子技术、传感器技术、人工智能技术等之大成，聚化学能、光能、核能、生物能和信息于一体，促使了战争由火力战向以计算机为核心的信息战转变。随着信息化战争中各种武器系统信息化程度的不断提高，以及集各种信息系统于一

体的信息网络不断扩展与完善，使信息对战斗力的倍增作用不断增强，同时，也为后勤保障趋向智能化提供了日益坚实的技术支撑。通过仿真决策、战场监视和信息实时传递等手段，智能化的后勤保障已经成为一个不可或缺的组成部分。实际上，20 世纪 70 年代后，在计算机技术飞速发展的同时，发达国家军队就迈开了后勤保障向智能方向发展的步伐，历经 30 多年努力，智能化后勤保障已见雏形。特别是在伊拉克战争中，美军后勤所表现出来的实时补给、全程控制、精确释放，充分彰显了以信息为核心的智能后勤巨大的优势。未来信息化战争中，智能化的后勤将是由一体化、智能化的后勤信息网络、知识化的后勤人才和信息化的保障装备共同构成的。这种构成恰恰反映了信息化战争的智能化本质，表明未来的信息化战争不仅需要充足的物质性后勤保障，而且更需要高质量的智能性后勤保障。

1.1.2.3　保障时效实时化

未来战争将是全天候、全时辰、高速度的连续作战，战争节奏明显加快，进程大为缩短。从美军近期几场战争实践来看，海湾战争中空军空袭目标的定位时间是 22 小时，科索沃战争缩短到 2 小时，而伊拉克战争则只需 10 分钟。因此，未来的信息化战争已经被称为"读秒战争"，达到需要用分秒来计划作战进程的地步。这样速决化的战争，留给后勤进行保障准备和实施的时间也越来越短。这种高速度、快节奏的战争，必然要求后勤也实行实时化的保障。通过后勤保障指挥信息系统与其他信息系统的交连，实时掌握后勤保障需求，借助智能系统快速进行决策，实时传输指令；通过已建立的大联勤保障系统，实现就地就近的实时化保障。

1.1.2.4　保障空间多维化

随着科学技术和武器装备的发展，作战空间逐渐呈现出日益拓展的趋向。特别是以计算机技术为核心的信息技术在战争中的应用，使战场空间在物理的陆海空天四维之外又增加了新的一维——信息空间。信息空间是一个全新的空间，它包括电磁空间、网络空间和心理空间三个方面，渗透于陆海空天各个战场领域。作战空间延伸到哪里，后勤就要保障到哪里，在这个超大无形、领域广阔的作战空间里，后勤保障必然要实现从平面向立体的转变，从陆地向海空天乃至无形的信息空间的延伸，为全维的信息化战争提供全维的后勤支持。

1.1.2.5 保障主体多元化

信息化战争的基础是各种高技术的武器装备，以及集成众多武器系统的信息网络。但是，研制和生产这些高技术武器装备，不仅需要国民经济的各个领域和部门共同参与，还需要进行高额的经费投入。尤其是随着高技术战争激烈程度越来越高，毁伤威力越来越大，物力和财力消耗也越来越大，使后勤保障面临着前所未有的挑战。例如，在海湾战争中，美军的地面作战部队单兵日作战物资消耗达 200 千克，分别为第二次世界大战时期的 10 倍，越南战争时期的 4 倍。不仅如此，从经济方面来讲，海湾战争仅打了 42 天，美军却消耗了 611 亿美元；伊拉克战争打了 43 天，美军更是花费了近 800 亿美元。难怪一些军事专家说，未来信息化战争不仅是打一场军事仗、政治仗，更是打一场经济仗、科技仗。在这种情况下，单靠军事后勤力量来保障就显得有些力不从心，在保障主体上就需要多元化的力量来参与保障，形成一个以军事后勤保障力量为主体，国家能源、交通、科研、财政等相关部门共同参与的多元化的后勤保障体系。

1.2 物联网定义

1.2.1 物联网的提出和发展

物联网的英文名称是 Internet of Things。本书将这个词的提出分为三个形态：萌芽态、发展态和转化态。萌芽即为概念的初次提出；发展意为随着科技进步和社会的发展，概念的深度和广度不断发展变化；转化解释了在事物的生命周期内，为了适应必然经历的不同环境和条件而进行的内在和外在变化。

首先是萌芽态，人们将国内外普遍公认的 MIT Auto-ID 中心 Ashton 教授于 1999 年在研究 RFID 时最早提出来的定义称为萌芽态。其定义为：通过射频识别、红外感应器、全球定位系统、激光扫描器、气体感应器等信息传感设备，按约定的协议，把任何物品与互联网连接起来，进行信息交换和通信，以实现智能化识别、定位、跟踪、监控和管理的一种网络。简而言之，物联网就是"物物相连的互联网"。定义中包含两个重要的观点：一是物联网要以互联网为基础发展起来；二是 RFID 是实现物品与物品连接的主要手段。

其次是发展态，2005 年 11 月 17 日，在突尼斯举行的信息社会世界峰会上，国际电信联盟（ITU）发布了《ITU 互联网报告 2005：物联网》，正式提出了"物联网"的概念。我们将其归为发展态。其定义为：物联网是通过二维码识读设备、射频识别装置、红外感应器、全球定位系统和激光扫描器等信

传感设备，按约定的协议，把任何物品与互联网相连接，进行信息交换和通信，以实现智能化识别、定位、跟踪、监控和管理的一种网络。

最后是转化态，自 2009 年 8 月温家宝总理提出"感知中国"以来，物联网被正式列为国家五大新兴战略性产业之一，写入"政府工作报告"。2012 年 2 月，工信部发布《物联网"十二五"发展规划》；2017 年 1 月，工信部发布《物联网"十三五"发展规划》。物联网在中国受到了全社会极大的关注，其受关注程度是在美国、欧盟及其他各国不可比拟的。物联网的概念已经是一个"中国化"的概念或者说是具有"中国特色"的概念，已经超越了 1999 年 Ashton 教授和 2005 年 ITU 报告所指的范围，物联网已被贴上"中国式"标签。作为一个"中国式"概念，自然有着中国特色的定义方法，我们将物联网的这种形态称为转化态。当然，理解的角度和深度不同，其定义自然千差万别。

1.2.2 物联网内涵

1.2.2.1 不同角度看物联网

实际上，物联网的概念来自对互联网的比较，根据物联网与互联网的关系，不同专家、学者各自从不同角度对物联网给出了略为不同的定义。总结起来可以归纳为以下四种类型。

1. 物联网是传感网，不接入互联网

物联网就是传感网，只是给人们生活环境中的物体安装传感器，这些传感器可以更好地帮助我们认识环境，这个传感器网不接入互联网络。例如，上海浦东机场的传感器网络，其本身并不接入互联网，却号称是中国第一个物联网。其根本观点是认为物联网与互联网的关系是相对独立的两张网。

2. 物联网是互联网的一部分

物联网并不是一张全新的网，而是早就存在的，它是互联网发展的自然延伸和扩张，是互联网的一部分。互联网是可包容一切的网络，将来会有更多的物品加入这张网中。也就是说，物联网包含于互联网。

3. 物联网是互联网的补充网络

我们通常所说的互联网是指人与人之间通过计算机结成的全球性的网络，服务于人与人之间的信息交换。而物联网的主体则是各种各样的物品，通过物品间传递信息从而达到最终服务于人的目的,两张网的主体不同。所以,物联网是互联网的扩展和补充,物联网与互联网是相对平等的两张网。如果把互联网比作人类信息交换的动脉,那么物联网就是毛细血管,两者相互连通,是互联网的有益补充。

4. 物联网是未来的互联网

从宏观概念上讲,未来的物联网将使人置身于无所不在的网络之中,在不知不觉中,人可以随时随地与周围的人或物进行信息的交换,这时,物联网也就等同于泛在网络,或者说未来的互联网。物联网、泛在网络、未来的互联网,它们的名字虽然不同,但表达的都是同一个愿景,那就是人类可以随时、随地地使用任何网络,联系任何人或物,以达到信息交换的自由。

事实上,物联网与互联网的关系是相对独立的两张网,只不过两者在数据传输技术上有一定的共性而已。在电话网和互联网应用中,人们希望所有的人、计算机等是互联互通的。然而物联网则不同,一个太湖水质监测系统和中石油的物流系统可以毫无关系。由此本书提出第五种观点,认为物联网是可以搭载互联网这一载体的,基于对物可控、可管理技术的一个个专用网络的统称。即在上述第一种定义的基础之上,结合第三种定义,认为物联网与互联网是同时存在的且彼此可以互联互通、相互补充的两张网络。

图 1.1 所示为上述五种角度定义的物联网及其与互联网的关系图。

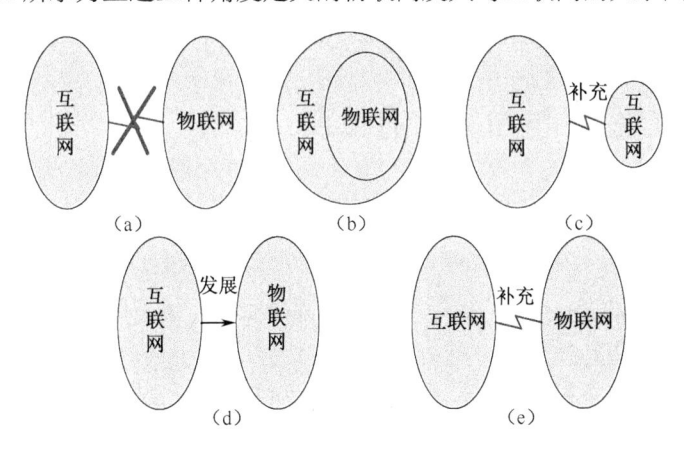

图 1.1 物联网的五种定义及其与互联网的关系图

综合众多学者从不同角度对物联网概念的剖析,本书认为物联网的内涵应当从基本概念、具体目标、关键技术等角度进行定义,将物联网的功能模块化

分割为几个相互独立且有着具体功能的子系统。

1.2.2.2 基本概念

物联网是指利用现代的信息技术,通过将信息设施和信息设备有机地连接在一起,组成的一张覆盖所有人和物体并以之为节点的巨大的信息网络。

1.2.2.3 具体目标

(1)让所有的物品都与网络连接在一起,可实时采集任何需要监控、连接、互动的物体或过程,采集其声、光、热、电、力学、化学、生物、位置等各种需要的信息,通过各类可能的网络接入点,实现物与物、物与人的泛在连接。

(2)可以进行信息交换、传递和通信,并能自动地、实时地以实现对物体的智能化识别、定位、跟踪、监控、管理并触发相应事件。

(3)可实现安全可控乃至个性化的实时在线监测、定位追溯、报警联动、调度指挥、预案管理、远程控制、安全防范、远程维保、在线升级、统计报表、决策支持、领导桌面等管理和服务功能,实现对"泛在物品"的"高效、节能、安全、环保"的"管、控、营"一体化。该目标可以细化为多个子功能模块,如智能农业模块、市政工程模块、质量监控模块、公共安全模块、远程医疗模块、智能交通模块、环境监测模块、智能家居模块、灾难管理模块、节能减排模块、后勤物流模块等。每个子模块又由一个或多个子系统构成。

1.3 后方勤务与物联网的关系

1.3.1 后方勤务发展技术需求

虽然和平与发展仍是当今世界的主题,但局部冲突是不可避免的,我们必须随时准备战争,以能战方能止战。然而,"兵马未动,粮草先行"。后勤过去是、现在是、将来仍是战争胜利与否的关键。一方面战争对后勤保障的要求越来越高,"保打赢"是一切后勤工作的目的和意义,后勤有不断扩大的内在动力;另一方面后勤又必须精减,无论是人力、物力还是财力,后勤摊子扩大了,国民经济都难以承受,经济与国防协调发展就成为一句空话。在这种两难的境况下,后勤就只有一条路可走,即以先进的技术和理念支撑后勤在精减的同时,提高效率。精确保障、智能保障是实现后勤精干高效的重要保障模式,客观上需要以物联网、大数据、人工智能等新一代信息技术的支持。

1.3.2　物联网对后方勤务的促进

2009年，中国科学院上海微系统与信息技术研究所跟无锡市签订了合作协议，共同在无锡高新区成立一个高新微纳传感网工程中心，定位于在物联网产业链的技术研发、产业孵化、产业应用等领域进行攻关创新。2010年国务院正式发布《关于加快培育和发展战略性新兴产业的决定》，新一代移动通信、下一代互联网智能终端、物联网等新一代信息技术产业被列为战略性新兴产业获得扶持发展。《"十三五"国家战略性新兴产业发展规划》中提出"加快建设'数字中国'，推动物联网、云计算和人工智能等技术向各行业全面融合渗透，构建万物互联、融合创新、智能协同、安全可控的新一代信息技术产业体系"。2017年8月，中国物联网产业应用联盟正式成立，国家相应出台了一系列物联网扶持政策，这一年被称为物联网"商用元年"。

物联网在民用领域快速发展的同时，在军用领域也发挥了极大的作用，对军事指挥、军事网络、军事后勤、军事装备等产生了巨大的影响，推动了军队信息化建设、提高了部队战斗力。物联网的理念和先进信息技术迅速被世界各国运用于军队装备保障领域，对各种参战物资实行感知和控制，以满足现代战争对装备保障"快""准""精"等的要求。例如，美军已在多数装备物资中嵌入信息芯片，使用各类传感设备随时获取装备物资的相关信息，战时既能对装备物资的运用快速做出决策，快速实施分配，准确掌握各类物资的动、静状态，准确对物流过程进行实时监控，又能及时根据变化的情况和需求，在三军中实现物资保障一体化，发挥整体保障效益。美军这种"精确保障""精确物流"模式，就是成功运用物联网理念与技术的结果。其在军事领域的成功运用，给其他各国军队装备保障以很大启发和影响，同时也带动了世界各国军队装备物资保障的革新与建设，发展潜力正在日益凸显。

信息化条件下作战对后勤保障的依赖性大大增加。即使是世界头号军事强国美国，也认识到其后勤体系仍然存在诸多弊端。伊拉克战争初期，美军由于后勤计算和判断上的失误致使战前准备不足，特别是没有预先考虑到伊拉克战场保障环境之恶劣，因此迟滞了美英联军的作战行动。战区后勤基地内的物资堆积成山，而运往战场的物资则在"最后1英里"失去了透明，前线物资补给捉襟见肘、频频告急。对于战争中暴露出的后勤保障问题，美军审计局在一份评估报告中称："可视性水平远没有达到部队的现实需要，更不用说保障未来

作战了。"因此，要真正实现物资从"工厂到散兵坑"的全程可视，还必须以新的后勤保障技术推动后勤领域的全面变革，实现动态自适应的后勤保障。

物联网似乎是专为军队后勤"量身打造"的一项完美技术，可以弥补后勤领域的诸多不足：第一，物联网的应用可以有效避免后勤工作的盲目性。随着射频识别、二维条码和智能传感等技术的突破，物联网无疑能够为自动获取在储、在运、在用物资信息提供方便灵活的解决方案。在各种军事行动过程中，物联网有助于在准确的时间、准确的地点向作战部队提供合适的补给，避免多余的物资涌向作战地域，造成不必要的混乱和浪费。同时，还能够及时掌握物品更换和补充的精确时间，实时获知特殊物资的运输要求，恰当安排操作人员、工具和设施；并根据战场环境变化，有预见性地做出决策，自主协调、控制、组织和实施后勤行动，实现自适应后勤保障。第二，物联网的应用能最大限度地提高补给线的安全性。基于物联网的后勤体系具有网络化、非线性的结构特征，具备很强的抗干扰和抗攻击能力。不仅可以确切掌握物资从工厂运送到前方散兵坑的全过程，而且可以优化运输路线、提供危险警报、在途中改变车辆任务，特别是可以把后勤保障行动与整个数字化战场环境融为一体，实现后勤保障与作战行动的一体化，使后勤指挥官随时甚至提前做出决策，极大地增强后勤行动的灵活性和危机控制能力，全面保障后勤运输安全。第三，物联网的应用能有效避免重要物资的遗失。各国军队都非常重视战场物资的管理，极力避免武器装备、重要零部件等物资的遗失。而在伊拉克战争期间，美军一个物资中转站由于未能准确知道物资的具体位置，竟然丢失了1500个防弹衣插件，17个速食集装箱被遗忘在补给基地达一个星期之久。美国国防部可以通过这种灵巧标签，在世界范围内追踪每件装备，甚至在理论上追踪到每一发弹药。随着射频识别标签技术的成熟、成本的降低，物联网完全可以应用到单件武器的管理，更加严格地控制武器库，而且有助于寻找丢失的威胁性极大的武器。

1.3.2.1 后勤指挥更加高效

1）物联网扩大了指挥员信息获取的广度与深度

在陆、海、空、天、电各个领域，指挥员可通过传感器自动获取战场上各部（分）队的人员数量、携带武器装备数量和战斗力、后勤保障需求等信息，提高信息获取的实时性与快捷性，从而使指挥更加快速、灵活。通过大量互联的传感器，可有效延伸指挥员的指挥触角，使指挥活动由对人的指挥发展成为指挥员对包括人在内的后勤资源的直接远程指挥。

2）战场感知使前后方一体

在信息化战争中，战场感知能力的强弱直接影响到军队的战斗力，增强战场感知能力是建设信息化战场的核心内容之一。战场情况瞬息万变、战机稍纵即逝，战场的主动权在很大程度上取决于谁能"先敌发现"，而"先机"的夺得依赖"感知"的获得。目前，美军已建立了具有强大作战空间态势感知优势的多传感器信息网，这可以说是物联网在军事运用中的雏形。美国国防高级研究计划局已研制出一些低成本的自动地面传感器，它们与装在卫星、飞机、舰艇上的传感器有机融合，形成多维全方位、全频谱、全时域的情报侦察监视（ISR）体系。在伊拉克战争中，美军多数打击兵器都是依靠战场感知的目标信息而实施对敌攻击的，有人甚至将信息化条件下作战称为"传感器战争"。

与美军目前的传感网相比，物联网的最大优势是可以在更高层次上实现战场感知的精确化、系统化和智能化。物联网可以把处理、传送和利用战场目标信息的时间，从以往的几小时乃至更长压缩到几分钟、几秒钟甚至同步，各汇聚节点将数据送至指挥部，最后融合来自各战场的数据形成完备的战场态势图。物联网能够通过大规模部署节点有效避免侦察盲区，为火控和制导系统提供精确的目标定位信息，同时实时实现战场监控、目标定位、战场评估、核生化攻击监测，并且不会由于某一节点的损坏而导致整个监测系统的崩溃。通过互联网协议第 6 版（IPv6）技术，完全可以为物联网每个传感器节点（甚至世间万物）分配一个单独的 IP 地址，真正实现对世界上每一个角落的感知。也可以通过飞机向战场撒布肉眼看不见的传感器"尘埃"，利用物联网实时采集、分析和研究其监测数据。因此，物联网将给予指挥员新的电子眼和电子耳，堪称信息化战场的宠儿。

战场感知不仅为作战取胜创造了先机，同时也催生了战场军事力量的一体化。要发挥战场感知效能、快速传递信息，就必须把实时化的战场感知系统、智能化的武器系统、自动化的指挥控制系统联为一体，构成一体化的作战体系，从而使"以平台为中心"的联合作战转向"以网络为中心"的一体化作战。

在信息化战争中，信息的产生、处理、存储、传输和利用，决定着部队的行动、武器控制和战场态势。信息资源将成为信息化战争的重要物质基础，战争的胜负将主要取决于谁能实时控制和利用更多的信息资源。物联网比现在战场上开始使用的无线传感网络更加高级和完备。它可以在多种场合满足军事信息获取的实时性、准确性、全面性等需求，协助实现有效的战场态势感知，满足作战力量"知己知彼"的要求。一种典型的设想，是用飞行器将大量微传感器节点撒布到

战场上的广阔地域，这些节点自组成网、边收集、边传输、边融合战场信息，为各参战单位提供"各取所需"的情报服务。近期几场局部战争的实践表明，必须对现有指挥控制系统在内的相关系统进行升级改造，使战场感知和态势控制能力进一步适应未来作战的需要。物联网似乎可以担当此重任。

1.3.2.2 物资保障更加精确

运用了物联网后，后勤物资主动配送成为可能，简单说来就是利用广泛部署的自动识别系统，以计算机网络为平台，结合数据库技术、中间件技术、电子商务等，实现后勤物资资源网络和信息网络的"无缝连接"。同时，帮助首长和决策机关全面、准确、及时地"感知"需求，掌握物资保障的主动权。

1）物联网应用于精确主动配送式保障

精确主动配送式保障是指在精确预测部队需求的前提下，改变过去逐级前送、被动等待的后勤保障方式，将所需物资主动配送到战斗单位乃至士兵，使补给速度发生质的变化，它是现代化后勤保障模式的研究方向。通过在后勤物资中装入电子标签，使物资可以实现从起点直达战斗部队的"一站式"供给，提高了物资请领、运输、接收、储存和发放的速度与准确度。自动化的网络平台，可使保障对象位置变化和物资需求变化等动态信息，与后勤物资的数、质、时空等静态参数以及物资流通变化等动态参数的互动更加实时，从而提高了修订保障计划与协调保障行动的及时性与准确性。同时，卫星定位系统可以实时、快速、有效地解决物流配送过程中运输工具调度和行进路线选择、精确定位部队用户等诸多问题，有利于提高物资的补给速度，从而实现精确主动配送式保障。

2）物联网应用于建立网络化后勤保障体系

后勤保障网络化是信息化条件下一体化联合作战的要求，是指通过多种信息技术将各个后勤保障网点（如指挥中心、后方基地、仓库等）集成为保障网，实现物流配送实体网络和信息网络的一体化集成。物联网在军事领域的广泛应用，使传感网络的触角延伸到战场的每个单兵和每件兵器，可将彼此独立的侦察网、通信网、指控系统、火力网、军事综合信息网等系统与网络进行一体化集成，也可将通信、感知、信息对抗等信息武器和武器平台建设成一体化的综合信息系统，而且该系统还可进一步渗透到战场的基础设施中，从而极大地扩展了网络集成的内涵。同时，有利于后勤网络与军事网络的集成。物联网可将彼此独立的后勤保障、通信网、指控系统、火力网等系统与网络进行一体化集成，也可将通信、感知、后勤保障等信息和武器平台建设成一体化的综合信息系统，扩展了网络集成的内涵，从而极大地提高军需保障的效能和水平。

1.3.2.3 物流管理更加透明

采用物联网技术，可以轻易实现"透明化的物流管理"。由于物流不透明而造成经济损失的案例在不少国家都经常发生。"资源迷雾"一直是困扰后勤保障的难题，它带来的问题是反复申请、重复采购、无效运输、库存积压、保障效率低下，各国军队的后勤都曾为此大吃苦头。例如，1991年，在海湾战争中，美国向中东运送了约4万个集装箱。但由于标识不清，其中2万多个集装箱不得不重新打开、登记、封装并再次投入运输系统。战争结束后，还有8000多个集装箱未能加以利用。据美军后来估计，如果当时采用RFID技术追踪后勤物资的去向并获得集装箱的物品清单，可能会节省大约20亿美元的支出。

第一次海湾战争后，美军为解决物资在请领、运输、分发等环节中存在的严重问题，给作战部队提供快速、准确的后勤保障，提出了全资产可视化计划，力争在后勤保障中实现资产高度透明。RFID技术的应用使美军后勤物资透明化成为可能，为自动获取在储、在途、在用资产可视性信息提供了可行的解决方案。第二次海湾战争中，美军在发往海湾地区的集装箱上加装了Savi技术公司（洛克希德·马丁公司的子公司）的射频卫星芯片，实现了对人员流、装备流和物资流的全程准确跟踪，并有效指挥控制了接收、分发和调换的过程，使物资的供应和管理达到高度透明，大大提高了军事物流保障的有效性。

目前，RFID技术已经被美军广泛应用在军事物流保障领域，包括特定物品寻找系统、运输途中物资可见性系统、士兵电子病历卡、生理状态监测器和服装发放装置等，极大地改革了传统的物流跟踪方式，并在欧洲回撤、索马里维和、阿富汗战争和伊拉克战争等实战活动中取得了理想的效果，大大缩短了美军的平均后勤补给时间。RFID技术的应用使美军得以轻松掌握后勤补给的实时信息，实现对后勤物资从工厂到士兵的全程追踪，也使美军实现了由"储备式后勤"到"配送式后勤"的转变，后勤补给能力得到前所未有的加强。与海湾战争相比，伊拉克战争中的海运量减少了87%、空运量减少了88.6%、战略支援装备动员量减少了89%、战役物资储备量减少了75%。这种新的运作模式，为美国国防部节省了几十亿美元的开支。

我国军队军交运输应用物联网的一些具体技术其实早已有之，如我国军队在铁路、水路与航空军事运输领域已建成的信息化调度控制系统，在车辆保障

上的信息化车场等,但这些并没有反映出物联网真正强大的能力,只是从一些方面体现了物联网的技术能力,且大多为静态形式。而物联网最大的特色就是实现职能化、动态化的实时监视、控制。所以说,我国军队军交运输领域发展物联网技术方面有着极大的潜力。目前我国军队军交运输领域正在积极建设的军交运输指挥动态监控系统,也在很大程度上实现了物联网的在各个交通领域的基础结构框架。

1.3.2.4 服务保障更加智能

(1)给养保障智能化。通过各种各样的物联网节点连接官兵、军需机关、服务中心、食堂、供应商等,实时地、自动地采集与传输数据(官兵营养状况、训练任务需求、市场供给情况等),对给养物资储运、食谱制定和就餐等全过程进行自动化管理与控制,实现给养透明化、个性化保障。在物联网的给养保障大平台上,改变了给养保障模式,实现了从以食堂为中心到以人为中心的转变,大大提高保障的便捷性和效益。例如,可溯源的供应链,使基层部队可直接追溯产品生产者及产品的来源,以选择安全的食品。

(2)被装保障智能化。通过物联网对被装保障全过程的物资和实力信息实施实时的管理和控制,以更加精细和动态的方式管理供应链,提高物资资源利用率和保障效能,实现"智能保障",如以网络技术为核心,通过计算机、自动控制、通信与传感技术对被装供应链进行指挥控制,实现被装供应智能化(人体尺寸自动测量、数据自动传输、服装的自动剪裁等)供应与管理,真正使被装发放适体率达到100%。

(3)装备维修备件及保障物资管理。用 RFID 或条码取代传统的备件卡片、装箱清单,使带有标签的维修服务件包装箱成为一种信息载体。当备件入库时,扫描备件的编码符号,计算机便自动记录备件的名称、数量,技术状态和所存货位等信息,自动生成入库单,库存相应自动增加;当维修备件出库时,通过扫描条码或 RFID,计算机自动消除此备件的记录,库存相应自动减少,自动生成出库单。同时,校验检查在读出时有无错误,验证它是否为所需备件,从而在技术上杜绝了人为误发情况;当进行库存盘点时,利用便携式阅读器,扫描库存物品的条码或 RFID 标签,可以快速准确地收集库存物品的各种情况。通过和主计算机连接,自动核对账务,制订采购计划并对库存上下限进行报警,来合理控制库存量,同时严格控制不同型号的维护保养期限,使库房备件的品质得到有效保证。

（4）实现装备保障的可视化和远程调拨。各级业务管理部门通过各自业务管理信息系统与仓储、运输等系统的联网，可以近乎实时的速度确定在运军用物资及保障维修备件的准确地点和数量，适时制订采购计划和下发调拨补给计划，确保一线作战部队及其所属装备的定额补给，更大范围内实现维修备件的调余补缺，最大限度减少备件量，确保及时供给。在战时，部队机动频繁，很可能出现所运物资未到部队，部队已经机动转移到其他地区；另外随着部队信息化水平的进一步提高，部队的作战区域较以往大大提高。物资在部队配置区域很可能会频繁改变运输方向，这些都给战时的装备保障带来困难。而通过将RFTD读取设备安装于特定机动通信车上，通过这些通信车部署在特定关键区域，并利用卫星遥感技术，当载有RFID标签的备件或内嵌RFID标签的备件箱的运输车辆通过该区域时，装有RFID读取设备的通信车会将运输车辆所承载的备件清单、配属设备、生产厂家等重要信息传送至指挥机构和需求部队，从而可以实现军事装备、器材和物资的可视化运输。各级指挥部门可以在数字地图上实时标定在运物资的品种数量和车辆位置，并可根据道路反馈信息，随时调整运输保障车辆的行驶路线及方位，有效控制保障物资的准确性和可持续性，大大提高装备保障力水平。

（5）后勤装备操作、维修智能化。通过给后勤装备安装的各种传感器、自动检测系统等信息化设备，可实现后勤保障装备故障自动显示、自动报警、自动诊断、远程维修等。这将使后勤装备操作更加便捷，装备故障率降低，同时为后勤装备的维修保障提供了方便。

（6）军工特种产品生产安全实时远程监测。军工行业有一些易燃、易爆、毒性大、对环境污染性大的产品生产过程。这些具有高度危险性的生产线，可在传统的现场总线、生产过程自动化技术的基础上，运用物联网技术建立一套更加有效的，能够实时监测生产流程工艺运行参数、生产环境参数的传感器网络系统，实现控制和生产管理，尽可能排除人为因素的影响，确保其运行安全，有效控制对环境的污染和实现高效与"绿色"的理想目标。

1.3.3　后方勤务物联网应用架构

最具代表性的物联网架构是欧美支持的 EPC Global "物联网"体系架构和日本的泛在 ID（Ubiquitous ID，UID）物联网系统。EPC Global 和 UID 中心（Ubiquitous IDcenter）都是为推进 RFID 标准化而建立的国际标准化团体，我国也积极参与了上述物联网体系，正在积极制定符合我国发展情况的物联网标准和架构。

1. EPC Global "物联网"体系架构

EPC Global 是由美国统一代码协会（UCC）和国际物品编码协会（EAN）于 2003 年 9 月共同成立的非营利性组织，其前身是 1999 年 10 月 1 日在美国麻省理工学院成立的非营利性组织——Auto-ID 中心。Auto-ID 中心以创建"物联网"（Internet of Things）为使命，与众多成员企业共同制定一个统一的开放技术标准。

EPC 系统由 EPC 编码体系、射频识别系统和信息网络系统三部分组成，主要包括六个方面，如表 1.1 所列。

表 1.1 EPC 物联网系统构成

系统构成	名称	说明
EPC 编码体系	EPC 代码	用来标识目标的特定代码
射频识别系统	EPC 标签	贴在物品之上或内嵌在物品之中
	读写器	识读 EPC 标签
信息网络系统	EPC 中间件	EPC 系统的软件支持系统
	对象名称解析服务（ONS）	
	EPC 信息服务	

2. UID 技术体系结构

日本在电子标签方面的发展始于 20 世纪 80 年代中期的实时嵌入式系统，TRON T Engine 是其中核心的体系架构。在 T-Engine 论坛领导下，UID 中心设立在东京大学，于 2003 年 3 月成立，并得到日本政府经产省和总务省以及大企业的支持，目前包括微软、索尼、三菱、日立、日电、东芝、夏普、富士通、NTT、DoCoMo、KDDI、J-Phone、伊藤忠、大日本印刷、凸版印刷、理光等重量级企业。UID 中心建立的目的是建立和普及自动识别"物品"所需的基础技术，最终实现"计算无处不在"的理想环境。

UID 技术体系架构由泛在识别码（UCode）、泛在通信器、信息系统服务器和 UCode 解析服务器四部分构成。UID 技术使用 UCode 作为现实世界物品和场所的标识，UC 从 UCode 电子标签中读取 UCode 以获取这些设施的状态，并控制它们，UC 类似于 PDA 终端。UID 能在多种行业中得到广泛应用，UID 是将现实世界中用 UCode 标签的物品、场所等各种实体和虚拟世界中存储在信息服务器中的各种相关信息联系起来，实现"物物互联"。而且，UID 是一个开放的架构,它的规范是对大众公开的。

3. 物联网的分层框架

目前,业界对物联网还没有一个广泛认同的体系架构,但一般都可以从分层角度和技术角度这两个方面来进行了解和分析。从分层角度来看,主要有 IBM 的八层架构体系、何丰如提出的四层体系结构模型、工信部电信规划研究院郭靖提出的三层网络架构体系,其中三层网络架构体系因其简单明了和官方的性质,认同度更高,也成为当前后勤物联网应用的主要架构。

郭靖等在《物联网产业发展和建设策略》一文中提出的物联网分为三层网络架构,即感知层、网络层和应用层,如图 1.2 所示。

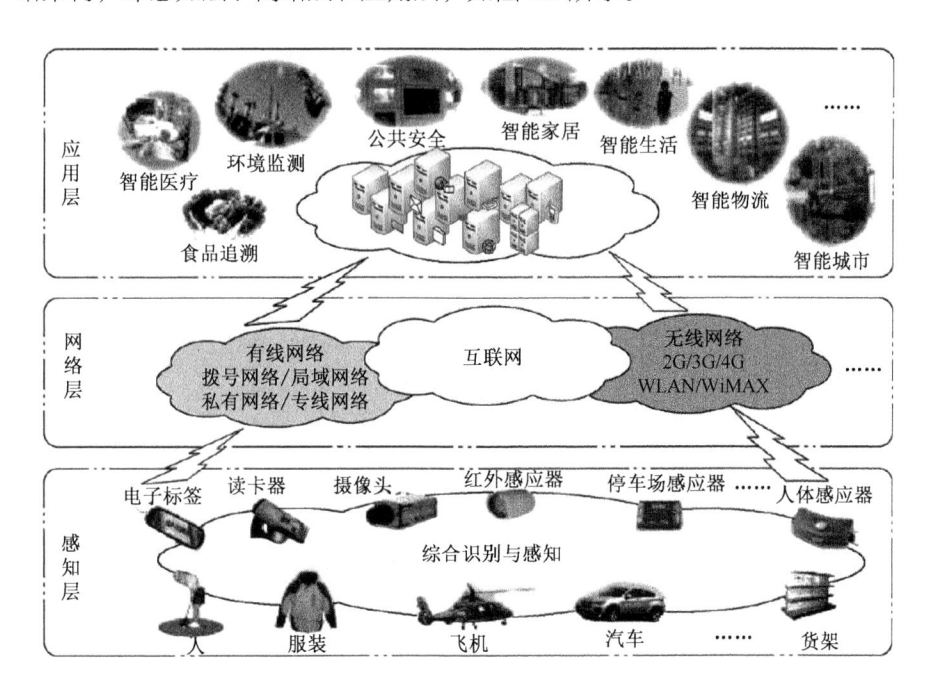

图 1.2 物联网三层架构模型

1)感知层

感知层包括二维码标签和识读器、RFID 标签和读写器、摄像头、GPS、传感器、终端、传感器网络等,主要功能是识别物体,采集信息,与人体结构中皮肤和五官的作用相似。

2）网络层

网络层包括通信与互联网的融合网络、网络管理中心、信息中心和智能处理中心等。网络层将感知层获取的信息进行传递和处理，类似于人体结构中的神经中枢和大脑。

3）应用层

应用层是物联网与行业专业技术的深度融合，与行业需求结合，实现行业智能化，这类似于人的社会分工，最终构成人类社会。

本章小结

自2009年以来，我国兴起了一个物联网概念宣传、关键技术研究、创新应用研究的高潮，物联网技术列入"十二五""十三五"国家战略性新兴产业发展规划，与云计算、大数据和人工智能一起加速向各行业全面融合渗透。2017年8月，中国物联网产业应用联盟正式成立，国家相应出台了一系列物联网扶持政策，这一年被称为物联网"商用元年"。在新一轮军改之际，大力发展和运用物联网技术，有助于新型后勤保障体系的建立，使各级后勤机关可以通过射频识别、红外感应器、卫星定位系统、激光扫描器等信息传感设备，精确感知前方态势和作战需求，依据物资消耗与时空分布预测和预先制订的保障预案，把任何需要的物资在任何时间段内投送到任何需要的部队驻地，达到真正意义上的物资识别、定位、追踪、监控和管理智能化，实现"保打赢"的总目标。

第 2 章

物联网关键技术

本章对与后勤保障应用紧密相关的物联网关键技术进行了基本介绍，主要涉及物品标识识别、物体跟踪与定位、信息传输、组网以及信息软件等内容，并主要从基本概念、原理及特点、应用现状和发展趋势等方面展开论述，以便为后面章节所涉及的物联网技术的后勤军事应用阐述提供理论基础。

2.1 物品标识技术

在信息系统早期，相当部分数据的处理都是通过手工录入，由于数据量十分庞大、劳动强度高和人为失误等因素，导致数据误码率较高、实时性不强，实际工作效率难以保证。此时，各种各样的标识识别技术应运而生，将人们从繁重的、重复的但又十分不精确的手工劳动中解放出来，提高了系统信息的实时性和准确性。

标识技术就是通过特定的手段或方法，使物品具有明显区别的标志；而识别技术正是读取标识物信息的过程中所需要的特定技术。

当前最常用的识别即是自动识别技术。自动识别技术就是应用一定的识别装置，通过被识别物品和识别装置之间的接近活动，自动地获取被识别物品的相关信息，并提供给后台的计算机处理系统来完成相关后续处理的一种技术。例如，超市购物，使用的是条码技术；银行卡消费或者取款，采用的是磁条技术，将来可能是 CPU 卡；传真和扫描、复印等，采用的则是光学字符识别技术等，这些都是日常生活中的典型例子，自动识别技术已经融入我们生活的各个方面。

常见的自动识别技术包括如下几类：条码技术、磁条技术、光学字符识别

技术、生物识别技术、Mifare 卡技术、RFID 技术。本节结合物联网技术军事应用特点，将重点介绍条码技术、Mifare 卡技术和 RFID 技术。

2.1.1 条码技术

条形码或条码是将宽度不等的多个黑条和空白，按照一定的编码规则排列，用于表达一组信息的图形标识符。常见的条形码是由反射率相差很大的黑条（简称条）和白条（简称空）排成的平行线图案。条形码可以标出物品的生产国、制造厂家、商品名称、生产日期、图书分类号、邮件起止地点、类别、日期等许多信息，因而在商品流通、图书管理、邮政管理、银行系统等许多领域都得到了广泛的应用。

条码技术应用涉及标准化技术、计算机技术、编码技术、通信技术、网络技术、机光电一体化技术以及信息系统集成技术等，另外还同物流管理、管理信息系统以及电子商务的知识紧密相关。

2.1.1.1 条码类别

条码最早出现在 20 世纪 40 年代的美国，80 年代后，尤其是随着相应的计算机技术、印刷技术、自动识别设备、现代物流技术和电子商务的发展，条码技术在国际上得到了广泛的应用。我国也于此时开始研究，并在部分行业完善了条码管理系统，如图书馆、邮电、连锁店、银行、交通运输及各大企事业单位等。

目前常用的条码主要有一维条码、二维条码和彩色条码三种。

1. 一维条码

一维条码（1-dimensional bar code）又称线形条码，只在一个方向（一般是水平方向）表达信息，而在垂直方向则不表达任何信息，其一定的高度通常是为了便于阅读器的对准。例如，人们经常看到的各种商品上的条码、挂号信和特快专递上的条码都属于一维条码。目前使用频率最高的几种码制是 EAN、UPC、三九码和 128 码。

一维条码的应用可以提高信息录入的速度，减少差错率，但是一维条码也存在下面一些不足之处。

（1）数据容量较小：30 个字符左右。

（2）只能包含字母和数字。

（3）条码尺寸相对较大（空间利用率较低）。

（4）条码遭到损坏后便不能阅读。

2. 二维条码

二维条码（2-dimensional bar code）在横竖两个方向（二维）都拥有信息，是一种高密度、高信息含量的便携式数据文件，是实现证件及卡片等大容量、高可靠性信息自动存储、携带，并可用机器自动识读的理想手段，能够不依赖数据库及通信网络而单独应用。

从结构上讲，二维条码分为两类，一类由矩阵代码和点代码组成，其数据是以二维空间的形态编码的；另一类由多行条码符号组成，其数据以成串的数据行显示。常用的码制有CODE4、9 CODE16、PDF417。PDF是便携式数据文件（PORTABLE DATA FILE）的缩写，417则与宽度代码有关，用来对字符编码。PDF417由美国Symbol公司研制，是中国现行唯一通过国家标准认证的二维条码。

使用二维条码可以解决如下问题。

（1）表示包括汉字、照片、指纹、签字在内的小型数据文件。

（2）在有限的面积上表示大量信息。

（3）对"物品"进行精确描述。

（4）防止各种证件、卡片及单证的仿造。

（5）在远离数据库和不便联网的地方实现数据采集。

3. 彩色条码

彩色条码主要是结合带有视像镜头的手提电话或个人计算机，利用镜头来阅读杂志、报纸、电视机或计算机屏幕上的颜色条码，并传送到数据中心。数据中心会因应收到的颜色条码来提供网站资料或消费优惠。

彩色条码比二维条码优胜的地方，是它可以利用较低的分辨率来提供较高的数据容量：一方面，颜色条码不需要较高分辨率的镜头来解读，使沟通从单向变成双方面；另一方面，较低的分辨率令使用条码的公司在条码上加上变化，以提高读者参与的兴趣。

新的彩色条码将使用4种或8种颜色，在较少的空间中储存更多的资讯，并以小三角形取代传统的长方形。由CNET新闻中公布的图片看来，类似彩色版的二维QR条码。彩色条码未来计划用于电影、电玩等商业性媒介上，以冀提供更高的安全性，甚至电影宣传片或其他附加功能。

2.1.1.2　条码基本原理

条码符号是图形化的编码符号，条码符号的识读必须借助一定的专用设备，将条码符号中所表示的编码信息转换成计算机可识别的数字信息。条码识读系统由扫描系统、信号整形、译码三个功能部分组成。

扫描系统由光学系统和光电转换器组成，其功能是完成对条码符号的光学扫描，通过光电转换器，将获得的条码符号的光信号转换成为模拟电信号。

信号整形部分由信号放大、滤波和整形部分组成，其功能是将扫描系统获得的模拟电信号处理成为标准电位的矩形波信号，即标准的数字脉冲信号，其高低电平的宽度与条码符号的条空尺寸相对应。

译码部分一般由嵌入式微处理器组成，它的功能是对获得的条码脉冲数字信号进行译码，译码的结果通过接口电路输出到条码应用系统中的数据终端。

按照条码识别设备能够识别码的能力和识读原理，可将其分为激光式、CCD图像式、光笔与卡槽式三类条码扫描器。激光式条码扫描器只能识读一维条码和行排式二维码（如PDF417码）。图像式条码扫描器不仅可以识读一维条码，而且还能识读行排式和矩阵式二维条码，而光笔与卡槽式条码扫描器只能识读一维条码。

1. 手持激光扫描器

手持激光扫描器又称激光枪，是一种被广泛应用的远距离条码阅读设备，可分为线型、全向激光扫描器等几种。全向激光扫描器对于标准尺寸的商品条码以任何方向通过扫描器识读区域时都能被准确地识读。这种扫描器一般用于商业超市的收款台，可以安装在柜台下面，也可以安装在柜台侧面。

2. CCD扫描器

CCD扫描器是一种图像式扫描器，可以同时扫描一维及二维条码，如Honeywell引擎。它是采用CCD元件作为光电转换装置，CCD元件也称CCD图像感应器。CCD扫描器在扫描条码符号时，其内部结构不需要任何驱动机构，便可实现对条码符号的自动扫描。

3. 光笔和卡槽式条码扫描器

光笔和大多数卡槽式条码扫描器都采用手动扫描的方式。扫描器内部没有扫描光束驱动装置，发射的照明光束的位置相对于扫描器是固定的，完成扫描的过程需要人工手持扫描器扫过条码符号，属于固定光束式扫描器。

2.1.1.3 条码技术特点

条码技术是电子与信息科学领域的高新技术，是迄今为止最经济、实用的一种自动识别技术。条码技术所涉及的技术领域较广，是多项技术相结合的产物，经过多年的长期研究和应用实践，现已发展成为较成熟的实用技术。

条码作为一种图形识别技术与其他识别技术相比有以下几个特点。

（1）简单。条码符号制作容易，扫描操作简单易行。

（2）信息采集速度快。与键盘输入相比，条形码输入的速度是键盘输入的10倍，并且能实现"即时数据输入"。

（3）采集信息量大。利用条码扫描，传统一维条码一次可以采集几十位字符的信息，二维条码更可以携带数千个字符的信息，而且可以通过选择不同码制的条码增加字符密度，使录入的信息量成倍增加，并有一定的自动纠错能力。

（4）可靠性高。键盘录入数据，误码率为三百分之一，利用光学字符识别技术，误码率约为万分之一。而采用条码扫描录入方式，误码率仅有百万分之一，首读率可达98%以上。

（5）灵活、实用。条码符号作为一种识别手段可以单独使用，也可以和有关设备组成识别系统实现自动化识别，还可以和其他控制设备联系起来实现整个系统的自动化管理。同时，在没有自动识别设备时，也可实现手工键盘输入。

（6）自由度大。识别装置与条码标签相对位置的自由度要比OCR大得多。条码通常只在一维方向上表示信息，而同一条码符号上所表示的信息是连续的，这样即使是标签上的条码符号在条的方向上有部分残缺，仍可以从正常部分识读正确的信息。

（7）设备结构简单、成本低。条码符号识别设备的结构简单，操作容易，无须专门训练。与其他自动化识别技术相比较，推广应用条码技术，所需费用较低。

2.1.1.4 条码应用范围

条码数据采集器作为一种快速、高效的移动信息采集、处理终端，运用条形码技术可提高竞争能力、提高顾客的满意度、降低库存、提高仓储的效率和

准确率。条码技术的应用可大大提高 ERP 基础数据采集的准确性，提高企业成本控制管理能力，是实现 EDI、电子商务、供应链管理等的技术基础，是提高企业管理水平和竞争能力的重要技术手段，在国防、公共安全、工业、金融、医疗、商业、货物运输、邮政等领域有极为广泛的应用前景。

条码典型应用领域主要涵盖以下四个行业。

1. 零售行业

产品条码防伪管理系统可帮助企业对关键商品在分销网络中的有序流动实现严格的监督和控制，提高企业的渠道管理水平，降低和规避渠道风险。系统通过应用加密型二维条码技术，对关键商品进行精确和保密的标识。通过外地分支机构的商品核查职能，可有效杜绝产品跨区销售和窜货，防范假冒伪劣的冲击。

1）生产管理

企业在每个产品上面贴上一个唯一标志的条码，可以有加密一维码、加密二维码等形式，含有产品的品种信息、生产信息、序列号、销售信息等，特别是二维条码可以记录更详细的商品的销售区域、销售负责人、关键配件序列号等数据和信息，从而为商品添加了一个唯一、完整、保密的身份和属性标识符。

2）销售管理

分销企业通过将二维条码技术与进销存软件、企业广域网络的结合，便可对商品分销的全流程实现全面、有效、安全的管理和监控，并进一步得到宝贵的商品仓储、物流、销售、回款等数据，为企业总部的经营决策提供宝贵的统计信息、数据和报表。

3）商品防伪

通过一维、二维条码实现防伪功能。经过企业加密后的一维、二维条码，在无法得到密钥的情况下，其他人员无法获取二维条码中的数据和信息。并且在数据库中记录了每一条条码的物流情况，伪造的条码没有数据库记录，很容易被系统检查处理，自动报警。此外，企业还可建立防伪查询网站，供客户登录查询商品串号。

4）售后服务

售后服务部门通过扫描加密型二维条码，获得条码中所保存的商品来源和属性等信息，从而对待维修商品进行全面、严格的身份识别和确认，保证企业利益不受损害，并有效提高客户服务质量。

2. 生产制造业

生产流水线条码系统在自动化装配生产线和各加工过程中，使用条码为主要零部件上打上条码标签，通过条码识读器采集并译码后条码信息输入计算机服务器的数据库里，每个产品和主要部件都会有一个唯一的条码，不管产品发往何处，都会有记录。如果发生质量问题，只需读入保修卡上的条码，就可以在数据库里调出该产品的相关资料，便利了产品的质量追踪和售后服务。

1）品质追踪

通过记录和跟踪整机及主要部件的生产场地、生产日期、班组生产线、PCB板版本号、批号和序号，生产物料各个环节的数量、时间，作业员及机台号等相关资料，建立起良好的可追溯性——可从成品追溯到所使用的原材料。

2）用料成本控制

将所有使用的生产原物料建立唯一编号，附有条形码标签，并建立严格的领料控制。通过每种类型的产品物料清单，将产品生产计划分解成用料计划，可合理计算材料余量，控制每批产品的材料用量与标准成品的偏差。

3）作业时间控制

通过扫描作业员编号、机台号，记录每个作业员的工作时间，经统计分析，可计算每批产品的作业时间和标准作业时间的偏差。

4）生产统计

通过扫描成品机身号和各主要部件条码，可自动完成成品的产量统计、用料统计，同时计算出废品状况。

5）计件统计

许多企业采用计件工资方式，计件统计是一件非常烦琐的工作，通过在每个产品上的条码标识和生产作业单，可以很容易地统计每个工人完成的产品数量，并能追究产生残次品的责任人员。

6）生产调度

管理在线的生产任务、订单、批次、工作令等，可以根据具体情况对调度单进行修改。

7）产品档案

利用条码采集数据，可以建立包括产品的制造过程、部件配置、质检数据

等详细信息的完整产品档案。

8）过程资料查询

传统的生产现场资料查询（以下简称"资信"）都是基于手工的操作，好一点的是把各种生产报表、单据、窗体数据输入计算机中进行汇总，进而得出各种资料。但这种做法不能保证资信的实时性、准确性及全面性，人为的资料误差多。采用条码技术，将各种基础资信存在 ERP 系统中，业务资料实时地从生产线上采集而来，保证了资信的实时性，同时由于资料是一点输入，整体共享，保证了资信的一致性；又由于资信来自整个生产现场的下料、加工、组装、质检、维修、包装、入库等所有流程，保证了资信的全面、准确性。ERP 结合电子商务技术，开发出基于 Web 技术的生产现场门户。管理层以前想要了解生产状况，一定要亲临生产现场找一堆人来问，而且得到的资信不一定准确；或客户想了解自己的订单在制造商的生产进度，那得通过电话频繁联系，而有了基于 Web 的查询接口以及先进的 OLAP 技术支持，不论是在企业内部还是在世界各地，一切尽在掌握之中。

3. 医疗卫生行业

医疗条码管理系统条码在医疗行业的应用有病房管理、病历管理、诊断和处方管理、化验管理和药品管理等几个主要部分，按软件功能可分为移动查房子系统、移动护理子系统、药品管理子系统、及时通信与定位子系统。通过条码作为信息传递载体，实现了对医院日常业务中产生的病历、住院费用、药品药库、器械等物流和信息流的实时跟踪，帮助医院实现从粗放式经营向精细化、规范化管理转型，提高医院的竞争能力和经济效益。

1）病房管理

通过条码打印机为住院病患制作带有条码腕带、条码病床标识的标签。这样可以实现移动查房，诊疗人员通过无线终端扫描病人腕带上的条码，可以方便地调出病人的电子病历，准确、快速掌握病人全部信息（包括患者的用药记录），利于医生处理各种情况，将病患者当前状况和处理情况暂时记录在无线终端，事后跟计算机联网实现批量处理（考虑到数据完整性不建议采用实时传输）传输至信息中心，及时反馈给主治医师，提高工作效率。通过条码标签快速识别病患类型，使信息的采集、传输和管理更加快速、更加准确。

2）病历管理

记录病患者的有关信息，通过条码打印机为病历标识条码标签，通过条码标签快速、准确地识别病历类型。

考虑到已有旧系统在使用，由旧系统提供一个接口，按病历号从旧系统直接读取病历数据导入新系统，新系统自动生成一个条码，然后在病历上贴上条码标签，以后废除旧系统后，直接在新的系统中输入病历数据。

3）处方管理

处方由主治医师开出，通过条码打印机为病历标识条码标签，通过条码标签快速、准确地识别处方的配药情况、用药记录。不同的处方有不同的条码，以区分一人多处方的情况，在配药时将与处方一起核对是否正确。

4）药品管理和器械管理

药品是医院医疗活动的核心物流体。药房在收到收费处的确认付费信息后，根据药单配选药品，并逐一扫描药品架上的条码跟处方进行核对，防止配错药品，同时减去当前药品库存数量，便于院领导随时掌握库存变化。在扫描读取患者登记卡的条码信息确认身份后，将药发给患者离开。

4. 物流行业

在供应链中采用二维条码作为信息传递的载体，不但可以有效避免人工输入可能出现的失误，大大提高入库、出库、制单、验货、盘点的效率，而且兼有配送识别、保修识别等功能，还可以在不便联机的情况下实现脱机管理，可以从更深层次对产品进行管理和跟踪。

1）产品标签管理

在产品下线时，产品标签由制造商打印并粘贴在产品包装的明显位置。产品标签将成为跟踪产品流转的重要标志。若产品制造商未提供条码标签或标签损坏，可利用系统提供的产品标签管理模块，重新生成所需的标签。

2）产品入库管理

入库时识读商品上的二维条码标签，同时录入商品的存放信息，将商品的特性信息及存放信息一同存入数据库，存储时进行检查，看是否是重复录入。通过二维条码传递信息，有效地避免了人工录入的失误，实现了数据的无损传递和快速录入，将商品的管理推进到更深的层次——个体管理。

3）产品出库管理

根据商务中心产生的提货单或配送单，选择相应的产品出库。为出库备货方便，可根据产品的特征进行组合查询、可打印查询结果或生成可用于移动终端的数据文件。产品出库时，要扫描商品上的二维条码，对出库商品的信息进

行确认，同时更改其库存状态。

4）仓库内部管理

在库存管理中，一方面二维条码可用于存货盘点，通过手持无线终端，收集盘点商品信息，然后将收集到的信息由计算机进行集中处理，从而形成盘点报告；另一方面二维条码可用于出库备货。

5）货物配送

二维条码在配送管理中具有重要的意义。配送前将配送商品资料和客户订单资料下载到移动终端中，到达配送客户后，打开移动终端，调出客户相应的订单，然后根据订单情况挑选货物并验证其条码标签，确认配送完一个客户的货物后，移动终端会自动校验配送情况，并做出相应的提示。

6）保修维护

维修人员使用二维条码识读器识读客户信息条码信息标签，确认商品的资料。维修结束后，录入维修情况及相关信息。

2.1.2　Mifare 卡技术

2.1.2.1　Mifare 卡简介

Mifare 卡是使用最为广泛的感应式智能 IC 卡，主要包括 Mifare Light、Mifare 1、Mifare ProX 和 Mifare UltraLight 等几种规格。其主要性能对比如表 2.1 所列。

表 2.1　Mifare 卡各型号性能比较

	S50	S70	Mifare Ultralight
存储容量	8Kb，16 个分区，每分区两组密码	32Kb，32 个分区，每分区两组密码	512 b
工作频率/MHz	13.56	13.56	13.56
通信速率/(KB/s)	106	106	106
读写距离/cm	2.5～10	2.5～10	2.5～10
读写时间/ms	1～2	1～2	1～2
工作温度/℃	−20～85	−20～85	−20～85
擦写寿命/次	>100000	>100000	>100000
数据保存/年	>10	>10	5

续表

	S50	S70	Mifare Ultralight
外形尺寸	ISO 标准卡 85.6mm×54mm×0.80mm/厚卡/异形卡/S50 白卡	ISO 标准卡 85.6mm×54mm×0.80mm±0.04mm	超薄卡 85.6mm×54mm×0.60mm/ISO 标准卡/各种异形卡
封装材料	PVC、ABS、PET、PETG、0.13mm 铜线	PVC、ABS、PET、PETG、0.13mm 铜线	PVC、ABS、PET
封装工艺	超声波自动植线/自动碰焊	超声波自动植线/自动碰焊	超声波自动绕线/自动碰焊
执行标准	ISO 14443A	ISO 14443A	ISO 14443A
典型应用	企业/校园一卡通、公交储值卡、高速公路收费、停车场等	企业一卡通、学校管理、公交储值卡、高速公路收费、停车场等	高度安全需要场合,如地铁车票、城市交通卡、智能大厦出入系统等

2.1.2.2 Mifare 卡特点

Mifare 卡的主要特点包括:①防伪保密性能好;②工作可靠;③防冲突功能;④寿命长;⑤使用方便;⑥速度快。

2.1.2.3 基本原理

(1)芯片配置与存取控制 Mifare 芯片包括射频模块、控制单元与存储单元三部分(如图 2.1 所示)。射频模块包括 RF 接口、调制解调电路、电压调整与能量控制电路。射频模块主要功能是处理阅读器与标签之间的通信,控制标签电压大小和储存电能。控制单元负责接收能量与信息,进行标签的认证与安全管理。存储单元进行信息存储。

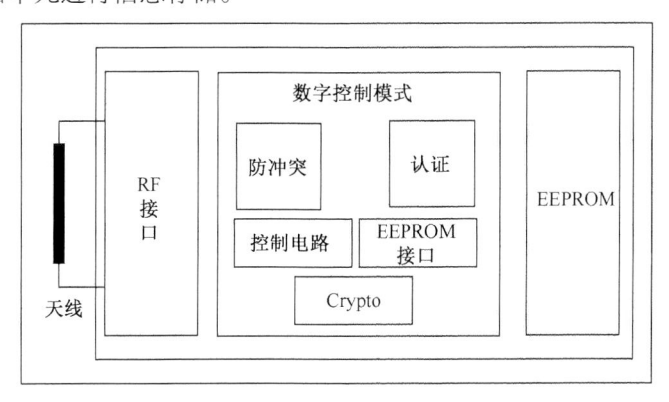

图 2.1 Mifare 1 的芯片结构示意图

本部分内容和以下的内容如果没有特殊说明，则都是以 Mifare 1 S50 卡片为例来进行说明的。

Mifare 1 S50 具有 1KB 即 8Kb 的 EEPROM，分成 16 个扇区，每个扇区又分成 4 个存储块，每个块有 16B（128b），如表 2.2 所示。

表 2.2 Mifare 1 S50 芯片存储单元配置表

	BLOCK 0	BLOCK 1	BLOCK2	BLOCK 3
Sector 00	BLOCK 00	BLOCK 01	BLOCK 02	BLOCK 03
Sector 01	BLOCK 04	BLOCK 05	BLOCK 06	BLOCK 07
Sector 02	BLOCK 08	BLOCK 09	BLOCK10	BLOCK 11
Sector 03	BLOCK 12	BLOCK 13	BLOCK 14	BLOCK 15
Sector 04	BLOCK 16	BLOCK17	BLOCK 18	BLOCK19
Sector 05	BLOCK 20	BLOCK 21	BLOCK 22	BLOCK 23
Sector 06	BLOCK 24	BLOCK 25	BLOCK 26	BLOCK 27
Sector 07	BLOCK 28	BLOCK 29	BLOCK 30	BLOCK 31
Sector 08	BLOCK 32	BLOCK 33	BLOCK 34	BLOCK 35
Sector 09	BLOCK 36	BLOCK 37	BLOCK 38	BLOCK 39
Sector 10	BLOCK 40	BLOCK 41	BLOCK 42	BLOCK 43
Sector 11	BLOCK 44	BLOCK 45	BLOCK 46	BLOCK 47
Sector 12	BLOCK 48	BLOCK 49	BLOCK 50	BLOCK 51
Sector 13	BLOCK 52	BLOCK 53	BLOCK 54	BLOCK 55
Sector 14	BLOCK 56	BLOCK 57	BLOCK 58	BLOCK 59
Sector15	BLOCK 60	BLOCK 61	BLOCK 62	BLOCK 63

每个不同位置的扇区和存储块都有唯一的绝对编号，编写程序时，必须指定具体的扇区和存储块的编号。每个扇区为 64B，而每个扇区最后的存储块为控制用，因此，每个扇区可用大小为 48B，即每个扇区可以存储 48 个英文字母或者 24 个汉字。

（2）通信流程。Mifare 卡和阅读器之间的通信，是指阅读器从侦测读取范围内是否存在 Mifare 卡，到执行 Mifare 卡的各项操作指令的全过程，如图 2.2 所示。具体步骤为：询卡→防冲突机制→选卡→认证→读→写→加值→减值→存储→传输→中止。

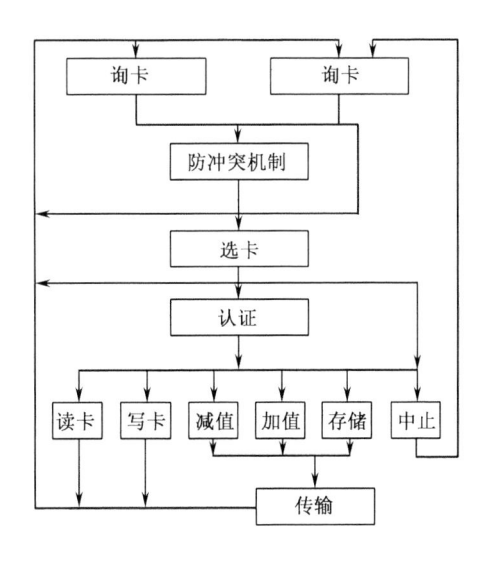

图 2.2 Mifare 卡和阅读器之间通信流程示意图

（3）阅读器。由 Mifare 阅读器芯片制造的 Mifare RC500 阅读器能够完成对 Mifare 卡片的所有读写操作。该阅读器包括 CPU、高频电路、Mifare 电路、天线、RS232 通信接口、重置电路、喇叭驱动电路、LED 状态指示灯等，采用 89C52 CPU，其硬件结构如图 2.3 所示。

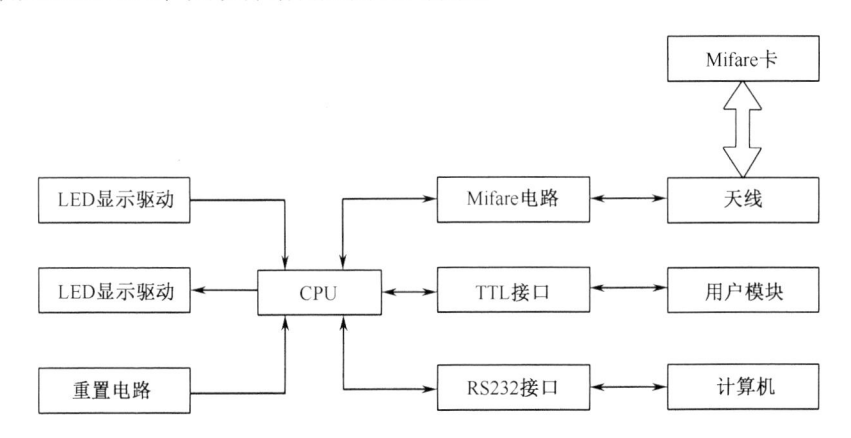

图 2.3 Mifare RC500 阅读器硬件结构示意图

2.1.2.4 应用现状

广泛应用于交通管理（IC 卡路桥自动收费系统、高速公路管理系统、养路费管理系统等）；电信（支持 STK 卡、SIM 卡，支持手机银行和 STK 卡增值应用）；企事业单位一卡通系统（考勤、收费、门禁等）；公共事业（城市一

卡通系统、地铁 IC 卡收费系统、公交 IC 卡收费系统、公园 IC 卡月票系统、出租车 IC 卡系统、乘车管理系统等）；安全检查（电子护照、电子身份证、系统安全加密等）；金融事业（网上银行、商场会员卡系统、自助式购物、银行金融 POS 系统等）。

国外较为先进的 Mifare 卡主要有：瑞士 EM 微电子公司的 EM4100/4102 感应式只读 ID 卡、EM4069 感应式读写 ID 卡、EM4150 感应式读写 ID 卡；荷兰 Philips 电子公司的 I·CODE1 感应式读写 IC 卡、I·CODE2 感应式读写 IC 卡、Hitag1 感应式读写 IC 卡、Hitag2 感应式读写 IC 卡；美国 TI 公司的 Tag-it HF-I 感应式读写标签卡、Tag-it 13.56MHz 感应式读写卡；Atmel 公司的 Atmel AT88RF256-12 感应式读写 IC 卡、Atmel T5557 感应式读写 IC 卡等。

2.1.3 RFID 技术

2.1.3.1 概念介绍

无线射频识别技术（Radio Frequency Identification，RFID）是一种非接触的自动识别技术，其基本原理是利用射频信号和空间耦合（电感或者电磁耦合）传输特性，实现对被识别物体的自动识别。射频识别系统的基本模型如图 2.4 所示。其中，电子标签又可称为射频标签、应答器或数据载体；阅读器即读出装置，又可称为扫描器、读头、通信器、读写器（取决于电子标签是否可以无线改写数据）。电子标签与阅读器之间通过耦合元件实现射频信号的空间（无接触）耦合，在耦合通道内，根据时序关系，实现数据的交换和能量的传递。在实际应用中，电子标签附着在被识别的物体上，当带有电子标签的被识别物品通过读头的可识读区域时，读头自动以无接触的方式将电子标签中的约定识别信息取出，从而实现自动识别物品或自动收集物品标识信息的功能。

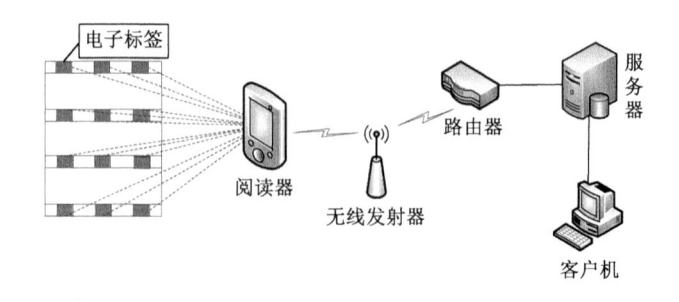

图 2.4　RFID 系统配置示意图

电感耦合，即所谓的变压器模型，通过空间高频交变磁场实现耦合，依据的是电磁感应定律。电感耦合方式一般适合于近距离，中、低频工作的射频识别系统。典型的工作频率有 125kHz、225kHz 和 13.56MHz。典型作用距离为 10~20cm，识别距离一般不高于 1m。

电磁耦合或电磁反向散射耦合，即所谓的雷达原理模型，发射出去的电磁波，碰到目标后反射，同时携带回目标信息，依据的是电磁波的空间传播规律。电磁反向散射耦合方式一般适合于远距离、高频、微波工作的射频识别系统。典型的工作频率有 433MHz、915MHz、2.45GHz、5.8GHz。典型作用距离为 3~10m，识别距离不低于 1m。

从结构上分，RFID 标签有三种：主动型、半主动型和被动型。被动型结构最简单，由天线和芯片组成，其工作能量来自天线接收到的阅读器发出的电磁波信号，不需要集成电路电源，因而成本也最低。半主动型和主动型 RFID 标签则需要电源来获得更高的工作频率，或用以记录传感器数据的能量，这类标签功能强大，结构复杂，成本较高。

从功能上分，RFID 标签又可分为只读式和读写式。只读式标签中的数据信息不能更改，但通常可以多次读取；而读写式标签允许用户根据需要更改已经写入标签中的数据。

2.1.3.2 基本原理

RFID 标签由两部分组成：硅芯片和专用天线。通过天线，芯片可以接收和传输微波信号，如商品的身份数据信息。RFID 阅读器连接着天线和计算机网络，它向 RFID 标签发出一定频率的查询信号后，标签发出反馈信号，信号中包含了诸如产品代码之类的信息，由阅读器将信号处理后传给计算机网络。

在 RFID 工作的空间通道中存在三种事件模型：以能量提供为基础的事件模型，以数据交换为目的的事件模型，以及以时序方式实现数据交换的事件模型。详细说明如下。

（1）读头向电子标签提供工作能量。当无源标签进入射频识别场时，读头发射出来的射频波激活标签电路，标签通过整流的方法将射频波转换为电能存储在标签中的电容里，从而为标签的工作提供能量，完成数据的交换；当无源标签离开射频识别场时，标签由于自身没有能量而处于休眠状态。对于半有源标签来讲，射频场起到激活的作用；有源标签始终处于主动工作的激活状态中，具有较远的识读距离。

（2）读头和标签之间的数据通信包括读头与标签的双向数据通信。在读头向标签的数据通信中，又分为离线写入和在线数据写入。任何一个射频电子标签，都具有唯一的、不可更改的 ID 号。从目前市场上的射频系统来看，可读写的标签系统并不多，而且写入性能也不是很高。因此，只读 RFID 系统使用较为普遍，其主要运用后台来支持标签的数据属性。对于标签向读头的数据通信过程，其工作方式包括：①标签激活并反馈信息；②在读头指令控制下采取相应动作，如休眠或写入信息等。

（3）时序指的是读头与标签的工作次序问题，即由于不同标签的主/被动特性，导致标签识别过程的不同。也就是读头主动唤醒标签，还是标签首先自报家门的方式。

2.1.3.3 技术标准

目前常用的 RFID 国际标准主要有：用于对动物识别的 ISO 11784 和 ISO 11785，用于非接触智能卡的 ISO 15693（Vicinity cards）、ISO 10536（Close coupled cards）、ISO 14443（Proximity cards），用于集装箱识别的 ISO 10374 等。目前国际上制定 RFID 标准的组织比较著名的有三个：ISO、EPC Global 和 Ubiquitous ID Center。

1. ISO 标准体系

国际标准化组织（ISO）以及其他国际标准化机构如国际电工委员会（IEC）、国际电信联盟（ITU）等是 RFID 国际标准的主要制定机构。大部分 RFID 标准都是由 ISO（或与 IEC 联合组成）的技术委员会（TC）或分技术委员会（SC）制定的。

RFID 领域的 ISO 标准可以分为以下四大类。

（1）技术标准（如射频识别技术、IC 卡标准等）；

（2）数据内容与编码标准（如编码格式、语法标准等）；

（3）性能与一致性标准（如测试规范等标准）；

（4）应用标准（如船运标签、产品包装标准等）。

下面简单介绍其中几个 ISO RFID 标准。

1）ISO 11784 和 ISO 11785 技术标准

ISO 11784 和 ISO 11785 分别规定了动物识别的技术准则和代码结构，可以根据需要设计动物的各种形式的 RFID 标签，如玻璃管状、耳标或项圈等。数据传输方式有全双工和半双工两种，工作频率为 134.2kHz。

2）ISO 10536、ISO 15693 和 ISO 14443 技术标准

基于 ISO 10536 标准的 RFID 卡片由于性价比过低，从未在市场上销售。而在 2000 年完成的 ISO 14443 和 ISO 15693 标准，二者皆以 13.56MHz 交变信号为载波频率，应用较广泛。其中 ISO 14443 读写距离稍近，而 ISO 15693 读写距离较远。目前的第二代电子身份证采用的标准是 ISO 14443 TYPE B 协议，ISO 14443 定义了 TYPE A、TYPE B 两种类型协议，通信速率为 106KB/s。

3）ISO 18000 技术标准

ISO 18000 是一系列标准，此类标准是目前较新的标准，可用于商品的供应链，而其中的部分标准也正在不断形成和完善之中，标准代码结构如表 2.3 所列。最具典型性的 ISO 18000-6 整合了现有 RFID 厂商的产品规格和 EAN-UCC 所提出的标签架构要求，对数据内容和数据结构无限制，可用于 EPC。

表 2.3　ISO 18000 标准代码结构

标准号	内容	应用领域
18000-1	一般参数定义	
18000-2	135kHz 以下空气接口参数	适合短距离纸类标签，如门禁卡
18000-3	13.56MHz 空气接口参数	适合中距离使用，如货架
18000-4	空气接口参数	适合较长距离使用
18000-6	860～930MHz 空气接口参数	适合较长距离
18000-7	433.92MHz 空气接口参数	只是作为一种选择，易被其他通信器材干扰

2. EPC Global 标准体系

EPC Global 是由美国统一代码协会（UCC）和国际物品编码协会（EAN）于 2003 年 9 月共同成立的非营利性组织，其前身是 1999 年 10 月 1 日在美国麻省理工学院成立的非营利性组织 Auto-ID 中心，以创建"物联网"（Internet of Things）为自己的使命。为此，该中心将与众多成员企业共同制定一个统一的、类似于 Internet 的开放技术标准，在现有计算机互联网的基础上，实现商品信息的交换与共享。旗下有沃尔玛集团、英国 Tesco 等 100 多家欧美的零售流通企业，同时有 IBM、微软、飞利浦、Auto-ID Lab 等公司提供技术研究支持。

EPC Global 致力于建立一个向全球电子标签用户提供标准化服务的 EPC Global 网络，前提是遵循该公司制定的技术规范。目前 EPC Global Network 技术规范 1.0 版给出了所有的系统定义和功能要求。EPC Global 已在加拿大、日本、中国等国建立了分支机构，专门负责 EPC 码段在这些国家的分配与管理、EPC 相关技术标准的制定、EPC 相关技术在本土的宣传普及以及推广应用等工作。

EPC Global 提出的"物联网"体系架构由 EPC 编码、EPC 标签及读写器、EPC 中间件、ONS 服务器和 EPCIS 服务器等部分构成。EPC 是赋予物品的唯一的电子编码，其位长通常为 64 位或 96 位，也可扩展为 256 位。对不同的应用，规定有不同的编码格式，主要存放企业代码、商品代码和序列号等。最新的 GEN2 标准的 EPC 编码可兼容多种编码。EPC 中间件对读取到的 EPC 编码进行过滤和容错等处理后，输入企业的业务系统中。它通过定义与读写器的通用接口（API）实现与不同制造商的读写器的兼容。ONS 服务器根据 EPC 编码及用户需求进行解析，以确定与 EPC 编码相关的信息存放在哪个 EPCIS 服务器上。EPCIS 服务器存储并提供与 EPC 相关的各种信息。这些信息通常以 PML 的格式存储，也可以存放于关系数据库中。

3. Ubiquitous ID 标准体系

Ubiquitous ID Center 是由日本政府的经济产业省牵头，主要由日本厂商组成，目前有日本电子厂商、信息企业和印刷公司等达 300 多家参与。该识别中心实际上就是日本有关电子标签的标准化组织。

UID Center 的泛在识别技术体系架构由泛在识别码（ucode）、信息系统服务器、泛在通信器和 ucode 解析服务器等四部分构成。ucode 是赋予现实世界中任何物理对象的唯一识别码。它具备了 128 位的充裕容量，并可以用 128 位为单元进一步扩展至 256 位、384 位或 512 位。ucode 的最大优势是能包容现有编码体系的源编码设计，可以兼容多种编码。ucode 标签具有多种形式，包括条码、射频标签、智能卡、有源芯片等。泛在识别中心把标签进行分类，设立了 9 个级别的不同认证标准。信息系统服务器存储并提供与 ucode 相关的各种信息。

ucode 解析服务器确定与 ucode 相关的信息存放在哪个信息系统服务器上。ucode 解析服务器的通信协议为 ucodeRP 和 eTP，其中 eTP 是基于 eTron（PKI）

的密码认证通信协议。泛在通信器主要由 IC 标签、标签读写器和无线广域通信设备等部分构成，用来把读到的 ucode 送至 ucode 解析服务器，并从信息系统服务器获得有关信息。

泛在识别中心对网络和应用安全问题非常重视，针对未来可能出现的安全问题如截听和非法读取等，节点进行信息交换时需要相互认证，而且通信内容是加密的，避免非法阅读。

2.1.3.4 应用现状

根据 IDTechEx 的调查，2017 年整体 RFID 的市场价值约 1120 亿美元，从 2016 年的 1052 亿美元及 2015 年的 995 亿美元一路攀升。其统计包含卷标、读取器、RFID 的卷标、卡片、线圈与其他载体的软件/整合服务（含被动型标签与主动型标签）。预估到 2022 年，IDTechEx 产值会达到 1490 亿美元。

1. 标签使用量

在零售业方面，服饰业还是持续采用 RFID 贴标应用，但就使用量来看，超过其他的应用，2017 年仅是服饰标签的需求就达 870 亿个。以整个服饰产业的潜在市场范围来看，2017 年 RFID 的渗透率低于 20%，还有可成长的空间。另外，RFID 在交通票券标签的需求量达到 8.25 亿个。动物贴标（例如：猪、羊、牛与宠物等）也很有潜力，在很多国家渐渐变成立法规范的一部分，在 2017 年使用达到 4.8 亿个标签。

总体而言，IDTechEx 在 2017 年的标签销售量约为 1820 亿个，相对于 2016 年的 1520 亿个销售量，大部分的成长来自被动式超高频 UHF 的标签。然而以销售额而言，超高频 UHF 的标签仅占高频 HF 标签销售额的 25%，因为高频 HF 用在安控部分的标签（例如：交易、门禁），比普通超高频 UHF 抛弃型的标签价格高。

2. 金融服务

央行力推金融 IC 卡迁移工作，2012 年 10 月，人民银行完成了对 PBOC3.0 标准的编制修订工作，旗帜鲜明地确定了走完全迁移的路线，即以后不发磁条芯片卡，直接发单芯片卡。目前银行卡发卡量持续增长，依据央行发布的《2019 年第二季度支付体系运行总体情况》来看，截至 2019 年第二季度末，全国银行卡在用发卡数量 79.78 亿张，信用卡和借贷合一卡在用发卡数量共计

7.11亿张，全国人均持有银行卡5.72张，其中，人均持有信用卡和借贷合一卡0.51张；联网POS机具3287.29万台，ATM具110.04万台，全国每万人对应的POS机具数量235.58台，全国每万人对应的ATM数量7.89台。

另外，据中国之声《全球华语广播网》报道，截至2017年5月25日，人力资源和社会保障部已经发出我国第10亿张社会保障卡，我国社保卡的持卡人数已覆盖全国超过72%的人口，并在2017年年底基本实现了社保卡跨业务、跨地域的兼具借记卡、领取社会保险待遇、缴纳各种社会保险费用等金融功能的"一卡通用"，2020年年底基本实现社保卡覆盖90%人口的目标。

3. 服饰业应用

在零售服饰业品项贴标方面，经由IDTechEx的访查，在没增加库存量的情况下，使用智能盘点可减少96%的工作时间，达到98%的库存正确量，可增加4%～20%的销售额。2016年，超过650亿的标签使用在服饰业与鞋袜业，全球顶级服饰品牌零售商贡献约400亿美元。

4. 医疗产业应用

运用RFID科技，可以救命、避免错误、节省开支与增进效率。在医疗产业，可在多方面看出这些效益，预估每年都能以35%的市场成长率增长直至2020年。

在医疗与生命科学上，受欢迎的应用包含：细胞组织管理、手术房供应品、导管室、仪器追踪、病患追踪、资产设备追踪、立即寻址服务、手术排程、麻醉追踪、医疗仪器库存追踪、仓库配送、寄售库存、化学品追踪、实验室自动化生物追踪、冷链追踪、库房追踪、使用仪器追踪。

5. 医疗卫生

2011年12月30日，原卫生部发布了《居民健康卡管理办法（试行）》，这标志着居民健康卡应用的正式启动。原卫生部根据居民健康卡首批发放应用的实践情况，又印发了《居民健康卡配套管理办法和技术规范》，以此进一步完善了居民健康卡的发放环境，推动居民健康卡良性发展。

2020年，我国基本实现了全员人口信息、电子健康档案和电子病历等三大数库覆盖全国人口，实现全国普及应用居民健康卡。

6. 移动支付应用

移动支付是一个全球范围内颇受瞩目的新兴领域。RFID 应用作为移动支付必不可少的环节，市场增长空间巨大。之前，移动支付标准之争一直制约着我国移动支付市场的发展。2012 年 12 月 14 日，中国人民银行正式发布中国金融移动支付系列技术标准，该标准覆盖中国金融移动支付各个环节的基础要素、安全要求和实现方案，结束了移动支付标准的分歧，对于推动中国移动支付市场的发展具有重要的里程碑意义。随着移动支付标准的出台，三大运营商高调推出 NFC 产品。中国联通联合招商银行推出 SWP-USIM 手机支付业务。中国移动也亮相了手机钱包业务，同时宣布开放 NFC 手机 SIM 卡空间。

中国电信在 CDMA 终端产业链上表示将选择 NFC-SWP 发展移动支付，启动 NFC-SWP 试点，规模投放 NFC-SWP 卡，并启动终端定制，推动与金融行业的合作。三大电信运营商均拉开了 NFC 移动支付业务序幕，极大地推动了中国移动支付市场的发展。

7. 智能交通

智能交通系统（ITS）是将先进的科学技术（信息技术、计算机技术、数据通信技术、传感器技术、电子控制技术、自动控制理论、运筹学、人工智能等）有效地集成运用于整个地面交通管理系统，从而形成一种保障安全、提高效率、改善环境、节约能源的综合运输系统。

RFID 技术在智能交通中的常见应用包括：机动车辆证照管理、交通流检测及违章取证、交通救援和特殊车辆监控、智能停车场管理、多义性路径识别及高速公路收费拆分账管理等。智能交通中应用了 RFID 技术的主要领域有高速公路不停车收费、船联网、车联网等。

自物联网发展被正式列入国家发展战略后，我国 RFID 及物联网产业迎来了难得的发展机遇，2018 年我国 RFID 行业市场规模达到了 840 亿元左右。在 RFID 技术的不断增长下，我国智能交通管理系统行业市场规模在 2010—2017 年以 21.42%的复合增长率逐年增长。

8. 食品安全

随着经济的发展，人民生活水平的提高和消费观念的转变，全球消费者、制造商、供应商和销售商等都对食品安全提出了更高的要求，保证食品质量、降低生产成本、缩短交货周期、准确获取食品安全信息等要求使得 RFID 技术在食品安全管理中有了发挥作用的空间。

将 RFID 技术应用于食品安全，首先应建立准确、完整的食品供应链信息。RFID 技术凭借其无线传输特性与物品标识的唯一性和安全性，在标签上能覆盖食品供应链全过程的所有信息数据，完成了 100%追溯食品来源的解决方案，可以回答消费者关于"食品从哪里来，中间处理环节是否完善"等问题，并给出详细可靠的答案。RFID 的解决方案对每件物品提供高效、详尽的控制，在从农场到消费者餐桌的整个食品供应链中，创建一系列可靠的食品信息。至此，RFID 技术的应用可以完成两大食品安全管理目标：食品安全"源头"追溯和食品供应链透明化管理。

在食品安全可追溯体系的构建和实施进程中，国家和各大部委相继出台了食品安全立法体系，如《中华人民共和国农产品质量安全法》《中华人民共和国食品安全法》《中华人民共和国标准化法》等，同时制定相关标准，建立面向不同行业的溯源系统并在各地试点实施。中国物品编码中心在全国建立包括肉蔬水果、加工食品、水产品及地方特色食品等多个领域产品的质量安全追溯应用示范基地以推进"中国条码推进工程"，如在山东试点的"蔬菜质量安全可溯源系统"、在陕西试点的"牛肉质量与跟踪系统"、在上海试点的"上海超市农产品查询系统"等。

农业部实施"城市农产品质量安全监管系统试点工作"后，开展了农产品质量安全追溯体系试点建设，试点探索建立种植业、农垦、动物标识及疫病、水产品四个专业追溯体系。国家食品药品监督管理总局联合八个部门以肉类作为食品安全信用体系建设试点行业，建设肉类食品追溯制度和系统。农业部在四川、重庆、北京和上海四个省市进行试点标识溯源工作，之后又在全国八个省市开展种植业产品质量可追溯制度建设试点，建立"农业部种植业产品质量追溯系统"。农业部建立农垦系统质量安全可追溯系统，对米面、水果、茶叶、畜肉、禽肉、蛋类、水产品七类农产品，建立"农垦农产品质量追溯展示平台"。此后又建立了"动物标识及疫病可追溯体系"和"水产品质量安全追溯网"。商务部、财政部在 58 个城市开展"肉菜流通追溯体系"建设试点，开展肉类蔬菜流通追溯体系建设，建成以中央、省、市三级平台为主体、全国互连互通、协调运作的追溯管理网络，将来会逐步扩大到中药材、酒类、奶制

品、水果以及水产品等品种。

9. 电子证照与电子门票

在电子证照市场，二代居民身份证项目是第一个规模性的 RFID 应用。到目前为止，我国至今共换发二代身份证超过 13 亿张，是全球最大的政府智能卡身份证项目。继二代身份证后，中国电子普通护照在全国启用。电子护照植入 RFID 高频芯片，芯片中存储持照人的姓名、出生日期、照片图像等个人基本信息。公安机关年均签发普通护照的数量由 20 世纪 90 年代中期的 100 万本跃升至 1000 万本，且仍以每年近 20% 的增长率递增，每年上千万的数量，使得电子护照成为重要的 RFID 应用市场之一。另外，居住证市场也是 RFID 的一个新的主要市场。

在 2008 年北京奥运会、2010 年上海世博会、2011 年深圳大运会上，RFID 电子门票能够带来的便捷已经为人们所熟知。十八大会议期间，也采用了 RFID 智能证件（包括代表证、记者证、工作证、执勤证、车证等所有证件），包括国家主席在内的数万名代表和现场工作人员及记者均使用 RFID 智能证件通过门禁进出会场。RFID 产品和技术成功应用于国家最高级别的会议中，其重要性已经得到认可。

10. 商品防伪

商品防伪面对国内假酒充斥市场的局面，商务部加速推动酒类流通体系建设工作。商务部制定了《酒类流通管理办法（修订）（征求意见稿）》，并公开征求意见。政策的不断细化加速推进了政府和企业建设酒类流通防伪体系的速度。目前，RFID 技术已经成为五粮液、茅台、张裕葡萄酒等名酒企业建设酒类流通防伪体系的关键技术之一。五粮液的防伪体系走在最前面，已具备产业化能力。贵州茅台投资了约 1.8 亿元建设茅台酒流通追溯体系，通过添加 RFID 电子标签，实现茅台酒的质量追溯及防伪。张裕也将在每瓶葡萄酒的瓶标上设置电子标签（RFID 追溯系统），实现酒从生产到仓储、物流、销售各环节的实时动态追踪。

2.2 卫星定位技术

全球定位技术或者室外定位技术主要包括美国全球定位系统（GPS）、俄罗斯格洛纳斯全球导航卫星系统（GLONASS）、欧洲伽利略卫星定位系统（GALILEO）、日本区域导航卫星系统和中国自主研发的北斗卫星定位导航系统。

2.2.1 美国 GPS

1. GPS 发展历程

GPS 是美国历时 20 年，耗资 200 亿美元，于 1994 年建成的定位导航体系。由 24 颗位于高空的卫星提供准确、实时的定位信息。每颗卫星以 55°等角均匀地散布在 6 个轨道面上，并以 11 小时 58 分的周期绕地球运转。可保证在地球上任何位置都至少有 5 颗卫星提供信号，而每一颗卫星上都载有地理位置实时信号。

GPS 实施计划共分以下三个阶段。

第一阶段为方案论证和初步设计阶段（1973—1979 年）。该阶段共发射了 4 颗试验卫星并研制了地面接收机及建立地面跟踪网。

第二阶段为全面研制和试验阶段（1979—1984 年）。该阶段又陆续发射了 7 颗试验卫星并研制了多种用途各异的接收机设备。

第三阶段为实用组网阶段。1989 年 2 月第一颗 GPS 工作卫星发射成功，标志着 GPS 进入工程建设阶段。1993 年底实用的 GPS 网即（21+3）GPS 星座已经建成。

2. GPS 基本原理

GPS 定位的基本原理是根据高速运动的卫星瞬间位置作为已知的起算数据，采用空间距离后方交会的方法，确定待测点的位置。

GPS 系统由空间部分、地基监控站部分和用户设备三部分组成。如图 2.5 所示。

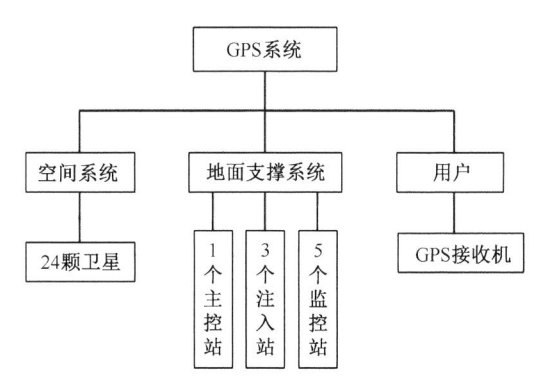

```
                    ┌─────────┐
                    │ GPS系统 │
                    └────┬────┘
        ┌────────────────┼────────────────┐
    ┌───┴────┐      ┌────┴─────┐      ┌───┴────┐
    │空间系统│      │地面支撑系统│     │ 用户   │
    └───┬────┘      └────┬─────┘      └───┬────┘
        │          ┌─────┼─────┐          │
    ┌───┴────┐  ┌──┴─┐┌──┴─┐┌──┴─┐   ┌────┴─────┐
    │24颗卫星│  │1个主││3个注││5个监│   │GPS接收机│
    │        │  │控站 ││入站 ││控站 │   │          │
    └────────┘  └────┘└────┘└────┘   └──────────┘
```

图 2.5　GPS 组成结构图

1）空间部分

GPS 空间部分由 21 颗工作卫星和 3 颗在轨备用卫星组成。卫星分布在互成 60°的 6 个轨道平面上，轨道平面相对地球赤道面的倾角为 55°。这样的卫星配置基本保证在地球任何位置均能同时观测到 4 颗卫星。

2）地基监控站部分

地基监控站由 1 个主控站和 4 个监控站组成。主控站设置在美国大陆，4 个监控站分别设在大西洋、太平洋和印度洋诸岛屿上。

3）用户部分

用户部分由 GPS 接收机、数据处理软件及相应的用户设备组成，而 GPS 接收机的硬件，一般包括主机、天线和电源，主要功能是接收 GPS 卫星发射的信号，以获得必要的导航和定位信息及观测量，并经简单数据处理而实现实时导航和定位。GPS 软件部分是指各种后处理软件包，其主要作用是对观测数据进行精加工，以便获得精密定位结果。

3. GPS 特点及应用

GPS 具有很多优点。

（1）可全天候工作。能为用户提供全球的、连续的、实时的三维位置、三维速度和精密时间，不受天气的影响。

（2）定位精度高。单机定位精度优于 10m，采用差分定位，精度可达厘米级和毫米级。

（3）功能多，应用广。随着人们对 GPS 认识的加深，GPS 不仅在测量、导航、测速、测时等方面得到更广泛的应用，而且其应用领域不断扩大。

如今的 GPS 客户端定位准确度越来越高，也越来越普及，已经扩展到一些高端手机、笔记本计算机等电子产品中。通过具有 GPS 定位功能的手机，用户可以进行路线导航、定位等。同时，GPS 在军事领域的应用同样不可忽视。由于美军使用的是 GPS 军用精码标准，其水平坐标的精度达 3～5m，垂直坐标的精度为 5m，时间精度为 1μs，这些都保证美军的攻击行动能够八九不离十。

2.2.2 俄罗斯 GLONASS

1. GLONASS 发展历程

格洛纳斯全球导航卫星系统（Global Navigatsion Satelliate System，GLONASS）作用类似于美国的 GPS、欧洲的伽利略卫星定位系统和中国的北斗卫星导航系统，使用 24 颗卫星实现全球定位服务，可提供高精度的三维空间和速度信息，也提供授时服务。

GLONASS 实施计划共分以下三个阶段。

第一阶段为星座实验时期(1983—1985 年)。该阶段为进行系统概念实验，共发射了 4～6 颗试验卫星。

第二阶段为实验验证阶段（1986—1993 年）。完成飞行实验验证，初始系统运行。轨道上有 12 颗卫星，并展开了广泛的系统实验。当时，俄罗斯进一步认为 GLONASS 是俄罗斯武器装备的组成部分，也是俄罗斯无线电导航规划的基础。

第三阶段为实用组网阶段(1993—1995 年)。完成了 24 颗星的星座系统，系统投入运行，与此同时，俄罗斯宣布 GLONASS 具备了完全工作能力。

2. GLONASS 基本原理

GLONASS 采用距离交会的定位原理。GLONASS 卫星在任一时刻的位置可以通过卫星星历计算出来，理论上，只要知道用户到 3 颗卫星的距离，便可计算出用户的位置，但这要求卫星与用户以及卫星之间的时间同步精度极高，目前还不能完全满足，只好引入一个时间参数。由于多了一个未知量，因此，实际定位时要至少接收 4 颗卫星的信号。GLONASS 卫星同时发射粗码（C/A 码）和精码（P 码），C/A 码用于向民间提供标准定位，而 P 码用于俄罗斯军方高精度定位和科学研究。

GLONASS 由空间部分、地面控制部分和用户设备三部分组成。

1）空间部分

GLONASS 系统空间部分采用中高轨道的 24 颗卫星星座，有 21 颗工作星和 3 颗备份星，均匀分布在 3 个圆形轨道平面上，每轨道面有 8 颗，轨道高度 H=19000km，运行周期 T=11.25h，倾角 i=64.8°。

2）地面控制部分

GLONASS 星座运行通过地面基站控制体系（GCS）完成，该体系包括一个系统控制中心（Golitsyno-2，莫斯科地区）和几个分布于俄罗斯大部分地区的指挥跟踪台站（CTS）。这些台站主要用来跟踪 GLONASS 卫星，接收卫星信号和遥测数据。然后由 GCS 处理这些信息以确定卫星时钟和轨道姿态，并及时更新每个卫星的导航信息，这些更新信息再通过跟踪台站 CTS 传到各个卫星。

3）用户设备

俄罗斯已研制了两代用户设备（UE）。第一代接收机只能用 GLONASS 来工作，与西方的同类 GPS 接收机相比，它偏大和偏重，有三种基本设计，即 1 通道、2 通道和 4 通道接收机。第二代接收机是 5 通道、6 通道和 12 通道设计，采用了大规模集成电路和数字处理技术，而且民用接收机可用 GPS 和 GLONASS 两种系统来工作。

3. GLONASS 的特点及应用

GLONASS 与 GPS 有以下几种不同。

（1）卫星发射频率不同。GPS 的卫星信号采用码分多址体制，每颗卫星的信号频率和调制方式相同，不同卫星的信号靠不同的伪码区分。而 GLONASS 采用频分多址体制，卫星靠频率不同来区分，每组频率的伪随机码相同。由于卫星发射的载波频率不同，GLONASS 可以防止整个卫星导航系统同时被敌方干扰，因此，具有更强的抗干扰能力。

（2）坐标系不同。GPS 使用世界大地坐标系（WGS-84），而 GLONASS 使用苏联地心坐标系（PE-90）。

（3）时间标准不同。GPS 系统时与世界协调时相关联，而 GLONASS 则与莫斯科标准时相关联。

GLONASS 用户设备（即接收机）能接收卫星发射的导航信号，并测量其伪距和伪距变化率，同时从卫星信号中提取并处理导航电文。接收机处理器对上述数据进行处理并计算出用户所在的位置、速度和时间信息。GLONASS 提

供军用和民用两种服务。GLONASS 绝对定位精度水平方向为 16m，垂直方向为 25m。目前，GLONASS 的主要用途是导航定位，当然与 GPS 一样，也可以广泛应用于各种等级和种类的定位、导航和时频等领域。

2.2.3 欧洲 GALILEO 定位系统

1. GALILEO 发展历程

伽利略定位系统（Galileo Positioning System），是欧盟一个正在建造中的卫星定位系统，被称为"欧洲版 GPS"，是继美国 GPS 及俄罗斯 GLONASS 后，第三个可供民用的全球定位系统。

1996 年 7 月 23 日，欧洲议会和欧盟交通部长会议首次提出了建立欧洲自主的定位和导航系统的问题。

1999 年 2 月 10 日，欧洲委员会在其名为《伽利略（Galileo）——欧洲参与新一代卫星导航服务》的报告中首次提出了"伽利略计划"。

2002 年 3 月欧盟及欧洲航天局接受了计划的注资，并在 2003 年 5 月 26 日作总结报告，截至 2005 年年底，其资金为 11 亿欧元。该系统原计划使用 30 颗人造卫星，于 2006 年至 2010 年间陆续发射升空，系统的总耗资将达 30 亿欧元。

2004 年 6 月，欧盟通过系统使用频率的标准，将采用美国的"二进位偏置载频 1.1"标准，使欧美双方军力均可互相拦截对方系统的信号，从而无须把整组系统关掉。

2005 年 12 月 28 日，格林尼治时间清晨 5 点 19 分，GALILEO 系统的首颗实验卫星"GIOVE-A"由俄罗斯"联盟-FG"火箭从哈萨克斯坦的拜科努尔航天中心发射升空。2010 年 1 月 7 日，欧盟委员会称，欧盟的 GALILEO 卫星导航系统从 2014 年起投入运营。由于因各成员国存在分歧，计划几经推迟。

2. GALILEO 系统组成及原理

GALILEO 系统计划将由 30 颗中高度圆轨道卫星和 2 个地面控制中心组成，其中 27 颗卫星为工作卫星，3 颗为候补卫星。卫星位于 3 个倾角为 56° 的轨道平面内，高度为 24126km，除 30 颗中高度圆轨道卫星外，还有 2 个地面控制中心。系统的构成从空间段、地面段和用户端的角度进行划分。

空间段即指卫星星座；地面段包括全球地面控制段、全球地面任务段、全球域网、导航管理中心、地面支持设施、地面管理机构；用户端主要就是用户接收机及其同类设备，伽利略系统可以与 GPS、GLONASS 的导航信号兼容，一起组成复合型卫星导航系统。

3. GALILEO 特点及应用

GALILEO 计划是欧洲自主、独立的全球多模式卫星定位导航系统，提供高精度、高可靠性的定位服务，实现完全非军方控制、管理，可以进行覆盖全球的导航和定位功能。

GALILEO 系统还能够和美国的 GPS、俄罗斯的 GLONASS 实现多系统内的相互合作，任何用户将来都可以用一个多系统接收机采集各个系统的数据或各系统数据的组合来实现定位导航的要求。

GALILEO 系统可以发送实时的高精度定位信息，这是现有的卫星导航系统所没有的，同时 GALILEO 系统能够保证在许多特殊情况下提供服务，如果失败也能在几秒内通知客户。与美国的 GPS 相比，GALILEO 系统更先进，也更可靠。美国 GPS 向别国提供的卫星信号，只能发现地面大约 10m 长的物体，而 GALILEO 系统的卫星则能发现 1m 长的目标。一位军事专家形象地比喻说，GPS 只能找到街道，而 GALILEO 系统则能找到家门。GALILEO 系统不仅可提供基本的导航、定位、授时等服务，而且可辅助搜索与救援工作，甚至可在飞机着陆系统和导航、海上运输系统、铁路安全运行调度、精准农业、陆地车队运输调度等场合中进行应用。

2.2.4 中国北斗卫星导航系统

1. 北斗卫星导航系统发展历程

20 世纪后期，中国开始探索适合国情的卫星导航系统发展道路，逐步形成了三步走发展战略：2000 年年底，建成北斗一号系统，向中国提供服务；2012 年年底，建成北斗二号系统，向亚太地区提供服务；2020 年如期建成北斗全球系统，向全球提供服务。

2. 北斗卫星导航系统组成及原理

北斗卫星导航系统在国际电信联盟登记的频段为卫星无线电定位业务频段，上行为 L 频段（频率 1610～1626.5MHz），下行为 S 频段（频率 2483.5～2500MHz）；登记的卫星位置为赤道面东经 80°、140° 和 110.5°（最后一个为备份星星位）。

北斗系统由 2 颗经度上相距 60°的地球静止卫星（GEO）对用户双向测距，由 1 个配有电子高程图的地面中心站定位，另有几十个分布于全国的参考标校站和大量用户机。它的定位原理是：以 2 颗卫星的已知坐标为圆心，各以测定的本星至用户机距离为半径，形成 2 个球面，用户机必然位于这 2 个球面交线的圆弧上。电子高程地图提供的是一个以地心为球心、以球心至地球表面高度为半径的非均匀球面。求解圆弧线与地球表面交点即可获得用户位置。

3. 北斗导航系统特点及应用

中国首先利用很少的工程投资实现了 RDSS 系统这项卫星导航定位创新工程。它将导航定位、双向数据通信和精密授时结合在一起，系统自身包含广域差分标校以提高定位精度。当用户提出申请或按预定间隔时间进行定位时，不仅用户知道自己的测定位置，而且其调度指挥或其他有关单位也可得知用户所在位置。系统建成后，可提供北斗精密星历和卫星钟差、参考站精密坐标和速度、地球定向参数、电离层等产品成果，用于地心坐标框架维持及更新、地震监测、地球与地球动力、气象等研究；可提供原始观测数据，实现实时或事后高精度定位，用于控制测量、勘测、地理信息采集、导弹快速机动、武器试验等高精度领域；提供导航卫星运行状态信息，满足高动态、生命安全等高可靠性需求。

伴随北斗终端在小型化、低成本方面取得的进展，北斗导航兼具定位、通信的功能优势，近几年在国民经济应用中逐步开始显现，北斗用户数量开始呈现快速增长的势头，每年以近 50%速度增长，目前已经超过 7 万个，在渔业、水利、危化品运输、安全生产、气象监测等领域得到了较快推广应用。

它的研制成功解决了中国自主卫星导航定位系统的有无问题。它是一个成功的、实用的、投资很少的初级起步系统。此外，该系统的建设并不排斥国内民用市场对 GPS 的广泛使用。相反，在该系统的基础上，还将建立中国的 GPS 广域差分系统，可使受 SA 干扰的 GPS 民用码接收机的定位精度由百米量级修正至数米级，可以更好地促进 GPS 在民间的利用。目前，卫星运行一直正常，系统调试与试运行表明该导航定位系统在国内及周边服务区的定位精度是很好的，双向数据很正常，满足系统预定要求。北斗导航系统尤其适合于同时需要导航与移动数据通信的场所，如交通运输、调度指挥、有关地理信息系统的实时查询等。

北斗导航系统需要中心站提供数字高程图数据和用户机发上行信号，从而使系统用户容量、导航定位维数、隐蔽性等方面受到限制，在体制上不能与国际上的 GPS、GLONASS 及将来的 GALILEO 兼容。因此，中国在第一代导航卫星系统成就的基础上成功发展了第二代导航卫星系统，以满足今后国家对卫星导航应用和长远经济发展的需求。

2.3 物联局域网技术

2.3.1 ZigBee 组网技术

2.3.1.1 概念介绍

ZigBee 是一种新兴的短距离、低速率无线网络技术，它是一种介于无线标记技术和蓝牙之间的技术提案。它此前被称作"HomeRF Lite"或"FireFly"无线技术，主要用于近距离无线连接。它有自己的无线电标准，在数千个微小的传感器之间相互协调实现通信。这些传感器只需要很少的能量，以接力的方式通过无线电波将数据从一个传感器传到另一个传感器，所以它们的通信效率非常高。最后，这些数据就可以进入计算机用于分析或者被另外一种无线技术如 WiMax 收集。

ZigBee 是可由多到 65000 个无线数传模块组成的一个无线数传网络平台，类似于现有的移动通信的 CDMA 网或 GSM 网，每个 ZigBee 网络数传模块相当于移动网络的一个基站，在整个网络范围内，它们之间可以进行相互通信；每个网络节点间的距离可以从 75m 到几百米，甚至几千米；同时，整个 ZigBee 网络还可以与现有的其他的各种网络连接。例如，你可以通过互联网在北京监控云南某地的一个 ZigBee 控制网络。

2.3.1.2 原理及特点

1. 原理

ZigBee 网络通信方式采用的是直序扩频技术（DSSS），它是一种抗干扰能力极强，保密性、可靠性都很高的通信方式。

动态路由是指网络中数据传输的路径，并不是预先设定的，而是传输数据前，通过对网络当时可利用的所有路径进行搜索，并决定它们的远近，然后选择其中的一条路径进行数据传输。

灵活可选的距离，除每个节点模块可以通过提高接收灵敏度和发射功率来增加节点间的通信距离外，整个网络还可以通过增加网络节点数量，向外"无限"延伸扩展开来。

自动组网，举一个简单的例子就可以很好地说明这个问题，假如一队伞兵从天而降，他们每人持有一个 ZigBee 网络模块终端，降落到地面后，只要他们彼此间在网络模块的通信范围内，通过彼此自动寻找，很快就可以形成一个互联互通的 ZigBee 网络。他们预先并不知道谁与谁为邻。同时，当人员的移动导致彼此间的联络发生变化时，模块还可以通过重新寻找通信对象，确定彼此间的联络，对原有网络进行刷新。

每个 ZigBee 网络节点不仅本身可以与监控对象，例如，传感器直接进行数据采集和监控，它还可以自动中转别的网络节点传过来的数据资料；除此之外，每个 ZigBee 网络节点（FFD）还可在自己信号覆盖的范围内，和多个不承担网络信息中转任务的孤立的子节点（RFD）无线连接。

ZigBee 实际上是一种个人区域网（PAN）的短程无线技术。IEEE 标准定义了无线电的物理层（PHY）和媒体访问控制层（MAC）。ZigBee 标准则对此进行了有效的扩展，覆盖了协议的网络层和安全层，以及应用框架和规范。

ZigBee 增加了联网功能，ZigBee 标准基于 802.15.4 堆协议栈而建立，定义了设备如何联网。它支持三种主要的自组织无线网络类型，即星型结构、网状结构（Mesh）和簇状结构（Cluster tree）。这些拓扑结构支持三类节点。第一种是 ZigBee 协调器（ZigBee Coordinator，ZC），它可用于初始化网络信息。每个网络只有一个 ZC。第二种是 ZigBee 路由器（ZigBee Router，ZR），它起监视或控制作用，但它也是用跳频方式传递信息的路由器或中继器。第三种是 ZigBee 终端设备（ZigBee End Device，ZED），它只有监视或控制功能，不做路由或中继之用。

由于 ZigBee 网络是自组织的，并能实现自我功能恢复，因此非常具有吸引力。节点搜索其他节点，并利用软件"选中"某个节点后进行自动链接。它指定地址，提供路由表以识别已经证实的通信伙伴。在安全性方面，ZigBee 采用 AES-128 加密技术来提供认证和加密。ZigBee 能够用于蓝牙、WiFi、超宽带（UWB）、手机及其他无线技术不能覆盖的大部分应用领域。网状结构如图 2.6 所示。

● ZigBee网络协调器

○ ZigBee中继器

○ ZigBee终端设备

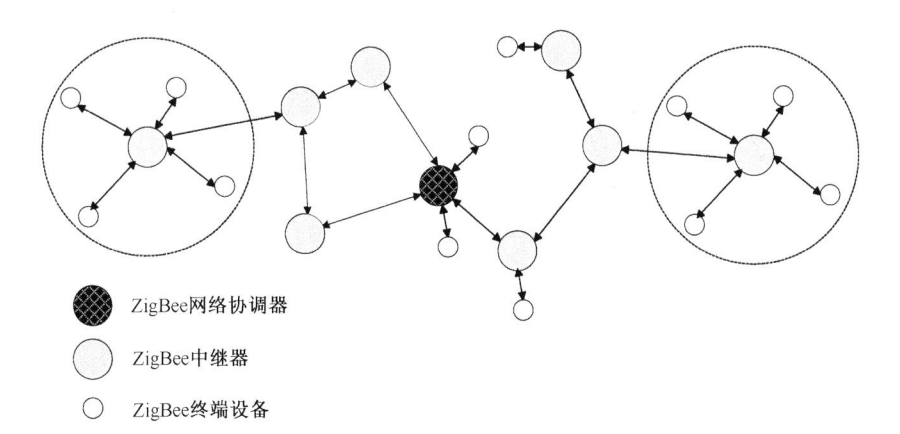

图 2.6　ZigBee 网状结构图

2. 特点

1）优点

（1）ZigBee 的自组织功能。无须人工干预，网络节点能感知其他节点的存在，并确定连接关系，组成结构化的网络。

（2）ZigBee 自愈功能。增加、删除或移动节点，节点发生故障等，网络都能够自我修复，无须人工干预，保证整个系统仍然能正常工作。

（3）成本低廉。设备的复杂程度低，且 ZigBee 协议是免专利费的，这些可以有效地降低设备成本；ZigBee 的工作频段灵活，为免执照频段的 2.4GHz，即无使用费的无线通信。

（4）网络容量大。一个 ZigBee 网络可以容纳最多 254 个从设备和一个主设备，一个区域内可以同时存在 200 多个 ZigBee 网络。

（5）省电。ZigBee 技术可以确保两节五号电池支持长达 6 个月到 2 年的使用时间。

（6）可靠。采用了碰撞避免机制，同时为需要固定带宽的通信业务预留了专用时隙，避免了发送数据时的竞争和冲突。

（7）成本低。是同类产品的几分之一甚至十分之一。

（8）时延短。针对时延敏感的应用做了优化，通信时延和从休眠状态激活的时延都非常短。

（9）网络容量大。可支持达 65000 个节点。

（10）安全。ZigBee 提供了数据完整性检查和鉴权功能，加密算法采用通用的 AES-128。

2）缺点

在 ZigBee 技术的使用过程中，人们发现 ZigBee 技术尽管有许多优点，但仍存在许多缺陷。对工业、家庭自动化控制和遥测遥控领域而言，ZigBee 技术显得太复杂、功耗大、距离近、组网规模太小等。

ZigBee 和现有移动网（GPRS，CDMA-1X）的比较具有如下特点：无网络使用费、设备投入低、通信更可靠、高度的灵活性和低成本、覆盖范围具有弹性。

ZigBee 与现有数传电台的比较具有如下优点：可靠性高；使用方便安全；抗干扰力强、保密性好、误码率低；免费频段；价格低。

2.3.1.3 应用现状

由于 ZigBee 技术的目标就是针对工业、家庭自动化控制、遥测遥控等应用领域，并且具有上述优点，因而其在物联网领域具有强大的应用空间，物联网离不开自组网络，因此 ZigBee 是构成物联网的重要技术之一。

ZigBee 技术的主要应用可以概括为以下几个方面。

（1）城域无线通信（无线宽带接入、小区覆盖等）。

（2）企业局域网：展览中心、体育场、旅游区、大型仓库、港口、建筑、煤矿、石油/化工、环保等。

（3）应急/救援通信系统。

（4）工业自动化控制。

（5）智能交通。

（6）传感器监测网络。

（7）家庭安全监测系统。

（8）战场侦察网络、战地监测网络、信息中继。

（9）各种远程监测/监控系统（如环保、水文、地质、资源保护、研究等）。

（10）公安/交警/消防。

2.3.1.4 发展趋势

首先软件方面，将有更多的产品面世，主要是可加快开发速度软件。在硬件方面，更高速、更稳定的 ZigBee 通信硬件设备有望研发成功。

其次，ZigBee 技术和 RFID 技术在 2004 年就被列为当今世界发展最快、市场前景最广阔的十大最新技术中的两个。今后若干年，都将是 ZigBee 技术飞速发展的时期。

最后,允许移动应用的无线电技术变革正在进行中。目前的 ZigBee 也许能够处理 10~15m/h(每小时所行驶之英里数)的一般移动速度。但如果移动节点需要 100m/h 的速度,就需要对技术进行变革,比如在 RFID 或其他移动应用中。

2.3.2 WiFi 组网技术

2.3.2.1 概念介绍

WiFi Alliance 成立于 1999 年,当时的名称为 WECA(Wireless Ethernet Compatibility Alliance),于 2002 年 10 月正式更名为 WiFi。其目前可使用的标准有 IEEE 802.11a、IEEE 802.11b 和 IEEE 802.11g,在无线局域网中被广泛应用。

IEEE 802.11 是 IEEE 最初制定的一个无线局域网标准,业务主要限定于数据存储,最高数据传输速率仅能达到 2Mb/s。IEEE 802.11a 是于 1999 年获准的 802.11 原始标准的一个后续标准。该标准具有更少冲突的特点。该标准使用 52 个正交频分多路复用副载波,物理层最大原始传输率为 54Mb/s,并可以根据实际环境自动调整带宽至 48Mb/s,36Mb/s、24Mb/s、18Mb/s、12Mb/s、9Mb/s 或 6Mb/s,传输层可达 25Mb/s。802.11a 拥有 12 条不相互重叠的信道,其中 8 条用于室内,4 条用于点对点传输。

IEEE 802.11 b 标准是无线局域网标准中普及最广的一种无线标准。该标准工作在全球免费的 2.4GHz 频段上,最高速距传输率可达 11Mb/s,也可依据实际环境自动降低到 5.5Mb/s、2Mb/s 或 1Mb/s。

IEEE 802.11g 标准是 IEEE802.11b 的后继标准,于 2003 年 7 月通过了第三种调变标准,与 802.11b 标准一样,均工作在 2.4GHz 的开放频段,但传输速率可达 802.11a 标准的 54Mb/s,该标准物理层采用 CCK 补码键控调制技术,可与 802.11b 向后兼容,同时又通过采用 OFDM(Orthogonal Frequency Division Multiplexing)即正交频分复用技术支持高达 54Mb/s 的数据传输率。

2.3.2.2 原理和特点

1. 基本原理

WiFi 的典型设置通常包括一个或多个接入点 AP 及一个或多个客户端。每

个接入点 AP 每隔 100ms 将服务单元标识 SSID（Service Set Identifier）即网络名称（Network Name）经由 Beacons 封包广播一次。Beacons 封包的传输速率为 1Mb/s，并且该封包的长度非常短，因此这个广播动作对 WiFi 网络的性能影响并不大。又因为 WiFi 规定的最低传输速率为 1Mb/s，所以足以确保所有接收到这个 SSID 广播封包的 WiFi 客户端都能至少在 1Mb/s 的速率下进行通信。

基于如 SSID 这样的设置，客户端可以决定是否连接到某个接入点 AP。若同一个 SSID 的两个接入点 AP 都在客户端的接收范围内，客户端可以根据信号的强度选择与哪个接入点的 SSID 连接。

IEEE 802.11 体系由若干部分组成，这些元素通过相互作用来提供无线局域网服务，并向上层支持站点的移动性。这些基本的组成部分有以下几个。

（1）站点（Station）。可以是一台 PC，也可以是如 PDA 等手持无线设备。

（2）基本服务单元 BSS（Basic Service Set）。它是 IEEE 802.11 标准规定的无线局域网的最小构件。一个基本服务单元 BSS 包括一个基站和若干个站点，所有的站点在本 BSS 内都可以直接通信，但在和本 BSS 以外的站点通信时都必须通过本 BSS 的基站。最简单的服务集可以只由两个站点组成，每个站点都可以动态地连接到基本服务单元中。

（3）分配系统 DS（Distribution System）。它用于连接不同的基本服务单元。分配系统通过必要的逻辑服务将匹配地址分配给目标站点，使移动终端设备得到支持，并在多个 BSS 间实现无缝整合。正是分配系统 DS，使扩展服务单元 ESS 对上层的表现就像一个基本服务单元 BSS 一样。

（4）接入点 AP（Access Point）。基本服务单元里面的基站称为接入点 AP，但其作用和网桥相似。AP 既有普通站点的身份，又有接入到分配系统的功能。

（5）扩展服务单元 ESS（Extended Service Set）。由分配系统和基本服务单元组合而成。一个基本服务单元可以是孤立的，也可以通过接入点 AP 连接到主干分配系统 DS，然后再接入到另一个基本服务单元 BSS，这样就构成了一个扩展服务单元 ESS。

（6）门桥（Portal）。它是 IEEE 802.11 定义的新名词，作用就相当于网桥。用于将无线局域网和有线局域网或者其他网络联系起来。所有来自非 IEEE 802.11 局域网的数据都要通过门桥才能进入 IEEE 802.11 的网络结构。门桥可以使这两种类型的网络实现逻辑上的综合。

在定位测量方法上，按照所取参数的不同可分为基于接收信号强度的测量法（Received Signal Strength Indication，RSSI）、基于达到角度的测量法（Angle of Arrival，AOA）、基于到达时间的测量法（Time of Arrival，TOA）和基于到达时间差的测量法（Time Difference of Arrival，TDOA）。分别如图 2.7～图 2.9 所示。

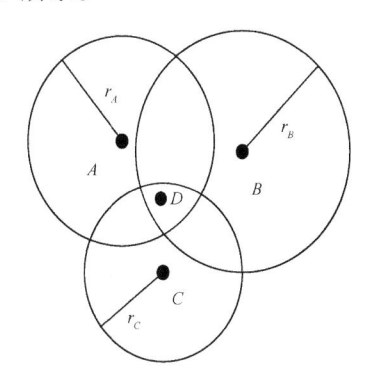

图 2.7　三边测量法定位原理　　　　图 2.8　AOA 测量法原理

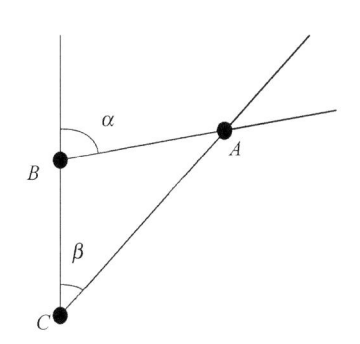

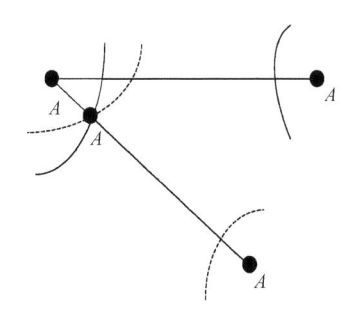

图 2.9　TDOA 测量法原理

2. 特点

WiFi 网络能得到广泛的应用，主要是由于其具备以下几个主要特点。

（1）具有可移动性。无线局域网摆脱了以往上网一定要依靠电缆线的限制，这不仅使用户端在使用服务时更加舒适和方便，同时也降低了网络配置的成本。在一些有线网不能运行的地方，如户外、年头已久无法布网的建筑等，都可以通过无线局域网连接到互联网上。

（2）组建简便。无线局域网的组建在硬件设备上的要求与有线网相比，更加简洁方便，而且目前支持无线局域网的设备已经在市场上得到了广泛的普及，不同品牌的接入点 AP 以及客户网络接口之间在基本的服务层面上都是可以实现互操作的。而全球统一的 WiFi 标准使其与蜂窝载波技术不同，同一个

WiFi 用户可以在世界各个国家使用无线局域网服务。

（3）完全开放的频率使用段。如前文所述，无线局域网使用的 ISM 频段是全球开放的频率使用段，使得用户端无须任何许可就可以自由使用该频段上的服务。

（4）动态拓扑特性。用户端可在网络的覆盖范围内任意移动，随时加入或退出，但拓扑结构的动态变化不会给客户端带来任何影响。

（5）与以太网的兼容性。其相互兼容的网络结构和协议使有线和无线之间通过网桥即可实现无线局域网与以太网的连接。

（6）无线电波的覆盖范围广，WiFi 的半径则可达 30m。

（7）传输速度非常快，可以达到 11Mb/s。

2.3.2.3 应用现状

近年来，中国运营商和设备制造商加大了对 WiFi 设备及业务的投入。继中国网通 2001 年推出了无线宽带接入品牌——"无线伴旅"之后，逐渐开始了对高档酒店、写字楼、机场、咖啡厅等场所进行热点覆盖。同时由于设备价格的下降、终端产品的普及，市场将针对消费能力比较旺盛的一、二级城市以较快的速度发展。

WiFi 在金融、旅游、医疗、商务等领域具有广泛的应用前景，将是无线局域网市场增长的主要动力。思科、VETGEAR、华为 3Com、D-Link 等厂商纷纷开始谋求在国内迅猛发展的家庭宽带市场上分得一杯羹。

此外，WiFi 在定位方面也有很好的应用。例如，WiFi 在某井下定位系统中的应用。基于 WiFi 技术的井下定位系统，是通过利用井下以太网，根据实际覆盖要求和现场测试结果部署若干台无线接入点，建立井下 WiFi 无线网络实现井巷覆盖。此外，在该定位系统中还需要采用 WiFi 模块的手机、PDA 等移动通信终端或 WiFi 标识卡。

2.3.2.4 发展趋势

WiFi 网络的应用逐渐普及，但是其自身存在着一定问题，主要体现在安全性、传输速率、稳定性等方面。因而 WiFi 的发展将向着安全可靠、快速、大范围覆盖进军。

2.3.3 无线传感组网技术

2.3.3.1 概念介绍

无线传感器网络（Wireless Sensor Network，WSN）是由大量无处不在的、具有无线通信与计算能力的微小传感器节点，通过自组织的无线通信方式，相互传递信息，协同地完成特定功能的智能专用网络。它综合了传感器技术、嵌入式计算技术、通信技术、分布式信息处理技术、微电子制造技术和软件编程技术等，可以实时监测、感知和采集网络所监测区域内的各种环境和监测对象的信息，并对收集到的信息进行处理后传送给终端用户。

WSN 系统实际上是传感器技术发展的高级阶段。其发展历程是首先在普通传感器的基础上嵌入计算能力，变成智能传感器；其次在有线智能传感器的基础上，增加无线通信能力，使其成为无线传感器；最后将无线组网技术引入无线智能传感器中，形成 WSN 系统。

传感器网络是一个结合传感器、协同感知、协同信息处理、无线通信与网络、综合信息服务等多种技术的综合信息系统。它具有高度创造性、渗透性和带动性，不仅在工业、农业、军事、环境、医疗等传统领域具有巨大的应用价值，还将在许多新兴领域体现其优越性，如家庭、保健、交通等。

2.3.3.2 原理及特点

1. 原理

无线传感器网络体系结构如图 2.9 所示，系统通常包括传感器节点、汇聚节点和骨理节点。监测区域内的传感器节点能够通过自组织方式构成网络，传感器节点监测的数据沿着其他节点逐跳地进行传输，经过多跳后路由到汇聚节点，最后通过互联网或移动网络到达管理节点。传感器节点是一个微型化的嵌入式系统，构成了无线传感器网络的基础平台。

典型的传感器节点通常由传感器模块、处理器模块、无线通信模块和能量供应模块四部分组成。无线传感器网络体系结构如图 2.10 所示。

传感器网络的应用类型过于广泛，在其标准的研发、设计过程中较难有效地协调网络应用特定性和系统普适性的矛盾关系。为了解决传感器网络标准化进程中可能遇到的若干问题，需要研究建立一个科学、完整的传感器网络标准体系和系统架构。这种系统架构的设计水平将决定传感器网络标准化进程中的技术细节、应用模式和发展趋势。

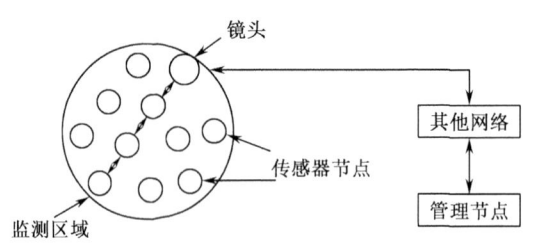

图 2.10 无线传感器网络体系结构

2. 特点

无线传感器网络存在着以下几个特点。

（1）硬件资源有限。在无线传感器网络中，节点的计算能力与内存空间受到种种限制，与普通计算机相比，它们的功能要弱很多。

（2）能量有限。在网络中节点往往采用电池作为能量来源，而由于其特殊的应用领域，电池能量完全决定了节点的寿命，因此，应尽可能地节省能量以提高节点的工作寿命。

（3）无中心。绝大多数节点地位平等，而一个节点的故障也不会导致整个网络崩溃，从而决定了其极强的抗破坏性与抗毁灭性。

（4）自组织。由于网络无中心且不依赖任何预先设定的网络设施，因此节点可通过分布式算法与分层协议协调各自的行为，组成一个独立网络。

（5）多跳路由。由于网络中节点通信半径有限，因此要想与更多的节点交换信息，就必须通过中间节点进行路由。无线传感器网络的路由无法像固定网络一样通过网关与路由器，而只能通过普通节点完成对信息的发送与转发。

（6）动态拓扑。因为在网络中节点可能随处移动，网络中随时可能发生节点加入或退出网络的事件，这样会使网络的拓扑结构随时发生变化。

（7）节点数量众多，分布密集。为保证对目标区域的监控任务能够完成，同一时间段内会有大量传感器被应用于目标区域，传感器节点的分布相当密集，节点之间的高联通度可保证系统的容错性和抗毁性。

2.3.3.3 应用

由于无线传感器网络提供了全新的智能化通信、控制手段，具有可快速部署、可自组织和高容错性的特点，因此该项技术在国家安全及军事上具有较大的应用价值，主要应用范围有：监测战场人员及装备、机器人控制及监测敌军和化学武器；评估军队作战的战果；核能、生物、化学攻击的侦察；边防警

卫；军事区域的监控照明、军队办公大楼的安全；军队运输和军事勘测管理、控制、数据采集；部队营区仓库环境监控；配合传感器网络报告汽车所有系统的状态；用于产品运输、产品跟踪、存储较大物品和财产管理；基于军用部门互联网的设备之间的机器对机器通信（M2M）等，如图2.11所示。

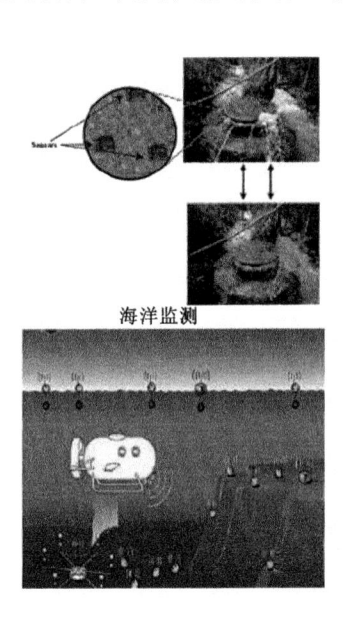

图2.11 无线传感器网络应用案例

同时，无线传感器网络对于比较恶劣的环境和人不宜到达的场所也非常适用，比如，荒岛上的环境和生态监控、原始森林的防火和动物活动情况监测、污染区域以及地震和火灾等突发灾难现场的监控。另外，它还可用于城市的交通监测、医疗机构的病员及环境监测、大型车间原材料和仓库货物进出情况的监测，以及机场、大型工业园区的安全监测。无线传感器网络可以使人们在任何时间、地点和任何环境条件下获取大量信息。

美国DARPA所启动的SensIT（Sensor Information Techology）计划中，将多种类型的传感器、嵌入式处理器、无线通信技术结合起来，建立一个廉价而分布广泛的网络系统来监测光、声、振动、湿度、压力、温度、磁场、加速度、密度等物理量。传感器网络由大量体积小、成本低、随机散布的传感器节点以自组织形式构成，因此非常适合于恶劣的战场环境，在侦测冲突区域的敌方兵力、装备物资、定位入侵目标、评估损失等方面有着得天独厚的技术优势。

2.3.3.4 发展趋势

无线传感器网络具有极大的应用价值，但是也存在着以下挑战。

挑战之一：如何在如此有限通信能力的条件下，高质量地完成感知数据的查询、分析、挖掘与传输？

挑战之二：如何为多源信息传输选择优化通信路径？

挑战之三：通信路径重构为何成为突出问题？路由算法必须具有自适应性吗？

挑战之四：如何使传感器网络在工作过程中节省能源，实现能源均衡，最大化网络生命周期？

挑战之五：如何使用大量具有有限计算能力的传感器设计能源有效的高性能分布式算法？

挑战之六：如何使传感器网络软硬件具有高强壮性和容错性？

挑战之七：如何管理成千上万的分布式触发器？

挑战之八：如何设计高效率、能源有效、实时的海量感知数据流的查询、分析和挖掘的分布式算法？

挑战之九：如何建立以数据为中心的传感器网络？

挑战之十：如何建立新感知器概念、理论、技术和各种新型感知器？

目前，已有一些标准化组织和专业机构提出了多种系统架构模型，如美国国防部体系架构（DoDAF），英国国防部体系架构（MoDAF），开放组织体系框架（ToGAF），结构化信息标准推动组织（OASIS），开放系统互联参考模型（OSI）等，但由于各自的针对性不同，这些系统架构的定义和思想并不统一。传感器网络系统作为一种全新的异构信息系统，需要选取合适的顶层规划原则进行传感器网络系统架构设计，这是 WSN 发展中需要解决的首要问题。

2.4 物联广域网技术

低功耗广域网络（LPWAN）在物联网发展中占据重要位置，满足了物联网传输距离远、节点功耗低、网络结构简单和运行维护成本低的组网需求。当前主要的两种低功耗广域网络技术是窄带物联网（Narrow Band Internet of Things，NB-IoT）和长距离无线发送（Long Range Radio，LoRa）技术。

2.4.1 NB-IoT 技术

2.4.1.1 NB-IoT 概述

NB-IoT 是 Narrow band Internet of Thing 的简称，是一种 3GPP 标准定义的 LPWA（低功耗广域网）解决方案。NB-IoT 构建于蜂窝网络，可以带内、保护带或独立载波等三种部署方式，实现与现有 GSM 网络、UMTS 网络或 LTE 网络的共存，在降低部署成本同时，实现系统平滑升级。

NB-IoT 聚焦于低功耗广覆盖（LPWA）物联网（IoT）市场，具有覆盖广、连接多、速率低、成本低、功耗低、架构优等特点，是万物互联网络的一个重要分支，特别适合于无须移动性、小数据量、对时延不敏感等诸如部署在建筑中的灭火器、科学研究中使用的各种监测器等众多物联网设备，用于收集数据发送频次低、数据速率低的信息。

2.4.1.2 NB-IoT 特点

相比于传统 2G/3G/4G 网络，NB-IoT 主要有以下四大特点。

1. 广覆盖

NB-IoT 室内覆盖能力强，比 LTE 提升 20dB 增益，相当于提升了 100 倍覆盖区域能力。不仅可以满足农村这样的广覆盖需求，对于厂区、地下车库、井盖这类对深度覆盖有要求的应用也同样适用。以井盖监测为例，过去 GPRS 的方式需要伸出一根天线，车辆来往极易损坏，而 NB-IoT 只要部署得当，就可以很好地解决这一难题。

2. 强连接

在同一基站的情况下，NB-IoT 可以提供比现有无线技术高 50～100 倍的接入数。一个扇区能够支持 10 万个连接，支持低延时敏感度、超低的设备成本、低设备功耗和优化的网络架构。举例来说，受限于带宽，运营商给家庭中每个路由器仅开放 8～16 个接入口，而一个家庭中往往有多部手机、笔记本、平板计算机，未来要想实现全屋智能、上百种传感设备需要联网就成了一个棘手的难题。而 NB-IoT 足以轻松满足未来智慧家庭中大量设备联网需求。

3. 低功耗

低功耗特性是物联网应用一项重要指标，特别对于一些不能经常更换电池

的设备和场合，如安置于高山荒野偏远地区中的各类传感监测设备，它们不可能和智能手机一样一天一充电，长达几年的电池使用寿命是最本质的需求。NB-IoT聚焦小数据量、小速率应用。NB-IoT终端如每天发送一次200B报文，AA电池待机时间10年，单次的速传时间缩短了，终端99%的时间都工作在节能模式（PSM）。不同于手机节能模式，NB-IoT终端处于深度睡眠，睡眠时间比较长，终端监听网络频度极低，一般来说，99%时间的功耗只有15μW。这使得NB-IoT设备功耗可以做到非常小，设备续航时间可以从过去的几个月大幅提升到几年。

4. 低成本

NB-IoT无须重新建网，射频和天线基本上都是复用的。以中国移动为例，900MHz里面有一个比较宽的频带，只需要清出来一部分2GHz的频段，就可以直接进行LTE和NB-IoT的同时部署。180kHz窄带，降低了芯片复杂度、简化了协议栈（500B）、减少了片内Flash/RAM，且低采样率单天线、半双工、射频等同样给NB-IoT芯片以及模块带来低成本优势，预期单个模块成本不会超过5美元。

2.4.1.3　NB-IoT网络架构

NB-IoT端到端系统架构如图2.12所示。

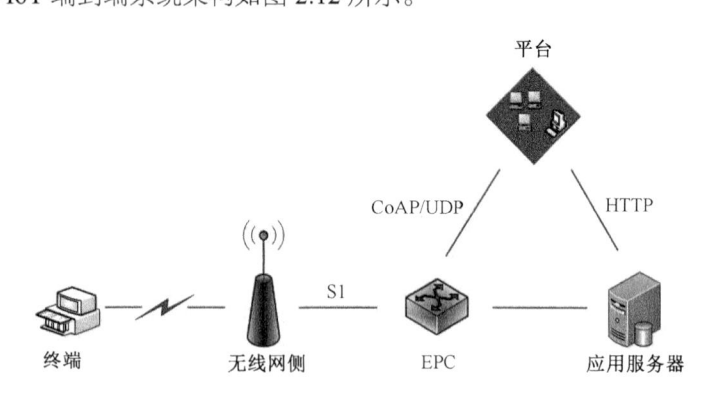

图 2.12　NB-IoT 端到端系统架构

NB-IoT网络结构主要包括以下部分。

（1）终端。UE（User Equipment）通过空口连接到基站（evolved Node B，eNodeB）。

（2）无线网侧。包括两种组网方式：一种是整体式无线接入网（Singel RAN），其中包括 2G/3G/4G 以及 NB-IoT 无线网；另一种是 NB-IoT 新建。主要承担空口接入处理、小区管理等相关功能，并通过 S1-lite 接口与 IoT 核心网进行连接，将非接入层数据转发给高层网元处理。

（3）核心网。EPC（Evolved Packet Core），承担与终端非接入层交互的功能，并将 IoT 业务相关数据转发到 IoT 平台进行处理。

（4）平台。汇聚从各种接入网得到的 IoT 数据，并根据不同类型转发至相应的业务应用器进行处理。目前以电信平台为主。

（5）应用服务器。以电信平台为例，应用 server 通过 http/https 协议和平台通信，通过调用平台的开放 API 来控制设备，平台把设备上报的数据推送给应用服务器。平台支持对设备数据进行协议解析，转换成标准的 json 格式数据。

图 2.13 给出了 NB-IoT 核心网架构框图。

NB-IoT 核心网框图主要包括以下部分。

（1）MME（Mobility Management Entity）。移动性管理实体（一个信令实体），接入网络的关键控制节点。负责空闲模式 UE 的跟踪与寻呼控制。通过与 HSS（Home Subscribe Server，归属用户服务器）的信息交流，完成用户验证功能。

（2）SCEF（Service Cability Exposure Function）。服务能力开放单元，为新增网元，支持对于新的 PDN 类型 Non-IP 的控制面数据传输。

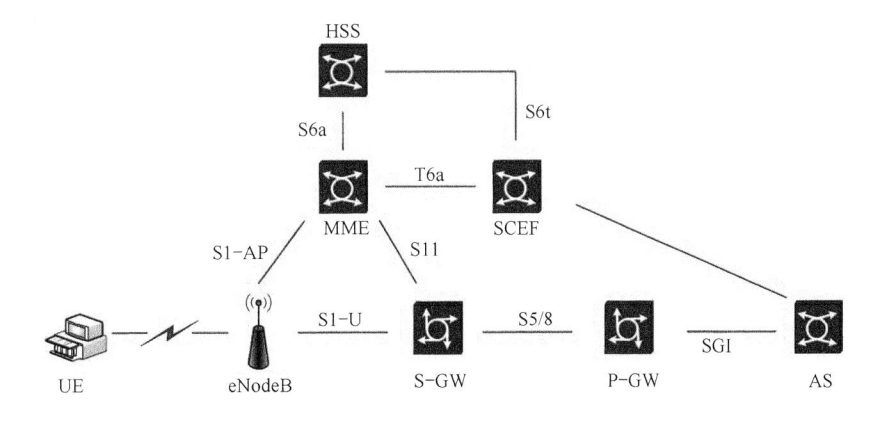

图 2.13 NB-IoT 核心网框图

（3）S-GW（Serving GW）。服务网关，负责用户数据包的路由和转发。对于闲置状态的 UE，S-GW 则是下行数据路径的终点，并且在下行数据到达时触

发寻呼 UE。

（4）P-GW（Packet Data Network Gateway）。PDN 网关（分组数据网网关），提供 UE 与外部分组数据网络连接点的接口传输，进行业务上下行业务等级计费。

图 2.14 给出了 NB-IoT 接入网构架。NB-IoT 接入网具有与传统 LTE 一样的接入网结构。

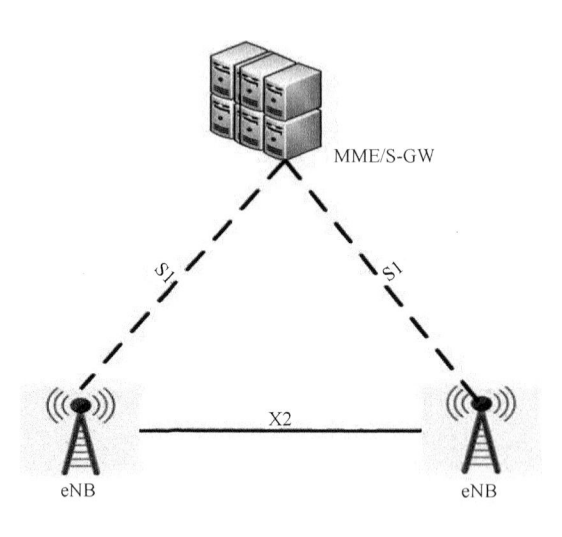

图 2.14　NB-IoT 接入网结构

eNodeB 通过 S1 接口连接到 MME/S-GW，只是接口上传送的是 NB-IoT 消息和数据。尽管 NB-IoT 没有定义切换，但在两个 eNodeB 之间依然有 X2 接口，X2 接口使能 UE 在进入空闲状态后，快速启动 resume 流程，接入其他 eNodeB（resume 流程将在本书后面详述）。

2.4.1.4　NB-IoT 频段分配

NB-IoT 使用了授权频段。全球主流的频段是 800MHz 和 900MHz。中国电信会把 NB-IoT 部署在 800MHz 频段上，而中国联通会选择 900MHz 来部署 NB-IoT，中国移动则可能会重新使用 900MHz 频段。

NB-IoT 属于授权频段，如同 2G/3G/4G 一样，是专门规划的频段，频段干扰相对少。NB-IoT 网络具有电信级网络的标准，可以提供更好的信号服务质量、安全性和认证等的网络标准。可与现有的蜂窝网络基站融合，更有利于快速大规模部署。运营商有成熟的电信网络产业生态链和经验，可以更好地运营

NB-IoT 网络。

从目前来看，NB-IoT 网络技术只会由上面的网络运营商来部署，其他公司或组织不能自己来部署网络。要使用 NB-IoT 的网络必须要等运营商把 NB-IoT 网络铺好，其进度与发展取决于运营商基础网络的建设。

表 2.4 给出了 3GPP Release 13 为 NB-IoT 指定的 14 个频段号。

表 2.4　3GPP Release 13 NB-IoT 频段分配

频段号	上行频率（UL）/MHz	下行频率（DL）/MHz
1	1920～1980	2110～2170
2	1850～1910	1930～1990
3	1710～1785	1805～1880
5	824～849	869～894
8	880～915	925～960
12	699～716	729～746
13	777～787	746～756
17	704～716	734～746
18	815～830	875～890
19	830～845	875～890
20	832～862	791～821
26	814～849	859～894
28	703～748	758～803
66	1710～1780	2110～2200

表 2.5 给出了国内营运商的可使用 NB-IoT 频段。

表 2.5　国内营运商可使用 NB-IoT 频段

营运商	上行频率/MHz	下行频率/MHz	频宽/MHz
中国联通	909～915	954～960	6
	1745～1765	1840～1860	20
中国移动	890～900	934～944	10
	1725～1735	1820～1830	10
中国电信	825～840	875～885	15
中广移动	700	未确定	未确定

2.4.1.5 NB-IoT 部署方式

NB-IoT NB-IoT 占用 180kHz 工作带宽，支持频段内（In-Band）、保护带（Guard-Band）以及独立（Stand-alone）三种部署方式（Operation Modes），如图 2.15 所示。

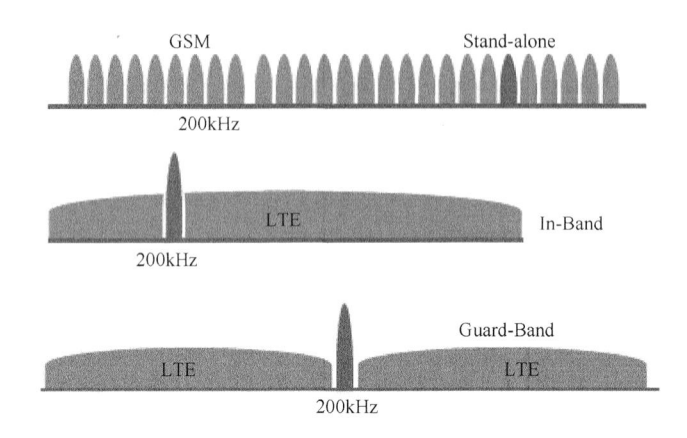

图 2.15 NB-IoT 部署方式

1. 独立部署（Stand-alone operation，ST）

不依赖 LTE，与 LTE 可以完全解耦。适合用于重新使用 GSM 频段，GSM 的信道带宽为 200kHz，这刚好为 NB-IoT180kHz 带宽辟出空间，且两边还有 10kHz 的保护间隔。

2. 保护带部署（Guard-Band operation，GB）

不占 LTE 资源。利用 LTE 边缘保护频带中未使用的 180kHz 带宽的资源块。

3. 带内部署（In-Band operation，IB）

占用 LTE 的 1 个 PRB 资源。可以利用 LTE 载波中间的任何资源块。

表 2.6 给出了三种部署方式的性能比较。

表 2.6 NB-IoT 三种部署方式性能比较

	Stand-alone	Guard-Band	In-Band
频谱	频谱上 NB-IoT 独占，不存在与现有系统共享的问题	需要考虑与 LTE 系统共存问题，如干扰规避、射频指标更为苛刻等问题	需要考虑与 LTE 系统共存问题，如干扰消除、射频指标刻等问题

续表

	Stand-alone	Guard-Band	In-Band
带宽	限制比较少，单独扩容	由于发展受限，Guard-Band 可用频点非常受限	In-Band 可用在 NB-IoT 频点有限，且扩容意味着占用更多的 LTE 资源
兼容性	Stand-alone 下配置限制较少	Guard-Band 需要考虑与 LTE 兼容	In-Band 需要考虑与 LTE 兼容，如避开 PDOCH 区域、LTE 同步信道和 PBCH、CRS 等
基站发射功率	Stand-alone 需要使用独立的功率，下行功率较大，可大于 20W	同 In-Band	借用 LTE 功率，不需要独立功率，下行功率较低，为 2~1.6W（假设 LTE 5MHz，20W）
覆盖	满足覆盖要求，覆盖较大，PBCH 可达 167.3dB，有 3dB 余量	满足覆盖要求，较小，同 In-Band	满足覆盖要求，覆盖较小，PBCH 受限，为 161.1dB
容量	综合下行容量约为 5 万个终端个数	综合下行容量约为 2.7 万个终端个数	综合下行容量约为 1.9 万个终端个数
传输延时	满足时延要求，时延略小，传输效率较高	满足时延要求，时延略大	满足时延要求，时延最大
终端能耗	满足能耗目标，差异不大	满足能耗目标，差异不大	满足能耗目标，差异不大

2.4.1.6　NB-IoT 工作状态

在默认状态下，NB-IoT 存在三种工作状态。三种状态会根据不同的配置参数进行切换。

（1）Connected（连接态）。模块注册入网后处于该状态，可以发送和接收数据，无数据交互超过一段时间后会进入 Idle 模式，持续时间可配置。

（2）Idle（空闲态）。可收发数据，且接收下行数据会进入 Connected 状态，无数据交互超过一段时会进入 PSM 模式，持续时间可配置。

（3）PSM（Power Saving Mode，节能模式）。此模式下终端关闭收发信号机，不监听无线侧的寻呼。因此虽然依旧注册入网，但信令不可达，无法收到下行数据，功率很小。

持续时间由核心网配置，有上行数据需要传输或 TAU 周期结束时会进入 Connected 状态。

NB-IoT 三种工作状态的转换过程可以总结如下。

（1）终端发送数据完毕处于 Connected 状态，启动"不活动计时器"，默认 20s，可配置范围为 1~3600s。

（2）"不活动计时器"超时，终端进入 Idle 状态，启动及或定时器（Active-Timer），超时时间配置范围为 2s~186min。

（3）Active-Timer 超时，终端进入 PSM 状态，TAU 周期结束时进入 Connected 状态，TAU 周期配置范围为 54min~310h。

2.4.1.7　NB-IoT 双工模式

在 Release 13 中，NB-IoT 仅支持 FDD 半双工 type-B 模式。FDD 意味着上行和下行在频率上分开，UE 不会同时处理接收和发送。半双工也意味着只需多一个切换器去改变发送和接收模式，与全双工所需的元件相比，成本更低廉，且电池能耗更低。

在 Release 12 中，定义了半双工分为 type A 和 type B 两种类型，其中 type B 为 Cat.0 所用。在 type A 下，UE 在发送上行信号时，其前面一个子帧的下行信号中最后一个 Symbol 不接收，用来作为保护时隙（Guard Period，GP），而在 type B 下，UE 在发送上行信号时，其前面的子帧和后面的子帧都不接收下行信号，使得保护时隙加长，这对于设备的要求降低，且提高了信号的可靠性。

1. 下行链路

对于下行链路，NB-IoT 定义了三种物理信道。

（1）NPBCH：窄带物理广播信道。

（2）NPDCCH：窄带物理下行控制信道。

（3）NPDSCH：窄带物理下行共享信道。

还定义了两种物理信号。

（1）NRS：窄带参考信号。

（2）NPSS 和 NSSS：主同步信号和辅同步信号。

2. 上行链路

对于上行链路，NB-IoT 定义了两种物理信道。

（1）NPUSCH：窄带物理上行共享信道。

（2）NPRACH：窄带物理随机接入信道。

和物理信号：

DMRS：上行解调参考信号。

2.4.1.8 NB-IoT 协议栈

NB-IoT 协议栈基于 LTE，但为了满足物联网处理需求，NB-IoT 定义了一个新的空口协议，去掉了一些不必要的功能，减少了协议栈处理流程。

2.4.1.9 NB-IoT 应用前景

根据工信部发布的《关于全面推进移动物联网（NB-IoT）建设发展的通知》，2020 年年底，NB-IoT 网络实现全国普遍覆盖，面向室内、交通路网、地下管网等应用场景实现深度覆盖，基站规模达到 150 万个。同时要求推广 NB-IoT 在细分领域的应用，逐步形成规模应用体系。

现阶段，NB-IoT 垂直行业主要集中在交通行业、物流行业、医疗卫生、商品零售行业、智能抄表、公共设施、智能家居、工业制造、企业能耗管理、企业安全防护等，具体的行业应用如表 2.7 所列。

表 2.7 NB-IoT 垂直行业主要应用

NB-IoT 垂直行业	主要内容
交通行业	涉及车载服务（防盗、导航、远程诊断和信息娱乐等）、车载 WiFi、车载定位监控、车载视频监控、电动自行车防盗应用
物流行业	涉及物流车辆调度、物流追踪管理应用等
医疗卫生	主要为穿戴型应用，包括关爱定位（宠物定位、儿童定位手表、老人智能手表）、无线血压计等
商品零售行业	涉及金融 POS 机、电子广告牌、自动售货机、移动货柜等应用
智能抄表	涉及用户水表、家庭燃气表、用户电表等
公共设施	涉及城市灯光管控、城市气象监测、城市设施监控等应用
智能家居	涉及家居智能控制、家庭安全防护设施等应用
工业制造	涉及智能产品（工程机械）售后服务、智能工厂等应用
企业能耗管理	涉及设计园区、大厦、企业等能源监管等应用
企业安全防护	设计企业电梯监控、安防监控等应用

下面以智慧停车、智能抄表、智慧路灯为例，来说明 NB-IoT 的具体场景应用情况。

1. 基于 NB-IoT 的智慧停车

为解决停车难和停车信息共享不透明等问题,可通过物联网技术将处于空间散布的停车资源连接在一起,通过终端车位数据采集及大数据分析,将车位状态信息实时共享至云端,形成智慧停车系统。具体来说,采用 NB-IoT 模组及地磁传感器实时采集停车位状态信息,通过运营商 NB-IoT 窄带无线通信技术将停车位状态信息实时发送到云端服务器,实现全城车位信息的统一发布和管理;用户可通过手机 App 实时查看所在城市所有停车位状态信息,并可进行在线车位预定、在线支付及车位导航。

基于 NB-IoT 的智慧停车系统实现了停车资源的高效共享,有效减轻了市政交通管理压力,具有较高的经济和社会效益。

2. 基于 NB-IoT 的智能抄表

智能抄表是低功耗广域网络的典型应用场景之一,对系统成本、性能、数据准确度、时效性、寿命等具有较高要求。低功耗广域网络技术在针对智能抄表系统的通信解决方案中具有很大的优势,可满足物联网中远距离和低功耗的通信需求。

与传统的采用 GPRS、LoRa 技术抄表对比,NB-IoT 远程抄表具有广覆盖、高吞吐率等优越性。同时 NB-IoT 下行采用 OFDMA,上行采用 SC-FDMA 调制解调技术加上可重传 200 次左右的重传机制,提高了数据在获取过程中的准确性。表 2.8 给出了不同抄表技术性能对比。

表 2.8 NB-IoT、GPRS、LoRa 远程抄表技术性能对比

指标	频谱范围	发射功率/dBm	覆盖范围/km
NB-IoT	LTE&2GHz 频带	23	15
GPRS	2GHz 频带	18	1
LoRa	433/868MHz	14	10

总体来看,通过 NB-IoT 搭建稳定、安全、可靠的双向通信网络后,水电气公司可实现实时抄表、在线监控、实时控制、实时报警、实时分析等功能,减少人力投入,提高运营效率,提供更具有针对性和科学性的动态管理,有效提高能源利用和管理水平。

3. 基于 NB-IoT 的智慧路灯

路灯在城市分布广泛、均匀，具有地理坐标精确、供电网络完整、通信位置明确等特点，是智慧城市物联网极佳的切入口，可以作为城市物联网的感知终端载体。而基于 NB-IoT 的智慧路灯具备多项优势，如可实现单灯精确控制和维护，无须人工巡检，可远程检测并定位故障，无须路灯企业建网，网络覆盖好，可靠性高等。

NB-IoT 的智慧路灯顺应城市绿色、智慧、和谐、特色发展的需求，也契合国家大力推动 NB-IoT 智慧应用的方向，为城市照明实现动态化、流程化、可视化、规范化管理，保障城市照明运行安全，为智慧城市打造公共服务、公共设施、节能环保等多维平台提供了全方位的技术支撑，其在智慧城市中应用案例不断增多。据不完全统计，仅 2017 年，就有 7 个基于 NB-IoT 的智慧路灯应用的项目投入运营。

随着智慧路灯标准化的推进、NB-IoT 技术应用的成熟、智慧城市建设的开展，相信基于 NB-IoT 的智慧路灯将会在更多城市中得到应用，而当前存在的诸多问题也会陆续被破解，其未来发展前景十分广阔，将为城市实现节能减排、精细化管理、个性化和特色发展贡献新的力量。

2.4.2 LoRa 技术

物联网应用中涉及的无线技术有多种，可组成局域网或广域网。组成局域网的无线技术主要有 2.4GHz 的 WiFi、蓝牙、ZigBee 等，组成广域网的无线技术主要为 2G/3G/4G 等。这些无线技术，优缺点非常明显，就是在远距离覆盖和低功耗两者之间只能二选一。当采用低功耗广域网（Low Power Wide Area Network，LPWAN）技术之后，设计人员可做到两者兼顾，最大限度地实现更长距离通信与更低功耗，同时还可节省额外的中继器成本。

长距离无线电技术（Long Range Radio，LoRa）是 LPWAN 通信技术中的一种，是美国 Semtech 公司采用和推广的一种基于扩频技术的超远距离无线传输方案。LoRa 技术具有远距离、低功耗（电池寿命长）、多节点、低成本的特性。其最大特点就是在同样的功耗条件下比其他无线方式传播的距离更远，实现了低功耗和远距离的有机统一，在同样的功耗下，LoRa 比传统无线射频通信距离扩大 3~5 倍。

这一方案改变了以往关于传输距离与功耗的折中考虑方式，为用户提供了一种简单的能实现远距离、长电池寿命、大容量的系统，进而扩展传感网络。目前，LoRa 主要在全球免费频段运行，包括 433MHz、868MHz、915MHz 等。

2.4.2.1　LoRa 协议架构

按照 LoRa 联盟官方白皮书 *What is LoRaWAN* 的介绍，LoRaWAN 是为 LoRa 远距离无线通信网络设计的一套通信协议和系统架构。这一技术可以为电池供电的无线设备提供局域、全国或全球的网络。LoRaWAN 瞄准的是物联网中的一些核心需求，如安全双向通信、移动通信和静态位置识别等服务。该技术无须本地复杂配置，就可以让智能设备间实现无缝对接互操作，给物联网领域的用户、开发者和企业自由操作权限。

图 2.16 给出了 LoRaWAN 协议分层架构图。

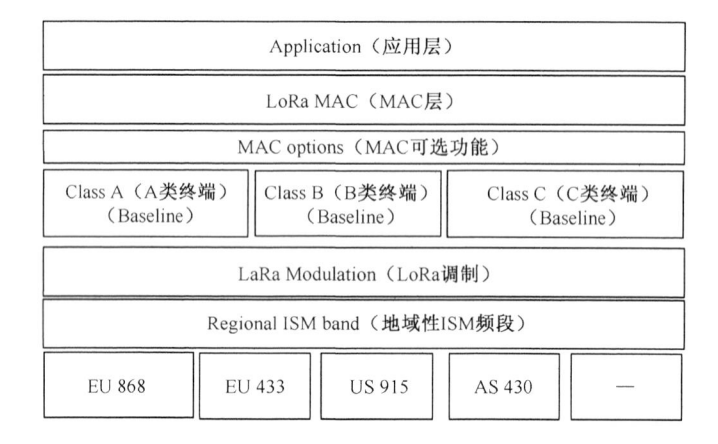

Application（应用层）			
LoRa MAC（MAC层）			
MAC options（MAC可选功能）			
Class A（A类终端）(Baseline)	Class B（B类终端）(Baseline)	Class C（C类终端）(Baseline)	
LaRa Modulation（LoRa调制）			
Regional ISM band（地域性ISM频段）			
EU 868	EU 433	US 915	AS 430	—

图 2.16　LoRaWAN 协议分层架构图

LoRaWAN 终端等设备协议采用四层的分层架构。

（1）物理层。物理层主要负责物理信道承载、信号收发、调制解调，全球不同地区的工作频段不同。

（2）终端层。从图 2.16 可以看出，协议中规定了 Class A/B/C 三类终端设备，这三类终端设备基本覆盖了物联网所有的应用场景。表 2.9 以表格形式给出了这三类终端设备的基本介绍和典型应用场景。

表 2.9　LoRa 终端类型比对

终端类型	基本情况	下行时机	典型应用场景
A（all）	Class A 类终端采用 LOHA 协议按需上报数据，也即终端先发送，在发送后开启一段时间的接收窗口，终端只有在发送后才可以接收。也就是说上行没有限制，下行的数据只有在上行包发送上来的时候终端才可以接收到（功耗最低）	必须等待终端上报数据后才能对其下发数据	垃圾桶监测、烟雾报警器、气体监测等
B（beacon）	Class B 类终端和服务器协商好接收窗口开启时间和以及何时开启，然后再约定时间进行接收，并可以一次接收多个包（功耗次低），为此终端需要从网关接收时间同步的信标	在终端固定接收窗口即可对其下发数据，下发的延时有所提高	阀控水气电表等
C（continuous）	Class C 类终端基本是一直打开着接收窗口，只在发送时短暂关闭。Class C 类终端会比 Class A 和 Class B 更加耗电，但通信延时最低	由于终端处于持续接收状态，可在任意时间对终端下发数据	路灯控制等

（3）MAC 层。MAC 层则负责 LoRa 接入控制、逻辑链路管理，包括 ClassA/B/C 不同等级的终端的控制。

（4）应用层。应用层包括用户自定义的基于 LoRaWAN 技术的应用程序、软件接口等。

2.4.2.2　LoRa 网络架构

LoRa 网络主要由终端（可内置 LoRa 模块）、网关（或称基站）、服务器（Server）和云四部分组成。图 2.17 给出了 LoRa 的网络架构。

从图 2.17 可以看出，在这个 LoRa 网络架构中，基站和终端之间采用星型网络拓扑，且由于 LoRa 的长距离特性，它们之间得以使用单跳传输。LoRa 网关是一个透明传输的中继，连接终端设备和后端中央服务器。网关与服务器间通过标准 IP 连接，终端设备采用单跳与一个或多个网关通信。所有节点与网关间均可双向通信，同时也支持云端升级等操作以减少云端通信时间。

终端节点位于上面 LoRaWAN 网络架构图中最左边，异步地广播数据包到网络。遵循 Aloha 网络规范，保证终端设备可以将大部分时间处于空闲模式，功耗少于 1μA。这种方法可确保在小型电池上的应用可以实现 10～15 年的使用寿命。因为低功耗，LoRaWAN 网络是 Aloha 介质访问网络规范最适合的技术选

择，广域网络主要工作在 ISM 频段。在免授权频段中，介质质量和可访问性不能被保证，这意味着任何类型的时隙多址技术都将会面临信道可用性问题。时分多址，需要设备同步，可能会在终端设备上造成很大的成本，并且与 LPWA 中的一些用例不兼容。

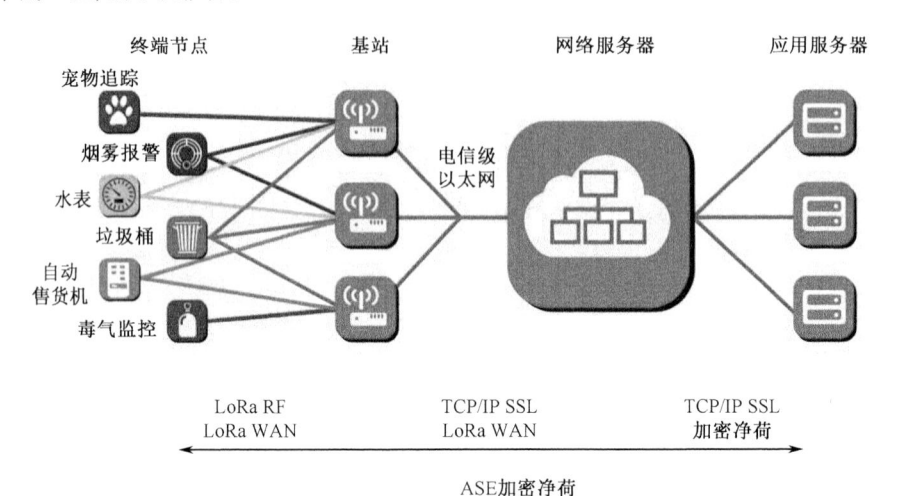

图 2.17 LoRa 的网络架构

集中器/网关位于上面 LoRaWAN 网络架构图中最左侧第二排。通过终端节点广播的数据包将会被网络中的一个或多个网关接收到。网关有一个多信道和多数据速率的射频嵌入式设备，可以扫描和检测任意活动信道上的数据包并对其进行解调。网关是到核心网络简单的通信通道，而且它们通常没有内置的智能处理。这使得集中器/网关具备下面两个主要优点：网关可由非常简单的、便宜的硬件组成，不需要从单元到单元的漫游。且终端节点广播其数据包，不需要考虑哪个网关会接收它们，并且多个网关可以接收数据包，而对其能量消耗没有任何的影响，也不需要切换过程或同步。

网络服务器是 LoRaWAN 系统的重要部分，通过智能管理网络将数据分发到网络中的其他服务器，其主要功能包括以下几点。

（1）消息合并。来自多个网关相同数据包的多个副本被转发到网络服务器。网络服务器记录这些数据包，分析数据包的接收质量，并通知网络控制器。

（2）路由。对于下行链路，网络服务器决定了到终端节点的最佳路由。通常，这个决定是基于先前传送数据包的链路质量指示，从接收的信号强度指示（Received Signal Strength Indication，RSSI）和信噪比（Signal to Noise Ratio，

SNR）计算出来。

（3）网络控制。链路质量还有助于为某个终端节点决定最相关的通信速度或扩频因子。这就是我们所说的 ADR（Adaptive Data Rate），或者自适应数据速率策略，这由网络控制器来处理。

（4）网络和网关监控。网关通常通过加密的 IP 链路连接到网络服务器。网络通常包含网关管理和监控接口，允许网络提供商管理网关，处理故障情况，监控告警和其他一些功能；通过与其他服务器通信，实现组织漫游，连接到客户的应用服务器等。

应用服务器在 LoRaWAN 网络架构图中最右侧，以支持不同类型的网络，为不同应用供应商提供异构应用的"多租户网络"场景。

2.4.2.3 LoRa 技术特点

传输速率、工作频段和网络拓扑结构是影响传感网络特性的三个主要参数。传输速率的选择将影响系统的传输距离和电池寿命；工作频段的选择要折中考虑频段和系统的设计目标；网络拓扑结构的选择是由传输距离要求和系统需要的节点数目来决定的。LoRa 融合了前向纠错编码和数字扩频，使 LoRa 技术能够以低发射功率获得更广的传输范围和距离，满足了物联网对低功耗、覆盖范围广的应用要求。

1. 前向纠错编码

前向纠错编码技术是给待传输数据序列中增加了一些冗余信息，这样，数据传输进程中注入的错误码元在接收端就会被及时纠正。这一技术减少了以往创建"自修复"数据包来重发的需求，且在解决由多径衰落引发的突发性误码中表现良好。

2. 数字扩频

一旦数据包分组建立起来且注入前向纠错编码以保障可靠性，这些数据包将被送到数字扩频调制器中。这一调制器将分组数据包中每一比特馈入一个"扩展器"中，将每一比特时间划分为众多码片。即使噪声很大，LoRa 也能从容应对，LoRa 调制解调器经配置后，可划分的范围为 64~4096 码片/比特，最高可使用 4096 码片/比特中的最高扩频因子（12）。相对而言，ZigBee 仅能划分的范围为 10~12 码片/比特。

通过使用高扩频因子，LoRa 技术可将小容量数据通过大范围的无线电频谱传输出去。实际上，当通过频谱分析仪测量时，这些数据看上去像噪声，但区别在于噪声是不相关的，而数据具有相关性。基于此，数据实际上可以从噪声中被提取出来。扩频因子越高，可从噪声中提取出来的数据就越多。在一个运转良好的 GFSK 接收端，8dB 的最小信噪比（SNR）需要可靠地解调信号，采用配置 AngelBlocks 的方式，LoRa 可解调一个信号，其信噪比为-20dB，GFSK 方式与这一结果差距为 28dB，这相当于范围和距离扩大了很多。在户外环境下，6dB 的差距就可以实现 2 倍于原来的传输距离。

2.4.2.4　LoRa 应用前景

随着智慧城市的全面部署以及城市智能化、感知与互联的发展需求，城市越来越多的碎片化终端设备需要低功耗、长距离传输的接入网络。以 LoRa 为代表的低功耗、远距离网络技术的出现，有机会打破物联网在互联方面的瓶颈，促进物联网端对端的成本大幅下降，引爆物联网的大规模应用。

1）智能建筑

对于建筑的改造，加入温湿度、安全、有害气体、水流监测等传感器并且定时地将监测的信息上传，方便管理者监管的同时更方便了用户。通常来说这些传感器的通信不需要特别频繁或者保证特别好的服务质量，便携式的家庭式网关便可以满足需要。所以该场景 LoRa 是比较合适的选择。

2）智慧水务

智慧水务通过数采仪、无线网络、水质水压表等在线监测设备实时感知城市供排水系统的运行状态，并采用可视化的方式有机整合水务管理部门与供排水设施，形成"城市水务物联网"，并可将海量水务信息进行及时分析与处理，并做出相应的处理结果辅助决策建议，以更加精细和动态的方式管理水务系统的整个生产、管理和服务流程，从而达到"智慧"的状态。

3）智慧农业

对农业来说，低功耗低成本的传感器是迫切需要的。温湿度、二氧化碳、盐碱度等传感器的应用对于农业提高产量、减少水资源的消耗等有重要的意义，这些传感器需要定期地上传数据。LoRa 十分适用于这样的场景。

4）智慧油田

智慧油田利用各种在线的、实时测量的感知设备，诸如安装在油气水井、管道、油气处理、加工、储运设备上的各种仪表等信息传感设备，按约定的协议连接到企业网或者互联网，进行信息交换和通信，以实现智能化识别、定位、跟踪、监控和管理的一种网络。

5）物流追踪

追踪或者定位市场的一个重要的需求就是终端的电池使用寿命。物流追踪可以作为混合型部署的实际案例。物流企业可以根据定位的需要在需要场所部网，可以是仓库或者运输车辆上，这时便携式的基站便派上了用场。LoRa 可以提供这样的部署方案，同时 LoRa 有一个特点，即在高速移动时通信相对更稳定。LoRa 更适合于物流追踪。

2.4.3　NB-IoT 与 LoRa 的区别

NB-IoT 与 LoRa 是两种不同类型的低功耗广域网技术，它们之间存在以下4个区别。

（1）频段。LoRa 工作在 1GHz 以下的非授权频段，在应用时不需要额外付费，NB-IoT 和蜂窝通信使用 1GHz 以下的频段是授权的，是需要收费的。处于 500MHz 和 1GHz 之间的频段对于远距离通信是最优的选择，因为天线的实际尺寸和效率是具有相当优势的。

（2）电池供电寿命。LoRa 模块在处理干扰、网络重叠、可伸缩性等方面具有独特的特性，但却不能提供像蜂窝协议一样的服务质量。NB-IoT 出于对服务质量的考虑，不能提供类似 LoRa 一样长的电池寿命。

（3）设备成本。对终端节点来说，LoRa 协议比 NB-IoT 更简单，更容易开发并且对于微处理器的适用和兼容性更好。

（4）网络覆盖和部署时间表。NB-IoT 标准在 2016 年公布，除网络部署之外，相应的商业化和产业链的建立还需要更长的时间和努力去探索。LoRa 的整个产业链相对已经较为成熟了，产品也处于"蓄势待发"的状态，同时全球很多国家正在进行或者已经完成了全国性的网络部署。

NB-IoT 与 LoRa 都拥有自己独特优势，需根据实际情况合理选择最合理技术。随着物联网的迅速发展，NB-IoT 与 LoRa 无疑都将有自己广阔的应用市场。

2.5　云计算技术

2.5.1　概念介绍

云计算（Cloud Computing）是一种分布在大规模数据中心，能动态地提供

各种服务器资源，以满足科研、电子商务等领域需求的计算平台。云计算是一种商业计算模型，云计算是分布式计算、并行计算和网格计算的发展，是虚拟化、效用计算、PaaS、SaaS 等概念混合演进并跃升的结果，将计算任务分布在大量计算机构成的资源池上，使各种应用系统能够根据需要获取计算力、存储空间和各种软件服务。

云计算平台通过相关调度策略利用虚拟化技术，针对用户的不同需求，动态、透明地提供其所需的虚拟计算与存储资源，并在当前用户不使用时将其资源动态回收并供给其他用户，让普通用户实现大规模并行计算与海量数据操作成为可能，也为搭建统一开放的知识网络系统提供了底层支持。

一个云计算平台就是通过对一系列 IT 资源的配置，使这些 IT 资源能根据用户的需要来动态地分配。用户可以通过简易的服务调用接口，用各种终端调用云计算平台提供的服务，如图 2.18 所示。

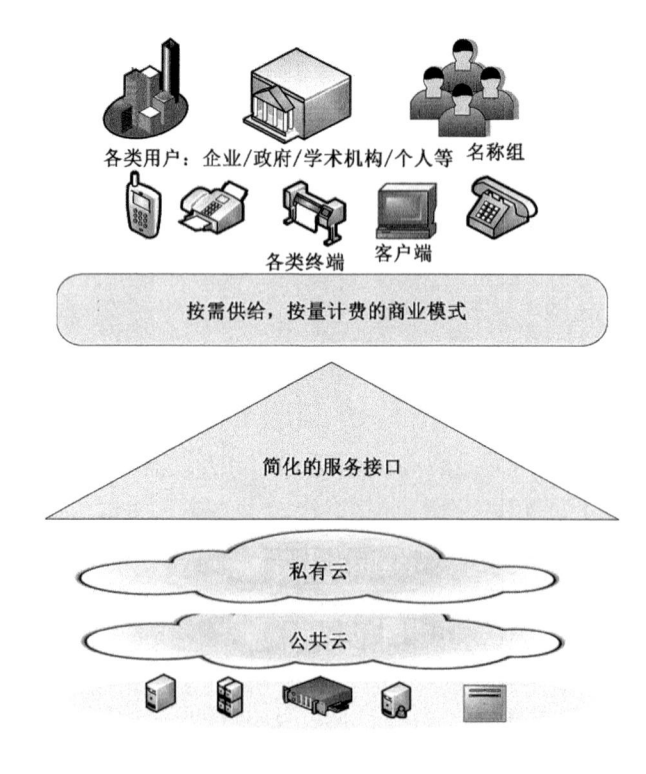

图 2.18 云计算概念

2.5.2 原理及特点

2.5.2.1 基本原理

云计算将大量的计算机资源虚拟化构成资源库，利用大量的分布式计算机进行计算高速互联网的传输能力，将数据的处理过程从个人计算机或服务器移到互联网上的计算机集群中。通过简化的服务接口，采用按量计费的商业模式，使用户可通过各种终端设备（计算机、移动电话、笔记本等）享受云提供的各种服务，如图 2.19 所示。

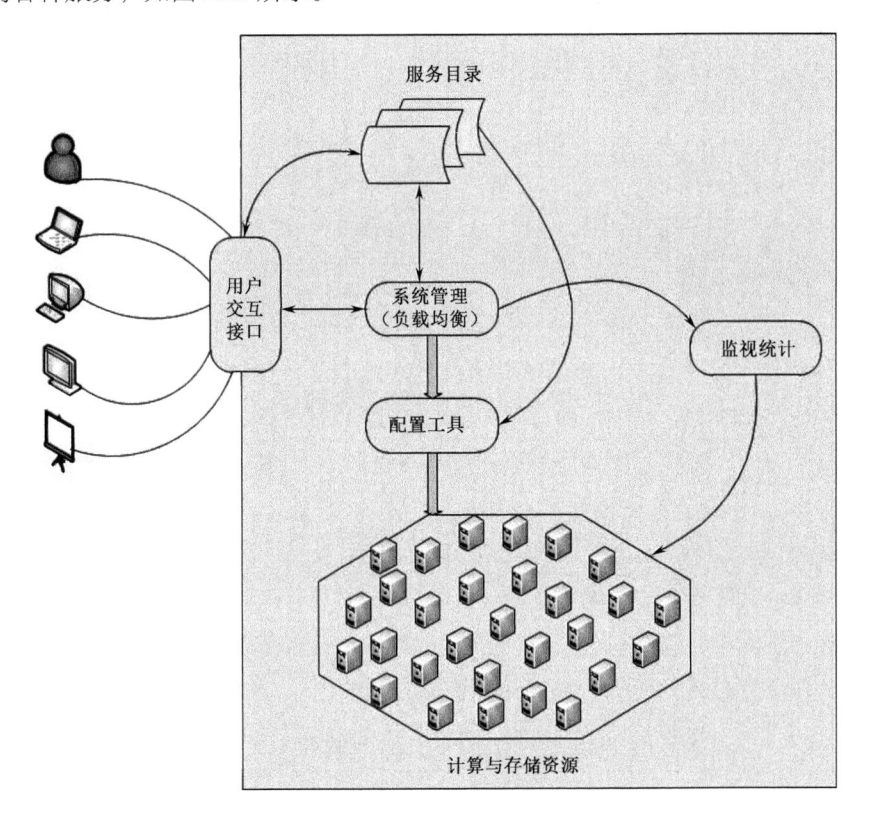

图 2.19　云计算的实现机制

从用户角度来看，云计算平台可以分为公共云和私有云两类。公共云由第三方运行和维护，如 Google、Amazon 等通过互联网为用户提供服务。而私有云则是由企业自己搭建的，规模一般比较小，但提供了更适合企业运营的服务。

当前比较认可的云计算基础架构如图 2.20 所示，由基础设施层、应用平台层、交付服务层构成。

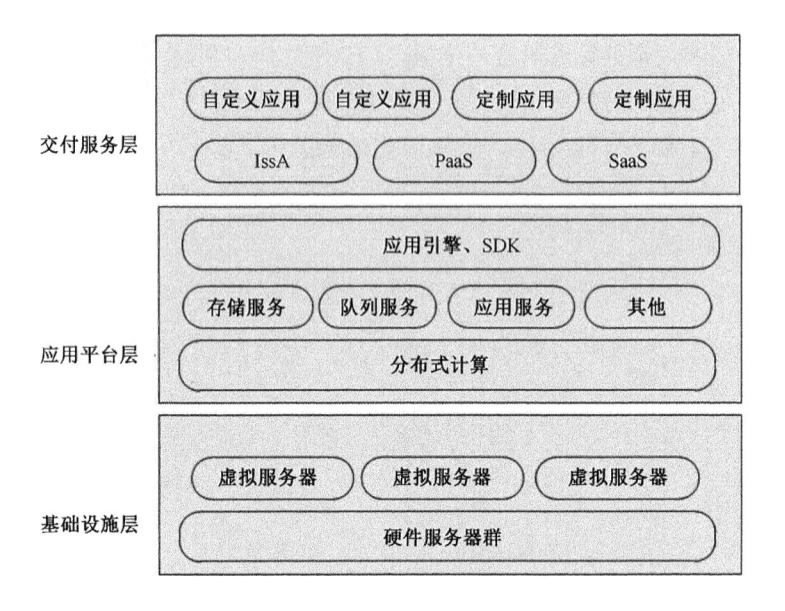

图 2.20　云计算基础架构

（1）基础设施层。本层主要由硬件设备设施构成，如大规模的廉价 PC 或服务器，对平台起支撑作用。利用虚拟技术切分硬件资源，动态地对外提供服务。

（2）应用平台层。本层是整个云计算平台的软件基础，提供支撑云计算平台的核心技术，并通过分布式计算框架把底层的硬件资源有效地组织起来，隐藏后台硬件资源，对外提供统一的计算能力和输出。

（3）交付服务层。用户从本层中直接获得相关服务。用户可以用 PaaS/SaaS 方式从云中获得所需服务。开发人员可以用 PaaS 方式，通过调用云计算平台提供的 API、Web Service 或者直接基于运行环境进行应用开发。

2.5.2.2　基本特点

（1）超大规模。"云"具有相当的规模，Google 云计算已经拥有 100 多万台服务器，Amazon、IBM、微软、Yahoo 等的"云"均拥有几十万台服务器。企业私有云一般有数百上千台服务器。

（2）可靠性。"云"使用了数据多副本容错、计算节点同构可互换等措施来保障服务的高可靠性。单纯从技术实现角度讲，使用云计算比使用本地计算可靠。

（3）虚拟化。虚拟化使得云计算能够实现硬件资源的虚拟化管理。

（4）动态性。云计算动态分配资源，按需提供软硬件服务。"云"的规模可以动态伸缩，满足应用和用户规模增长的需要。

（5）通用性。云计算不针对特定的应用，在"云"的支撑下可以构造出千变万化的应用，同一个"云"可以同时支撑不同的应用运行。

（6）服务资源库。"云"可拥有多个服务的资源库，无数的软件和服务将被置于"云"中，为用户提供服务。

2.5.3 云计算关键技术

云计算作为一种新的超级计算方式和服务模式，以数据为中心，是一种数据密集型的超级计算。它运用了多种计算机技术，其中以编程模型、海量数据分布存储技术、海量数据管理技术、虚拟化技术和云计算平台管理技术最为关键。

2.5.3.1 编程模型

MapReduce 作为 Google 开发的 Java、Python、C++编程模型，是一种简化的分布式编程和高效的任务调度模型，应用程序编写人员只需将精力放在应用程序本身，使云计算环境下的编程十分简单。而关于集群的处理问题，包括可靠性和可扩展性，则交由平台来处理。MapReduce 模式的思想是通过"Map"（映射）和"Reduce"（化简）这两个简单的概念来构成运算基本单元，先通过 Map 程序将数据切割成不相关的区块，分配（调度）给大量计算机处理，达到分布式运算的效果，再通过 Reduce 程序将结果汇整输出，即可并行处理海量数据。简单地说，云计算是一种更加灵活、高效、低成本、节能的信息运作的全新方式，通过其编程模型可以发现云计算技术是通过网络将庞大的计算处理程序自动拆分成无数个较小的子程序，再由多部服务器所组成的庞大系统搜索、计算、分析之后将处理结果回传给用户。通过这项技术，远程的服务供应商可以在数秒之内，达成处理数以千万计甚至亿计的信息，达到和"超级计算机"同样强大性能的网络服务。

2.5.3.2 海量数据分布存储技术

云计算系统采用分布式存储的方式存储数据,用冗余存储的方式保证数据的可靠性。云计算系统中广泛使用的数据存储系统是 Google 的 GFS 和 Hadoop 团队开发的 GFS 的开源实现 HDFSGFS 即 Google 文件系统(Google File System),是可扩展的分布式文件系统,用于大型的、分布式的、对大量数据进行访问的应用。GFS 的设计思想不同于传统的文件系统,是针对大规模数据处理和 Google 应用特性而设计的。它虽然运行于廉价的普通硬件上,但可以提供容错功能。它可以给大量的用户提供总体性能较高的服务。一个 GFS 集群由一个主服务器(Master)和大量的块服务器(Chunks-Server)构成,并被许多客户(Client)访问主服务器存储文件系统所有的元数据,包括名字空间、访问控制信息、从文件到块的映射以及块的当前位置。它还控制系统活动范围,如块租约(Lease)管理、孤立块的垃圾收集、块服务器间的块迁移。主服务器定期通过心跳(Heart Beat)消息与每个块服务器通信,并收集它们的状态信息。

2.5.3.3 海量数据管理技术

海量数据管理是指对大规模数据的计算、分析和处理,如各种搜索引擎。以互联网为计算平台的云计算能够对分布的、海量的数据进行有效可靠的处理和分析。因此,数据管理技术必须能够高效地管理大量的数据,通常数据规模达 TB 甚至 PB 级。云计算系统中的数据管理技术主要是 Google 的 BT(Big Table)数据管理技术,以及 Hadoop 团队开发的开源数据管理模块 HBase 和 Hive,作为基于 Hadoop 的开源数据工具(http://appengine.google.com),主要用于存储和处理海量结构化数据。BT 是建立在 GFS、Scheduler、LockService 和 MapReduce 上的一个大型的分布式数据库,与传统的关系数据库不同,它把所有数据都作为对象来处理,形成一个巨大的表格,用来分布存储大规模结构化数据。Google 的很多项目使用 BT 来存储数据,包括网页查询、GoogleEarth 和 Google 金融。这些应用程序对 BT 的要求各不相同:数据大小(从 URL 到网页到卫星图像)不同,反应速度不同(从后端的大批处理到实时数据服务)。对于不同的要求,BT 都成功地提供了灵活高效的服务。

2.5.3.4 虚拟化技术

虚拟化(Virtualization)技术是云计算系统的核心组成部分,也是将各种计算及存储资源充分整合和高效利用的关键技术。云计算的特征主要体现为虚拟

化、分布式和动态可扩展，而虚拟化作为云计算最主要的特点，对云计算环境搭建起着决定性作用。虚拟化技术是伴随着计算机技术的产生而出现的，作为云计算的核心技术，扮演着十分重要的角色，提供了全新的数据中心部署和管理方式，为数据中心管理员带来了高效和可靠的管理体验，还可以提高数据中心的资源利用率，提供低功能绿色环保。通过虚拟化技术，云计算中每个应用部署的环境和物理平台是没有关系的，通过虚拟平台进行管理、扩展、迁移、备份，种种操作都是通过虚拟化层次来完成的。虚拟化技术实质是实现软件应用与底层硬件相隔离，把物理资源转变为逻辑可管理资源。目前云计算中虚拟化技术主要包括将单个资源划分成多个虚拟资源的分裂模式，也包括将多个资源整合成一个虚拟资源的聚合模式。虚拟化技术根据对象可分成存储虚拟化、计算虚拟化、网络虚拟化等，计算虚拟化又分为系统级虚拟化、应用级虚拟化和桌面虚拟化。

2.5.3.5 云计算平台管理技术

云计算资源规模庞大，一个系统服务器数量众多（可能高达 10 万台），结构不同并且分布在不同物理地点的数据中心，同时还运行着成千上万种应用。如何有效地管理云环境中的这些服务器，保证整个系统提供不间断服务必然是一个巨大的挑战。云计算平台管理系统可以看作云计算的"指挥中心"。通过云计算系统的平台管理技术，能够使大量的服务器协同工作，方便地进行业务部署和开通，快速发现和恢复系统故障，通过自动化、智能化的手段实现大规模系统的可靠运营和管理。

2.5.4 云计算应用现状

目前，各大 IT 巨头根据自己公司的特点，分别推出了自己的云计算服务。云计算的典型应用包括邮件、搜索、网络存储、文档处理以及大量的 Web 2.0 的应用。目前比较成规模的云计算公司有 Google、IBM、Amazon 百度等。

2.5.4.1 Google 云计算平台

Google 公司有一套专属的云计算平台，这个平台先是为 Google 最重要的搜索应用提供服务，现在已经扩展到其他应用程序。Google 的云计算基础架构模式包括 4 个相互独立又紧密结合在一起的系统：Google File System 分布式文件系统，针对 Google 应用程序的特点提出的 MapReduce 编程模式，分布式

的锁机制Chubby以及Google 开发的模型简化的大规模分布式数据库BigTable。Google File System 文件系统（GFS）。

除了可伸缩性、可靠性及可应用性，GFS设计还受到Google应用负载和技术环境的影响，这主要体现在以下4个方面。

（1）充分考虑到大量节点的失效问题，需要通过软件将容错以及自动恢复功能集成在系统中。

（2）构造特殊的文件系统参数，文件通常大小以GB计，并包含大量小文件。

（3）充分考虑应用的特性，增加文件追加操作，优化顺序读写速度。

（4）文件系统的某些具体操作不再透明，需要应用程序协助完成。

通常一个GFS集群包含一个主服务器和多个块服务器，并被多个客户端访问。大文件被分割成固定尺寸的块，块服务器把块作为 Linux 文件保存在本地硬盘上，并根据指定的块句柄和字节范围来读写块数据。为了保证可靠性，每个块被默认保存3个备份。主服务器管理文件系统所有的元数据，包括名字空间、访问控制、文件到块的映射、块物理位置等相关信息。通过服务器端和客户端的联合设计，GFS 对应用支持达到性能与可用性最优。GFS 是为 Google 应用程序本身而设计的，在内部部署了许多GFS集群。有的集群拥有超过1000个存储节点，超过300TB的硬盘空间，被不同机器上的数百个客户端连续不断地频繁访问着。

Google通过构造MapReduce编程规范来简化分布式系统的编程。应用程序编写人员只需将精力放在应用程序本身，而关于集群的处理问题，包括可靠性和可扩展性，则交由平台来处理。MapReduce 通过"Map"（映射）和"Reduce"（化简）这样两个简单的概念来构成运算基本单元，用户只需提供自己的 Map 函数以及 Reduce 函数即可并行处理海量数据。为了进一步理解MapReduce 的编程方式，下面给出一个基于 MapReduce 编程方式的程序伪代码。程序功能是统计文本中所有单词出现的次数。在 Map 函数中，用户的程序将文本中所有出现的单词都按照出现计数 1（以 Key-Value 对的形式）发射到MapReduce给出的一个中间临时空间中。通过MapReduce 中间处理过程，将所有相同的单词产生的中间结果分配到同样一个Reduce 函数中。而每一个Reduce函数则只需把计数累加在一起即可获得最后结果。

由于一部分 Google 应用程序需要处理大量的格式化以及半格式化数据，Google 构建了弱一致性要求的大规模数据库系统——BigTable。BigTable 的应用包括 Search History、Maps、rkut、RSS 阅读器等。

除了以上构成 Google 内部云计算基础平台的 3 个主要部分，Google 还构建其他云计算组件，包括一个领域描述语言以及分布式锁服务机制等。Sawzall 是一种建立在 Map Reduce 基础上的领域语言，专门用于大规模的信息处理。Chubby 是前述的一个高可用、分布式数据锁服务。当有机器失效时，Chubby 使用 Paxos 算法来保证备份的一致性。Chubby 的小型分布式文件系统的每个单元都可以用来提供锁服务。

2.5.4.2　IBM 蓝云计算平台

IBM 的蓝云计算平台是一套软、硬件平台，将 Internet 上使用的技术扩展到企业平台上，使得数据中心使用类似于互联网的计算环境。蓝云大量使用了 IBM 先进的大规模计算技术，结合了 IBM 自身的软件、硬件系统以及服务技术，支持开放标准与开放源代码软件。蓝云基于 IBM Almaden 研究中心的云基础架构，采用了 Xen 和 PowerVM 虚拟化软件，Linux 操作系统映像以及 Hadoop 软件（Google File System 及 MapReduce 的开源实现）。IBM 已经正式推出了基于 x86 芯片服务器系统的蓝云产品。

蓝云计算平台由一个数据中心、IBM Tivoli 部署管理软件（Tivoli Provisioning Manager）、IBM Tivoli 监控软件（IBM Tivoli Monitoring）、IBM WebSphere 应用服务器、IBM DB2 数据库以及一些开源信息处理软件和开源虚拟化软件共同组成。蓝云的硬件平台环境与一般的 x86 芯片服务器集群类似，使用刀片的方式增加了计算密度。蓝云软件平台的特点主要体现在虚拟机以及对于大规模数据处理软件 Apache Hadoop 的使用上。Hadoop 是开源版本的 Google File System 软件和 MapReduce 编程规范。

蓝云软件的一个重要特点是虚拟化技术的使用。虚拟化的方式在蓝云中有两个级别，一个是在硬件级别上实现虚拟化，另一个是通过开源软件实现虚拟化。硬件级别的虚拟化可以使用 IBM P 系列的服务器，获得硬件的逻辑分区 LPAR(Logic Partition)。逻辑分区的 CPU 资源能够通过 IBM Enterprise Workload Manager 来管理。通过这样的方式加上在实际使用过程中的资源分配策略，能够使相应的资源合理地分配到各个逻辑分区。系统逻辑分区最小粒度是 1/10 颗

中央处理器（CPU）。Xen 则是软件级别上的虚拟化，能够在 Linux 基础上运行另外一个操作系统。

虚拟机是一类特殊的软件，能够完全模拟硬件的执行，运行不经修改的完整操作系统，保留了一整套运行环境语义。通过虚拟机的方式，在云计算平台上获得如下一些优点。

（1）云计算的管理平台能够动态地将计算平台定位到所需要的物理节点上，而无须停止运行在虚拟机平台上的应用程序，进程迁移方法更加灵活。

（2）降低集群电能消耗，将多个负载不是很重的虚拟机计算节点合并到同一个物理节点上，从而能够关闭空闲的物理节点，达到节约电能的目的。

（3）通过虚拟机在不同物理节点上的动态迁移，迁移了整体的虚拟运行环境，能够获得与应用无关的负载平衡性能。

（4）在部署上也更加灵活，即可以将虚拟机直接部署到物理计算平台上，而虚拟机本身就包括了相应的操作系统以及相应的应用软件，直接将大量的虚拟机映像复制到对应的物理节点。

蓝云计算平台中的存储体系结构对于云计算来说也是非常重要的，无论是操作系统、服务程序还是用户的应用程序的数据都保存在存储体系中。蓝云存储体系结构包含类似于 Google File System 的集群文件系统以及基于块设备方式的存储区域网络 SAN。

在设计云计算平台的存储体系结构时，不仅仅是需要考虑存储容量的问题。实际上，随着硬盘容量的不断扩充以及硬盘价格的不断下降，可以通过组合多个磁盘获得很大的磁盘容量。相对于磁盘的容量，在云计算平台的存储中，磁盘数据的读写速度是一个更重要的问题，因此需要对多个磁盘进行同时读写。这种方式要求将数据分配到多个节点的多个磁盘中。为达到这一目的，存储技术有两个选择，一个是使用类似于 Google File System 的集群文件系统，另一个是基于块设备的存储区域网络 SAN 系统。

在蓝云计算平台上，SAN 系统与分布式文件系统（如 Google File System）并不是相互对立的系统，SAN 提供的是块设备接口，需要在此基础上构建文件系统，才能被上层应用程序所使用。而 Google File System 正好是一个分布式的文件系统，能够建立在 SAN 之上。两者都能提供可靠性、可扩展性，至于如何使用还需要由建立在云计算平台上的应用程序来决定，这也体现了计算平台与上层应用相互协作的关系。

2.5.4.3 Amazon 的弹性计算云

Amazon 是互联网上最大的在线零售商,每天担负着大量的网络交易,同时 Amazon 也为独立软件开发人员以及开发商提供云计算服务平台。Amazon 将云计算平台称为弹性计算云(Elastic Compute Cloud,EC2),是最早提供远程云计算平台服务的公司。Amazon 将自己的弹性计算云建立在公司内部的大规模集群计算的平台上,而用户可以通过弹性计算云的网络界面,去操作在云计算平台上运行的各个实例(Instance)。用户使用实例的付费方式由用户的使用状况决定,即用户只需为自己所使用的计算平台实例付费,运行结束后计费也随之结束。这里所说的实例,即由用户控制的完整的虚拟机运行实例。通过这种方式,用户不必自己去建立云计算平台,节省了设备与维护费用。

Amazon 的弹性计算云由名为 Amazon 网络服务(Amazon Web Service)的现有平台发展而来。2006 年 3 月,Amazon 发布了简单存储服务(Simple Storage Service,S3),用户使用 SOAP 协议存放和获取自己的数据对象。2007 年 7 月,Amazon 公司推出了简单队列服务(Simple Queue Service,SQS),这项服务能够使得托管虚拟主机之间发送的消息,支持分布式程序之间的数据传递,无须考虑消息丢失的问题。Amazon 又继续提供了 EBS(Elastic Block Storage)服务,为用户提供块级别的存储接口。在提供这些基础设施的同时,Amazon 公司开发了弹性计算云 EC2 系统,开放给外部开发人员使用。

2.5.5 我国云计算发展趋势

在《国务院关于促进云计算创新发展培育信息产业新业态的意见》《关于积极推进"互联网+"行动的指导意见》《云计算综合标准化体系建设指南》等利好政策作用下,近年我国云计算产业得以迅速发展,产业已经走过培育与成长阶段,现已进入成熟发展期,产业格局基本稳定。

在企业方面,国内云计算产业各领域主要领先厂商众多,在IT基础设施与系统集成服务方面,有浪潮信息、华胜天成、浙大网新和华东计算机等;在IaaS 运营维护方面,有中国电信、中国联通、中国移动、百度和世纪互联等;PaaS 云平台,有八百客、阿里云、华为和华胜天成等;SaaS 云应用软件,有八百客、阿里软件、三五互联、拥有软件、焦点科技和东软集团等。

虽然我国国内目前云计算产业前景美好,但与发达国家相比,我国云计算市场规模也有待提高,未来仍旧需要努力追赶。相关公司需要把握好以下云计算发展趋势,并抓住机遇发展。

（1）云时代信息安全重要性日益凸显。随着云计算和移动互联网的普及，越来越多的业务在云端开展，越来越多的数据在云端存储，用户数据泄露或丢失是云计算信息安全面临的巨大的安全风险。因此，基于云服务的安全防护工作难度虽然加大，但这一领域的商业价值也将愈加凸显。

（2）垂直领域融合加深将带动云计算市场迅猛发展。相较于美国等发达国家，我国云计算市场规模仍较小，云计算应用领域及渗透深度有很大的空间。云计算服务商不断加深与各垂直领域的融合，将开拓更大的云计算服务空间。

（3）抓住智慧城市与智慧工业发展契机。作为云计算应用的重要领域，智慧城市与智慧工业概念兴起，将使云计算大有可为，值得企业发力。

2.6 大数据技术

2.6.1 概念介绍

研究机构 Gartner 对大数据给出了定义：大数据是需要新处理模式才能具有更强的决策力、洞察发现力和流程优化能力的海量、高增长率和多样化的信息资产。

大数据技术的战略意义不在于掌握庞大的数据信息，而在于对这些含有意义的数据进行专业化处理。换言之，如果把大数据比作一种产业，那么这种产业实现盈利的关键，在于提高对数据的"加工能力"，通过"加工"实现数据的"增值"。

从技术上看，大数据与云计算的关系就像一枚硬币的正反面一样密不可分。大数据必然无法用单台的计算机进行处理，必须采用分布式架构。它的特色在于对海量数据进行分布式数据挖掘，但它必须依托云计算的分布式处理、分布式数据库和云存储、虚拟化技术。

随着云时代的来临，大数据也吸引了越来越多的关注。《著云台》的分析师团队认为，大数据通常用来形容一个公司创造的大量非结构化数据和半结构化数据，这些数据在下载到关系型数据库用于分析时会花费过多时间和金钱。大数据分析常和云计算联系到一起，因为实时的大型数据集分析需要像 MapReduce 一样的框架来向数十、数百甚至数千的计算机分配工作。

大数据需要特殊的技术，以有效地处理大量的能容忍较长时间延时的数据。适用于大数据的技术，包括大规模并行处理（MPP）数据库、数据挖掘电网、分布式文件系统、分布式数据库、云计算平台、互联网和可扩展的存储系统。

2.6.2 原理及特点

大数据特性最早的提出者是麦塔集团（META Group，现为高德纳）分析师道格·莱尼（Doug Laney），他在研究报告《3D数据管理：控制数据数量、速度及种类》中指出，"数据激增的挑战和机遇是三维的，不仅仅在我们通常所理解的数据量（Volume）层面，还包括数据进出的速度（Velocity）以及数据种类范围（Variety）"。此后，研究者纷纷从特性角度去分析和理解大数据，并对这种"3V"的观点加以丰富。例如，IBM商业价值研究院在《分析：大数据在现实世界中的应用》报告中提出应增加准确性（Veracity）；弗雷斯特研究公司（Forrester Research）分析师布莱恩·霍普金斯（Brian Hopkins）和鲍里斯·埃韦尔松（Boris Evelson）认为应增加易变性（Variability）等。其中国际数据公司（International Data Corporation，IDC）的观点最为权威，也得到了研究者的广泛认同，该公司在《从混沌中提取价值》报告中提出了大数据的"6V"特征，即数据容量大（Volume）、数据类型繁多（Variety）、处理速度快（Velocity）、商业价值高（Value）、类型多变（Variability）、数据准确（Veracity）。下面对大数据的几个重要特性具体介绍。

（1）数据容量大（Volume）。也称数据体量巨大。目前，大数据的规模尚是一个不断变化的指标，单一数据集的规模范围从几十TB到数PB不等，各方研究者虽然对大数据量的统计和预测结果并不完全相同，但一致认为数据量将急剧增长。

（2）数据类型繁多（Variety）。即数据类型多样。从生成类型上分为交易数据、交互数据、传感数据；从数据来源上分为社交媒体、传感器数据、系统数据；从数据格式上分为文本、图片、音频、视频、光谱等；从数据关系上分为结构化、半结构化、非结构化数据；从数据所有者分为公司数据、政府数据、社会数据等。

（3）处理速度快（Velocity）。数据的增长速度快，以及要求数据访问、处理、交付等速度快。数据创建、处理和分析的速度持续加快，其原因是数

据创建的实时性属性,以及需要将流数据结合到业务流程和决策过程中的要求。速度影响数据时延——从数据创建或获取到数据可以访问的时间差。目前,数据以传统系统不可能达到的速度在产生、获取、存储和分析。对于对时间敏感的流程(例如,实时欺诈监测或多渠道"即时"营销),某些类型的数据必须实时地分析,以对业务产生价值。

(4)商业价值高(Value)。大数据价值巨大。大数据能够通过规模效应将低价值密度的数据整合为高价值、作用巨大的信息资产。例如,美国社交网站Facebook有10亿用户,网站对这些用户信息进行分析后,广告商可根据结果精准投放广告。对广告商而言,10亿用户的数据价值上千亿美元。

(5)类型多变(Variability)。大数据具有多层结构。弗雷斯特研究公司分析师布赖恩·霍普金斯和鲍里斯·埃韦尔松指出,大数据具有多层结构,这意味着大数据会呈现出多变的形式和类型。相较传统的业务数据,大数据存在不规则和模糊不清的特性,造成很难甚至无法使用传统的应用软件进行分析。

(6)数据准确(Veracity)。也称真实性,包括可信性、真伪性、来源和信誉的有效性和可审计性等子特征。一方面,对于网络环境下如此大量的数据需要采取措施确保其真实性、客观性,这是大数据技术与业务发展的迫切需求;另一方面,通过大数据分析,真实地还原和预测事物的本来面目也是大数据未来发展的趋势。IBM商业价值研究院在发布的《分析:大数据在现实世界中的应用》报告中指出,追求高数据质量是一项重要的大数据要求和挑战,但是,即使最优秀的数据清理方法也无法消除某些数据固有的不可预测性,例如,天气、经济或者客户最终的购买决定。不确定性的确认和规划的需求是大数据的一个维度,这是随着需要更好地了解不确定性而引入的维度。

2.6.3 应用现状

1. 数据战略

(1)大数据全球战略布局全面升级。发达国家期望通过建立大数据竞争优势,巩固和加强领先地位。美国作为大数据发展的发源地和创新的引领者,最早正式发布国家大数据战略。继美国之后,全球各国家、组织都纷纷在大数据

战略推进方面积极行动，各国的大数据发展战略形成以下特点：一是政府全力推动，同时引导市场力量共同推进大数据发展；二是推动大数据在政用、商用和民用领域的全产业链覆盖；三是重视数据资源的开放和管理的同时，全力抓好数据安全问题。

（2）中国加快构建大数据战略体系。中国敏锐地把握了大数据的兴起及发展趋势。在短短几年内，大数据迅速成为我国社会各领域关注的热点。为促进大数据发展，加快建设数据强国，中国政府制定了一系列发展大数据的战略性政策。2015年8月，国务院发布《促进大数据发展行动纲要》，提出全面推进中国大数据发展和应用，加快建设数据强国；同年10月，中共中央十八届五中全会将"大数据"写入会议公报并升格为国家战略；2016年3月，国家在出台的"十三五"规划纲要中再次明确大数据作为基础性战略资源的重大价值，要加快推动相关研发、应用及治理。2017年1月，《大数据产业发展规划（2016—2020年）》正式发布，全面制订了"十三五"期间的大数据产业发展计划。

（3）地区大数据发展格局初步形成。在《促进大数据发展行动纲要》发布之前，广东、上海、贵州等地率先启动了大数据地方政策的先行先试。而在《促进大数据发展行动纲要》发布后，各地政府加快跟进，全国31个省份均出台了大数据相关政策文件。经过不断的探索与实践，地区大数据发展的梯次格局初步显现。北京、广东、上海等东部沿海地区产业基础完善、人才优势明显，成为发展的核心地区；而地处西部欠发达地区的贵州、重庆等地区，通过战略创新形成先发优势，政府积极实施政策引导，引进大数据相关产业、资本与人才，也在区域竞争格局中占据一席之地。

2．数据资源

（1）数据总量爆炸式增长。根据国际数据公司（IDC）《数字宇宙报告》，2020年以前全球数据量保持40%以上的指数增长速度，大约每两年翻一番。

（2）数据成为核心生产资料。与农业时代的土地、资源、劳动力，工业时代的技术、资本不同的是，数据是人类自己创造的全新的生产资料。在互联网没有出现之前，数据就已经存在，但互联网的发展才使数据流动和利用变得更为容易。数据用于记录、反馈和提升互动体验，过往杂乱、无用、静态的数据因为流动而变得鲜活，数据拥有了生命，能够用于量化决策与预测。发掘数据价值的技术成本降低，数据可以用在全局流程及价值优化，并且实现真正的数据业务化，产生新的社会经济价值。

（3）判断数据价值成为数据管理的核心能力。数据总量的爆炸性增长也给存储、分析和使用大数据带来挑战。据统计，当下世界各大公司存储的数据中充斥着半数以上的价值模糊的暗数据，在总体中的占比能够达到 52%；此外还有大约 33%的历史数据处在难以发掘的尴尬处境，或者是失去了时效性，或者是难以进行二次利用以及价值含量过低。因此，除数据总量构成的挑战以外，大数据自身所包含的模糊性、时效性以及冗杂性，都对海量数据的价值挖掘能力提出了更高的诉求。因此，迫切需要开发者与决策者加快对大数据处理技术和分析能力的研究进程。

3. 数据流动

跨境数据流推动全球化进入新阶段。麦肯锡全球研究院（MGI）发布《数字全球化：新时代的全球性流动》(*Digital Globalization：The New Era of Global Flows*) 报告提出，"在全球商品流动趋缓、跨境资本流动出现下滑的趋势下，全球化并没有因此而逆转或停滞。相反，因为跨境数据流的飙升，全球化进入了全新的发展阶段"。

面对开放数据所能带来的巨大潜能，中国也正推动全国范围的数据开放。构建交易平台成为促进数据流通的主要举措。数据交易平台是数据交易行为的重要载体，可以促进数据资源整合、规范交易行为、降低交易成本、增强数据流动性。近年来成立并投入运营的有北京大数据交易服务平台、贵阳大数据交易所、长江大数据交易所、东湖大数据交易平台、西咸新区大数据交易所和河北大数据交易中心、哈尔滨数据交易中心、江苏大数据交易中心、上海大数据交易中心以及浙江大数据交易中心。

4. 数据产业

大数据产业核心层将保持每年 40%的增长速度。目前大数据产业的统计口径尚未建立，对于中国大数据产业的规模，各个研究机构均采取间接方法估算。通常认为，大数据产业核心层主要是指围绕大数据采集、存储、管理和挖掘等环节所形成的产业链条。中国大数据行业仍处于快速发展期，据中国信通院（CAICT）数据显示，2017—2022 年大数据核心产业还有着 40%左右的高增长空间。

2.6.4 发展趋势

1. 大数据和开源

Apache Hadoop、Spark 和其他开源应用程序已经成为大数据技术空间的主流，而且这种趋势似乎可能会持续下去。一项调查发现，近 60%的企业于 2019 年底采用 Hadoop 集群投入生产。根据调研机构 Forrester 公司的报告，Hadoop 的使用量每年增长 32.9%。专家表示，近些年，许多企业扩大对 Hadoop 和 NoSQL 技术的使用，并寻找加快大数据处理的途径，许多人寻求能够让实时访问和响应数据的技术。

2. 内存技术

内存技术是企业正在研究加速大数据处理的技术之一。在传统数据库中，数据存储在配备有硬盘驱动器或固态驱动器（SSD）的存储系统中。而内存技术可以将数据存储在 RAM 中，并且存取速度要快很多倍。Forrester 公司的一份报告预测，内存数据结构市场规模每年将增长 29.2%。

3. 机器学习

随着大数据分析能力的进步，一些企业已经开始投资机器学习。机器学习是人工智能的一个分支，其重点在于允许计算机在没有明确编程的情况下学习新事物。换句话说，它分析现有的大数据存储库以得出改变应用程序行为的结论。当今最先进的机器学习和人工智能系统正在超越传统的基于规则的算法，以创建理解、学习、预测、自主操作系统。

4. 预测分析

预测分析与机器学习密切相关。实际上，机器学习系统经常为预测分析软件提供引擎。在大数据分析的早期，企业正在回顾其数据，看看发生了什么，然后他们开始使用分析工具来调查为什么发生这些事情，而预测分析则更进一步，可以使用大数据分析来预测未来会发生什么。

5. 大数据智能应用程序

企业使用机器学习和人工智能技术的另一种方式是创建智能应用程序。这些应用程序通常包含大数据分析，分析用户以前的行为，以提供个性化和更好

的服务。现在人们非常熟悉的一个例子是当前推动许多电子商务和娱乐应用程序的推荐引擎。

6. 智能安全

许多企业也将大数据分析纳入其安全战略中。组织的安全日志数据提供了有关过去的网络攻击的宝贵信息，企业可以使用这些信息来预测、预防和减轻未来的攻击。因此，一些组织正在将其安全信息和事件管理（SIEM）软件与 Hadoop 等大数据平台进行整合。其他公司正在转向采用安全厂商提供的服务，其产品包含大数据分析功能。

7. 物联网

物联网也可能对大数据产生相当大的影响。随着新设备和应用程序的上线运行，企业将会体验到比以往更快的数据增长。许多企业需要新技术和系统，以便能够处理和理解来自物联网部署的大量数据。

8. 边缘计算

一种可以帮助企业处理物联网大数据的新技术是边缘计算。在边缘计算中，大数据分析与物联网设备和传感器非常接近，而不是在数据中心或云端。对于企业来说，这提供了一些重要的好处：网络数据流量较少，可以提高性能，并节省云计算成本。它允许组织删除只在有限的时间内具有价值的物联网数据，减少存储和基础设施成本。边缘计算还可以加快分析过程，使决策者能够比以前更快地采取行动。

9. 自助服务

随着聘请行业专家的成本不断上升，许多组织可能正在寻找工具，让普通工作人员能够满足大数据分析需求。IDC 公司此前曾预测，可视化数据发现工具的增长速度将比商业智能（BI）市场的增长速度快 2.5 倍，在 2018 年，对推动终端用户自助服务的投资已成为所有企业的需求。一些供应商已经推出了具有"自助服务"功能的大数据分析工具。随着大数据分析越来越融入企业各个部门的人员工作中，IT 部门可能会越来越少地参与到此过程中。

本章小结

物联网涉及很多技术类别，限于篇幅，本章仅从基本概念、原理及特点、应用现状和发展趋势等几个主要方面，对与军事后勤保障业务应用紧密相关的物联网技术进行了系统性的基本介绍，以便为后续章节内容的理解提供理论基础参考。

第 3 章

智能军事物流

物联网为现代军事物流提供了更为广阔的空间，是适应世界信息化发展的必然趋势，必将引起军事物流领域的重大变革。本章在介绍军事物流概念、特点、流程，以及组织结构的基础上，重点介绍了物联网技术对军事物流的影响，以及在军事物流领域的应用，最后对区块链技术在军事物流领域的可能应用进行了初步探讨。

3.1 军事物流概述

军事物流是军事后勤的重要组成部分，它在将国家经济实力转化为军事实力，保障国防建设和军事行动中发挥着重要作用。

3.1.1 军事物流概念

军事物流的概念实质上是"物流"概念在军事领域的应用。美空军 1981 年对军事物流定义比较经典："物流是计划、执行军队的调动与维护的科学。它涉及与军事物资、人员、装备和服务相关的活动。"北大西洋公约组织 1997 年将军事物流定义为："规划和实施军队的行动和补给的学问，以统筹方式协调下述军事行动：军事物资的设计和开发、采购、仓储、运输、配给、维护、撤离与处置；军事人员的运送；军事设施的采购、建设、维护、运营与处置；军事服务的采购或配备；医疗保健的支援。"由于"Logistics"既可翻译成物流，又可翻译成后勤，从外军对军事物流的定义来看，可以说外军的军事物流与军事后勤这两个概念并没有严格的区分。

我国军事物流的概念是在 20 世纪 90 年代正式提出的，目前比较权威的定义是王宗喜（2005）提出的"军事物流是指军事物资经由采购、运输、储存、包装、维修保养、配送等环节，最终抵达部队用户而被消耗，从而实现其空间转移的全过程"。我国国家标准《物流术语》对军事物流的定义则是基于一般物流的定义，是指"用于满足军队平时与战时需要的物流活动"。

3.1.2 军事物流特点

与一般民用物流相比，军事物流具有其特殊性。正确认识军事物流的特殊性，探索军事物流的活动规律，对于提高军事物流的军事经济效益具有重要的战略意义。

1. 军事性

军事物流产生于战争而又服务于战争，它的主要活动是为军队作战和建设提供可靠的物资保障。因此，军事物流活动属于军事活动的范畴，这是它区别于其他物流活动的显著特征，也是军事物流的本质属性。首先体现在军事物流活动与军事活动有着密切的联系上，其次体现在军用物资的特殊性上，最后体现在军事物流组织体制上。

2. 经济性

军事物流不仅仅是一项军事活动，需要通过科学的管理提高军事效益，而且也是一项复杂的经济活动，并与多种经济要素发生联系，具有军事和经济的双重属性，并受军事规律和经济规律的双重制约。当然，强调经济性的同时，在军事物流活动中尤其应正确处理军事效益与经济效益的关系，必须把军事效益放在首位，满足军事需求为首要目的，同时通过完善军事物流内部机制，深化改革，提高经济效益，更好地满足军队建设和作战的需要。

3. 复杂性

随着社会生产力的发展，作战手段日益现代化，作战行动日益快速化，作战力量日益联合化，作战规模日益大型化，作战地域日益全球化，军事物流活动日益复杂化。这种复杂性主要体现在三个方面：首先，军用物资技术含量提高；其次，军事物流手段的机械化、自动化、智能化程度提高；最后，军事物流组织的协调性要求提高。

4. 服务性

军事物流的服务性特征是由军事物流的内在活动性质决定的。"为部队服务，为作战服务"是后勤活动的根本出发点和归宿，当然也是军事物流管理的根本出发点和归宿，军事物流管理的一切活动均服务于全面提高部队战斗力这一根本目标。

5. 不确定性

和平时期，部队处于正常训练和工作状态，除一些特殊情况需要局部范围内有相对集中的物流外，平时条件下军事物流活动相对稳定，遵循一定的活动规律，并且总体物流量较小，物流方向相对确定，物流速度要求较缓。但是在战争时期，军事物流行动受作战规模、作战强度、战场环境、气候条件、作战对象等诸多因素的影响，并随着战争规模、战场方法的变化而急剧变化。随着军事物资的消耗量增大，物流量猛增，物流方向朝战场方向高度集中，物流速度急剧加快，这种急剧的变化，就必然造成了军事物流的不确定性。

军事物流平时与战时的不均衡性，决定了军事物流的运动规律和总体目标，即军事物流首先是服从战争运动规律，并在战略、战役原则指导下，以获取最佳军事效益为目标而展开的。因此，军事物流并不是各个环节、各个要素、各个层次、各个专业的简单叠加，由于在平时和战时的流量、流向和流速形成的反差，使得在军事物流总体规划时，必须通过彼此的内在联系，从保障战时需要出发，按照平战结合的要求进行系统规划，在共同目标之下形成的一个有机系统。

3.1.3 军事物流流程

《全面建设现代后勤纲要》指出，要"构建军民结合的军事物流体系。按照跨层次支援、跨区域保障、跨军种使用的建设思路，引入和创新先进的物流理念、技术和手段，依托国家物流体系和社会保障资源，逐步建成集采购、仓储、运输、配送于一体的现代军事物流体系，实现军地衔接、平战结合的供应商直达配送。

1. 军事物资采购

军事物资采购军事物流的始端指列入军事物资采购范围，纳入军队预算管理和采购计划，按照特定的采购程序和采购方式，由军事物资采购部门通过市

场采购军事物资的行为或活动，是军事物流的初始环节。与一般采购活动相比，军事物资采购具有采购目的的军事性、采购对象的广泛性、采购任务的强制性和采购管理体系的独立性等特殊性，主要有集中采购模式、分散采购模式、集中采购与分散采购模式相结合三种采购模式，通过公开招标、邀请招标、竞争性招标、询价和单一来源采购的采购方式，按照确定采购需求、下达采购计划、组织实施采购、旅行采购合同、进行质量验收、集中支付资金和评估采购工作、协调售后服务的基本程序组织实施。

2. 军事物资仓储

军事物资仓储是军事物流的基本活动内容之一，担负着物资的储存保管任务，是军事物资经由筹措、加工、调运最后抵达用户消耗使用物流过程中不可缺少的重要环节，是调节军事物流流向及流量的重要手段。一般指从接收入库物资开始，经过储存、保管作业，直至将其完好地发放出去的全部活动过程，其中包括存货管理和各项作业活动。

3. 军事物资运输

军事物资运输是指军队利用各种运输手段输送军事物资，它是保障军事物资供应的重要手段，是军事物流的中心环节，既连接于采集与仓储之间，又连接于仓储与末端物流之间。与地方运输相比较，具有客体的特殊性、高度的计划性、较强的保密性、任务的集中性和发展的优越性等特点。军事物资运输的主要对象是军事物资，目的是通过实施军队等快速机动和物资的及时供应，为维持和再生部队战斗力、保障力服务，为军队建设和作战提供有力的运输保障，是军事物流保障的重要组成部分。从经济角度讲，它是生产过程在流通领域的继续；从军事角度讲，它是输送军事物资及装备的必要手段，因而，它具有经济性和军事性两方面的重要性。

4. 军事物资包装

军事物资包装是指为在军事物流过程中保护军事物资、方便储运，按一定技术方法而采用的容器、材料及辅助物等的总体名称，也指为了达到上述目的而采用容器、材料及辅助物的过程中施加一定技术方法等的操作活动。不论军事物资的采购阶段，还是军事物资的消耗阶段，都离不开军事物资的包装活动，具有保护物资、方便物流、促进销售和伪装防护等主要作用。与民用物资

包装相比，军事物资包装具有包装标志的保密性、包装材料的坚固性和包装形式的标准化等特点。

5. 军事物资装卸搬运

军事物资装卸是指军事物资在指定地点以人力或机械装入运输设备或运输设备卸下的军事物流作业，军事物资的搬运是指同一场所将军事物资进行水平移动为主的军事物流作业，军事物资装卸搬运是指在同一地域范围内进行的，以改变军事物资的存放（支承）状态和空间位置为主要目的的活动。军事物资装卸搬运总是与军事物流的其他环节密不可分，是军事物资的不同运动（包括相对静止）阶段之间相互转换的桥梁，使军事物资运动的各阶段连接成连续的"流"，具有伴生性、起讫性、支持性、保障性和衔接性等特点，其合理性不仅影响军事运输和军事仓储系统的运作效率，而且影响到军事物流整个系统的运行效率。

6. 军事物资配送

军事物资配送是强调以满足部队用户对军事物资数量、质量、时间和空间的需求为出发点的综合化作业过程，实现军事物资从军事物流中心到部队用户的时空转移，主要包括集货、储存、分拣、配送、配装、送货及配送加工等基本作业环节。通过树立以部队用户为中心的新理念，掌握作战部队后勤的实时需求，由管理静态的物资储备转为管理动态的军事物流，以快捷的直达配送代替低效的逐级前送，进行军事物资配送的实施，可以促进军队战斗力的提升，提高军事经济效益，改善对部队的服务水平。

3.1.4 军事物流系统

庞大的物流系统，其内部是分层次的，环环相扣，彼此联系构成了一个有机整体，向作战前线源源不断地提供物资支援。从管理机构及其所承担的管理任务来分析，军事物流系统大致可分为以下三个层次。

3.1.4.1 决策层

位于军事物流系统的最高层次，主要由军队总部的有关部、局组成，这些部门之间相互协调、相互支持，形成一个有机工作体系。基本职能是指导全军物流系统的建设与发展；管理全军物流设施和设备的策划与配置；制定全军物流管理标准、管理制度以及技术规范等。

3.1.4.2 管理层

处于军事物流系统的中间层次,主要由战区级有关机构组成。主要完成依据决策层的指示和所辖区区域的特点,规划本区域军事物流系统的建设;管理军事物流业务,确保物流目标的落实;监督控制下级物流的流向及流量,使其沿着决策层的意图健康发展等任务。

3.1.4.3 执行层

处于军事物流系统的最低层次,由军事物流任务执行者组成。主要落实军事物流科研规划;完成物资的采集、运输及包装任务;搞好物流设施、设备及各类机(工)具的维护保养;总结物流工作经验,并及时向上级物流部门传递信息等工作。

军事物流系统层次构成如图 3.1 所示。

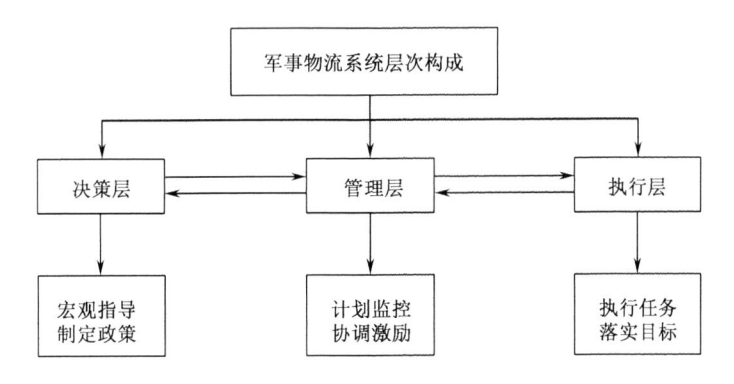

图 3.1 军事物流系统层次构成

3.2 基于物联网的军事物流

现代战争呈现出作战力量多元化、样式多样化、时空一体化等新特征,传统后勤面临着前所未有的挑战。运用系统思想、集成理论,依据全面建设现代后勤纲要提出的军事物流体系,基于物联网技术,军用物资供应将以有效管理动态的有序物流取代静态的库存物资,以物流速度取代物资数量,以配送"管线"代替实体仓库,从根本上集成与优化后勤资源,实现后勤保障的资源有机整合、要素高度集成、环节有效流畅;实现后勤保障的横向一体、纵向一体和效益最大,充分发挥后勤保障能力;实现资源的精确掌握,需求的精确感知,资源的精确输送,力量的精确运用。

3.2.1 军事物流信息化与物联网建设构想

传统的军事物流过程是由多个业务流程组成的,受人为因素和时间的影响很大。如果仍然延续人在军事物流的每个过程的介入,人为的错误不可避免。然而任何一个环节、任何一个人为的错误,都会使计算机精确数字的统计、分析无法进行下去。因此,实现现代军事物流的一个关键问题是如何从任何一个原材料的采购、生产、运输的末梢神经到整个系统的运行过程都实现自动化、网络化。

物联网的应用可以实现整个过程的实时监控和实时决策。当军事物流系统的任何一个神经末端收到一个需求信息的时候,该系统都可以在极短的时间内做出反应,并可以拟订详细的计划,通知各环节开始工作。通过追求"零库存"与"准时制",以降低成本,优化库存结构,减少资金占压,缩短生产周期,保障高效进行,而物联网是实现现代军事物流有效的技术手段。

物联网的应用有三个层次,一是传感网络,即以二维码、RFID、传感器未主,实现"物"的识别;二是传输网络,即通过现有的互联网、广电网、通信网或者下一代互联网,实现数据的传输和计算;三是应用网络,即输入输出控制终端。从物联网应用的三个层次可以看出,传输网络与应用网络与互联网的传输和应用差别并不大,关键就在于实现"物"的识别。在基于物联网的物流供应链的体系中,RFID 标签中存储着物流物品所具备的规范而具有互用性的信息,通过无线数据通信网络将它们自动采集到中央信息系统,实现物品(商品)的识别,进而通过开放性的计算机网络实现信息交换和共享,实现对物品的"透明"管理。

1. 采购环节

采购作为军事物流的源头,对采购环节的管理显得尤为重要。物联网系统使整个物流供应链成为一个整体,该系统根据上级分配的采购计划或单位采购需求,分析采购资源状况,制订物资采购计划,自动选择合适的供应商,系统都会自动提示详细情况以及应对策略等,使信息迅速实现透明和共享。

2. 运输环节

运输环节是军事物流的重要支柱之一,是实现物流目标的主要手段。运用物联网技术,在物资运输过程中可以实现车辆定位、运输物品监控、运输路径选择、物流网络设计与优化、在线调度等服务,使得军事物流各节点能够实时了解物资当前所处的位置和状态，实现物资的可视化运输，并通过有效的在途物资控制，减少军事物流成本，提高军事物流效率。

3. 仓储环节

利用物联网手段，在军事仓储中可以实现物资信息的自动记录入库，并根据物资标签中所记录的有关数量、价格、重量和体积等信息，自动指出最合适的存取路径和位置，实现仓储空间的最优化利用，从而能够精确地监控物资的流动情况，快速、准确地了解仓库的库存水平，适时控制库存状况，提高仓储管理的透明度和效率。

4. 配送环节

基于物联网的军事物流配送系统，在物资配送环节可以提供详细的物资管理信息，实现精确预测部队需求，快速响应战场变化，灵活调度有效的保障资源，合理组合运用各种保障力量，并对保障过程进行全程跟踪和指挥控制。

总之，物联网在军事物流中的应用，就要实现供应链之间的信息分享和信息互动，要实现其真正的集约化和智能化，其中核心联系纽带就是物资，所有交互共享的信息都是围绕物资产生的。因此，以军用物资状态信息作为流动主体的物联网技术，正是构建覆盖供应链全过程智能化军事物流的关键所在。通过物联网技术，能够实现供应链之间的信息无缝整合，状态即时沟通，动作即时协作，从而构建统一的军事物流服务信息平台，并在该平台上提供军事物流全过程的智能化服务模式。

3.2.2 军事物流信息化与物联网应用现状

3.2.2.1 国外军事物流中物联网的典型应用

覆盖完整军事供应链的全流程物流配送模式，是实现高效物流保障、降低运作成本的重要途径。而实现该配送模式的核心技术是面向整个供应链的物联网，因此利用物联网技术，构建供应链的智能物流配送服务平台，是面向物联网的未来军事物流技术发展方向，是实现现代军事物流的趋势。

美军十分重视军事物流理论研究，在军事理论创新的思想指导下，充分利用信息优势和技术创新来发展体现现代水平的军事物流理论。近年来，美军军事物流新理念、新思想、新理论不断涌现，提出了"指挥物流"理论、"模块化"保障结构理论、"海上预置储备"理论、精确后勤理论和"聚焦后勤"，极大地丰富与扩展了军事物流理论内涵。美军通过对物联网的一些核心技术的研

究，并将之应用于"全资产可视系统"，通过采用物联网技术对军事物流中各类物资资源和保障全过程的相关信息数据进行完全管理和监控的可视化，在其后勤保障方式转型中发挥了重要的作用，可有效弥补军事物流领域的诸多不足。

首先，它可以有效地避免军事物流工作的盲目性。随着射频识别技术、二维条码技术和智能传感技术的突破，物联网无疑能够为自动获取在储、在运、在用物资信息提供方便灵活的解决方案。在各种军事物流活动全过程中，实现准确的地点、准确的时间向作战部队提供数量适当的装备与补给，避免多余的物资涌向作战地域，造成不必要的混乱、麻烦和浪费。美国国防后勤局投入10亿美元进行业务流程整合，效益显著。他们将23个仓库纳入一套系统下进行管理，并对原来的42套业务和支持流程进行合并和重组，能够准确感知、实时掌握特殊物资运输和搬运方面的限制，对操作人员技能、工具和设施的要求，货品更换和补充时间等。并根据战场环境变化，预见性地做出决策，自主地协调、控制、组织和实施军事物流行动，实现自适应性的军事物流保障能力。

其次，它能最大限度地提高补给线的安全性。基于物联网的军事物流体系，具有网络化、非线性的结构特征，具备很强的抗干扰和抗攻击能力，不仅可以确切掌握物资从仓库运送到战场的全过程，而且还可以提供危险警报、给途中的车辆布置任务以及优化运输路线等。特别是可以把军事物流保障行动与整个数字化战场环境融为一体，实现军事物流保障与作战行动一体化，使军事物流指挥官随时甚至提前做出决策，极大地增强军事物流行动的灵活性和危险控制能力，全面保障后勤运输安全。

最后，有效避免重要物资的遗失。世界各国都非常重视战场物资的管理，极力避免武器装备、重要零部件等物资的遗失。但伊拉克战争期间，美军一中转中心在战争期间竟丢失了1500个防弹衣插件，由于不知道物资具体位置，17个速食集装箱被遗忘在补给基地达一个星期之久。而射频识别标签作为物联网的重要组成部分，能储存96位码，可识别2.68亿个以上的独立制造厂商，及每个厂商的100万种以上的产品。也就是说，射频识别芯片中大约可以储存3.5×10^{51}种组合信息。美国国防部通过这种灵巧标签得到的大量组合信息可在全军范围内追踪每件装备。随着射频识别标签等技术的成熟，成本的降低，物联网完全可应用于单件武器上，这将更加严格地控制武器库，而且有助于寻找在战场上丢失的威胁性极大的武器。

3.2.2.2 我国军队军事物流中物联网的初步应用

军事物流突出系统集成的观念，强调和依赖战略管理，它既把构成军事物流的各种实体视为一个系统整体，同时又把军事物流中的各个业务环节看作一

个整体的功能过程。通过信息集成、横向集成和纵向集成的过程，优化配置各种军事物流资源，整合军队、国家和地方的各种物流力量，从而最终实现军民兼容、平战结合的"大物流"。

但物联网在我国军队军事物流中的应用还处于起步阶段，目前是以静态物资可视为主，覆盖区域有限，整个体系是分段的和分行业的，分散在各专业勤务，不能够将我国军队目前存在的各种静态和动态军事物流资源进行整合。

为了能够加快物联网在我国军队军事物流中的应用，我们在借鉴、吸取其他国家先进技术的基础之上，有必要结合目前新发明的适应于军事物流体系建设的新技术，进行合理的设计、规划、组织和管理，从而早日实现物联网在我国军队军事物流的应用。不断创新物联网信息技术和手段，通过自动识别技术和无线传感网络收集数据、互联网技术传递数据、信息系统技术整合数据，将传统的规模型保障方式转变为精确型保障方式，实时、动态、全面地获取其监控对象的各种信息，并实现智能化的识别和管理，对保障对象提供全方位、快捷、准确、高效的后勤保障，实现保障需求实时可知、保障资源实时可视、保障活动实时可控。

1. 被装物资自动识别系统

以被装物资自动识别系统为例，被装物资从生产到使用，需要经过工厂、后方仓库、队属仓库等多个环节，每个环节采用的都是人工清点数量、手工录入系统的方式，存在工作量大、时效性差、数据可靠性低等问题。

为解决上述问题，被装物资自动识别系统（见图3.2）通过在包装上对被装物资进行数字化标识，由识别设备自动读取信息，经网络实时传输，实现出入库被装物资自动清点，库存被装物资自动盘点，为被装物资的智能化识别、定位、跟踪、监控和管理服务，是军需保障基地建设的重要组成部分，是被装工程的基础，对提高体系作战被装保障能力具有重要意义。

被装物资自动识别系统建设的主要内容包括物资标识系统建设、自动识别系统建设、系统软件建设和配套建设四个方面。

1）物资标识系统建设

标签发行系统，用于自动生成条码标签和 RFID 标签，标识被装物资的生产厂家、物资品名、生产日期、包装数量、包装类型等，以及货架、托盘的定位信息。被装物资信息主要由生产厂家在出厂包装时，附着在被装包装上。内包装和中包装主要采用一维条码标识，直接印制或用不干胶粘贴在包装表面；

价值较高的外观类被装的内包装增加 RFID 标签。外包装采用 RFID 标签标识，其中，纸箱包装采用不干胶封装形式，粘贴于纸箱内摇盖中央部位；编织布包采用 PP 合成纸封装形式，放置于布包中央位置；金属制品采用抗金属 RFID 标签，附着于纸箱两端面内侧。货架和托盘信息由军需仓库采用抗金属 RFID 标签一次性标识。货架标签固定在货架正面下侧中部；托盘标签固定在托盘前后侧中部，与原有的条码标签对应。

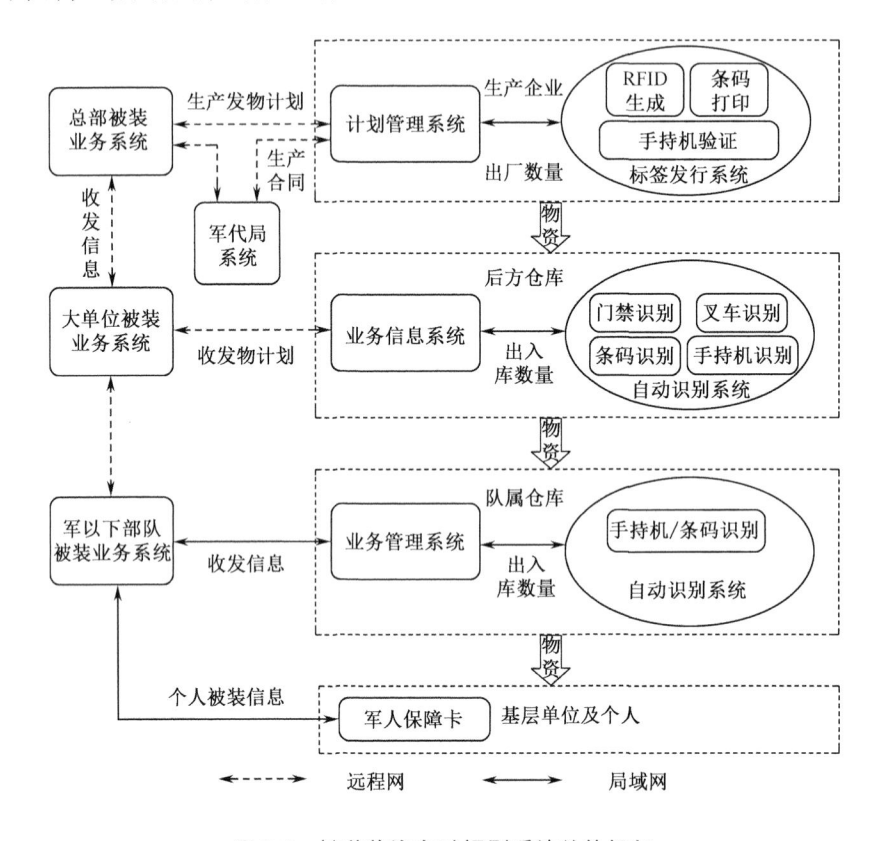

图 3.2 被装物资自动识别系统总体框架

2）自动识别系统建设

自动识别系统用于物资信息的自动采集。要求能自动判断出入库作业、清点物资数量，并能与军需仓库信息系统进行数据交换，更新库存物资账。自动识别系统按应用场合，分为手持机识别系统、门禁识别系统、叉车识别系统和条码识读系统。

（1）RFID 手持机系统。在生产厂家配置手持机系统，用于生产厂家检验包装箱 RFID 标签的完整性；在后方军需仓库配置手持机系统，用于盘点库存物资和采集零发、调号物资出入库数据；在队属军需仓库配置手持机系统，用于采集被装出入库数据。

（2）RFID 门禁系统。后方军需仓库整收整发库房安装 RFID 门禁系统，用于批量被装出入库的数据采集。

（3）叉车 RFID 识别系统。用于后方军需仓库货架库房托盘上（下）架定位。

（4）条码识读系统。后方军需仓库零发、调号库房和队属军需仓库配置条码识读系统，用于采集被装出入库数据。

3）系统软件建设

主要包括队属军需仓库业务管理系统、后方军需仓库信息系统改造、立体库房软件改造和配套建设。

队属军需仓库业务管理系统包含库存物资管理和被装发放登记系统。实施出入库管理和库存账目管理；与手持机系统配合，采集出入库被装物资数量，并能与军以下部队被装管理系统进行信息交换，更新个人服装档案。

后方军需仓库信息系统改造，就是在后方军需仓库信息系统中嵌入信息交换模块，实现自动识别系统与原系统的数据通信。

立体库房软件改造是对现有立体库房软件系统升级改造，通过绑定托盘上的条码标签和 RFID 标签，实现立体仓库现有作业系统与后方军需仓库信息系统兼容互通。

4）配套建设

主要是指信息网络建设、信息设备的配备和后方军需仓库系统集成建设。后方军需仓库信息网络包括远程网和仓库内部局域网，局域网要以网络控制室为中心，按星形结构覆盖主要办公区域、重点业务场所和保管队、库房，并接入远程网络。远程网依托军事综合信息网和军用 CDMA 无线网，联通总部、大单位、联勤分部和有关部队；依托军队长城网，通过总部联通地方生产企业。信息设备的配备中，后方军需仓库网络控制室作为信息传输枢纽，应与通信机房相结合建设，配备服务器、网络通信、数据存储和保密机等硬件设备；库房在配备计算机的同时，还需在信号线和电源线的前端加装避雷器。队属军需仓库库房配备计算机。后方军需仓库系统集成建设，即自动识别系统要融入后方仓库业务信息系统，并以此为依托，与安防报警系统集成，互通共融，实现一个平台全面掌控。

2. 郑州应急投送保障基地

众所周知，郑州是全国性物流节点城市，是军队的屯兵重地，战略地位十分重要。为适应形势任务的要求，2011 年原总后勤部与河南省人民政府共同研究决定在郑州建设全国首个军民融合式应急投送保障基地，并以此为平台签署了关于推进应急运输与物流军民融合式发展战略合作协议，提出"军民融合物联网应用示范工程"项目。

建设项目以郑州应急投送保障基地为依托，利用民航和军队航空、军队铁路军代处、军队陆空军船部队、汽车部分队以及国有大型运输企业等军地投送力量，综合运用物联网技术，建设一个中心（集结转运中心），保障两个方向（两个重点战略方向），通过网络支撑体系、信息资源体系和应用服务体系，为军队战略投送、国家应急救援等任务提供全方位支撑，并实现应急投送链条及投送对象的全过程可视可控。

郑州应急投送保障基地项目建设总投资 11 万多元，建设周期近 3 年，占地 630 亩。该项目在郑州基地原有的条件基础上，建设了近 400m² 调度指挥大厅和近 2000m² 数据机房，购置了近 20 万台套软硬件设备、传感器及感知设备。该工程包括一个中心，即物流基地数据中心；三个平台，即多网汇聚平台、指挥调度平台、智能感知平台；五大系统，即物流基地转运作业管控系统、军事运输动态监控系统、军民融合应急投送模型演练系统、物流企业集群公共服务门户系统、物流金融服务综合信息管理系统；四个典型应用，即血液供应及医疗卫生保障综合调度系统、基于航空运输的快速运转系统、粮油食品冷链物流安全管控系统、多式联运综合运输服务系统。

郑州应急投送保障基地的建设作为"世界先进、国内领先、全军一流、军民融合、引领示范"的样板工程，在建设的过程中，特别突出物联网、大数据和云计算等现代信息技术在军事物流和战略投送体系建设以及未来应用中的主导作用。例如，为提升军交运输"需求实时感知"的信息支撑能力，在提报需求时，转变现行的计划提报方式，改为提报单位直接提报运输需求，军交运输相关部门统筹考虑输送方案；在预测的需求时，基于北斗体系化应用系统，估算战场油料消耗，预测油料运输需求。通过物联网技术，实现了将物理上分散的文本、音视频和图片数据融合汇聚成体系军事运输数据，再通过大数据技术，挖掘分析出运输需求数据。

后期，注重军民融合物联网技术的融合创新和军民通用标准的研制，坚持战斗力标准，通过设施设备的建设改造和配套完善，分别在沈阳、北京、南京、武汉、成都和乌鲁木齐建设其余 6 个应急投送保障基地，通过统筹优化军地铁路、公路、水、空运输力量资源，构建现代化的军事物流和应急投送保障链，形成实体化军民融合式新型保障力量体系。切实提高基于信息系统的体系作战后勤保障能力，加快建成现代后勤模式和制度，提高建制部队战略投送能力和后勤物资区域辐射保障能力，建设以信息为主导，集联储、运输、配送等功能于一体，平战结合、寓军于民的大型化、综合化、现代化军事物流基地。

3.2.3 军事物流信息化与物联网发展趋势

目前，物联网在军事物流中的应用尚处于起步阶段，其标准、技术、运行模式以及配套机制等还不成熟。虽然物联网的概念已经引起全球关注，但有许多核心技术需攻克，其发展处于探索和创新之中。

3.2.3.1 标准化问题

物联网需要标准化的数据库、标准化的软硬件和数据接口、互联互通的网络平台、统一的物体身份标识和编码系统，才能实现军事物流各个环节全程可视可控，实现数据的互认互通。各类协议标准如何统一则是一个漫长的过程，这正是限制物联网在军事物流发展的关键所在。

3.2.3.2 信息安全问题

物联网互联互通的智能化管理建立在系统与系统间、实体与实体间信息开放的基础之上，在这种环境中如何确保军事物流信息的安全，防止军事信息泄露，如何采用多种安全技术和手段，从运行权限、数据安全和网络安全三个层面筑牢信息安全防线，将是物联网在军事物流领域推进过程中需要突破的重大障碍之一。

3.2.3.3 资金成本问题

物联网在军事物流领域的应用是一项庞大复杂的系统工程，涉及相关理论研究、人才的培养，以及各类软硬件的研发，必然需要投入大量的经费。如何按照"全面规划、分步实施、突出重点、全面推进"的建设原则，有效控制军事物流活动过程中的费用支出，合理降低军事物流活动中的消耗，是军事物流信息化深入发展的研究内容。

综上所述，物联网及其相关技术将给军事物流带来前所未有的机遇，它在人与物的单向"通话"的基础上扩展为人与物、物与物之间的"对话"，它赋予军事物流高级智能，改变军事物流从物资的采购、仓储、运输到配送等整个过程，使军事物流各环节更加高效便捷，提升军事物流流通效率和军事物流系统的自适应能力。

3.3 基于区块链技术的军事物流

区块链技术是一个相互信任的存储设备，可用于多个用户信任的存储设备，以及多个用户之间的信息交易，其核心就是"分布式共识"和"匿名性"，它可以随时验证交易，且不会影响相关方的隐私。因此，区块链技术势必成为新一代颠覆性技术，其在军事物流上的应用也将变得更加广泛和深入。

3.3.1 区块链技术应用于军事物流的必要性

利用区块链技术可以有效解决智能化军事物流面临的信息安全、数据存储和相互处理等核心问题，可以提高军事物流系统的生存能力。

1. 提高管理的可靠性

区块链技术去中心化的本质，使其在遭遇攻击后拥有极强的信息恢复能力。因此，军事物流的去中心化取决于分布式信任系统的存在，而区块链技术的本质则为军事物流主体建立提升交互质量的信任机制。除非军事物流系统内所有的计算机遭到破坏，否则，修改一个节点的信息完全没有意义，军事物流系统完全可以快速恢复完整形态。

2. 提升机制的高效性

利用区块链技术可有效解决智能化军事物流面临的组网通信、数据保存和系统维护等难题，进一步提高军事物流系统的生存能力，实现信息自由交互。接入网络的节点之间可以直接或以中继方式进行通信，实现信息自由交互；物流链条中的重要数据信息，如用户需求、仓储货品、装载运输、配送中转等，统一保存在各区块中；区块链的维护需接受全网节点监督，个别节点的非法操作会遭到大多数节点拒绝和抵制，保证了军事物流的有序高效运转。

3. 保障过程的安全性

军事物流应用对系统的安全性和战时抗毁伤能力要求非常高，利用区块链技术可以有效解决智能化军事物流面临的信息安全、数据存储和相互处理等核心问题，重点是可以提高军事物流的生存能力。

3.3.2 区块链技术应用于军事物流的构想

现代军事物流正向智能时代迈进，智能仓储、智能包装、智能运输和智能配送等智能化物联网络将涵盖军事物流全过程。借助区块链技术，将实现信息从自由传输到自由公证的质变，极有可能成为未来网络基础协议和信用范式的"颠覆性"技术。

3.3.2.1 主体去中心，共享平台信息

在区块链系统中，军事物流体系数据库的更新维护由分布式主体共同协作完成，并由非传统的某一中枢机构完成。整个军事物流体系由多主体通过信息共享以实现数据资源共享的多元化、多层次、多功能链式组织。按照去中心化的思想，各主体之间平等地进行信息交换和储存共享，有相同的权利和义务。中心单元的缺失，使得数据信息不会受到单方面的强制操控，这有利于提高数据信息的可靠性。同时，区块链的透明性决定了军事物流数据信息存储过程中，信息记录需要多个节点共同参与且互为备份，数据信息更新也必须由多个节点共同认证才能完成，从而保证信息的高质量。

在共享平台，军事物流系统用户可以自主获得军事物流过程和结果的记录与证据，依据有效凭证自主管理军事物流信息，打破长期以来军事物流管理的传统，无论哪个环节出现差错，都可以实时修改共享信息，即将传统的单一中心向外、按层级传递的军事物流模式逐渐向多中心、无层级、同步快速的军事物流模式转型，有利于实现军事物流信息入口的广泛化、物流信息传播路径的自由化。

3.3.2.2 技术相结合，形成区块链体系

将区块链技术与人工智能相结合，一方面，可以将区块链与军事物流系统数据库相连接，建立高效透明的军事物流运作环境；另一方面，可以使得军事物流系统运作更加高效化、精准化和智能化。可见，区块链的分布式"记账原理"是通过将军事物流主体交互的信息实时记录到链式账本里，保证数据不被私自篡改，提升数据的可信任度。

传统的军事物流体系简单地将节点串联起来形成一个链状的整体，区块链技术可以为点—链—网军事物流体系管理提供技术支撑，使节点促成的传统军

事物流体系中各主体之间实现零和博弈，规避信息共享不完全引发的运作不畅的问题。区块链技术将节点间的串联关系转变为并联关系，可以解决军事物流系统中的信息共享和协同合作等问题。去中心化与分布式并存的技术能够实现所有运作的可持续性验证，使所有运作按照时间序列在公共"区块"中构建唯一且不断延续的"链"，从而形成区块链军事物流体系，提高军事物流体系管理效率，保证交易的唯一性、准确性和可追溯性。

3.3.2.3　非对称加密，构建分布式数据库

区块链技术能有效采集和分析原本孤立的军事物流信息，并借助大数据分析对军事物流发展进行预测，为完善各项军事物流保障提供依据。在这个过程中，非对称加解密机制和数字签名技术保证军事物流运作过程中的内容安全和信息隐私。由于每一区块都包含特定时间内系统的全部信息交流数据，因此区块间是平等的，并联关系使单一区块的损坏不影响系统整体的安全性。这一技术的数据透明化特性有助于提升效率，其与人工智能结合的智能决策过程能够优化军事物流运输路线和运输方案设计，用户不仅能够全程跟踪军事物流信息，而且还能随时修改优化运输信息，只要在运输过程中军事物流主体参与者进入同一网络，就能实现军事物流信息实时共享。

此外，由于每一区块都包含军事物流系统的所有信息，使得信息的真实性可以进行交叉验证，因此，分布式数据库可以保证时序数据不被随意篡改和伪造，与军事物流的可追溯和可预警发展要求相符，但需要以集体维护为前提。

本章小结

物联网扩大了未来作战的时域、空域和频域，对军事物流各个领域产生了深远影响，将引发一场划时代的军事技术变革和作战方式的变革。但物联网真正大规模在军事物流领域普及还需要很长时间，目前尚处于初期阶段，只是在试探性地布局前进，形成实质性运用还有很长一段路要走。对我国军队军事物流业而言，借助物联网东风，搭乘新一轮技术革新的高速列车，形成物畅其流、快捷准时、用户满意的智慧物流服务体系，将促使军事物流技术变革，为军事物流的发展提供新的机遇，具有广阔的发展前景。

第4章

智能军事仓储

物联网具有全面感知、可靠传递、智能处理的特点，通过对军事仓储信息实时、动态、全面的获取，实现军事仓储的智能化和自动化。本章在介绍军事仓储概念、特点以及现状的基础上，重点介绍了基于物联网技术的军事仓储体系结构、流程，以及物联网技术在军事仓储领域的应用案例。

4.1 军事仓储概述

军事仓储担负储存保管军队所需物资的任务，是军事物资经由筹措、加工、调运最后抵达用户消耗使用物流过程中不可缺少的重要环节，不论平时还是战时，都起着举足轻重的作用。

4.1.1 一般仓储概念

"仓"为仓库，是对存放、保管、储存物品的建筑物或场所的总称，它可以是房屋建筑物，也可以是大型容器、洞穴或特定的场所等，其功能是存放和保护物品；"储"是将储存对象储存起来以备使用，有收存、保护、管理以备交付使用的意思，也称为储存物品的行为。

仓储就是保管、存储物品的建筑物和场所的总称，是以仓库为手段，对物资进行储存与保管的活动。仓储工作是整个物资流通领域的重要环节，它包括仓储管理和仓储技术两方面的内容。仓储管理是为了仓储管理目标，按照客观规律的要求，运用科学的管理方法和有效的管理手段，对仓储中的人、财、物、环境及相关因素以及与之有关的运动过程，进行计划、组织、指挥、控制、协调的活动。仓储技术是指与仓储活动有关的技术工作，如物资养护、

物资检验技术、物资包装及加工技术、物资装卸搬运技术、物资信息处理技术等。

4.1.2 军事仓储及其特点

军事仓储是指在军事系统中，专门从事物资储存活动，以确保军事需求为目的，并力求取得最佳社会经济效益的工作体系。这套完整的工作体系，既包括高层次的谋划决策，也包括中层次的协调监控，还涵盖低层次的具体储存活动，是横跨社会科学和自然科学的综合性应用科学，是军事后勤科学体系中的重要的分支学科。与一般地方仓储相比，军事仓储既有相同之处，又具有鲜明的个性特征。深入研究军事仓储的特点，对于创建现代军事仓储理论体系乃至指导军事仓储工作沿着科学轨道健康发展都具有深刻意义。

4.1.2.1 仓储目标的奇特性

一般地讲，物资储存是由于生产与消费之间在时间和数量上产生了不平衡现象，迫使人们不得不采取的一种被动行为。尤其是商业物流系统，人们十分关注商品的库存积压，总希望尽量缩短物储时间，以加速物资的周转、赢得更大的经济效益。但是军事物流却产生了另外一种奇特的现象，为了应付战争和其他突发事件的来临，军事后勤往往要建立足够量的物资储备。而担负物资储备的军事仓储系统必须想方设法延长物资的储存期限，以确保紧急情况下的物流畅通。尤其那些担负战略储备任务的大型基地仓库，更要强化物资的保管和养护，尽量延长库存物资的储存寿命。当然，军事系统中也有部分周转供应库，它们也应讲求加快物资流转的速度。显然，就其军事仓储整体目标而言，构成了方向矛盾、异向同体的奇特性。

4.1.2.2 仓储效益的复合型

地方仓储是一种服务性的行业，它为社会物流提供优质服务，同时换取一定的报酬。因此，讲求经营方法，追求经济效益理所当然地应成为地方仓储的特色。军队仓库系统是为保障军事行动的胜利而设置的，以实现军事效益为前提，故而不能仅仅以经济效益的好坏来评价其功能作用。尤其在战争条件下，任何突发性强、时间效益要求高，有时为了前线的胜利，军事仓储不得不牺牲某些经济效益去换取时间资源，表现它的特殊使命。既讲究军事效益又讲求经济效益，构成了军事仓储的另一个重要特征。

4.1.2.3 仓储活动的军事性

地方仓储物资的周转、提取、包装及分发，都是靠"经济杠杆"来指挥的，运用经济手段来管理仓储业，利用价值规律来指导仓储活动。军事仓储则不然，军事物资的出入库、维护和保养、包装和搬运，所有仓储活动都是在严密的军事组织指挥下进行的。军事仓储的一些行动都必须在高度统一的计划下，严格按照规章制度办事，不允许有任何的随意性行为。因此，军事仓储体系的编制结构采用了军队系统特有的形式，构成了仓储业务、军事行动的一体化。仓储物资的流转，完全依据上级指令办事，显示了仓储手段的军事性。

4.1.2.4 仓储行为的保密性

军事物资的流向和流量，均属军事行动秘密，必须严格加以控制和封锁。军事仓储的各类信息应局限在一定范围之内流通。军事物资的供应，历来受到作战双方的高度重视，交战双方的指挥员都想尽早摸清对方的物资保障手段和具体实施计划，都想弄清楚对方物资存储的地点和时限，并采取必要的军事手段来破坏对方的物资供应，这就迫使人们不得不重视军事仓储保密工作。仓储接收物资的时间、地点及物资品种，发出物资的批量及时间，都应做到机密可靠，做到敌方难发现，己方保安全。在军事仓储领域内为此采取的措施，都是由军事仓储所担负的特殊使命所决定的。

4.1.2.5 仓储环境的复杂性

仓储环境是指仓储系统以外的各种事物和条件，主要由经济、科技、军事、地理等因素构成。一般来说，地方仓储受经济和科技因素的影响较大，环境条件相对简单，而军事仓储除受经济和科技因素影响之外，更为政治形势和军事条件所制约，环境条件异常复杂。由于军事仓储环境影响的多因素和复杂性，为军事仓储环境的预测带来了不便，这就要求军事仓储必须加强能力和潜力的储备，做到"收得进，发得出，管得好，供得上"，顺利完成物资保障任务。

4.1.3 我国军队军事仓储现状分析

随着战争规模的不断扩大和作战需要，现代军事仓储通常建立有战略、战役和战术三级仓库，分别担负战略、战役和战斗物资的储存与供应任务。我国军队团以上部队建有各种类型的军事仓库，形成了具有综合保障能力的仓库供

应保障体系。为适应信息化战争需求，军事仓储将进一步提高战斗力，不断增强防卫能力；加强战区仓库群建设，提高基地保障与机动保障相结合的综合和独立保障能力；增加移动仓库，提高快速保障能力；提高仓库机械化、自动化、智能化和信息化水平，强化集约化、规范化、标准化管理，不断提高仓库工作的质量、效率和效益。

4.1.3.1 仓储信息网络化

从宏观上看，军事仓储信息网络包括总部、战区（海军、空军）及分部（基地、场站）仓储信息中心至各后方仓库，以及相互之间构成的网络系统，从而实现数据共享，减少供应环节，缩短周转时间，压减库存物资。总部仓储信息处理系统可以通过网络对全军仓储物资的动态进行全时跟踪调查评估，军事仓储更加透明，并可根据部队的任务、性质及所需的物资品种、数量等，动态调整军事仓储物资储备，确定最佳决策，提供可靠、快捷、经济的保障方式。

从微观上看，军事仓储信息网络化必将促进后方仓库的"智能化"，即智能仓库的产生。智能仓库不同于一般的仓库，它采用了远程信息传输、监控、管理以及一体化集成等一系列高新技术，建立了仓库信息流的内外传输网络，实现了仓库模拟信息源的实施监控和数值化信息的分时管理，达到了仓库信息、资源和任务的共享，提高了仓库管理的智能化。

4.1.3.2 仓储决策智能化

计算机技术和管理科学的发展及其在军事仓储中的应用，为开发军事仓储辅助决策系统提供了重要的技术手段和科学的方法。军事仓储将充分利用仓储信息网络技术，借助计算机模拟技术、人工智能、专家系统等先进技术，在仓储业务信息管理系统基础上，开发军事仓储决策支持系统，实现仓储指挥决策智能化。

将人工智能技术应用于军事仓储指挥决策，模拟指挥员的决策思维活动，可为后方部署和战备物资储备规划提供决策辅助作用；建立军事仓储专家系统，用于辅助军事仓储指挥决策，提高军事决策的科学性；将计算机模拟仿真技术应用于军事仓储，研制用于后方仓储训练的计算机模拟仿真系统，从而提高仓储物资保障的预见性和准确性，使受训者有"身临其境"的感受，大大提高训练效果。

4.1.3.3 仓储作业自动化

仓储自动化是指由计算机管理和控制的仓库的仓储。在自动化军事仓库中，仓储管理、作业控制、环境管理等仓储工作通过信息管理、条形码、扫描技术、射频通信、数据处理等技术指挥仓库堆垛机、传送带、自动导引车、自动分拣等自动设备完成仓储作业，自动控制空调、制冷设备、监控设备进行环境管理，向运输设备下达运输指令安排运输等，并同时完成报表单证的制作和传送，从而实现物资储运集装化、仓库管理智能化、装卸搬运高效化。

4.1.3.4 仓储标准化

仓储是为军事物资提供服务，是物流和商流的具体操作环节。仓储与物流和商流的其他环节的无缝配合，是提高整体物流和商流的重要措施，其中物流标准化是实现无缝结合的重要手段，而物流标准化需要仓储标准化。仓储标准化不仅是为了实现仓储环节与其他环节的密切配合，同时也是仓储内部提高作业效率、充分利用仓储设施和设备的有效手段，是开展信息化、自动化仓储的前提条件。

仓储标准化主要有包装标准化、标志标准化、托盘标准化、容器标准化、计量标准化、条形码标准化、射频卡标准化、仓储信息标准化等技术标准化，以及服务标准、单证报表、合同格式、仓单等标准。军事仓储系统应尽量采用国家或国际条码标准，建立一整套物流标准体系，大力推进军事仓储的应用和发展。

4.1.3.5 仓储管理科学化

仓储是军事物流重要的组成部分，加速推进我国军队后方仓库向军事物流中心转型，构建具有我国军队特色的军事物流体系，是适应新军事变革发展、适应战争形态转变、适应我国市场经济发展、打赢未来信息化战争的必然要求。目前，我国军队后方仓库大都功能单一，物流配送发展相对落后，难以适应军事物流的要求，必须下大力气推动仓储转型工程。

实施仓储转型就是从全军的战略全局考虑，统一规划军事物流体系建设，拓展仓库功能，使后方仓库由原来单一储物的机构，扩大为集调节流向、流量、储备物资、保养物资、整合信息等多种功能于一体的物流中心与配送中心，真正成为军事物流大系统中的重要节点。积极拓展后方仓库核心功能，按照功能拓展、结构优化、军民兼容、仓储统管的总体要求，整合优化仓库群资

源，挖掘利用地方物流中心资源，实现单一仓储功能向仓储、配送功能复合化发展，变被动响应为主动保障，变粗放型保障为精确化保障。

4.1.4 军事仓储发展方向

随着我国军队军事仓储理念进一步发展，军事仓储体制进一步一体化，军事仓储保管方式进一步社会化，军事仓储管理进一步科学化，军事仓储保障手段进一步信息化，军事仓储人才培养进一步复合化，我国军队军事仓储进入了一个崭新的发展时期。

1. 军事仓储保障体制进一步一体化

未来信息化战争是诸军兵种整体作战能力和武器装备系统效能的较量，具有明显的整体性特征。作战体系之间的对抗，必然要求保障体系与之相适应。这就决定了必须改革现行军事仓储体制，超越军兵种界限，加强军事供应链管理，不断提高军事仓储保障的一体化程度。实现军事仓储保障体制一体化，是未来信息化军事仓储保障的必然要求，是顺应世界军事仓储保障体制的发展趋势，也是实现我国军队后勤转型的必然选择。

2. 军事仓储保管方式进一步社会化

未来信息化战争，需要一个精干高效的军事仓储保障体系与之适应，要求军事仓储必须积极寻求可利用的社会保障资源，实现从自我保障向社会化保障的转变。军事仓储保障方式社会化是军事充分利用社会资源，实现减员增效的必由之路。军事仓储保障社会化是军事仓储保障职能的外延式拓展，是"固强补弱"之举，科学协调军队自我保障与社会保障的关系，是推行军事仓储保障方式社会化的根本保证。骨干在军，主体在民，是军队自我保障与社会化保障的划分标准，是推行军事仓储保障方式社会化的宏观思路。

3. 军事仓储保障管理进一步科学化

管理是军事仓储保障工作的永恒命题。军事仓储管理科学化，贯穿于军事仓储保障体制一体化、军事仓储保障方式社会化和军事仓储保障手段信息化等领域，贯穿于军事仓储活动的全过程。它对促进规范实施和保障全面现代军事仓储建设顺利进行，对提高军事仓储效益，增强军事仓储保障力，具有非常重要的作用。

4. 军事仓储保障手段进一步信息化

建设信息化军队，打赢信息化战争，是我国军队建设的目标。与此相适应，建设信息化军事仓储，保障打赢信息化战争，是新时期我国军队仓储建设的中心任务。建设信息化军事仓储，核心是实现军事仓储保障手段信息化。通过实现军事仓储的高度信息化，实现保障需求实时可知、保障资源实时可视、保障方式立体机动、保障活动实时可控。

5. 军事仓储人才培养进一步复合化

加强军事仓储和军事物流教育，是时代发展的必然要求，尤其在我国军队物流系统尚处于改革调整的关键阶段，更应加快军事仓储和军事物流人才的复合式培养。我国军队物流和仓储人才培养坚持院校教育与职业培训相结合，军事物流和军事仓储专业的学员必须通军事、懂经济、善管理、强物流、精信息，毕业分配到部队的军事物流和仓储人才深受部队欢迎。

4.2 基于物联网技术的军事仓储

4.2.1 军事仓储体系结构

军事仓储是一个紧紧围绕实现物资存储目标而展开的工作系统，其内部结构是非常严谨而有序的。剖析其内部构成，对于正确认识仓储运行机制是非常必要的。军事仓储理论内容丰富，既有基础理论，又有应用技术；既有管理知识，又有勤务理论。

从横向层次结构分析，军事仓储包括仓储建设和仓储管理两大部分。仓储建设主要研究军事仓储的大政方针、发展思想、发展战略、储备布局、库站建设、仓储历史等主要内容；而仓储管理则侧重于研究仓储实体的发展规划，安全运营、管理方法与技巧，规章制度建设，设施设备管理等内容。总之，建设部分是仓储业的宏观运行规律，管理部分是仓储业的微观运行规律。两者之间既有密切的联系，又有区别。

从纵向层次结构分析，军事仓储可分为三个理论层次，即基础理论、专业基础理论和专业理论。基础理论是军事仓储的理论土壤，包括军事基础知识、军事后勤理论知识、经济科学知识、数理化知识和管理科学知识等。专业基础理论是军事仓储专业技术的直接支撑点，包括谋断理论、监控理论和系统理论等。研究现代仓储管理技术必须打牢知识根基，掌握丰富的专业基础理论，否

则难以进一步学习仓储技术，也难以深入地进行仓储学术研究。专业理论是直接描述仓储活动的知识体系，包括搬运技术、保管保养技术、条形码技术、射频技术、计算机技术、信息技术等。

军事仓储系统由五个子系统构成，即仓储指挥系统、仓储信息系统、仓储设施系统、仓储物资系统和仓储动力系统。指挥系统亦称人员系统，是依据仓储业务的特点而建立起来的仓储人才链条，决策、监控和执行三个层次序列上的仓储机构发挥各自的职能作用，推动仓储业的迅速发展；信息系统是一个复杂的人机系统，肩负着传递、收集和加工仓储信息的功能作用；设施系统既包括各类仓储设施，又包括完成仓储任务而设置的各类设备和工具；物资系统是指库存物资，是仓储活动的作用对象；动力系统是指支持仓储活动的各类动力资源，既有物资动力资源，又有精神动力资源。军事仓储的五个系统相互配合、相互支持，从而带动整个仓储体系沿着既定目标不断发展，完成各项仓储任务。

军事仓储体系如图 4.1 所示。

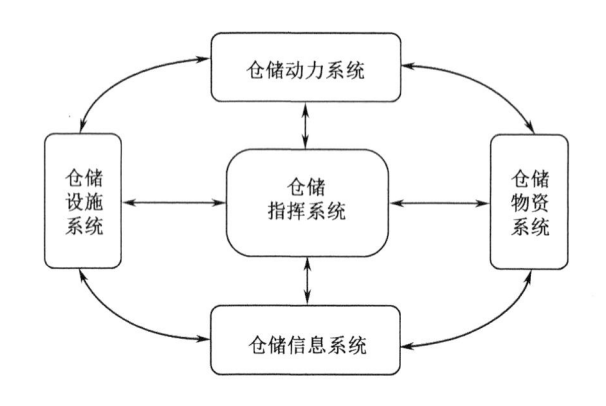

图 4.1　军事仓储体系

4.2.2　军事仓储流程

军事仓储业务是围绕物资收、发、管、运等环节所发生的各种仓储作业活动。军事仓储业务流程就是指以部队用户需求为中心，从仓库接收物资入库开始，到按需要把物资全部完好地发送出去并配送到指定地点的全部作业过程。它是以物资入库、保管保养、出库三个过程为中心的一系列作业阶段和作业环节的总称。

仓储作业过程实际上包含了实物流和信息流过程。实物流是指库存物资实际空间移动过程。在仓库内，它是从库外流向库内，并经合理停滞后再流向库外的过程。从作业内容和作业顺序看，主要包括接运、验收、入库、保管、保养、出库、发运等环节。实物流是仓储作业的最基本流动过程，仓库各部门、各作业阶段和环节的工作，都要保证和促进库存物的合理流动。信息流是指仓库库存物信息的流动。实物流组织是借助于一定信息来实现的，这些信息包括与事物有关的物资单据、凭证、台账、报表、技术资料等，它们在仓库各作业阶段、环节间的填制、核对、传递、保存形成信息流。

4.2.2.1 物资入库作业

物资入库是仓库运输人员接收物资，并安全地将物资运至储货区后所进行的卸货、查点、验收、搬运、办理入库手续等的总称，是仓储作业过程的开始，也是仓储业务管路活动的首要阶段。仓库必须以物资主管部门下达的订货合同、物资入库通知单或物资采购计划等入库凭证为依据，准确、及时、经济、方便、安全地做好物资入库工作。物资入库按其作业顺序，可分为物资接运、物资验收和办理入库手续三个作业环节。

以软立体仓库为例，它是一种包括传送带、叉车、托盘的新型货架式仓库，与立体库采用机械装置来存取托盘物资相比，软立体采用叉车系统，根据后台数据库信息来存取托盘物资，在传送带下来后的理货区叉车出入处放置门禁系统，按照以下顺序进行物资入库（见图4.2和图4.3）。

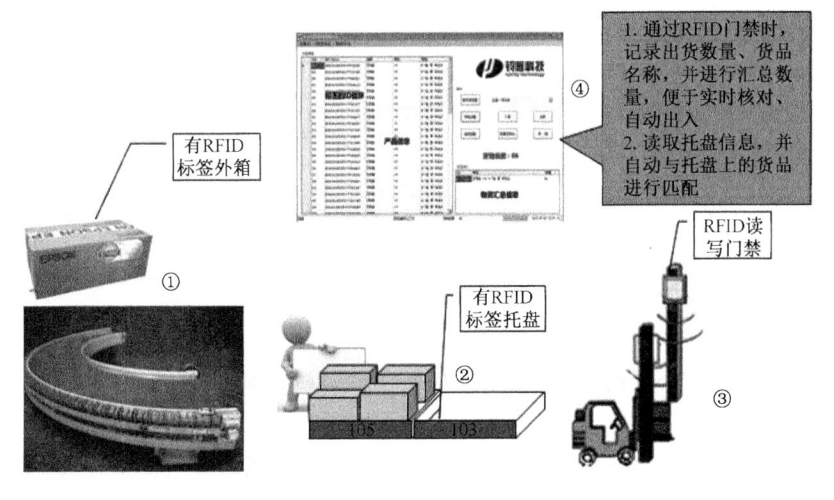

图4.2 物资入库图示（一）

（1）物资通过传送带到达理货区。

（2）搬运人员将物资码放到各个托盘上。

（3）将设计射频识别（RFID）门禁系统设置为入库操作，叉车通过门禁系统。

（4）此时门禁系统将托盘标签以及托盘上的物资信息全部读取，并进行托盘与物品的匹配。

（5）当叉车将托盘叉起后，叉车上的 RFID 读写器读取到托盘标签，然后系统分配给该托盘一个空的货位。

（6）叉车操作员将托盘放入货位时，叉车上的 RFID 系统读取到货位标签信息，判断该托盘与货架是否对应，若不对应则报警并在屏幕上显示，若正确则由驾驶助理员确认托盘的上架。

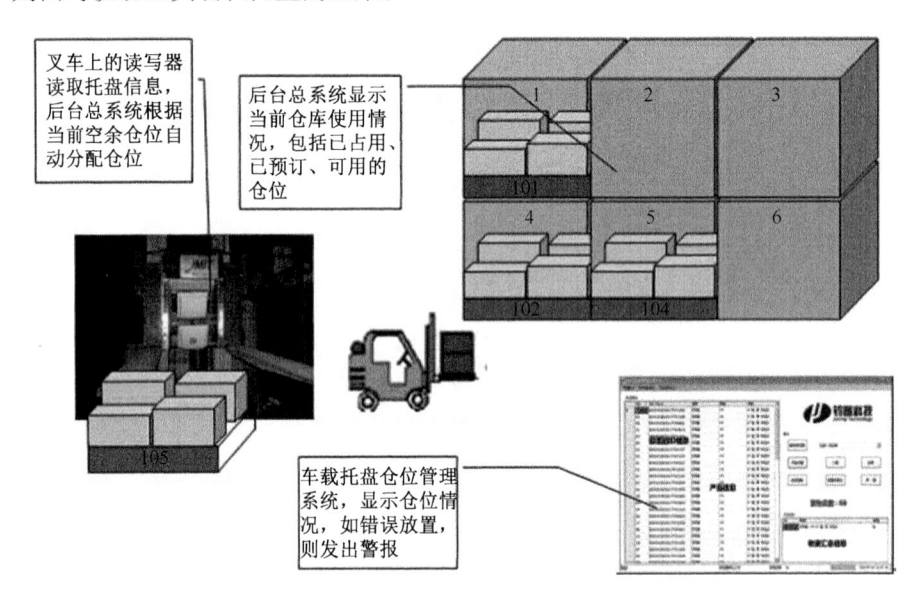

图 4.3　物资入库图示（二）

4.2.2.2　物资保管作业

物资保管指的是根据仓库所具备的自然条件和库存物资本身的自然属性与特点，对库存物资进行科学的保存、养护和妥善管理的作业过程。物资保管作业是军事仓储业务工作的中心环节，是一项综合性、技术性和科学性很强的操作业务。物资保管的任务是根据物资本身的特性及其品质变化规律合理规划并充分有效利用仓容及仓储设施和设备，采取各种技术性措施，确保在库物资的品质安全、数量准确,并为其他环节提供支持。因此,物资保管作业的基本内容包括制订物资储存规划,掌握入库物资信息,提供良好的储存保管条件以及降低损耗、提高效益。

4.2.2.3 物资出库作业

物资出库指仓库根据上级业务主管部门或使用单位开具的物资出库凭证,按其所列物资名称、规格、数量和时间、地点等条件所进行的核对凭证、备料、复核、点交、发放等一系列作业过程,是仓储业务的最后一个环节。物资出库通常采用自提、代运或托运、送货三种方式。以软立体仓库为例,按照以下顺序进行物资出库(见图4.4)。

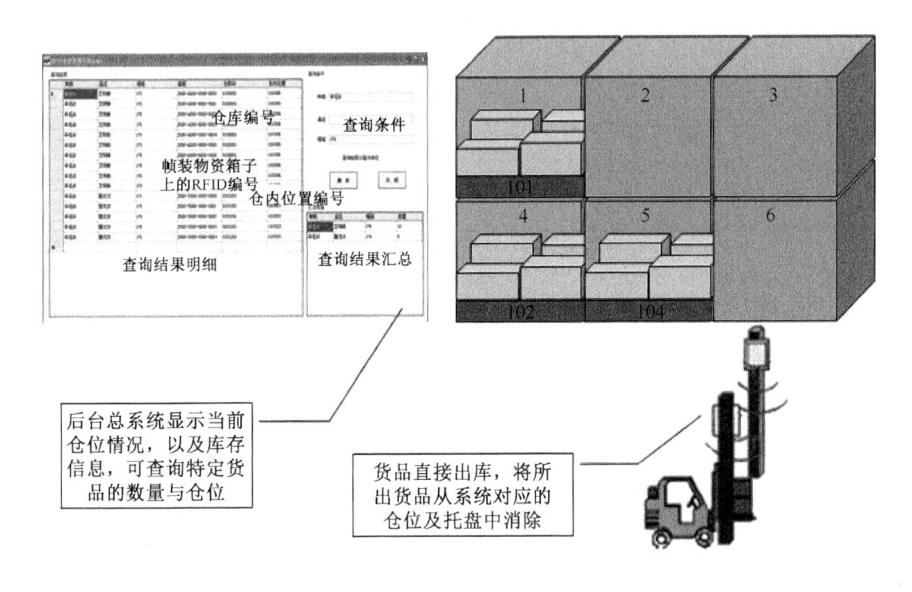

图 4.4 物资出库

(1)查询当前库存物资信息,选择需要出货的物资,并定位到具体货架。

(2)叉车操作员到指定货位将托盘叉出,叉托盘的时候,叉车上的RFID系统读取到货位标签信息,判断是否为此次操作的货位,不是则报警提示,正确则允许操作。

(3)将 RFID 门禁系统设置为出库操作,并将门禁系统移动到传送带,以单箱方式出库。系统将传送带上的物资信息一一读取,将物资信息从系统库存中删除。

4.2.3 应用于军事仓储的物联网技术

物联网技术设计面很广,包括设计射频识别装置、无线传感网(WSN)、红外感应器、全球定位系统、军事综合信息网与移动网络、网络服务和行业应用软件等。而军事仓储不仅物品复杂、形态各异和性能各异,而且作业流程复杂;既有存储,又有机动;既有分拣,也有组合。因此,在军事仓储中,为了对军事仓储货物实现感知、定位、识别、计量、分拣、监控等,应用于军事仓储物联网的核心技术主要包括自动感知技术、自动监控技术、智能机器人堆码技术、智能信息管理系统技术、移动计算技术、数据挖掘技术。借助这些技术,实现物品的自动搬运、机器人自动堆垛、物品自动识别、智能辅助人工拣选等作业,实现仓储智能化和自动化。

目前,在军事仓储业应用最为普遍的物联网技术就是 RFID 技术,在军事仓储配送中心,RFID 标签及智能手持 RF 终端产品应用较为广泛。将 RFID 技术与托盘系统结合,在仓储配送中心闭环应用,可以有效降低成本;此外,基于 RFID 技术的智能手持拣选终端,可以提升效率和速度。

另外,采用温度、湿度等传感器感知技术,将传感器技术与其他感知技术集成,实时感知物品的温度、湿度等物理信息,使感知技术得到更深入的应用。通过传感器进行监测,将监测信息通过无线网络传输到控制端,控制端通过与系统设定的温度、湿度等综合指标进行对比后,通过指令控制,自动实现制冷设备和排风系统的启动。同时还可以随时将库内温度、湿度数值等警报短信发送到业主手机上,有效实现无人值守、手机端 24 小时监控,为仓储尤其是冷库行业节省管理费用的同时,提高管理水平和监控的准确率。

在先进的军事仓储配送系统中,全自动输送分拣系统常采用激光、红外等技术进行物品感知、定位与计数,进行全自动的快速作业。为了使军事仓储作业做到可视化,对仓库实行视频监控,部分军事仓储系统采用了视频感知监控系统,取得了良好的效果。一种基于辅助语音拣选的系统也开始得到应用。这一系统由仓储信息系统将出入库的订单进行分解处理,形成语音提示信息,借助无线网络和戴在拣货助理员头上的耳机,向拣货助理员发出拣货指令,完成拣货作业。

无线传感器网络与移动机器人相结合的物联网技术,在射频识别(RFID)、全球定位系统等物联网技术基础上,其运用与推广能够优化军事仓储作业流程,在货场实现智能化识别、物资现场入库及销单、车辆进出库登记及注销,并可通过数字货场三维定位,标识并跟踪装卸物资,解决因货物堆码不规范造成的查找困难。该物联网技术的应用有助于解决困扰仓储物流中收货难、出货难、加工难等问题,形成仓储室内管理与室外管理的有机结合,提升仓库管理的数字化水平。

4.2.4 军事仓储的物联网应用实例

1. 战略后方仓库"两化"试点

2013年12月,按照"以点带面、逐步展开"的建设思路,确定在原总后勤部某综合仓库和某油料仓库组织战略后方仓库信息化机械化(以下简称"两化")建设试点工作。

战略后方仓库"两化"试点建设以物资虚拟专网建设、物联网技术应用和信息系统集成部署为主线,建立集物资管理、行政管理、安全管理、作战指挥于一体,功能先进通用、系统集成融合、信息规范共享、上下一体联动的后方仓库综合信息系统;建设信息实时感知、覆盖"总部机关—后方基地机关—中心仓库—周边仓库"四级的物联网与物资虚拟专网,全面提升仓库精细化管理、精确化控物能力。

目前,战略后方仓库"两化"试点建设主要取得的成果体现在下面两个方面。

(1)构建了上下贯通的后勤虚拟专网雏形。选型具有国家自主技术标准的WAPI网络设备,在RFID手持机、叉车作业终端、固定识读设备等物联网末端采集设备上,加载定制研发的加密模块,构建库房物联网,实时获取库内物资动态信息。协调全军主管部门,综合运用密码加密、数据单向交换、安全认证、综合接入网关等技术手段,破解机动网与固定网安全互联、物联网安全应用等难题,无缝衔接库房物联网、库区光纤网、机动配送网,形成贯通总部到仓库末梢的物资虚拟专网雏形。

(2)建立了综合集成的业务信息系统。通过集成部署军事物流信息系统集中管控分系统、战储管理分系统、仓库管理分系统,有机衔接"军油工程"、被装管理信息系统,基于统一的物资编目,打通"总部—基地机关—仓库—库房—自动化控制设备"信息链路,实现多级物资管理数据的一体联动。

研发部署机动配送系统,依托军用CDMA、北斗系统,通过物资状态检测传感设备、便携监控终端等,实时监控车辆动态和在运物资状态,同时具备路线规划、指挥调度等功能,基本做到运输物资"上车入网"。通过组盘、打

码、贴签,实现物资数字化;仓库管理系统与机械设备控制系统无缝对接,实现调拨指令由系统到货架一体联动。通过物联网技术和信息系统在物资管理各环节的全面应用,基本实现调拨物资"入库入网"。

在试点过程中,突破了不少瓶颈问题,探索解决了很多技术难题,取得了一系列高质量成果。在信息化建设方面,探索建立了物联网安全应用新模式,解决了机动网、固定网信息安全交互难题,打通总部至仓库的信息链条。在机械化自动化建设方面,探索了新建和老旧库房,开展巷道式、密集存储式、自动化存取式货架库建设的方法途径,实现机械化信息化一体联动。在机制规范建设方面,通过业务重组、流程优化、结构调整、资源整合等方式,构建信息化条件下后方仓库业务的新模式、新机制,研究制定物资包装、仓库信息化建设技术规范等系列标准,等等。这些成果许多都是在建设中首次遇到、首次尝试,在全军后方仓库建设乃至后勤建设中具有很强的引领效应、示范效应。

后期将着眼后勤信息化未来发展趋势,以实现强军目标、现代后勤"三大建设任务"为牵引,以实战化要求为标准,以创新保障模式为抓手,科学确定思路,统筹谋划建设。在长远规划和总体把握上,着眼"未来仓库""数据仓库",着眼引领示范后方仓库发展方向,按照充分验证、积极稳妥的思路,采取分批次、裁剪式、模块化的方式,先在某后方基地部分仓库扩大试点,进一步固化经验成果,待军队体制编制调整任务落实后,再在全军后方仓库稳步推广"两化"试点成果。

2. 物联网示范项目——军油工程

为贯彻确保"油料保障系统与后勤指挥系统、作战指挥系统相衔接,平时油料管理与战时油料保障相衔接"的重要指示,"军油工程"国家物联网示范工程综合运用产权自主、技术先进、过硬管用的物联网技术,在全军建成保障打赢、服务部队、精确高效的油料保障物联网,实现我国军队平战时油料保障实时可知、可视、可控,促进军队油料保障力生成模式转变,促进和带动国家物联网产品市场健康发展。

"军油工程"包括军队油料指挥决策信息分系统、军队油料业务管理信息分系统、军队油料保障作业信息分系统、军队油料感知控制信息分系统、军队油料安防监控信息分系统5个分系统和"军油工程"物联网实验仿真测试环境1个。各级部队通过各分系统,能够对军用油料和油料装备实现全过程智能感知控制,对部队用油装备实施适时、适地、适量精确化油料保障。"军油工程"融入的物联网技术,使军用油料订货供应决算周期显著缩短,油料资源配置、迂回运输、储供衔接等系统性损耗大幅降低。

"军油工程"是在国家物联网发展战略的大力支撑下,以军民融合的方式予以组织实施的,其建设周期为三年。"军油工程"的项目建设经费,国家直接投资和军队配套投资的资金各占 50%;在项目研发过程中,部队各级油料部门强力组织,合理提出项目需求,明确具体任务,严格工程验收,并依托地方单位完成项目的研究开发和工程建设。

前期,"军油工程"的实施,综合运用移动通信和感知控制等相关物联网技术,注重军队油料管理与物联网技术的有效衔接,突破了"机关—装备—油料"互联互通技术瓶颈,打破了油料条块分割的信息化建设格局,按照"试点、扩试、推广"三步走策略,在部分师团级单位进行试点,在部分军区进行整体扩试,部署了机关油料部门、后方油库、机场油库、军港油库、部队库站的业务管理系统,配备IC加油卡和专用设备。扩试单位基本实现运用"军油工程"实施油料日常供应,用油装备初步实现持IC卡加油,各类数据通过网络自动传输。探索了军队油料订货提运、供应管理、消耗控制三条主线为一体的"军油工程"建设思路,进一步完善了工程各类系统,总结了在大单位成系统整体推进工程建设和运行管理的经验做法,为后期的全面推进奠定了扎实基础。

后期,按照"军油工程"年度工作计划,在油库物联网工程建设上,各单位将根据批复的油库初步设计方案和投资概算报告开始启动施工,组织建设工作,着手各项任务落实,逐年实现目标。在加油站物联网工程建设上,根据部队调整改革情况,逐步完成建设并投入应用。在业务软件系统推广应用上,各级机关油料部门将基于软件系统现有应用基础,全面应用"军油工程"业务软件系统办理油料调拨、指标管理、日常供应、统计核算等业务,所属油库全部应用"军油工程"业务软件系统办理油料接收、发放、储存和管理等业务。在项目开发上,将以军事需求引领技术进步,进一步推广国产化的技术,注重创新驱动,按计划抓紧完成移动终端等构件以及系统和信息平台集成技术研究等项目的开发和部队试用,以期尽早投入部队应用,为国家新兴的物联网产业提供更加广阔的发展空间。

4.2.5 基于物联网的军事仓储建设构想

随着计算机技术和通信技术的发展以及全球信息网络的建立,军事仓储的信息化趋势也将得到进一步发展。信息技术不仅用于处理仓储具体业务，而且用于控制各种储运设备，还用于后勤物资保障的分析与预测，以制订后勤物资储备计划和保障方案，使军事仓储信息化上升到一个新的高度。

1. RFID 技术在仓储的应用将快速发展

RFID 是一种非接触式的自动识别技术，它通过射频信号识别目标对象并获取相关数据，识别工作无须人工干预，可工作于各种恶劣环境。RFID 技术可识别高速运动物体并可同时识别多个标签，操作快捷方便。物联网的发展给 RFID 在仓储的应用带来良好的发展机遇。随着物联网技术的发展，在仓储领域，RFID 的应用将会由点到面，逐步拓展到更广的领域，并与产品智能追随物流系统融合，产生更大的效益。

2. 感知技术集成应用将成为一个潮流

随着物联网技术发展，随着对物资物理性能越来越关注，将推动仓储业各类感知技术的集成应用。借助感知技术集成应用，在特殊品仓储的监测系统中，可以用于仓库环境监测，满足温度、湿度、空气成分等环境参数的分布式监控的需求，实现仓储环境智能化；在危险品的物流管理中应用传感器网络实时监测危险品及其容器的状态，一旦超过警戒线可以及时报警，这样就能为危险品物流过程的跟踪、监控、管理等提供安全保障；在冷藏物流系统中，就可以全程监控冷冻环境中的物资温度及湿度，及时调控温湿度，保证物资的质量。

3. 无线网络与通信技术将得到应用

随着移动无线通信技术的发展，为仓储配送中心搭建无线网络创造了条件。在仓储系统中应用无线技术，例如，无线电子标签辅助拣选系统可以省去布线环节，大大方便系统建设；拣选车等移动设备终端，采用无线通信技术实现通信和移动计算，便于实现仓储智能作业等。

4. 无人搬运与智能机器人将融入仓储物联网

随着传感技术和信息技术的发展，智能搬运车也向着智能化方向发展。随着物联网技术的应用，在全自动化智能物流中心，无人搬运车作为物联网的一个重要组成部分，成为一个具有智慧的物流终端，与物流系统的物联网作业，

智能运作，实现智慧物流。

5. 仓储物联网将出现互联互通的大趋势

目前，物联网技术只限于在独立的仓储配送中心内部联网应用，打造独立的、局域的智能仓储系统。借助物联网技术，将这些独立的智能仓储系统联网，打破信息孤岛，实现互联互通，组成真正的仓储物联网，就是在智能仓储基础上产生新的变革，带来仓储信息化革命。

本章小结

目前，物联网的概念已经引起全球关注，但仍然是一个新生事物，有很多核心技术还需攻克。各类条件因素的影响，物联网在军事仓储中的应用刚刚开始，其发展尚处于起步阶段，其标准、技术、运行模式以及配套机制等还不够成熟，其发展之路仍然十分漫长。

第 5 章

智能军事卫勤

物联网技术在军队医疗卫生领域具有巨大的应用潜力，为实现军队医疗卫生系统的医疗信息数字化、诊断智能化，以及药品物资管理可视化提供了有效的技术支撑。本章对物联网技术在军队医院信息系统、军队药品药材管理、战场伤员救治等典型军事卫勤业务应用描述的基础上，针对每一种具体应用给出了系统工作原理、所采用的物联网关键技术，以及典型应用场景的描述，最后对智慧医院的特点和建设方案进行了简单介绍。

5.1 军事卫勤概述

未来智能化战争时代，战场环境复杂激烈，瞬息万变，随着高科技和高智能化的新式武器的广泛使用，致伤复杂，对医疗设备和救治技术要求高。虽然随着医疗技术的发展出现了如个人紧急响应系统（PERS），遇到紧急情况可以摁按钮求救，但由于在战场上会出现身体伤残、意识混乱，或者远离按钮等情况，致使许多人并没有使用按钮。因此，亟待出现智能化的远程监测和远程健康系统来改善战场上作战士兵的护理工作。物联网及其相关智能技术为军队移动医疗与护理、药品器材保障、环境监测和三防检查、医学救援和军人健康监测及远程医疗提供了广阔的前景。

（1）移动医疗和护理。目前，基于 RFID 的条码化病人身份管理、移动医嘱、诊疗体征录入、移动药物管理、移动检验标本和样品管理、移动病案管理数据保存及调用、婴儿防盗、护理流程、临床路径等应用，技术上已经成熟，国内已经有多家医院开展规模应用。在战时医学救援和救治中，基于 RFID 技术的伤员腕带、电子伤票技术可以极大地提高分类救治效率、降低人为差错。

(2)药品保障和用药管理。利用电子标签技术可实现药品供应保障全过程的可视化管理。通过物联网技术,可以将药品名称、品种、产地、批次及生产、加工、运输、存储、销售等环节的信息,都存于 RFID 标签中,当出现问题时,可追溯全过程。另外,还可以在用药过程中加入防误机制,包括处方开立、调剂、护理给药、病人用药、药效追踪、药品库存管理、药品供货商进货、保存期限及保存环境条件等。

(3)环境卫生监测和三防侦测。实现对大气、水质等卫生环境的监测和医疗废物处置的可视化管理。结合"核化生"传感器技术、生物芯片技术、无线网络技术、模型预测技术等,构建"三防传感网络",并与军队指挥网络连接,可实现对各种恐怖袭击和安全事件的快速探测、早期预警和快速反应。据报道,美国能源部下属 Sandia 国家实验室已开发出针对地铁、车站等公共场所化学袭击的传感网系统;美军研制了地面三防人员与探测飞机相结合的三防快速检测网络;2008 年美国麻省理工学院在 MEMS(Micro-Electro Mechanical Systems,微机电系统)学术年会上介绍了一种只有火柴盒大小的微型传感器研制计划,用于快速检测微量有毒气体,耗能只要4J、只需 4s 就可以给出检测结果,并可分散布置在室内或室外广大区域。

(4)军人健康监测、远程医疗和医学救援。目前我国军队的远程医疗技术主要还是基于视频会议、计算机图像通信系统的远程会诊。利用物联网技术,通过现有的通信网络,可以把很远的病人数据传输到医疗机构;利用无线传感器技术,可以收集病人的心率、血压、呼吸、血氧、心电图、行动模式等各种数据,甚至研制可口服的微型传感器,使服药情况得到监控。美军已经开发出可实时感知并传输军人生理监测信息的"电子服装",用于辅助作战指挥人员评估军队战斗力。综合利用物联网、海量数据处理、人工智能和云计算技术,为病人疾病的模式识别提供了基础,将大大减轻医生的工作量并使少量高水平医生的医疗经验为大量病人共享。智能化终端技术为医生提供方便实用的特制移动终端,使得他们在出诊或其他工作生活现场可以随时处理紧急情况。

5.2 基于物联网技术的军队医院信息系统

近年来,随着计算机信息技术的飞速发展,医疗技术水平也在不断提高,信息化建设在医疗行业的应用日益广泛,特别是在军队医疗系统,信息化建设已成为衡量一个现代化医院综合管理水平的标准。军队医院信息系统(Army

Hospital Information System，AHIS）主要包括管理信息系统（MIS）、电子病历系统（EMR）、检验科信息系统（CLIS）、医院影像存储与传输系统（ACS）、放射科信息系统（RISI）和办公自动化系统（OA）等信息化系统。通过建立信息化平台对医院实现资源优化配置，以推进医疗卫生事业的发展。

5.2.1 军队医院信息系统的功能与构成

军队医院信息系统应用现代计算机、网络通信、现代数据库、医学药学及现代管理科学等最新理论与技术，实现以就医人员为中心，以医疗、经济和物资为主线的现代医院管理思想，满足医院门诊、住院、辅诊、职能等部门的信息管理。构想中的军队医院信息系统从功能与构成角度来说，主要可以分为门急诊、住院、临床辅助诊断、医疗物资、职能部门及系统维护等子系统，如图 5.1 所示。门急诊子系统实现了门急诊管理、门诊药房管理等功能；住院子系统实现了住院信息管理、住院药房管理及病区信息管理等功能；临床辅助诊断子系统实现了临床实验检查、医学影像检查管理等辅助管理功能；医疗物资子系统实现了药库管理、医疗设备管理及卫生材料等医疗物资管理功能；职能部门子系统实现了医务信息管理、护理信息管理、电子病历管理、医院人事档案管理及医院财务管理等功能；系统维护子系统实现了网络系统维护、操作培训及开发管理等功能。

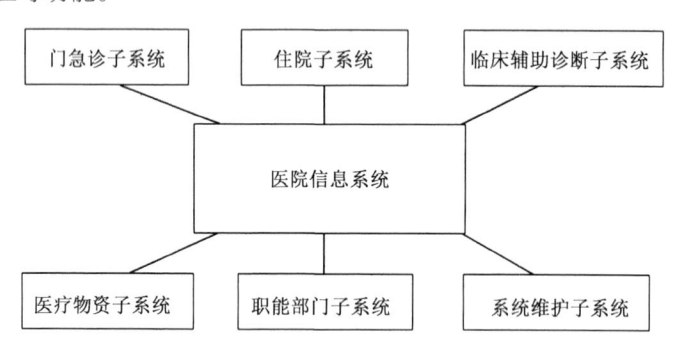

图 5.1 构想中的军队医院信息系统模块化功能示意图

医院信息系统各功能模块之间通过网络系统实现互连互通，通过数据库系统实现相互之间的数据交换。

5.2.2 临床辅助诊断系统

完全依赖于医生个人临床诊断经验不可避免地会出现误诊和漏诊情况，而借助基于先进传感技术的医疗诊断仪器无疑将大大降低误诊和漏诊的概率，因此采用临床辅助诊断系统对提高医生业务水平，节约时间成本，增加诊断的正确性，积累各种诊疗经验具有重要的现实意义。

图 5.2 给出了基于先进传感技术的临床辅助诊断系统示意图。

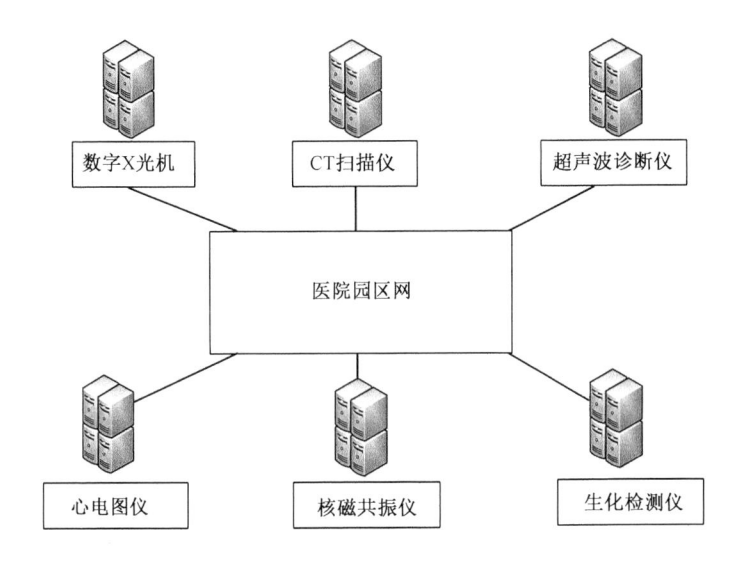

图 5.2　基于先进传感技术的临床辅助诊断系统示意图

如图 5.2 所示，临床辅助诊断系统主要由医院内使用的各类影像诊断设备和各类医学检测设备组成，这类设备通过设备本身现有的以太网接口进入医院园区网，或通过某种协议转化器，将设备专有协议数据转换成以太网数据后再接入医院园区网，成为医院信息系统的一个组成部分。一旦将整个医院的全部临床辅助诊断设备和仪器均接入医院园区网，从本质上来说，临床辅助诊断系统就是一个由各类医疗诊断传感器和各类医学实验检查仪所组成的传感器网络。

5.2.3　军队医疗卡

不同于一般地方医院，在和平时期的军队医院既要服务于军队人员，也要服务于一般社会人员，产生一定经济社会效益，这就导致了军队医院必须具有不同于一般地方医院的门诊系统。

医疗卡可用作在军队医疗机构进行就诊的基本凭证，具有身份验证、费用记账、转诊介绍功能等。医疗卡内嵌的 IC 芯片包含了一个可多次读写的存储芯片，用于记录享受军队医疗保障人员的姓名、病历号、用户级别等，以满足不同军队人员的差异化医疗保障需求。

图 5.3 给出了基于医疗卡看病就医的示意性流程图。

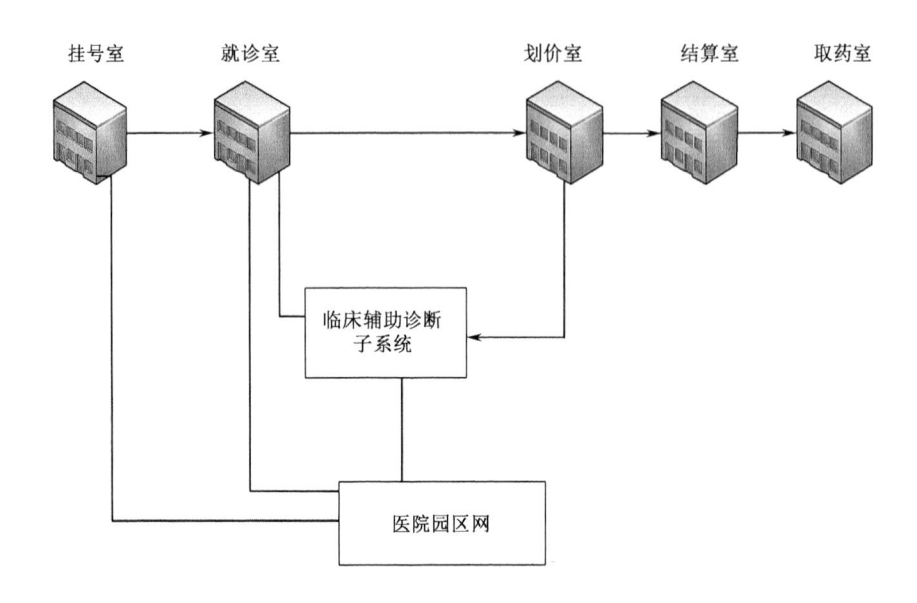

图 5.3　基于医疗卡看病就医的示意性流程图

5.2.4　电子病历系统

单纯面向提高医院管理水平、产生经济效益的医院信息系统已经不能满足信息技术在医疗行业的不断深入应用，这种信息技术的深入应用要求医院信息系统首先能提供对医院最重要的信息，即就医人员的临床信息，而不仅仅是经济信息；其次要求医院信息系统提供的临床信息必须是完整的、能全面反映就医人员诊断治疗情况的一份完整相关信息；最后医院信息系统提供的就医人员临床信息必须是能在一定范围内共享，并能直接给临床医疗活动提供诸如查询、检索等服务。上述所有对医院信息系统的要求催生了电子病历系统。

电子病历（Electronic Medical Record，EMR）也称为计算机化的病案系统，美国国家医学研究所将电子病历定义为：EMR 是存在于一个特定系统中的数字化就医人员记录，借助该系统，电子病历可以为其使用者提供完整准确的资料；警示和提示医疗人员，提供各种临床决策支持系统，以及连接各类医疗知识源的能力。我国国家卫生部颁发的《电子病历基本架构与数据标准》中将电

子病历定义为：电子病历是医疗机构对门诊、住院就医人员（或保健对象）临床诊疗和指导干预的、数字化的医疗服务工作记录，是居民个人在医疗机构历次就诊过程中产生和被记录的完整详细的临床信息资源。因此，电子病历不仅仅是手写纸张病历的电子化，而且是就医人员医疗全过程的信息化。一份完整准确的电子病历应该是就医人员在医院就诊治疗全过程的完整记录，它包含有就医人员个人信息、病情病程记录、检查检验结果、原始影像和图像信息、医嘱、手术记录、用药和护理记录等。因此，电子病历实现涉及就医人员信息的采集、存储、传输、处理和利用等，且始终处于一种活动状态。

图 5.4 给出了电子病历系统示意图。

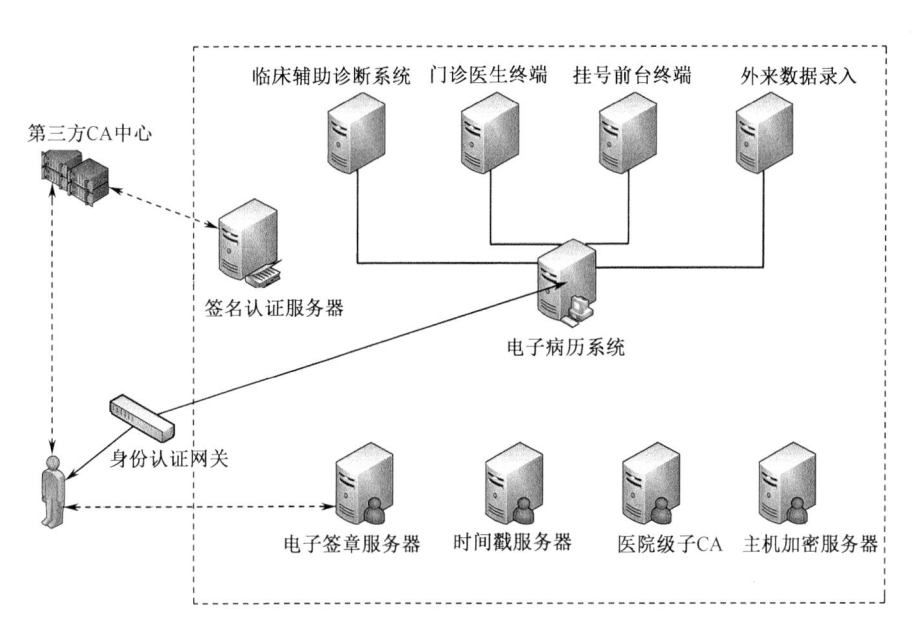

图 5.4 电子病历系统示意图

电子病历系统的实现要解决两个问题：一个问题是要解决电子病历信息采集问题；另一个问题是要解决电子病历实体创建和合法安全使用的问题。

由图 5.4 可知，电子病历信息采集可以通过图中所示的四种主要途径来获得。通过挂号前台终端识别就医人员的个人信息，并将其录入电子病历软件系统中，这里用于识别的关键特征属性可以是多种多样的，如可以采用身份证号识别，也可以采用病历号予以识别，还可以采用社会医疗保障卡号进行识别。一旦为某个就医人员在电子病历数据库里创建了一个可用于识别就医人员的病历首页，则相应地为该就医人员构建了一个电子病历，而其他和病历有关的信

息收集也仅仅是丰富病历内容而已。

临床辅诊系统是丰富病历信息的一种数据采集方式。随着医院引进大批数字化的辅助诊断仪器设备，利用专用的医学信息处理系统，就可以将仪器设备输出的生物信号和医学图像实现数字化处理，并通过系统提供的应用接口，把这些数字化的医学信息有机地整合到电子病历中。考虑到不同辅诊诊断仪器设备厂商之间数字化标准存在某种程度的差异，导致相互之间的信息传递和交换不兼容，这时可以通过数据协议转换器接口设备对差异化信息进行格式转换，这样就可实现由发送信息的系统通过接口将数据转换成接收信息的系统可以理解的格式，或者由接收系统通过接口将数据转换成可以理解的格式。

门诊医生终端是电子病历信息采集的另一个重要途径，门诊医生在对就医人员进行诊疗的过程中，可以将就医人员发病原因、症状、确诊病症、治疗措施和处方等信息，通过医生工作终端以结构化数据形式或者自然语言数据形式实时地录入病历系统中，这取决于电子病历系统所采用的录入模板格式。

丰富电子病历信息的另外一个途径是外来数据导入。通过网络数据传输，信息存储介质（如 U 盘、光盘和 IC 卡等）可以实现就医人员在各个医院的诊治结果信息的相互交换和病历共享，这也给医疗就诊带来极大的方便。当然这里也可能存在各医院电子病历数据格式不兼容问题，这同样可以通过某种数据格式转换来化解。

电子病历系统要解决的第二个问题是电子病历实体的合法创建和安全使用问题。由于电子病历不像传统纸张病历具有直观视觉意义上的门诊医生签名或印章，且尽管纸张病历也存在造假的可能性，但电子病历更容易给人易于造假和篡改的印象。由于法律对医疗机构的特殊要求，在出现医疗纠纷时需要医疗机构提供证据，如电子病历证据，表明医疗机构在医疗过程中不存在过错行为，这就要求电子病历具有法律效应；同时由于电子病历存有病患的个人医疗信息，因此电子病历对医疗机构和病患都很重要，如就医人员需进行伤残鉴定、司法取证等都需要使用电子病历，这也需要电子病历具有相应法律效力。如果电子病历的真实性、有效性得不到保证，就必须保留有纸化与无纸化并存的状况，无法实现真正意义上的无纸化办公及电子病历。

要安全有效地使用电子病历系统就必须建立一整套信息安全机制，以便实现对已归档电子病历信息不可抵赖和防篡改，并控制电子病历信息的阅读权限，同时对一些重要的操作进行追踪记录。

5.3 应用于战场伤员救治的电子伤票

5.3.1 电子伤票应用现状

救命、保肢、预防感染和安全后送是战场创伤院前急救的共同原则。20世纪80年代初提出的现代损伤控制概念与步骤，开拓了重度创伤救治的新途径，显著提高了重度创伤救治的成功率，改善了生存者的生活质量。

在未来高技术战场环境下，随着各种新概念武器和现代化武器装备的不断问世和实战应用，所带来的大杀伤力、新伤类、复杂的伤亡机理将对未来战场救护提出更严峻的挑战，建立与之相适应的战场伤员救治模式是实现现代卫勤有力保障必不可少的一个前提条件。

现代高技术战争的必然趋势是战场信息化的全方位。可以想象以各种传统纸质介质为载体的传统卫勤信息管理方式已经不能适应战场指挥和决策信息网络化的需求，采用电子化的信息，并通过相应的战场信息网络进行战场卫勤信息管理，是现代高技术战争的必然趋势，美军在海湾战争中战场卫勤保障信息化的成功应用预示了将来战场卫勤保障的发展方向。在海湾战争中，美军首次在战场中使用计算机网络实施卫勤指挥，建立伤病员数据跟踪系统，使用自动化质量管理和后送支援系统，以及战区部队医疗信息管理系统，使战区后送医院及各卫生单位通过网络终端机向中心数据库传输伤员统计表，战区移动外科医院向中心数据库提供战区医疗管理信息，使美军在海湾战争中利用该系统对大量伤员和卫生装备进行了成功管理，并利用卫星实现了通信指挥、控制、请领分发卫材。

虽然伤票的历史可以追溯到一百多年前，但电子伤票的发展也不过最近三十年左右的时间。传统纸质载体伤票暴露了伤票信息需手工填写，伤情救治描述不规范、欠统一，易造成严重破损和残缺不齐，且一旦丢失就导致伤情记录无法恢复等问题。所有这些问题直接导致伤员救治流程的建立缺乏完整性和必要的注明，从而严重影响对伤员救治的连续性和有效性；因伤票残缺不全，而造成救治重复，导致错过了最佳救治时间和最合理救治方案。而电子伤票是伤票的另一种表现形态，是对传统纸质伤票的一种改进，这种改进主要为了适应现在信息化战争对卫勤保障的要求。电子伤票可以实现对战场伤员伤情信息的快速准确采集、存储和传输，实现战场救护信息共享，提供整体救治能

力；也有利于加强卫勤指挥决策效率，确保战场环境下各类资源的合理运用，并缩短伤员救治与后送等待时间。

目前美军开发的电子伤票具有智能化和网络化功能，并将电子伤票内嵌的数据容量从几百字节扩容到 4GB，设备功能由单一转向多样，结束了战地医务人员至后方医院用纸和笔记录伤员信息的救治历史。

5.3.2 电子伤票系统的功能与构成

电子伤票系统主要由有源单兵电子标签、电子伤票信息手持机、电子伤票数据桥接器、电子伤票读写器、计算机无线数据收发器及电子伤票信息管理系统六部分组成。图 5.5 给出了野战电子伤票系统架构示意图。

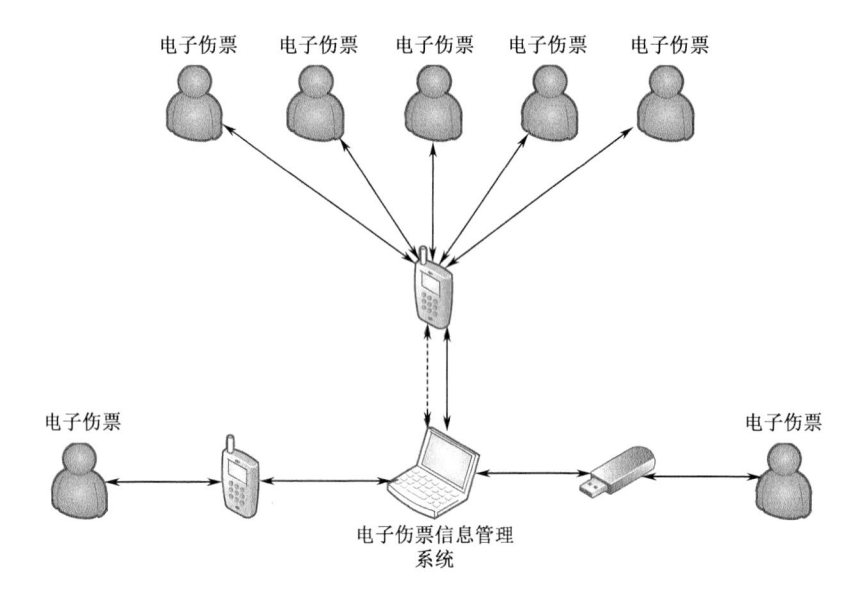

图 5.5 野战电子伤票系统架构示意图

由图 5.5 可知，采用有源 RFID 技术的单兵电子伤票佩戴于每一个身处战场环境下的人员身上，且为每一个电子伤票设置一个 ID 号。通过伤票手持机或读卡器可以实现对电子伤票内信息的读写，这类读写既可以对电子伤票进行一个一个的读写，也可以进行批量化读写。并且为了解决强电磁环境对无线读写造成的干扰，系统提供了一个专用的数据桥接器实现电子伤票的有线读写。一旦读写器读取电子伤票上信息后，可以根据实际需要，通过 USB 接口将手持机或读卡器上的信息传输到运行伤票信息管理系统的计算机上，以便对伤员进行下一步处理。

5.3.3 电子伤票卡实现技术

综合考虑到野战复杂环境对读写距离和数据读写可靠性等要求，在电子伤票系统中需要采用有源电子标签作为战场伤员伤情信息的采集载体。图 5.6 给出了电子伤票卡的模块化示意性原理图。

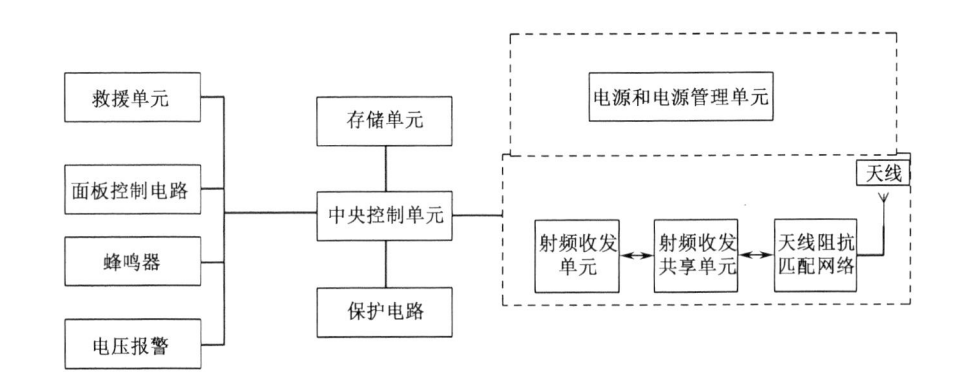

图 5.6 电子伤票卡的模块化示意性原理图

由图 5.6 可知，电子伤票卡主要由中央控制单元、射频收发共享单元、天线和天线阻抗匹配网络、存储单元、救援单元、保护电路、电源和电源管理单元，以及一些面板控制电路等部分组成。

中央控制单元负责整个电子伤票卡上电路单元的数据运算、数据输入/输出，并对各类控制信号进行控制，是整个电子伤票卡的中枢神经。天线阻抗匹配网络在射频收发共享单元和天线之间起到一个平滑过渡的桥梁作用，以降低由于射频收发共享单元和天线两者之间因阻抗不匹配和阻抗不连续而产生的反射。射频收发共享单元可使其他射频单元共享一套射频天线和阻抗匹配电路，目的是节省成本和空间，通常可以采用射频波段的循环器来实现。天线主要完成射频信号的发送与接收，考虑到电子伤票外壳限制，可以采用平面天线技术来实现伤票卡上天线的设计。射频收发单元主要实现对输入的低电平射频信号放大和输出射频信号的功率放大。存储单元主要用于存储用于运算和控制的相关指令，以及采集到的伤票信息。考虑到野外作战特殊性，应该采用在断电状态下仍然能保存信息的存储器，如非易失性 RAM（Nonvolatile RAM，

NRAM），并将电子伤票卡上的内部存储器分为程序存储区、数据存储区，分别用于存储不可通过无线信号改动的系统程序和可通过无线信号改写的标签工作参数及人员信息。救援单元主要用于在伤员受伤且地理目标位置比较隐蔽的情况下查找伤员具体位置，电子伤票卡能自动发送求救信号，救护队就可依据多台手持机定位功能来确定伤员确切位置，便于医护人员对伤员及时进行医疗救护。电源和电源管理单元主要用于给电子伤票卡的各单元电路供电，并通过对功能模块工作状态额度控制，避免非工作时功耗，这可以通过对中央控制单元工作状态的设定（通过设定使电子伤票进入静默、休眠等状态）而降低功耗，以提高电池续航能力。

5.4 智慧医院

5.4.1 智慧医院简介

1. 智慧医院的概念

智慧医院是物联网技术在医院这个特定场所应用的集中体现，它是以物联网技术为基础，以各种应用服务为载体而构建的集诊疗、管理和决策为一体的新型医院。从本质上讲，智慧医院也可以说就是医院物联网。在本书中，将重点关注医院内部的物与物相连的网络，不涉及如远程监控、家庭护理、急救等医院以外的其他场所和环节，是医疗物联网的重要组成部分。

2. 智慧医院与社会物联网的关系

从物联网的定义可以得出，通过物联网可在社会中构建无处不在的网络，实现在任何时间和任何地点、互连任何物品的需求。当社会物联网中互连的物体对象都是医生、护士、病人、医疗设备、药品及医院的一些基础设施时，社会物联网就成了医院物联网。由此可见，智慧医院是社会物联网的组成部分，是社会物联网在医院的具体应用。智慧医院的研究需要借鉴社会物联网的已有研究思路和研究成果，同时智慧医院的研究成果也将丰富和发展社会物联网的研究内容。

3. 智慧医院与信息化医院、智能医院、数字医院的关系

在医院信息化的研究过程中，陆续有学者提出了若干整体描述医院的概念,如信息化医院、智能医院、数字医院、感知医院、智慧医院等。其中,信息化医院是智能医院、数字医院、感知医院和智慧医院实现的前提条件。

智能医院除包括实现医院信息化的医疗信息系统(Hospital Information System,HIS),还包括对医院建筑物中公用设备进行控制的自动化系统、通信系统及电子叫号系统等一些医院专用系统。

数字化医院包括医院信息化和智能化,不仅在物理层面上能实现诊疗的无纸化和无胶片化,提供方便的数字化医疗操作平台,更重要的是在信息层面上除了能对医疗数据进行采集和传输,还具有对数据进行处理的功能,以便为后台的数据挖掘和决策服务提供支持和保障。所以,数字化医院不是单纯的医院信息化。

智慧医院又叫感知医院或物联网医院,相比上述概念,对医院描述更加具体详尽,是信息化医院、智能医院、数字医院等概念的综合和升华。在信息化医院、智能医院、数字医院中,主要是以医院中人与人、人与物的互联为主,由于没有涉及物与物的互连,所以对移动物体的管理相对较弱,而物联网所具有的物物相连功能及基于网络的分布式感知能力使这一问题得到了有效的解决。正因为智慧医院实现了对医院中所有人员和物品的感知,所以,智慧医院又称为"感知医院",有的学者也称为"物联网医院",把在物联网环境下的医院诊疗称为"智慧医疗"。

4. 物联网在医疗行业(各级医院和其他医疗机构)的应用体系

从总体上看,物联网在医疗行业的应用体系分为四级层次,如图 5.7 所示。

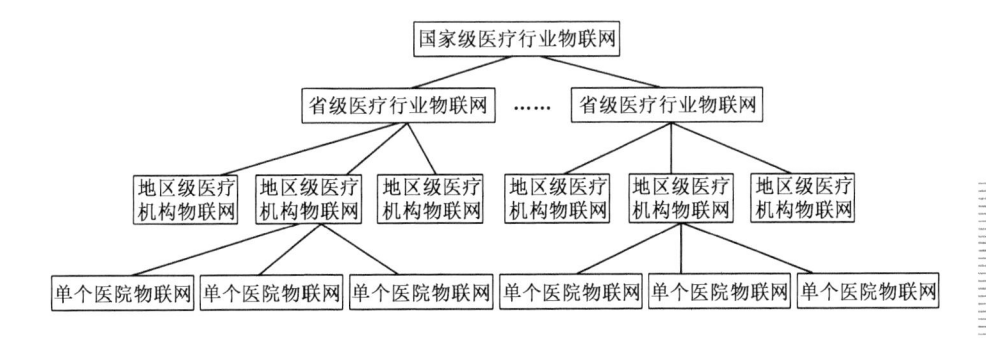

图 5.7 物联网在医疗行业的四级层次应用体系

5.4.2 智慧医院建设方案

物联网所具有的全面感知、可靠传递和智能处理等特征为智慧医院的建设与实施提供了技术支撑平台。通过智慧医院，能以应用服务的集成与融合的方式快速准确地获取与共享相关信息，从而实现数字化的完整服务体系，推进智慧化诊疗、智慧化管理和智慧化决策的实现进程。

5.4.2.1 智慧医院的体系架构

已有不少研究者对物联网的体系架构展开了相关研究，主要有以下三种，分别是以 RFID 为基础的基于 EPC Global 的架构、基于传感网络的架构和基于 M2M（Machine-to-Machine）的体系架构。其中基于 M2M 的架构包含了 EPC Global 和 WSN 的部分内容，是目前应用范围最广泛的物联网体系架构。

鉴于目前物联网的已有研究基础和医院实际特点，智慧医院沿用通用的三层体系架构，但需根据医院实际特点进行改进和细化。具体如图 5.8 所示。

1. 感知层

智慧医院的感知层分为两个子层：数据采集子层和接入子层。

1）数据采集子层

数据采集子层的主要功能是对智慧医院中的节点进行识别，感知并采集医生、护士的身份信息，病人的身份信息和诊疗信息，药品、医疗设备、医疗废弃物的基本信息和位置信息，住院病人的生理信息和位置信息，医院周围的环境信息等相关数据。

数据采集子层所用到的主要设备有 RFID 标签、阅读器、各类传感器和摄像头等。构建智慧医院的第一步就是为医院内的所有物体（人员和物品）贴上电子标签或配备相关传感设备，使其成为物联网节点，以便于标识。物联网中的节点按照电源、感知性、移动及连接能力等特征可分为无源节点、有源节点和互联网节点三种。根据智慧医院的具体使用环境及服务需求，医院中的门诊病人采用无源节点，仅需在其挂号时发放能标识其个人基本信息的 RFID 就诊卡或 RFID 手腕；医院里的药品、医疗设备、医疗废弃物也采用无源节点，仅需贴上标识其基本信息的 RFID 标签；病房里的住院病人采用有源节点，为便于对其生理参数进行监控而在其身上佩戴了一些可感知其生理参数信息的传感器；医院里的固定基础设施如墙、楼梯等则采用互联网节点，以便对物体的位置进行监控和定位。

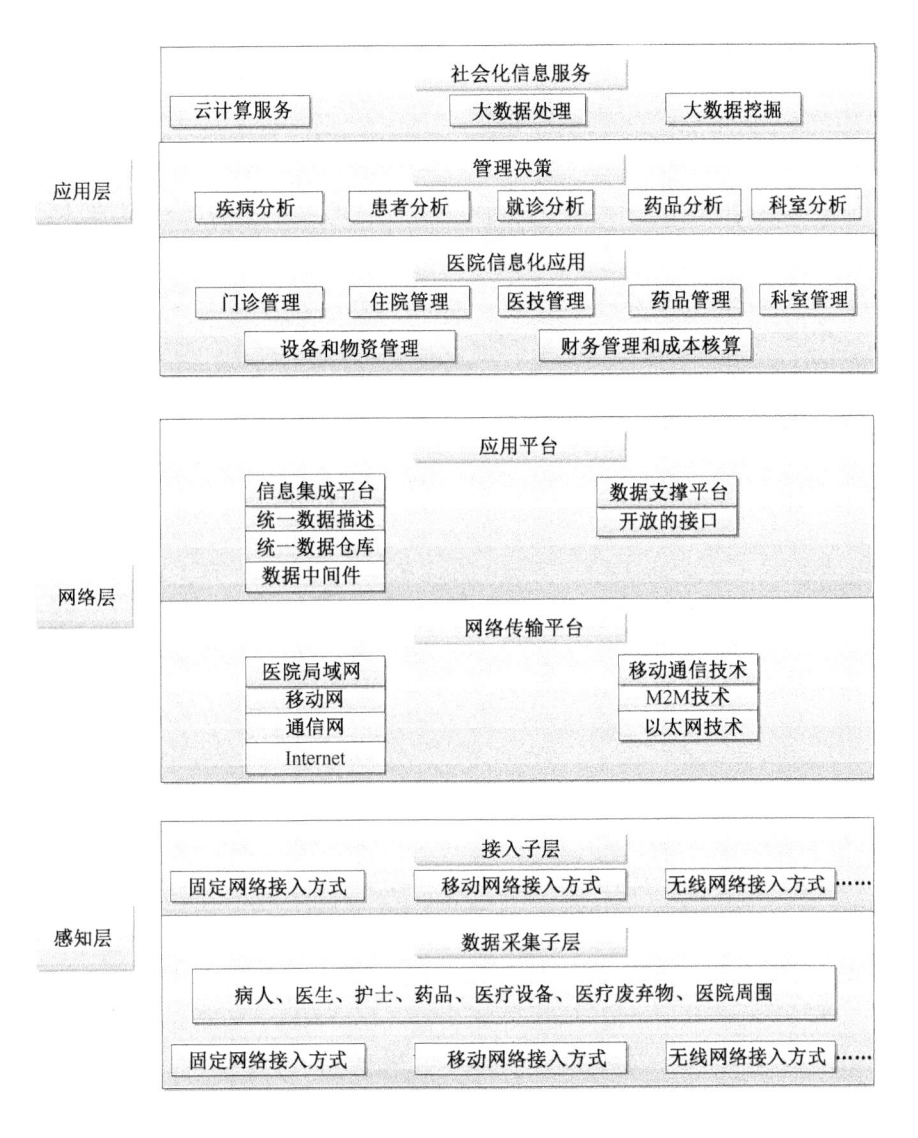

图 5.8 智慧医院的体系架构

2）接入子层

接入子层的主要功能是对数据采集子层所获得的数据进行传输，接入主干网，也就是全局物联网络。智慧医院组网结构具有层次性，局部形成自主网络之后还需接入更大的网络以便医院内部所有移动的人和物都在这个全局物联网络中。接入方式多种多样，有移动网络接入、无线网络接入、固定网络接入和

有线电视网络接入等，采用何种接入方式要视情况而定，像门诊管理系统、医技管理系统这些使用地点固定的系统就适合采用固定网络方式接入，住院管理系统则因为医生工作站、护士工作站使用无线医疗而具有地点不固定性的特点，适合采用移动网络或无线网络方式接入。

然而，目前常用的短距离无线传输技术并不完全满足智慧医院的传输要求。WiFi方式虽然从传输的速率和实时性上来讲能基本满足智慧医院业务的要求，但其组网能力相对较差，特别不适合对药房（库）药品管理和人流量多时的门诊病人管理。相对而言，WSN自组网能力较强，但数据传输率不高，难以胜任图像、声音、视频等多媒体信息的传输任务，比如医院一些医技科室的影像传输就不适合采用该种方式。所以，真正完全适合医院环境使用的接入技术还有待进一步的研究。

值得一提的是，目前医院已经普遍实施的医疗信息系统（Hospital Information System，HIS）存在的主要问题就来自感知层，对信息无法实现自动采集和获取，都是靠人工录入完成。这样医院内的物体对象无法实现互相感知，也就无法实现医院的所有智慧化服务。

2. 网络层

智慧医院的网络层也分为两个子层，即网络传输平台和应用平台。

1）网络传输平台

网络传输平台是智慧医院的主干网络，利用以太网、传感网、移动通信、M2M等多种技术实时可靠地传送感知层感知到的信息。智慧医院涉及数量众多的信息采集终端及各种结构迥异的信息传输网络，完全抛弃医院目前现有的网络结构去重新部署能集成所有信息的新一代物联网络平台，从技术和成本上都不现实。比较可行的方法是将医院现行的各应用网络，如原先布设的有线网络、Internet、通信网、移动网等进行融合，形成统一的医院物联网络。目前正在研究的多种异构网络融合技术，都为未来医院异构网络融合的实现奠定了坚实的基础。

2）应用平台

应用平台主要是集成各种数据信息，构成支撑平台，为应用层上的服务提供开放的接口，以便第三方在应用层上开发各种应用服务，供医护员工、病人及其他相关人员使用。

3. 应用层

智慧医院应用层包括三部分内容，一部分是医院信息化应用，另一部分就是管理决策，还有一部分是社会化信息服务。

1）医院信息化应用

医院信息化应用主要包括门诊管理信息化、住院管理信息化、医技管理（检验、检查、放射、病理、理疗等）信息化、药品管理信息化、设备和物资管理信息化、医务管理信息化、财务管理和成本核算信息化等。

2）管理决策

管理决策属于较高层次的应用，包括疾病分析（各类疾病的常发时段、地域分布情况及医疗费用），患者分析（患者的年龄分布、地区分布及就诊时间情况），就诊分析（各时间段内的门诊人次、住院人次及床位周转率），药品分析（每类药品的单价、年消耗数量及利润情况），以及科室分析（比较分析各科室产生的挂号费、化验费、检查费、西药费、中药费等诊疗费用）等。

3）社会化信息服务

社会化信息服务属于最高层次的应用。云计算服务、大数据处理和大数据挖掘是智慧医院社会化信息服务实现的关键技术。在智慧医院中，感知层采集到的数据经过网络层传输到应用层之后，将面临三个重要问题：一是由于医院的特殊性质，对数据的实时性和准确性要求非常高，如何云存储这些重要的数据，并保证安全可靠。二是智慧医院产生的数据来自 PDA、RFID、无线传感器等，数量惊人，规模庞大，而且增长速度快，因为每天都有人去医院就诊，每天都有新的诊疗数据产生，并且这些数据中会有网页、图片及相关视频（如手术视频）等非结构化和半结构化数据，显然仍用传统的关系数据库方法不合适，那么如何去管理这些复杂的数据，在保证结果正确的前提下完成高效的查询与分析，这是一个很重要的问题。三是不同于目前已有的医疗信息系统，智慧医院需利用数据挖掘等技术从这些海量数据中挖掘出难以凭经验或人工获得的知识，为临床医生提供智能决策，那么如何去挖掘和发现这些有价值的知识，这又是一个很重要的问题。而这些问题的解决，必然要用到云计算服务、大数据处理和大数据挖掘技术，以便利用较低成本高效地实现医疗大数据的存储、管理和分析，为广大用户提供方便快捷的社会化医疗服务。

5.4.2.2 智慧医院建设的关键技术及内容

1. 制定信息标准和规范

应用规模大和感知节点密集度低是物联网在医疗领域应用的两大特点。目前传感器网络国家标准工作组中医疗应用项目组已成立，需尽快建立面向医疗行业的物联网标准体系，规范针对医疗行业的物联网技术结构和内容。此标准体系既要依托各行业的共性技术标准，又要凸显医疗行业特色，以支撑医疗资源的共享与互操作。智慧医院是医疗物联网的重要组成部分，同样，信息标准和规范也是智慧医院建设的基础内容，主要内容如下。

（1）建立全医院的编码标准，包括医院信息术语标准、医院信息分类编码标准等，并形成一套完善的编码解析机制。

（2）制定全医院的数据交换规则，在此基础上建立数据交换标准。目前，已有的标准有 HL7（Health Level Seven）、DICOM3.0（Digital Imaging and Communication in Medicine）和 ASTM（the American Society for Testing and Materials）。

（3）制定医院内应用系统的开发技术标准，包括数据描述、数据通信接口和中间件等方面，在此基础上建立应用系统规范，以便第三方在应用层上开发各种供医护员工和病人使用的应用服务。就中间件来说，需按照智慧医院应用服务的要求和标准，开发一系列的中间件，如医疗设备管理中间件、药品管理中间件、紧急事件急救处理中间件和病历信息传输中间件等。

（4）通过对智慧医院业务流程的调研分析，制定智慧医院的业务流程规范，如智慧医院环境下的临床路径管理新模式、通过智慧医院综合信息服务平台进行医保卡缴费的流程等。

2. 建设网络支撑平台

物联网本质上还是互联网络，为了能够实现在任何时间和地点与任何对象进行通信，网络是其最基本的前提条件。智慧医院在医疗信息化中的一个显著优势就是移动医疗，所以，终端的无线接入是智慧医院实现的必要条件。但是如果完全放弃医院现有的有线网络平台，成本太高，而有线网络与无线网络相结合是一种非常可行的网络架构，不仅能同时支持有线和无线两种接入方式，而且还具有较好的可扩展性。智慧医院便采用这种网络结构。

3. 建立数据（库）共享平台和身份认证平台

要建立数据（库）共享平台，首要一点是要明确数据的来源责任，比如患者的费用数据由相关收费窗口的收费人员负责，患者的病情、诊断、处方、医嘱等由门诊医生或住院医生负责，患者的体征、护理记录等数据由值班护士负责，患者的检验结果或影像学检查结果则由相关医技人员负责。并在此基础上建立信息从采集、处理到应用的流程规范，以确保共享数据的准确性。

身份认证平台是由医院信息中心提供授权，让用户无论是在办公室、家里的固定终端，还是手机、PDA 等移动终端，都能通过用户名和口令这种认证方法方便地享用智慧医院网络上授权该用户使用的所有信息服务。

4. 建设信息服务综合应用平台

信息服务综合应用平台是将医院内各分散的应用系统进行集成，从而提供一个可供各类用户访问的综合应用环境。按照医院的职能定位，信息服务综合应用平台主要包括管理服务、诊疗服务、决策服务、虚拟医院服务、科研服务、生活服务及对外接口等。其中管理服务包括财务管理、门急诊挂号和收费、病人出入转院、药库管理、门诊和住院部药房管理等信息系统，诊疗服务包括门诊医生工作站、住院医生工作站、临床护士工作站、嵌入式移动电子病历平台等应用系统，虚拟医院服务包括门诊、科室、专家的咨询业务和预约业务等，对外接口包括与医保办的医疗保险接口、与法律援助中心的医患纠纷咨询接口等。特别要注意的是，身份不同的用户拥有该平台的访问权限也不尽相同，所以，用户需通过身份认证后方可访问该平台。

5. 建设嵌入式移动电子病历应用平台

电子病历，又称基于计算机的病案系统，是医疗信息系统发展到一定阶段的产物，是实现医院信息化的关键。相对于 HIS，智慧医院的核心在于诊疗的移动化和无线化，所以需把互联网平台下的 HIS 电子病历系统移植到物联网平台，即实现基于 RFID 和 WSN 技术、运行在手持无线终端设备（如 PDA）上的嵌入式移动电子病历系统，这是智慧医院成功实施的关键，也是智慧医院的核心内容。其主要功能有：病人身份信息（包括病人姓名、性别、出生日期、电话号码、社保卡号或身份证号、照片）的标识和管理，病人基本生理信息（如血型，是否有糖尿病、癫痫病和高血压等病史，药物过敏情况等）的存储，门诊网上自主挂号及就诊编号的自动排定，门诊医生对诊疗信息（门诊病历）的

输入与存储，医护人员对住院病人病历的读出和修改及医生电子医嘱的输入、存储和修改（可实现医生移动查房），临床护理中护士对电子医嘱的查询与病人用药的记录（可实现护士移动护理），医药费的电子结算与支付（通过医保或银联），病人的跟踪定位及相关门禁管理（以保障医院公共设施和仪器设备的安全）等。具体归纳，有以下问题有待研究。

1）智慧医院中基于物联网技术的嵌入式移动电子病历的架构

嵌入式移动电子病历系统实质上就是以病人为中心的医院物联网信息管理系统，其架构研究主要包括系统模型建立与功能模块划分、就医流程分析（该系统的实现和运行将使医院传统就医流程发生哪些改变）、医护人员手持 PDA 设计（包括功能设计、工作流程设计、软件设计、硬件设计等方面）、符合医院环境要求的病人诊疗卡（包括存储介质、能量供应方式、存储容量等方面）等内容。

2）智慧医院中嵌入式移动电子病历的数据模型和存储模型

智慧医院中嵌入式移动电子病历的标识语言是 PML 格式，它是 XML 语言在物联网下的扩展。智慧医院中嵌入式移动电子病历的数据模型，就是基于 PML 的数据模型。相对于 HIS 下的电子病历而言，其显著特征就是空间性，在标记数据时需要有空间属性。

HIS 下基于 XML 的电子病历存储通常有文本、关系数据库、面向对象数据库、XML 数据库四种方式，而其中已提出并已完全实现的 XML 数据库又可分为 Native XML Database（NXD）、XML Enabled Database（XED）和 Hybrid XML Database（HXD）三种类型。需针对物联网下基于 PML 的嵌入式移动电子病历特点选择一种合适的存储方式。

3）智慧医院中嵌入式移动电子病历的信息传输格式和方式

在智慧医院中，无论本地 PDA 是否具有信息存储功能，都要将诊疗信息传输至后台服务器，只是更新时间的间隔不同，所以都会涉及电子病历的数据传输问题。HIS 下电子病历大多采用 XML 格式表示，已有研究表明其信息传输也是采用 XML 格式最为合适，而智慧医院中的嵌入式移动电子病历是采用物联网标识语言 PML 表示的，这就产生了一个问题，其信息传输是沿用 HIS 下的 XML 格式，还是采用 PML 格式，或是文本格式，还是有其他更合适的格式，将有待进一步研究。另外，从传输方式上说，目前嵌入式设备与远程后台数据库的传输有基于 WiFi、基于 GSM/CDMA、基于 Socket 和 XML 的中间件系统等多种方式，需根据智慧医院嵌入式移动电子病历信息的实际特点，选择一种合适的传输方式。

4）智慧医院中适合移动电子病历的嵌入式移动数据库设计方案

关于智慧医院电子病历系统的移动终端 PDA，一种情况是不具有嵌入式数据库管理系统（Embedded Database Management System，EDMS），仅能生成相关指令，有关数据的所有操作都交由后台去做；还有一种情况是具有 EDBMS，能在本地进行相关信息的存储、查询、修改、删除等操作。其中第二种情况最为常见，涉及两方面的问题，一是嵌入式移动数据库的操作（包括查询、添加、删除和修改等）问题，二是移动终端的嵌入式移动数据库与后台数据库的同步问题。于是符合智慧医院电子病历特点（数据非结构化、实时性高、准确性高）的嵌入式移动数据库管理系统的设计、相关查询和索引的算法优化（性能改进）、嵌入式移动数据库的事务管理（日志、同步性、冗余备份等）等都是需要重点关注的问题。

5）智慧医院中嵌入式移动电子病历信息安全的保障方法和途径

病历信息是执行医疗操作的依据，并且涉及用户的个人隐私，因此安全性是电子病历建设中的重要问题。确保智慧医院中嵌入式移动电子病历的信息安全，需结合智慧医院的物联网环境特点和嵌入式移动电子病历的实际特点，从使用病历数据的用户合法性（需在用户登录系统中进行身份验证，防止非法人员访问）、使用病历数据的操作安全性（通过角色控制确保数据库安全，不同角色用户数据存取权限不同）和病历数据的传输安全性（采用数字签名和加密解密技术）三方面来考虑。

6）建设医疗大数据与云计算应用平台

前面介绍的关键技术，主要是针对单个智慧医院而言，但是要在国家层次上建设智慧医院，必然涉及两个问题：一是要能通过数据挖掘方法对医疗过程中的历史数据进行分析，从海量数据中提炼出疾病的生理特征，以利于疾病的早期发现和预防；二是将能对医疗过程中历史数据的分析结果通过云服务的形式及时提供给医务人员，实现快速准确地查询，供其诊疗时参考。而这些问题的解决，必然要涉及医疗大数据与云计算应用平台，这也是智慧医院建设的高级阶段必须要考虑的内容。

智慧医院中的数据来自 RFID、无线传感器及各种移动终端，产生的数据量规模十分庞大，并且数据中多半包含时间、地点等多种属性信息，相比于 Web 方式下的数据，其存储结构更为复杂，故称医疗大数据。要支持国家级层次智慧医院所需的各种云服务，实现实时化和智能化的医疗，必须要建立医疗

大数据与云计算应用平台，以完成医疗大数据的存储、管理与分析，以便为用户提供有价值的服务。在该平台中，智慧医院的数据中心是云服务的提供者，而医生和广大患者则是该平台的使用者。深入分析后，有以下问题有待研究。

（1）数据模型。

在 Web 环境下，通用的数据模型是关系数据模型，广泛地应用在 HIS 中。但在智慧医院中，产生的数据除有适合关系模型的结构化数据之外，还有图片、文档、视频等半结构化或非结构化数据，所以需根据医疗数据特点针对后者选用合适的数据模型。另外，智慧医院这种数据异构性对传统 Web 环境下关系数据库管理系统也提出了很大的挑战，需要研究一种能同时支持结构化、半结构化及非结构化的数据管理系统，并允许异构数据间的混合查询，以便更高效地管理智慧医院下的海量数据。

（2）实时查询。

由于医疗服务的特点，医疗数据的查询对实时性要求很高。在智慧医院，对医疗数据的查询一般会涉及与时间、地点及某一特定属性的相关查询。现有的数据库索引技术能基本满足大数据检索的实时性要求，但在索引创建和更新方面存在缺陷。为满足智慧医院下大数据的实时查询要求，必须改进现有的索引技术，包括对其结构进行重新设计，改进其创建与更新算法，以切实提高实时查询速度。

（3）数据处理与分析。

由于医疗服务的特点，医疗数据的处理与分析需读取大量数据，所需时间一般比较长，并且经常会涉及医疗、计算机及统计等多方面知识，所以需要上述领域的专业人士协作完成。目前，对大数据进行处理与分析的工具主要有并行分析型数据库和基于 MapReduce 的分析工具两大类，二者各有优劣。现需融合二者的优势，构建功能更强大的数据处理与分析工具，以便更好地进行医疗大数据的处理与分析。此外，还需提供一个友好方便的交互界面，以便医疗专家能高效地分析这些医疗大数据，挖掘知识，更好地为临床决策服务。

（4）医疗云服务。

医疗云服务的内容主要包括云医疗健康信息管理服务、云医疗远程诊断服务、云医疗远程监护服务及云医疗培训与交流服务等。其中，云医疗健康信息管理服务是医疗服务的关键内容，通过整合各种诊疗信息（包括电子病历、电子医嘱及相关影像文档信息等）而构建一个完整的个人电子健康档案管理平

台，并将其存储在云端及通过相关方法从中提炼出有价值的信息，便于医生今后的诊疗和患者的自我保健，同时也为云医疗远程诊断、云医疗远程监护和云医疗培训与交流提供了经验支持和材料支撑。可以说，云医疗健康信息管理服务是所有云医疗服务的基础。

相比于其他领域的云服务，医疗云服务实现过程中最重要的问题就是数据安全问题。众所周知，患者的诊疗数据属于其隐私，并具有法律效力，当且仅当在得到其授权并且经过相关技术保护的情况下，医院才能将这些数据存储在云端，但是授权和信息保护实现起来并不容易。另外，对医院而言，医院的相关运营数据是其内部机密数据，并不希望对外公开，这在一定程度上会制约医疗云服务的应用与进一步推广。针对这种情况，可建立公有云和私有云共用模式，即将涉密的数据放在私有云上，仅供医院内部职工及在本院就诊的患者使用，而将可以公开的数据放在公有云上，对公众开放，以体现医院的社会服务性。

5.4.2.3 应用方案

在对智慧医院体系架构、建设中的关键技术及内容分析之后，结合国内某智慧医院项目的实际，给出一个具体的应用方案。目前，该医院已完成无线网络支撑环境的基本建设，并以部分科室为试点，在一定范围内实现了医护人员的无线移动诊疗，改变了医院目前的诊疗模式，取得了令人满意的效果。下面主要从逻辑结构、应用框架和网络支撑环境等方面详细阐述该应用方案。

1. 逻辑结构

智慧医院的建设目标是建立一个开放智能的诊疗和工作环境，使广大医护人员、行政管理人员、后勤服务人员、病人及其家属可以充分享受到其角色赋予的相关服务，全面感知医院的各种服务资源。根据此建设目标，结合该医院目前各应用系统的实际运行情况，对智慧医院的逻辑结构进行设计，如图 5.9 所示。医院内的各应用系统通过信息服务综合应用平台实现服务融合，各用户则通过该平台获得其角色权限内的相关服务。

2. 应用框架

应用框架是体系架构的具体化，如图 5.10 所示，由 7 层组成，自下而上依次为：第 1 层是各物体对象，第 2 层是对物体对象的连接及对其信息的感知，

第 3 层是网络融合，第 4 层是数据融合，第 5 层是服务融合，第 6 层是信息服务综合应用平台（含身份认证），第 7 层是用户。其中第 1 层和第 7 层是为了保证框架的完整性而加上云的，无须介绍；第 2 层对应体系架构中的"感知层"；第 3 层对应体系架构中的"网络层"；第 4、5、6 层对应体系架构中的"应用层"。下面着重介绍网络融合层、数据融合层、服务融合层和综合应用平台层。

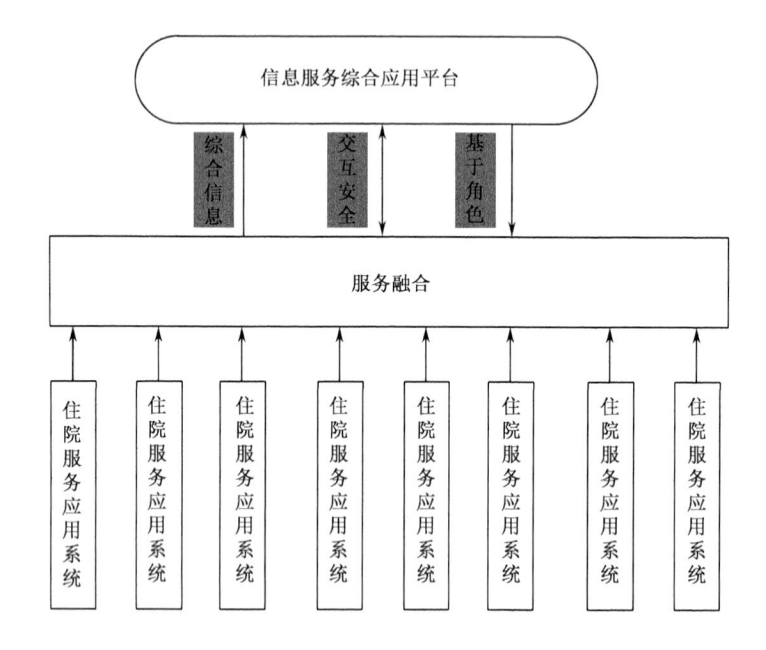

图 5.9　智慧医院的逻辑结构

网络融合层是对该医院内的各应用网络（如原先布设的有线网络、Internet、无线通信网等）进行整合以形成统一的医院全局物联网络，为智慧医院的服务应用提供网络支持与保障。

数据融合层主要是对身份信息数据（如病人的姓名、性别、出生日期、电话号码、社保卡号或身份证号、血型等）、诊疗信息数据（如患者的病情、诊断结果、处方、医嘱、患者的检验结果和影像学检查结果，患者的体征信息、护理记录、医药费等）、感知信息数据及其他相关数据的融合。

服务融合层可实现多业务平台（如医院管理服务平台、诊疗服务平台、虚拟医院服务平台等）的集成和资源共享，是智慧医院建设的目的和表现形式。

综合应用平台层具有统一的业务界面，用户经身份认证后可按照所属的角色（科主任、病区负责人、科护士长、门诊医师、住院医师、值班护士、病人、病人家属等）享受权限内的相关信息服务。

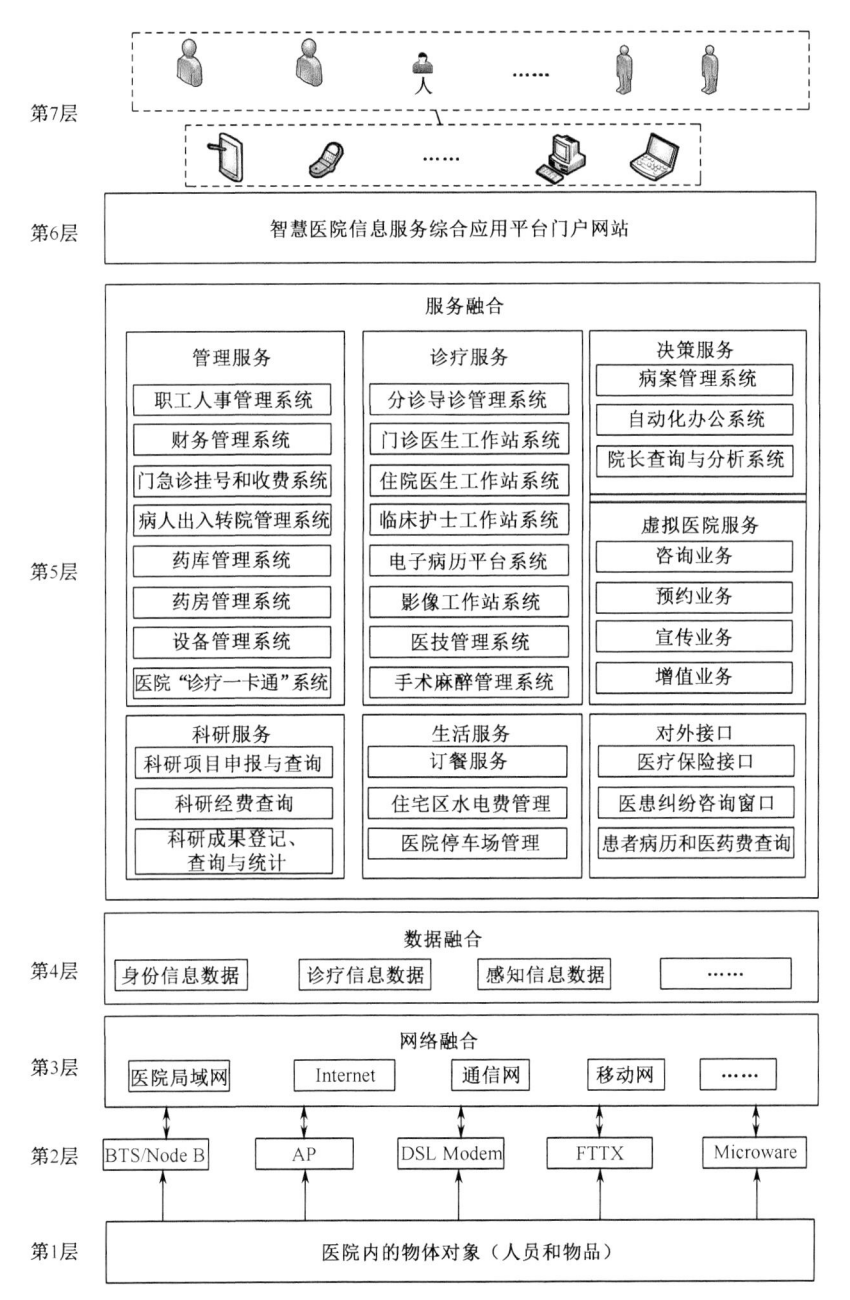

图 5.10 智慧医院的应用框架

3. 网络支撑环境

网络总体结构如图 5.11 所示，采用有线与无线相结合的架构。通过在医院原有有线网络架构基础上部署无线网络，以实现对医院门诊大楼、外科病房大楼、内科病房大楼、医技楼、药库（药房）、行政楼和室外公共场所的无线覆盖。原有的有线网络架构无须介绍，这里着重讨论无线网络架构，具体方案是：总体架构方面选用无线接入点（Access Point，AP）方式，采用 IEEE 802.11 a/b/g 作为智慧医院无线网络的通信协议标准；门诊大楼、医技楼、药库（药房）和行政楼原先都已实施有线网络接入，现采用室内型 AP 接入无线网络；外科病房大楼和内科病房大楼原先只有值班医生办公室和护士值班台实施了有线网络接入，而所有病房均未实施网络接入，现病房大楼整体采用室内型 AP 接入无线网络，以方便医护人员的移动诊疗和护理，并满足病人及其家属的上网需求；其他室外公共场所采用室外型 AP 进行无线网络的接入，而医院分散楼宇间需通过室外型无线网桥来实现无线网络的覆盖。

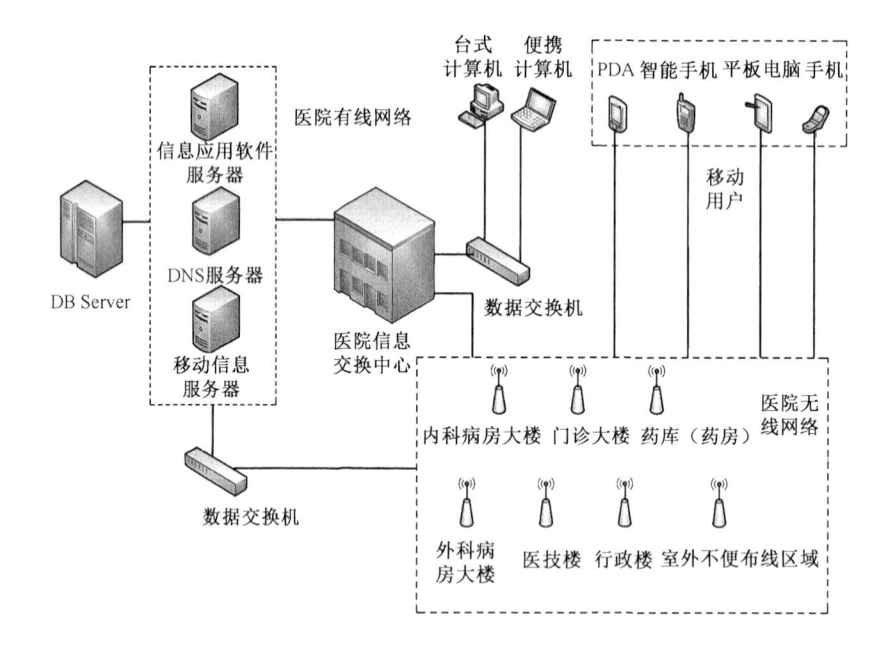

图 5.11　智慧医院的网络总体结构

5.4.3　智慧医院中的物联网技术

智慧医院着眼提升医疗诊疗流程的服务效率和服务质量，提高医院综合管理水平，推广应用人工智能治疗新模式新手段，实现医疗服务的智能化，达到医疗资源高度共享，降低医疗成本。2025 年前，智能医疗设备在医院的应用率达到 50%。2030 年前，智能医疗设备在医院的应用率达到 80%。主要开展的研究领域如下。

（1）开展智能医疗设备在诊断、治疗、护理、康复等环节的应用研究。

（2）开展陪护与康复训练机器人、手术机器人、智能诊疗助手等试点示范，推动智能硬件与医院信息系统的数据集成。

（3）加强医疗数据云平台建设，推广远程诊断、远程手术、远程治疗等模式。

医疗信息化是三甲及以上医院面临的一个主要问题，而现阶段的医疗信息化还存在信息孤岛、人工效率低下、网络传输能力不足、大数据处理能力不够等问题亟须解决，以实现药品智慧化、远程智能医疗和医疗智慧化。

目前药品在流通过程中存在诸多问题，如环境变化致使药品发生质变甚至失效；流通过程中可能有假药混入；流通过程中存在串货、退货现象等。如何对药品的流通过程进行有效管理，是一个系统工程，涉及诸多方面，已引起了公众广泛的关注。医院作为医疗机构，必须保障采购药品的绝对安全可靠，这关系到患者的生命安全和医院的信誉。物联网技术可对流通过程中的单个药品进行 RFID 标识，并以此为索引实时更新药品的相关信息，在流通的各个环节对药品进行查询和追踪，为有效解决药品流通中的相关问题提供了新的技术手段。

目前药品领域的物联网应用模型大多是基于 RFID 的 EPC 架构，通过有线网络进行数据传输，并没有结合 WSN 技术。并且，对所构建的模型侧重从原理层面进行分析，缺乏以下两个方面的有效分析：一是没有对药品在流通中的状态信息和过程信息的描述方法及流通信息的存储进行研究；二是没有对药品流通信息的采集、传输、跟踪、追溯和查询的详细流程进行研究。针对上述情况，可以对基于 RFID 的 EPC 物联网架构进行改进，其中 RFID 模块可集成传感器技术或与 WSN 相结合，获取药品在流通过程中的温度、湿度等环境参数。

物联网的最终价值体现在服务及其应用上，智慧医院需以应用为导向，提供可靠和高效的服务。智慧医院可提供多种服务，包括医院管理服务、诊疗服务、决策服务和虚拟医院服务等。其中诊疗服务包括门诊服务和住院服务两个方面，是智慧医院的核心。

物联网与后勤保障

　　智慧医院是智慧地球理念在医疗行业的一个具体应用，是当数字化医院达到功能覆盖全面、系统运行稳定的程度后逐步实现的。与传统的数字化医院相比，智慧医院最大的特征在于具备主动感知和智能调控能力。智慧医院系统通过主动感知医务人员和患者的行为，以及自主学习能力，不断调整业务系统，更好地为医务人员和病患服务，达到更进一步提升医疗安全和运行效率、改善服务质量、降低综合运行成本的目标。

本章小结

　　未来智能化战争时代，战场环境复杂激烈，瞬息万变，随着高科技和高智能化的新式武器的广泛使用，致伤复杂，对医疗设备和救治技术要求高，亟待出现智能化的远程监测和远程健康系统来改善战场上作战士兵的护理工作。物联网及其相关智能技术为军队移动医疗与护理、药品器材保障、环境监测和三防检查、医学救援和军人健康监测及远程医疗提供了广阔的前景。智慧医院是物联网技术在医院这个特定场所应用的集中体现，它是以物联网技术为基础，以各种应用服务为载体而构建的集诊疗、管理和决策为一体的新型医院。

第 6 章

智能军事投送

无论是物体识别,还是全球定位和物体跟踪等技术,物联网技术都为交通运输领域的智能化管理提供了强有力的技术支撑。本章在对物联网技术在军队公路运输车辆动态跟踪、军用车辆使用监控及军车防伪等后勤军事交通运输业务典型应用描述的基础上,针对每一种具体应用给出了系统工作原理、关键技术,以及典型应用场景的描述。

6.1 基于物联网技术的公路运输车辆动态跟踪

为了适应未来信息化战争快速保障、应急保障、精确保障要求,通过现代传感、网络通信及人工智能等信息自动采集和数据传输技术,对公路军事运输过程中涉及的运输车辆本身、运输物资种类与数量等状态实现实时的全程动态监控和指挥控制,解决汽车运输单位"动中通"问题,已成为军事公路运输指挥管理信息化发展的必然趋势。

6.1.1 公路运输车辆动态跟踪意义

公路运输车辆动态跟踪意义主要表现在以下几个方面:一是可以实现各级军事交通运输部门对执行任务的运输车辆的实时定位跟踪、运输指挥,极大地提高运输车辆指挥调度的时效性和效率;二是可以及时查询运输车辆状态、运输环境、运输保障力量等信息,为各级军事交通运输部门决策提供实时有效的信息;三是通过与军事物流系统中的物资识别相结合,可以实现在运物资的可视化,物资供应的精确性,极大地推动军事后勤保障信息化建设。

6.1.2 公路运输车辆动态跟踪系统体系结构

为了适应当前我国军队有关运输车辆管理按照总部——军区（军兵种）联（后）勤部——联勤分部（包括集团军、军兵种基地、省军区）——汽车部（分）队的四级管理体制，图 6.1 给出了公路运输车辆动态监控体系结构，图中所示每一级均包含各自相应的软硬件，且相互之间在物理层面上通过军用卫星通信网、军用有线通信网或无线短波通信网相连接，在 IP 层面则可以通过基于 TCP/IP 协议的军队专用信息网实现业务数据、视频及语音等信息的交互。

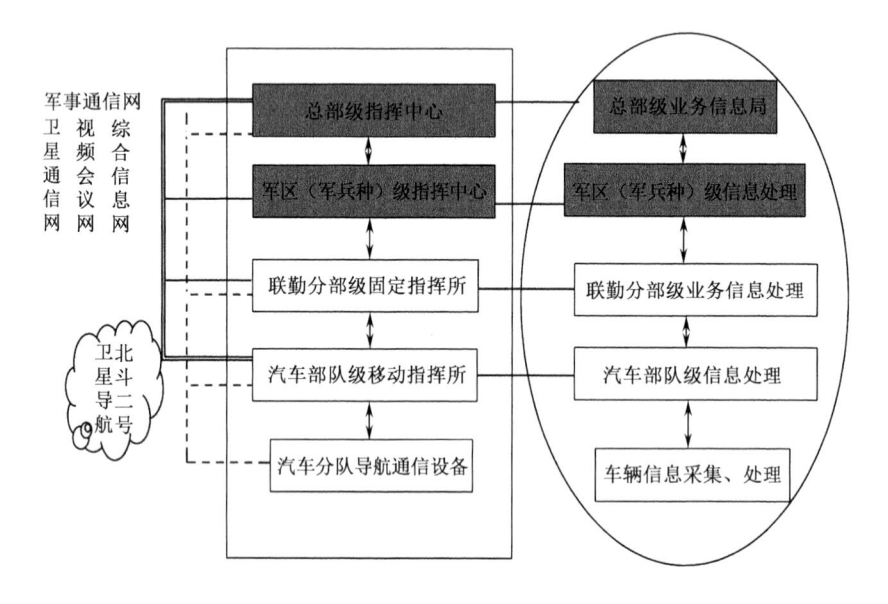

图 6.1　公路运输车辆动态监控体系结构

图 6.2 给出了公路运输车辆动态监控系统中所涉及的指挥中心或指挥所描述性结构图。如图所示，卫星地面总站通过光纤为指挥中心提供足够信息以满足大用户群监控需要，指挥型用户机保证在卫星地面总站线路故障时应急使用，多个监控终端保证满足多区域监控的需要。

图 6.3 给出了公路运输车辆动态监控的描述性软件体系结构。所有应用层程序通过中间层通信服务与数据库连接，提高了数据存储与访问安全；串口通信应用层可用于不同设备连入系统；业务管理应用层可允许不同单位根据自身要求开发适合自己的应用程序连入系统；指挥监控用户层满足多用户同时监控指挥的需要，同时提高卫星设备使用效率；远程网络访问接口可实现服务器扩展，增加用户访问数量，实现上下级之间的数据交换。

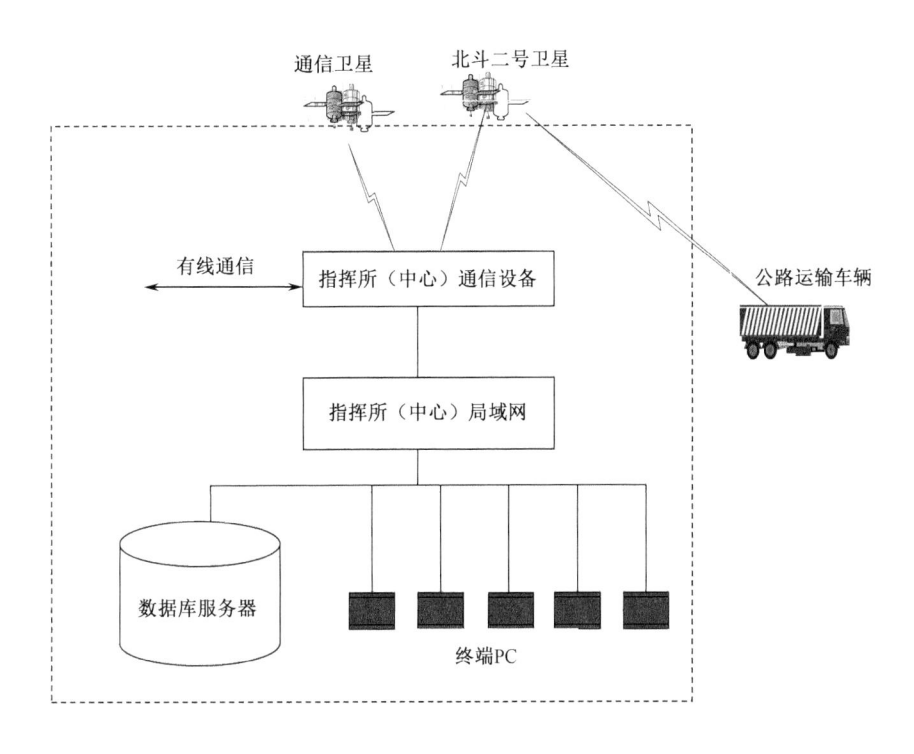

图 6.2 指挥中心或指挥所描述性结构图

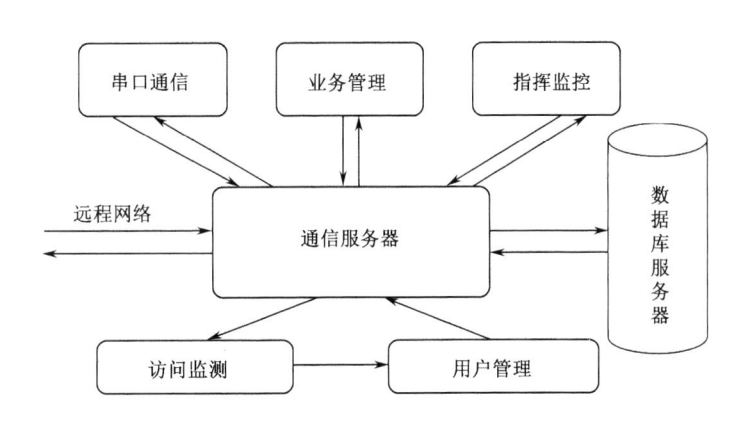

图 6.3 公路运输车辆动态监控的描述性软件体系结构

6.1.3 公路运输车辆动态跟踪典型应用场景

在某个时刻，具有承担公路军事运输的某个军队汽车运输单位接到一个任务，上级单位要求他们将某种军用或抢险救灾物资从 A 地运输到 B 地。一接到

这个物资运输任务，汽车运输单位业务主管就依据任务工作量和时间要求，安排相应数量的运输车辆和驾驶人员，进行任务的具体执行。

执行该运输任务的临时组建车队在接到具体运输任务后，编队驶出营区停车场大门，朝着存放货物的 A 地方向进发。由于每一辆运输汽车上安装有车载信息采集监测装置、北斗二号/GPS 定位设备和无线数据传输设备等，不仅使汽车驾驶员能够实时地了解到反映车辆本身运行状况的各种数据和地理位置，同时通过北斗二号的全球定位功能和短消息功能将与车辆运输状态相关的主要数据实时地传送到运输车辆所属单位的指挥控制中心。业务主管可以通过其单位指挥所（中心）的大显示屏幕实时地了解运输车辆车队所处地理位置和车辆状况，并借助北斗二号的短消息收发功能或无线移动网络的短信收发功能，及时地向执行运输任务的车队发送指令，以便运输车队可以及时地应对出现的紧急情况。

一旦运输车辆到达指定的装货点 A 地，则运输车辆依据指派任务将需要运输的物资装车，并按照上级相关指示运送到指定点 B 地。在物资运输过程中，可以通过数据传输方式或语音通信方式，随时根据上级领导指示来改变物资运输路线。如果条件成熟且能够和军事物流系统对接，就可以真正实现在运物资的实时监控，实现真正意义上的物资运输调度指挥自动化，实现在指定地理范围内对军事运输单元的跟踪和指挥。

系统利用了卫星定位技术、卫星及地面网络传输技术、军用数字地理信息技术、数据库技术、数据自动采集技术和蓝牙、射频传输技术等，构建了汽车运输部队数据采集、传输和存储平台，实现了总部、军区、联勤分部和汽车运输部队四级动态监控指挥，重点解决了执行运输任务的汽车部队指挥与通信问题、信息分类采集处理问题、数据存储与数据交换问题、设备接入及联合使用问题、数据安全问题、系统可持续扩展升级问题等。

6.1.4 应用于公路运输车辆动态跟踪的关键技术

6.1.4.1 北斗二号卫星定位技术

不同于目前民间普遍使用的 GPS 全球定位系统，"北斗"一、二号是我国独立自主研制建设的卫星导航定位系统，集通信、定位、授时于一体，主要服务范围包括我国及周边地区。作为继美国、俄罗斯之后世界上第三个卫星导航定位系统和世界上服务范围最大的定位报告系统，"北斗"号系统特别适用于我国军队指挥控制应用，在提高我国军队信息化作战指挥能力方面发挥了重要作用。"北斗"一、二号系统通过"北斗"一、二号用户设备向用户提供导航定位、报文通信、授时及指挥控制服务。"北斗"一、二号用户设备体系由普通型用户机、指挥型用户机和指挥所设备共同构成。普通型用户机可为单个作战单元提供基本的导航定位和报文通信功能;指挥型用户机在普通型用户机的基础上,可为指挥机关提供下属100个用户以内的管理功能;"北斗"一、二号指挥所设备通过地面网络实时传输所辖下属用户机的"北斗"一、二号定位、通信等服务信息,使高级指挥机关能够快速、准确地获取下属部队位置和通信信息,实施看得见的指挥控制。

公路运输车辆动态跟踪系统中采用的北斗指挥型接收机具有如下主要功能。

(1)信息接收和验证功能,即接收下属用户信息,检验信息包的正确性和有效性,对通过验证的信息进行解密。

(2)信息存储功能,接收到的信息经处理后可存储到数据库,供事后查询使用。

(3)信息分发功能,支持多级配备,上级指挥所可以按照隶属关系将有关信息分发至各下级指挥机关的远端指挥所分系统。

(4)信息统计功能,实时记录并统计接收信息、发送信息和向各远端指挥所分发信息,实现本地业务流量统计与分析。

(5)发送命令电文功能,即可向所属用户发送命令电文,对用户进行指挥控制。

(6)数据库管理功能,对数字地图数据进行集中存放、更新与管理,并可对监控信息数据库进行更新、备份管理,关键数据加密存储。

(7)时间同步,对系统进行授时,与北斗时间保持同步。

6.1.4.2　地理信息显示技术

考虑到公路运输车辆动态跟踪系统的使用者主要是军方用户,故系统中用于显示运输车辆地理位置信息的地理信息平台系统应该采用军事地理信息通用平台,平台应以我国军队系列比例尺数字矢量地图为基础数据,并且用户可以通过使用相应的配套工具将与公路运输车辆动态跟踪业务相关的信息注入地理信息平台,实现公路运输车辆业务的相关要素查询。

另外,为了适应四个不同级别的用户使用,地理信息平台应该提供允许使用者依据其所管辖实际地域对地图图层进行添加、修改、删除、标注等操作功能,允许使用者对地图进行放大/缩小、漫游、鹰眼、全图显示,可按照地名、

坐标和相关信息等地理属性的信息查询，并具有地图距离、面积等量算、多种坐标系设置和坐标转换等几何功能。

针对公路运输车辆动态跟踪系统特殊性，地理信息平台还应该支持标准军标的显示、标绘；基于数字地图的监控功能，即能在数字地图上实时动态显示所跟踪监控车辆用户位置和分布情况；能在用户编制管辖地理范围内进行跟踪监控目标车辆动态分组显示、操作、区域报警、区域设置、报警策略管理；具有尾迹显示与控制、标签显示与控制、军标显示与控制、轨迹回放、监控页面快照、打印等功能；具有实时显示、处理下属报告信息，实时显示、处理下属的通信信息，往单个下属或群组发送命令电文和代码（代号）指挥等指挥控制和报告功能；还应该具有对指定用户、群组的历史位置信息查询，对指定用户、群组的报告和通信信息查询，以及地理信息属性查询等信息查询功能。

6.1.4.3　信息数据传输技术

作为一个平战结合的公路运输车辆动态跟踪系统，各级指挥中心（所）之间、运输车辆和指挥中心（所）之间、各运输车辆之间的数据和音视频信号传输既可以采用军用卫星通信网和军用有线通信网，也可以采用军用野战指挥短波通信网，还可以借助我国电信营运商已有的 3G 无线移动通信网。

无论是指挥中心（所）的通信设备还是运输车辆车载通信设备，都应该是一个具有综合通信功能的装备。这里所说的综合具有多重意思，一是通信接入方式具有多样性，即可以根据通信条件，既可以通过微波天线接入军用卫星通信网，也可以通过光缆或同轴电缆接入军用有线通信网，还可以通过局域网线接入军用计算机网络，再就是可以通过无线移动终端接入我国电信营运商已有的无线移动通信网；二是承载业务多样性，既可以实现传统语音通信，还可以实现视频信号、运输业务数据信息及地理位置定位信息等多媒体信息传输；三是通信设备类型多样性，公路运输车辆动态跟踪系统中所采用的通信终端设备不仅要在固定指挥中心（所）室内环境中使用，还要适用于在环境恶劣且处于移动状态的车辆中使用。所有上述这些都对通信设备提出了很高的要求。

目前卫星通信主要有 TDMA、FDMA、CDMA 等多种方式，根据实际需求选择 TDMA 通信方式。卫星网络采用星形结构。

公路运输车辆动态跟踪系统可以采用 TDMA 技术通信卫星，并以星形结构组网。卫星通信系统由通信卫星，主站射频系统、电话系统、网络视频系统、地面接入系统和终端用户（便携站）等部分组成，构成一个双向宽带通信系统，可以为运输车辆动态跟踪提供高性能的 IP 宽带连接，实现电话、IP 数据和视频传输功能。整个系统以一个卫星通信主站和数十个便携小站构成星形拓扑，通过宽带卫星信道，使各个小便携站能够汇接到地面的程控电话网、军用 TCP/IP 计算机信息网和军用视频会议网。

图 6.4 给出了用于公路运输车辆动态跟踪的卫星通信系统结构图。

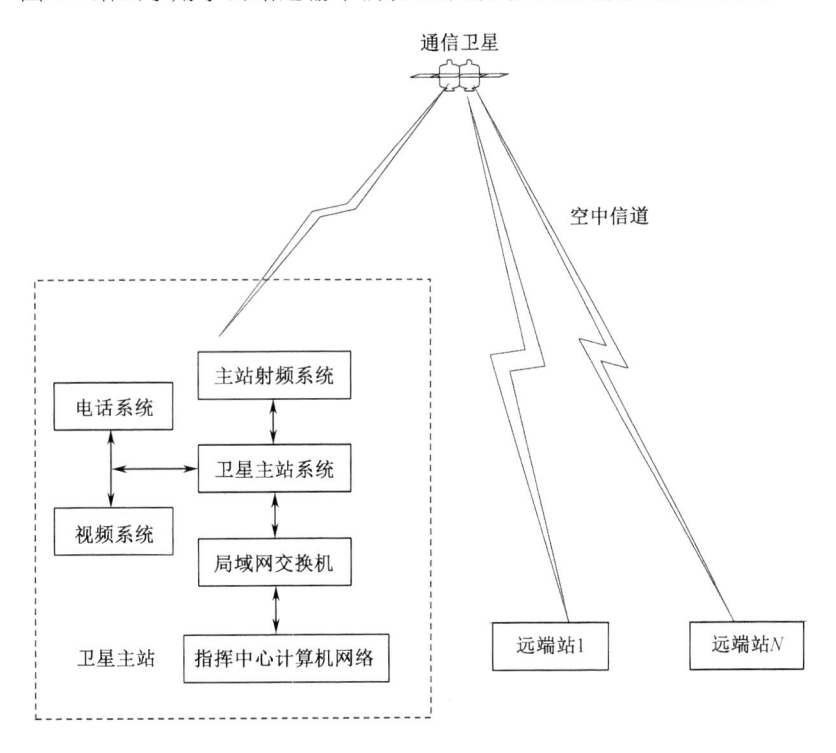

图 6.4　公路运输车辆动态跟踪卫星通信系统结构

如图 6.4 所示，公路运输车辆动态跟踪所采用的卫星通信系统由主站及若干远端站组成，其中主站是星形网络的中心，担负着对全网业务的控制管理工作，如对出境宽带信号的调制、对入境 TDMA 信号的解调、信道的带宽分配、工作载波分配、各种流量的统计、数据的保密处理、QoS 策略管理等；主站射频系统实现射频信号的变频、放大、发射及接收；电话系统用于构成卫星 IP 电话网，并完成地面电话网络与卫星电话网的互连互通；网络视频系统完成对各小站视频图象的采集、调度、控制等管理功能；地面接入系统用于实现卫星电话网与程控交换机的连接，以及卫星 IP 数据网与指挥中心 IP 网的连接。

6.2 军用车辆使用的智能化监控

6.2.1 军用车辆使用智能化监控的意义

为了适应未来信息化作战的需要，构建包括总部、军队大单位、部队和汽车分队四个层面的各种军用车辆使用的智能化监控体系，实现军用车辆使用管理基础信息采集自动化、使用过程可控、业务管理数据传输网络化、信息资源数据共享，这为满足平战时期军交运输保障能力提供了强有力的信息化保障能力，具有十分重要的军事和经济效益。

随着互联网、物联网技术的迅猛发展，具备网络信息传输和交换能力的车辆智能化是所有汽车发展的必然趋势。从技术层面而言，车辆管理智能化主要有两个方向：一是车辆本身智能化，即要求车载系统能收集处理车辆本身的状态信息；二是车辆管理网络化，即需要远程中心和车辆状态信息的实时交换、管理和干预。

6.2.2 军用车辆使用智能化监控总体结构

对军用车辆使用实现智能化监控主要是针对目前我国军队军用车辆种类多（如大客车、小轿车、中型客车、大卡车、小卡车及各类货运车等），以及车辆管理手段相对落后的现状，采用物联网技术、无线通信手段和云计算技术，为我国军队各级车辆主管单位提供军用车辆使用业务管理服务平台，以提升我国军队车辆保障效能、车辆使用的管理效率和车辆使用的科学管理水平。

要实现军用车辆使用的智能化管理，就必须对车辆使用的整个过程链上的每一个环节实现智能化监控，也即要对停放在停车场中的车辆、出入停车场的车辆，行驶途中车辆状况及车内状况的信息数据进行完整自动的采集，并能通过军用卫星通信网，或者军用野战无线短波通信网，或者其他的诸如无线 3G 移动通信网络等现代通信技术手段将采集到的数据传输到军用车辆使用管理平台，实现车辆使用管理业务数据汇总，以供车辆管理人员对车辆管理业务数据进行查询、统计分析和存储。同时可根据业务需要，将车辆行驶状态、线路管理、实时行驶地理位置等要素通过地理信息软件实时地显示在大屏幕上，为相关人员决策提供有力支持。

图 6.5 给出了适应于当前我国军队车辆使用管理职能领域和业务工作过程管理体制的系统总体结构。如图中所示，在分队级，作为车辆使用管理基础信息源，通过中间件与信息自动采集设备控制系统连接，实现车辆使用基础信

的自动采集；"总部—大单位—部队—分队"四级管理机构管理应用系统之间，通过军用网络相互连通，形成一个有机的整体，实现军用车辆使用管理的动态控制、车辆使用管理的业务处理、车辆业务信息的统计分析和车辆业务信息的检索查询等。

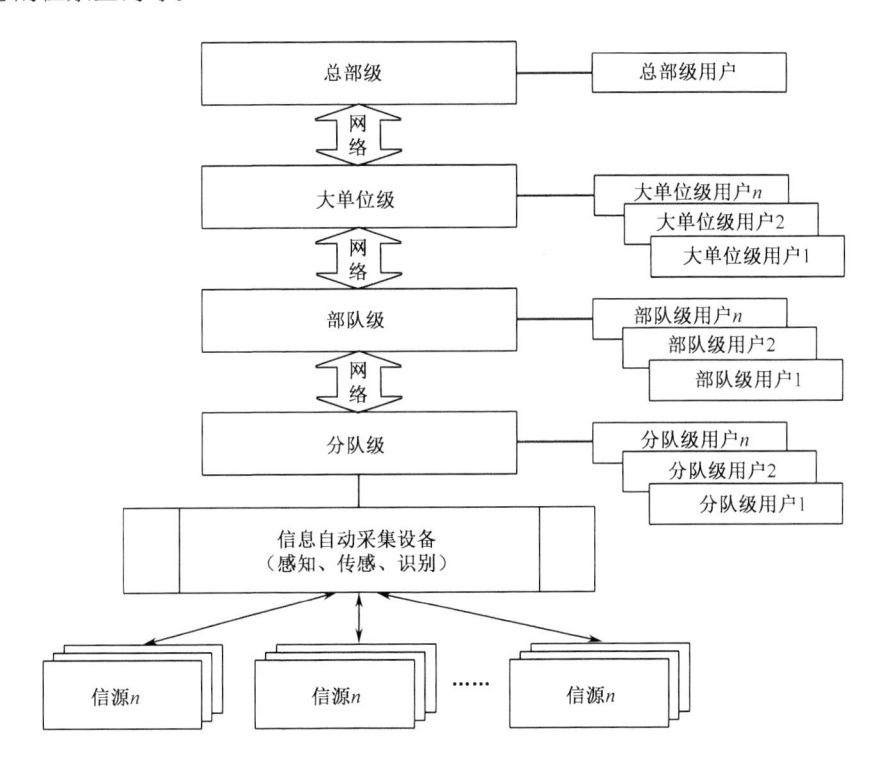

图 6.5　军用车辆使用智能化监控的系统总体结构

6.2.3　军用车辆使用智能化监控功能

图 6.6 给出了军用车辆使用智能化监控功能模块图。停车场信息采集模块主要用于采集车辆停车位置、车辆启动时间、车辆出库时间、车辆回归车库时间、停车场视频影像等信息，并通过通信模块将上述信息传输至本地车辆使用智能化管理软件平台。车载信息采集模块可以将现有车辆内采集和监测到的各种数据，如用于记录车辆行驶状态的行驶记录仪、车身设备控制器、发动机控制器、底盘悬挂控制器等车内控制系统采集到的信息，通过 ZigBee 协议、蓝牙技术或其他短距离无线数据传输技术将数据传输至车载通信网关，这些控制器连同车辆内其他带有信息采集功能的设备，如地理位置定位终端等，彼此之间

构成一个车联网；车载通信网关通过诸如卫星通信、无线移动网络或无线短波技术等无线通信技术将由车联网自动采集到的信息发送到车辆使用智能化管理软件平台。车辆使用智能化管理软件平台一般来说位于负责军用车辆管理业务单位的指挥控制室内，用于对接收到车辆数据进行显示、查询等。考虑到我国幅员辽阔、军队管理分布具有较强地域性等特点，图 6.6 中的智能化管理软件平台可以借助 SaaS 运营模式，即可以战区为地域范围建立一个智能化管理软件平台，而下属单位则可以通过申请来获得软件使用许可。

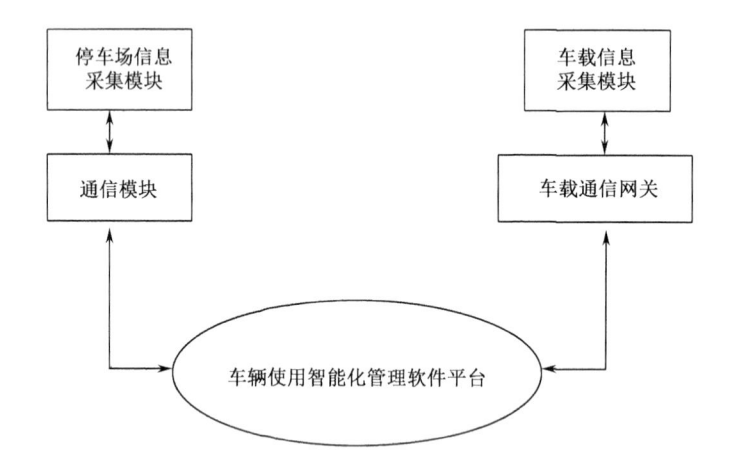

图 6.6　军用车辆使用智能化监控功能模块图

6.2.4　军用车辆使用智能化监控典型应用场景

图 6.7 给出了军用车辆使用智能化监控的典型应用场景示例。就物理上而言，车辆使用智能化监控包括三个主要部分，一是用于停放军用车辆的专用停车场或车库，二是用于停放在停车场或正在道路上行驶的车辆，三是用于接收车辆状态等信息的车辆智能化管理软件平台。

军用车辆使用的智能化监控全过程描述如下：根据工作需要，车辆使用管理人员通过计算机管理终端，录入车辆出行任务单，如选派指定驾驶证为××号的驾驶员 A 驾驶军车号牌为军×-×2346 的车辆需要去 B 地执行运输任务，装货后将货物送达指定地点 C 后，并要求该驾驶员在该运输任务完成后及时将车辆返回停车场。上述任务单信息通过计算机网络传输到指定停车场（车库）信息网关，并将相关数据进行本地存储。驾驶员 A 受领出车任务后，手持带有 RFID 电子标签的车门钥匙，进入停车场，打开车门，落座驾驶位，启动汽车发动机。一旦汽车发动机启动,车载信息装置就将通过诸如行驶记录仪等设备自动采集到数据信息,如发动机启动时间、驾驶员身份等信息收集后,通过无线数据传输方式发送到停车场信息网关,同时通过预先部署于停车场的各类传感器将被启动车辆位置信息也及时地传输到停车场信息网关,之后停车场信息网关将这类信息通过有线方式同时传送到停车场控制室和车辆使用管理平台中心,以便在需要时供相关人员进行实时监控和查询等。

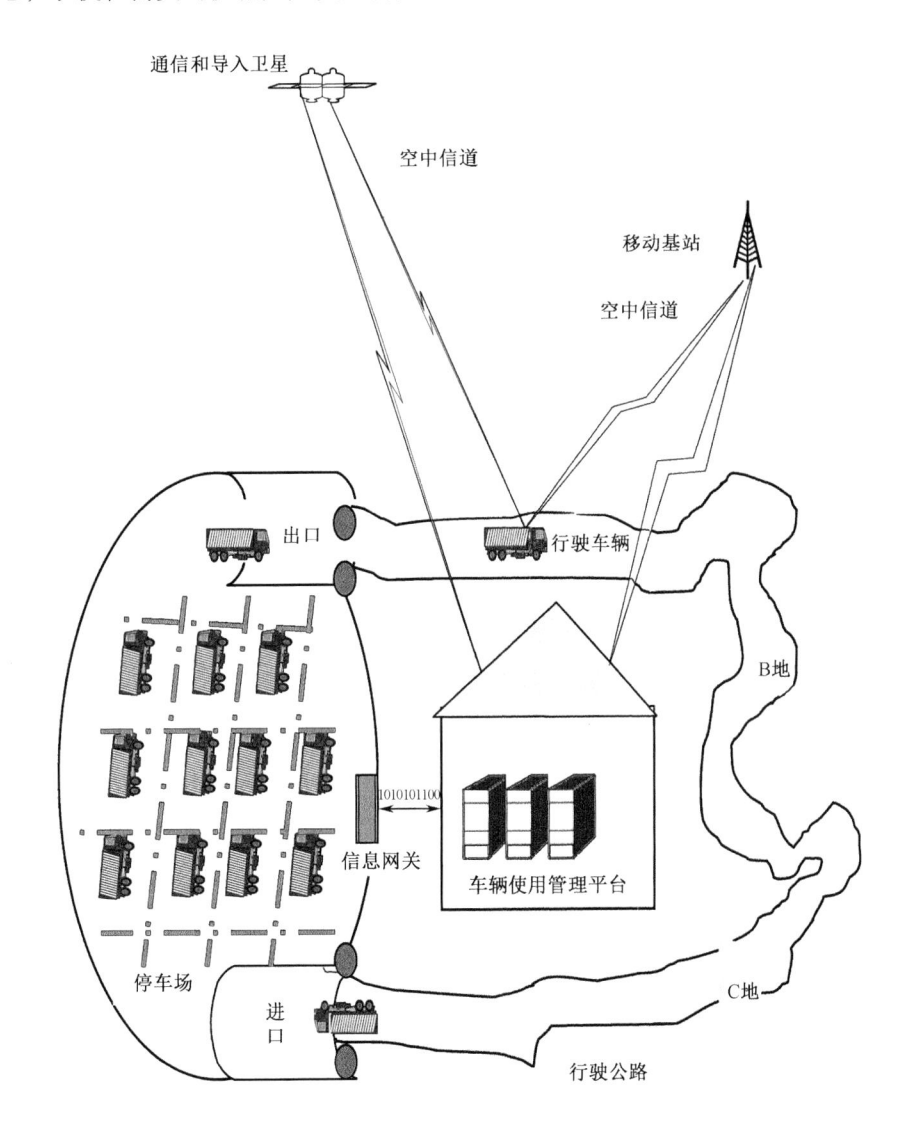

图 6.7 军用车辆使用智能化监控的典型应用场景示例

当驾驶员驾驶该车辆到达停车场出口时，部署在停车场出口两侧的 RFID 读写器将分别读取带有 RFID 电子标签的车门钥匙、带有 RFID 电子标签的军车号牌和带有 RFID 电子标签的驾驶证者等信息，并通过将这些信息和从停车场信息网关获取的派车单信息进行比对。通过信息比对，发现到达停车场出口车辆是任务单中指定车辆，且驾驶车辆者确为执行该出车任务的驾驶员，则给予放行，否则出口栏杆不做任何响应，处于禁止放行状态，并将相关报警信息发送至车辆使用管理中心。

一旦该车辆驶出停车场出口，则依据任务单要求开往指定地点 A 处进行装货，在行驶途中，车载信息模块自动收集来自车联网各个节点采集到的信息，如车辆行驶时间、地理位置等，并通过卫星通信或无线通信实时地将数据发送至车辆使用管理中心，以便车辆使用管理中心可以随时了解外派车辆的实际情况。

一旦该车辆行驶到指定装货地点 B，并顺利地将货物运送到指定地点 C 后，按计划返回原先的车辆停车场。当该车辆到达停车场进口处时，安装在进口处两侧的 RIFD 读写器读取带有 RFID 电子标签的车门钥匙、带有 RFID 电子标签的军车号牌和带有 RFID 电子标签的驾驶证者等信息，并通过将这些信息和从停车场信息网关获取的派车单信息进行比对。如果信息匹配，则栏杆提升，允许车辆进入停车场；如果信息不匹配，则栏杆无任何响应，并向停车场控制室和车辆使用管理平台发送报警信息。

车辆在通过进口栏杆时，车载信息网关接收到来自停车场信息网关发送过来的数据，从中获知预期停车位置，并按照停车场指示在指定位置停车。一旦驾驶员将车停好，发动机熄火，关闭车门后，车载信息网关将相应行驶数据发送至车辆使用管理中心。至此，车辆外出执行任务全部完成。

上述有关车辆使用智能化监控的典型场景描述可以表述为如图 6.8 所示的流程图。

6.2.5　应用于军用车辆使用智能化管理的物联网技术

6.2.5.1　车联网技术

车辆是一个复杂的机械电子系统，是许多种类的总成、机构和元件的有序构成，且车辆本身又是一个高度动态的系统，其位置、运动状态、设备状态和废气排放等一直在变化之中，其动力性、经济性、可靠性和安全性对车辆运行安全、运行消耗、运输效率、运输成本及环境造成极大的影响。

虽说当前已经有一些孤立的车辆监测子系统如胎压监测系统、车辆行驶状态记录仪、车载智能视频系统和 GPS+GSM 车辆监控系统等车辆信息系统来收集、处理和控制车辆数据，但这些车载系统存在功能简单、信息服务智能化程度低、网络开放和优化不够等问题，导致车辆整体信息化和智能化水平低，不能实现真正意义上的车辆的实时状态监控、车辆调度、车辆管理和驾驶员管理。

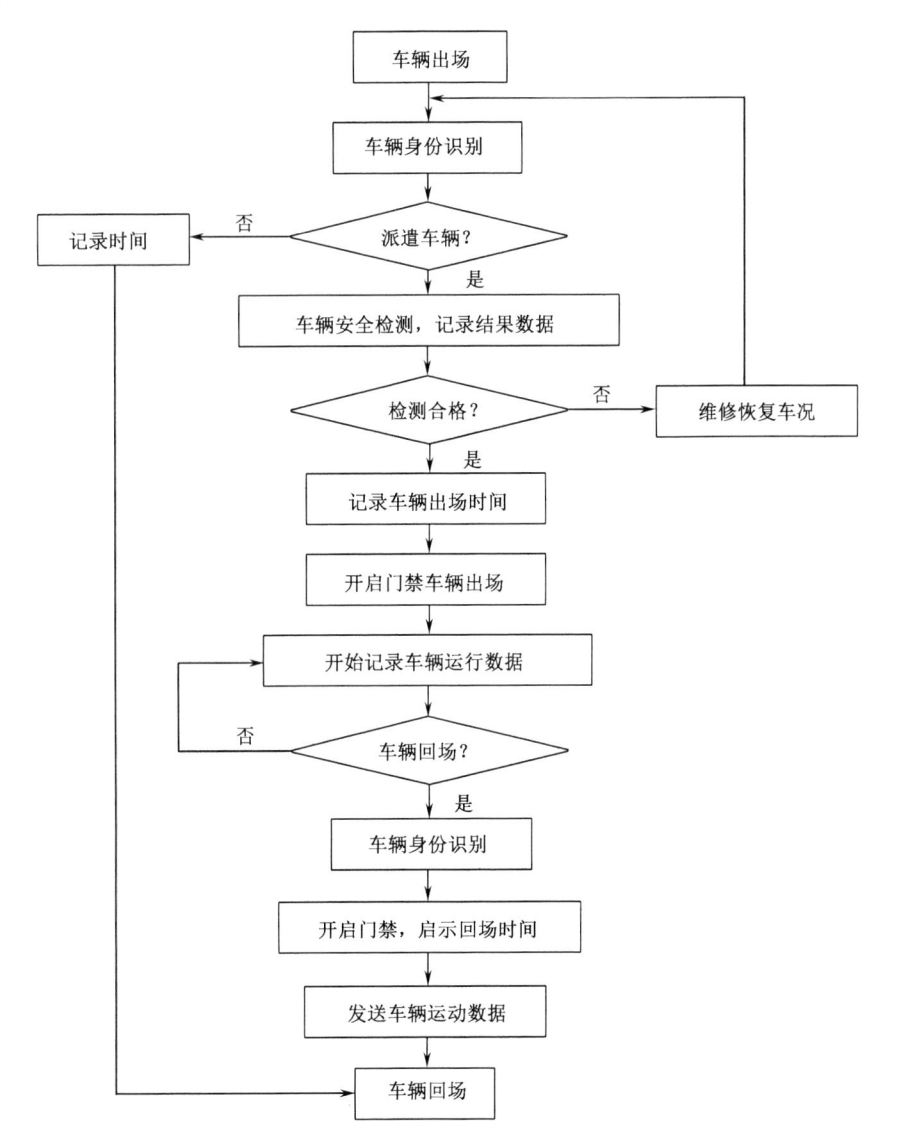

图 6.8　车辆使用智能化监控流程化场景图

图 6.9 给出了基于总线结构的车联网结构，它主要由可配置 I/O 控制模块组成的车身信息采集和控制系统、车载仪表和车载网关三部分组成。

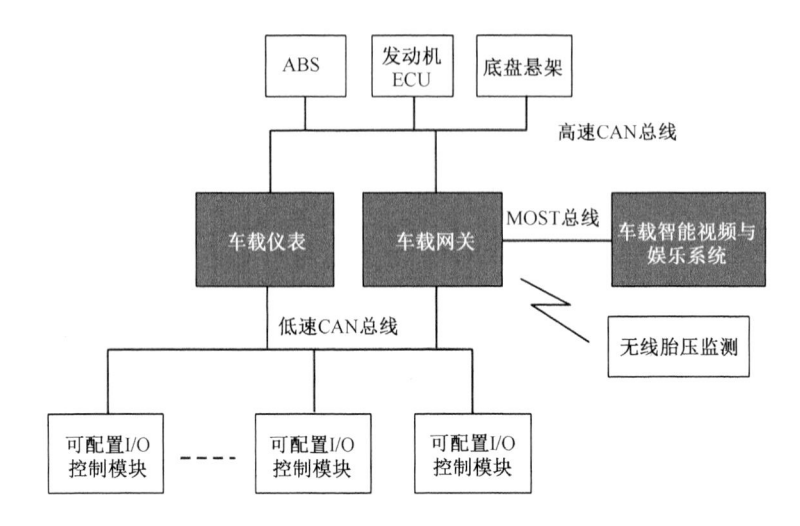

图 6.9　总线型车联网结构示例

车辆车身信息的采集系统和控制系统是一个典型的离散事件控制系统，因为用户操作、传感器检测等离散事件都将驱动车身电器工作状态的转变，从而导致车辆车身控制系统状态的动态演化。可配置 I/O 控制模块实现对车辆车身信息采集和控制系统中部件与部件之间、部件与端口之间、端口与端口之间的任务和逻辑控制，且当信息传递发生在两个不同 I/O 控制模块时，信息能通过 CAN 总线进行传递。

车载仪表实现驾驶台附近的车辆车身信号的采集，它连接高速 CAN 总线和低速车身控制 CAN 总线，它一方面采集高速 CAN 总线上的发动机 ECU、ABS 和底盘控制 ECU 的信息；另一方面与一个或多个可配置 I/O 控制模块相连，通过低速车身控制 CAN 总线采用分布与集中相结合的控制方式，实现车身电器设备的控制。图 6.10 给出了车载仪表的一个示例性硬件结构图。

车载网关实现车辆信息与远程车辆使用管理信息中心的信息传输，它一方面与高速 CAN 总线和低速 CAN 总线相连采集车辆运行状况信息，另一方面通过 MOST 总线与车载智能视频和娱乐系统相连传输视频信息。图 6.11 给出了车载网关的一个示例性硬件结构图。示例性车载网关硬件平台的体系结构由 2 个 CAN 总线接口模块、ZigBee 模块、Bluetooth 模块、百兆以太网模块、FPGA 模块、3G 模块、GPS 定位系统和 CPU 子系统等部分组成。

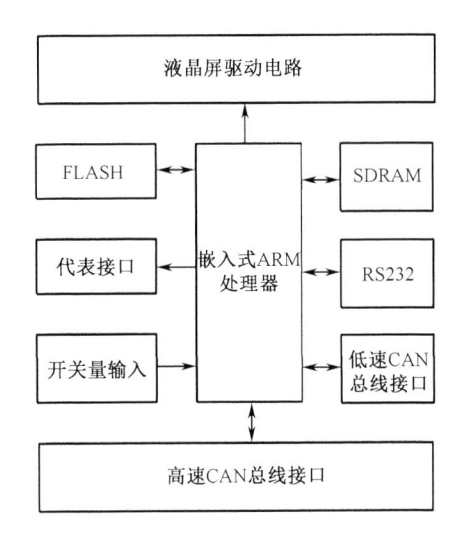

图 6.10　车载仪表示例性硬件结构图

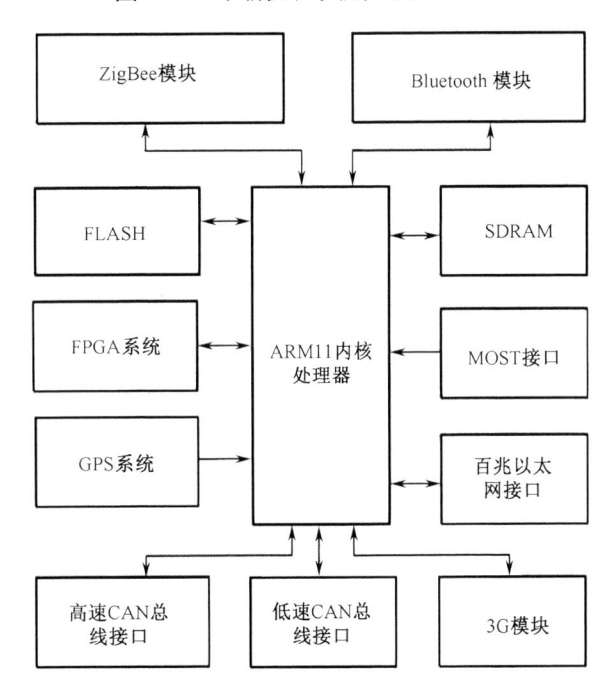

图 6.11　车载网关示例性硬件结构图

6.2.5.2 使用信息收集技术

从车辆使用角度而言，车载信息采集系统仅仅能采集与车辆行驶状态本身相关的信息，不能充分满足有效掌握车辆运用动态、控制车辆使用、监控车辆运行安全等军队车辆管理的勤务需求，为此在军用车辆使用智能化监控管理系统中，除利用车载信息采集系统采集车辆行驶状态本身相关信息，还将在车场设置信息采集点，且将车辆进出场时刻设置为信息采集时机，实现真正意义上的车辆使用信息的自动采集。

图 6.12 给出了车辆使用信息自动采集构成要素。

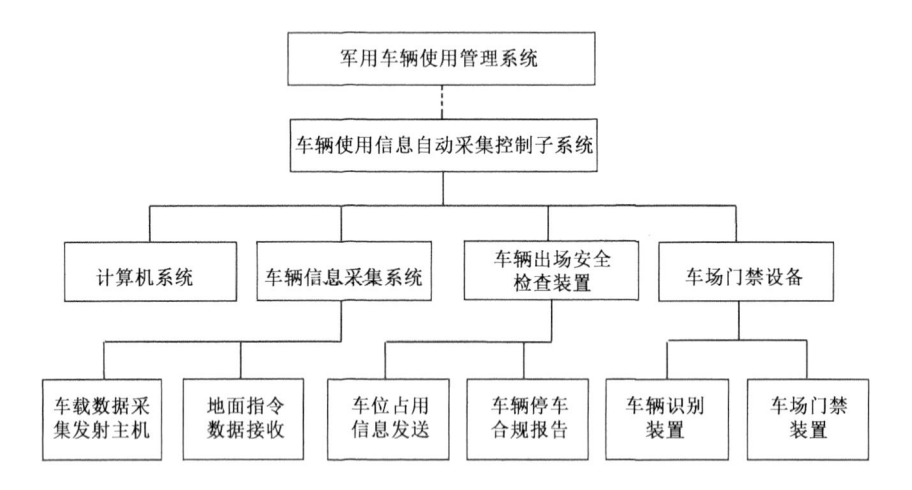

图 6.12　车辆使用信息自动采集构成要素

如图 6.12 所示，整个车辆使用信息自动采集构成要素包括计算机系统、车载信息采集系统、车辆出场安全检查装置、车场门禁系统等。通过车辆使用信息自动采集系统，完成各信息采集要素设备的工作进程控制、数据自动采集、数据接收，并实现与"军用车辆使用管理系统"的数据信息的交互。具体来说，主要采集的信息有：车辆身份识别信息，包括用于唯一标识当前车辆号牌号码的车辆身份标识和用于区分确认车辆进场、出场的车辆状态确认；车辆运行状况信息，包括反映行驶里程、最长连续行驶时间、最高行驶速度、驾驶操作状态等信息的车辆运行数据记录，反映行驶速度和连续驾驶时间限定值设定、超限值报警提示等信息的车辆运行报警提示，反映车辆回场时间、记录数据发射、接收与转发等车辆运行数据传输，以及反映车辆行驶里程、最高行驶速度、最长连续行驶时间等信息的车辆运行数据；车辆进出场控制信息，包括检查车辆出场安全检查合格且与派遣命令一致等的车辆出场合法性识别，反映门禁开启／关闭等动作信息车场门禁控制信息，显示车辆号牌、出场时间、合法或非法等车辆出场信息，以及显示车辆号牌、回场时间、合法或非法等车辆回场信息。

6.2.5.3　信息交换协议技术

基于物联网技术的车载信息系统是一个综合性系统，它由定位系统、信息采集系统和通信系统三部分组成。定位系统利用全球定位系统对车辆进行定位；信息采集系统使用传感器及微处理器来获得车辆各部件运行信息；无线通信系统使车辆信息系统与车辆使用管理平台进行单向或双向通信，使驾驶员和车辆使用管理中心都能知道当前信息和其他服务性信息。

车辆内部网络使用 CAN 总线作为基本通信总线，并辅之以无线传感网络。CAN 总线可以采用总线型与星形相结合的网络拓扑结构连接传感器。通过车载网络可进行汽车控制及实现车内数据交换和信息共享。车载网关一方面作为一个无线接口被搭建在 CAN 网络上，数据可在内部 CAN 网上传输，需要与外部系统交互的数据可通过 CAN／3G 无线网关进行收发；另一方面作为无线传感网络的汇聚节点。

由于当前很多车辆制造商和设备制造商所采用的车辆内部 CAN 网络信息传输协议都具有其专有性，且还存在车辆动态数据种类多和实时性要求不同，如图像数据和车辆运行数据之间就需要不同类型数据和实时性要求，实际应用信息交换协议版本差异巨大。解决上述问题的唯一途径是建立一个统一的、涵盖了开放系统互联参考模型（OSI）中表示层和应用层的功能的信息交换协议，以实现不同厂家的车辆与车辆信息中心的信息交换。

这类统一的信息交换协议可以采用面向对象技术来实现，可能做法是将车辆中的设备抽象成对象，每个对象又用一些属性来描述，而这些属性可以用来表示设备的硬件、软件及操作等各个方面。通过对象属性的修改即可实现对设备的操作，而不需要了解设备的内部情况。通过对网络通信功能进行抽象描述的协议服务就可将通信网络模型化为"服务用户"和"服务提供者"两大部分，且它们之间的交互由一系列"服务原语组成"。

6.2.5.4　军用车辆使用智能化监控管理平台技术

军用车辆使用智能化监控管理平台架构如图 6.13 所示，但考虑到我国军队现有的四级分层管理域以及由此带来的具体业务工作需求不同，将导致不同层级之间业务监控管理功能的差异化。图 6.13 所示架构仅仅是针对部队汽车分队级的一个一般性示例，但在运行平台、数据标准规范、业务工作环境等方面仍保持高度的统一。

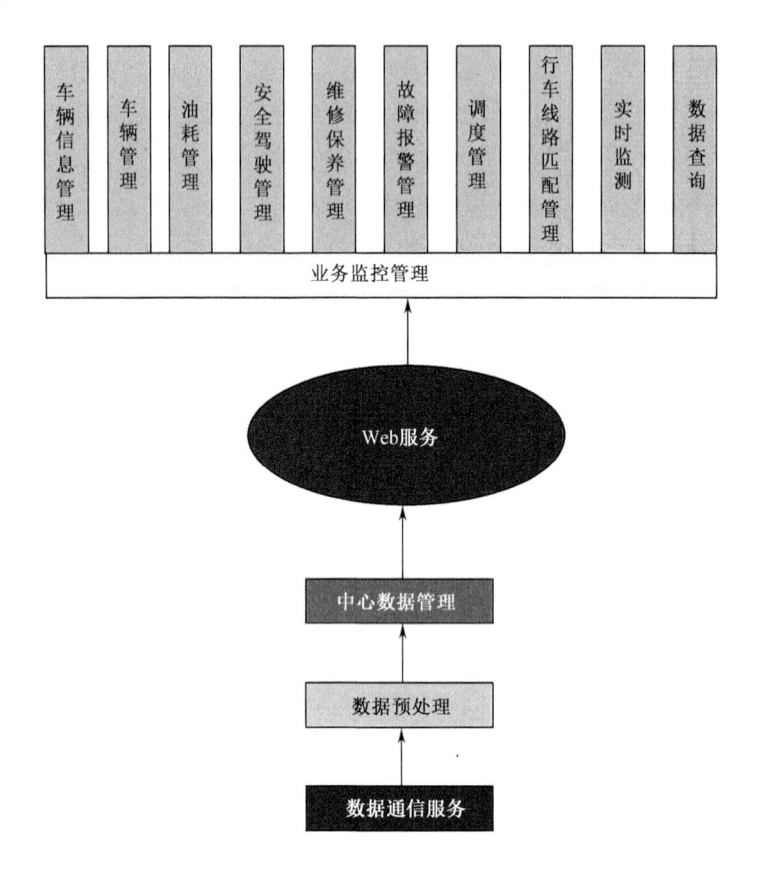

图 6.13　军用车辆使用智能化监控管理平台架构

就汽车分队而言，军用车辆使用管理系统应以日常业务工作为主，具有较强的综合性和实时性，其与车辆使用、车辆安全、车辆使用消耗等信息发生源直接相连，数据库采取实时更新的方式，通过对不同数据源信息的转换处理，实现数据自动采集与管理。分队级车辆使用智能化监控管理平台主要由前置服务器和后端数据处理服务器这两级服务器组成，其中前置服务器主要是对接收到的来自各车辆的信息数据进行预处理和管理，之后将数据交付给后端数据处理服务器。整个系统依据功能可划分为车辆信息管理、车场管理、油耗管理、安全驾驶管理、维修保养管理、故障报警管理、调度管理、行车线路匹配管理、实时数据监测和数据查询十大功能模块，所有功能均以 Web 方式向管理人员提供服务。

车辆信息管理主要包括车辆基础信息、车辆派遣、车辆审验、驾驶员审验、"两红"评定、车辆退役、报废、车辆维修等功能。车场管理主要包括车场安全监控、车场勤务工作基本情况登记、查询、车场值班登记、设施建设情况登记、车场消防预案和紧急疏散预案生成等；油耗管理主要包括车辆动力油出入库登记、统计，车辆附油出入库登记、统计，车辆器材出入库登记等管理功能；车辆安全驾驶管理主要包括安全教育计划、交通违法抄告、48 小时事故上报制度执行、车辆交通事故登记等基本情况登记、查询和统计等；车辆维修保养管理可以为每辆车辆制订精确合理的维修保养计划，提高车辆出勤率，降低零部件故障隐患；实时监测可以实时监控派遣行驶车辆的突发故障，并通过智能化监控管理中心向驾驶员及时提供排除问题、周边服务网点等信息。

6.3 基于物联网技术的军车防伪

6.3.1 军车防伪意义

由于军队在全国人民中长期建立起来的威信，以及国家对军用车辆免收过路费和停车费等优惠政策，加之过路费和停车费的不断上涨等，导致以军用车辆为掩护来进行刑事犯罪和经济犯罪活动的案例屡禁不止，某些不法分子通过套用假军车号牌假冒军车参与上路营运，逃避超限超载检测，免交过路费、养路费等。根据军队保卫部和公安部、交通公路部门统计反映，假冒军车不仅每年由于逃交养路费、路桥费、高速公路费而给国家造成至少十亿元以上财政收入流失外，还由于交通违法、肇事逃逸等事件严重地损害了军队形象和声誉，同时也严重损害了国家利益。为维护正常交通环境，严厉打击套牌假军车上路的违法行为已刻不容缓，因此军车车牌的防伪显得尤为重要。

在我国，军车是免缴一切通行费用的，军车的发证和管理归属于部队内部，因此军车在道路上行驶往往相对缺少约束，容易成为假军车滋生的土壤，它具有造成严重威胁行车安全、易导致驾驶人逃避责任、损害军队形象、影响社会治安秩序等危害。

6.3.2 军车防伪系统技术架构

从使用假军车情形来看，都涉及假军车车牌号的假冒伪造，所以从本质上

来说，军车防伪问题归根结底是要解决军车车牌号的防伪问题。

从识别方面来看，防伪技术主要可以分为视觉防伪技术、电子识别防伪和数码防伪技术三大类别。视觉防伪技术主要包含了一维、二维条形码防伪，多重激光防伪，变温防伪，荧光防伪，水印防伪等；电子识别防伪技术包括磁记录、IC卡等防伪标识；数码防伪技术包含了由计算机电子识别系统+防伪标识物+电话公网查询组成的电码电话防伪技术等。

就军车车牌号防伪而言，目前采用了视觉防伪和电子识别防伪相结合的技术。视觉防伪主要便于公安交通警察用于军车号牌真伪识别，它通过采用隐烁技术和特殊背纹技术，把水印制作在反光膜内部，从而使水印在白天及夜晚均可容易识别，且隐烁文字只能在一定斜视角度下才可以被看见，用它制造车牌在车辆慢速行驶时就可以通过肉眼辨别真假，且因为其他反光膜制造厂商由于专利授权许可问题而均不能生产这种隐烁膜，这从另一方面在源头上杜绝了假车牌材料制造。电子识别防伪主要适用于军队军车纠察人员在野外移动场合对军车真伪进行识别及对违章军车纠察，它采用非接触式IC卡技术，也即射频电子标签技术，通过军队专用手持RFID读写器读取嵌入在军车号牌中RFID芯片内的装备车辆车型、车号、颜色、发动机号等基本参数，并通过车辆行驶证上的相关信息，就能直接判定军车真伪，可以做到有效杜绝盗牌套用军车号牌的假冒途径。

图6.14给出了基于RFID技术的军车防伪管理系统。如图所示，整个系统主要由四部分组成，分别是内嵌在军车号牌内的低频率射频电子标签、军用车辆数据库、配发至各大军用车辆号牌主管单位控制室的桌面式RFID读写器和用于野外流动稽查的移动式RFID读写器。

基于RFID的军用车辆防伪系统工作流程如下。

（1）军用车牌号申请。军队用车单位依据从上级车辆主管认领的实际车辆情况将相关信息，如车辆所属部队、预期车牌编号、车型、大架号、发动机号、联系电话等，通过计算机终端写入所属辖区的军用车辆数据库，并在对上述信息进行加密后通过军用TCP/IP计算机网络传送至总部级军用车辆数据库中。

（2）军用车牌号核证。总部级军用车辆号牌主管单位，如车辆监理所，在接收到来自下级主管部门军车车牌号申请单后，依据相关规定确定是否给予批准。如果按规定可以发放军车号牌，则在总部级信息终端上将相关信息加密后通过军用TCP/IP计算机网络发送至申请单位的军用数据库服务器上，并自动提醒信息终端收到了来自总部核证回复。

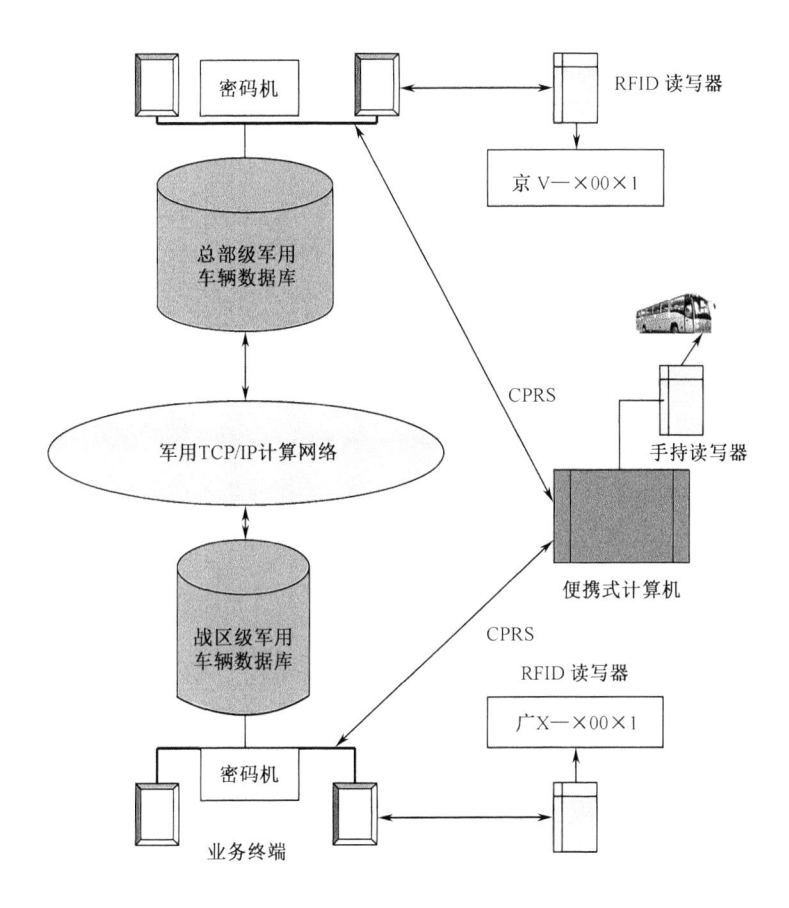

图 6.14　基于 RFID 技术的军车防伪管理系统

（3）车牌号申请单位收到核证回复后，通过连接在信息终端上的 RFID 读写器将加密了的与车辆本身（如车辆所属部队、分配车牌编号、车型、大架号、发动机号等）的基本信息写入内嵌在军车号牌内的 RFID 芯片上。这样在全军范围内，每一辆合法军用车都唯一持有一张 RFID 军用车号牌。内嵌了 RFID 电子标签的车号牌在全军具有唯一的 ID 号码，无法仿制、无法修改，只有军队车辆管理部门的专用读写器才能对 RFID 军车车牌进行加、解密读写，防止车辆信息的泄露。

（4）野外流动稽查。流动稽查人员通过手持 RFID 阅读器读取停在路边军车号牌内嵌 RFID 芯片信息，即可马上识别该军车车辆真伪。

6.3.3　军车防伪系统功能

概括来说，上述基于 RFID 技术的军车防伪系统具有如下三大功能。

（1）通过该系统可以为全军范围内的每一辆军车配发两块具有唯一性的内嵌了RFID芯片的军车号牌，并通过军队专有密码实现了禁止对RFID信息内所存储信息的非授权的读写操作，杜绝了信息泄露和篡改，达到了真军车车牌无法仿制、假冒的目的。

（2）通过手持移动军车号牌RFID阅读器，可以对上路行驶的挂有军车号牌的车辆进行稽查，使稽查人员可即刻判定军用车辆真伪。一旦发现，就能有效制止假冒军车继续上路行驶。

（3）通过现有的军用TCP/IP计算机信息网络，可实现全军范围内跨军区的联合稽查，全面打击假套牌军车。

本章小结

为了适应未来信息化战争快速保障、应急保障、精确保障的要求，通过现代传感、网络通信及人工智能等信息自动采集和数据传输技术，对公路军事运输过程中设计的运输车辆本身、运输物资种类、数量和状态等实现实时全程动态监控和指挥控制，解决汽车运输单位"动中通"问题，已成为军事投送指挥管理信息化发展的必然趋势。

第 7 章

智能军事能源

本章基于物联网技术的特点,结合军事需求,说明了物联网技术在军事能源领域的应用前景。重点介绍了我国军队军事能源油料的供应保障业务需求,物联网技术在油料储存、运输、加注和油料设施安全防护等领域的应用情况,并针对目前应用中存在的问题提出了相关建议,给出了若干典型应用案例供读者学习和借鉴。

7.1 军队油料供应保障流程

军队油料供应保障是一个将油料从炼油厂运输到油库(后方油库、军港油库、场站油库、部队油库),从油库加注到装备形成保障力的过程,主要包括筹措调拨、日常供应和统计核算三个环节。

(1)筹措调拨:通过逐级上报消耗、库存和需求预测,协调安排油料订货、生产和运输,确保部队生活、勤务、训练、行动等的油料供应。

(2)日常供应:通过逐级申请、分配、签发油料指标,按规定进行油料加注和消耗,确保部队油料持续供应、手续完备。

(3)统计核算:通过逐级汇总上报规定的账目、报表,掌握部队油料消耗和供应管理情况。

油料从炼油厂到装备并不是一个复杂的物流过程,但油料是战争的血液,其及时有效供应是形成部队战斗力的基本条件。油料是军地通用物资,价值高,管控不好容易滋生腐败。油料是危险物品,管理不当容易变质,并引发火灾、爆炸等。因此,油料供应有一个复杂的信息流过程。目前以手工和单机作业系统为主的信息流中,还存在诸多缺陷,主要是不能及时掌握油料动态情

况，如飞机、舰艇、战车的实际加油情况，油库存油的品种、数量、质量情况，炼油厂油料发出和油库收油情况，影响油料供应管理的效率和决策科学性。

油料业务数据的及时、有效的采集和传输是制约提高油料供应效率的瓶颈。油料供应点多面广，涉及每一个部队和所有耗油装备，强烈要求一套快速部署、稳定传输、可移动便携的数据自动化采集和传输手段，而物联网技术正好满足了这一需求。物联网技术能全面应用到军队油料供应系统，其军事经济效益十分明显，具体如下。

（1）油料采购机构。及时、准确地接收各单位油料的运输计划和调整通知，从而及时与炼油厂协调生产安排、与交通系统协调运输工具安排，确保计划落实；及时准确发出油料发运信息，以便油库提前做好油料接收准备，机关准确安排油料结算事宜。

（2）军港油库。及时、准确地接收油料采购机构和其他油库的油料发运信息，提前做好油料接收相关准备；及时、准确地接收上级签发的油料领取信息，确保按计划为部队发放油料；及时、准确地上传库存油料信息和舰船加退油信息，方便上级及时准确掌握油料消耗、库存情况，以便科学地进行保障决策。

（3）飞机场站。及时、准确地接收油料采购机构和其他油库的油料发运信息，提前做好油料接收相关准备；及时、准确地接收上级签发的油料领取信息，确保按计划为部队发放油料；及时、准确地上传库存油料信息和飞机加退油信息，方便上级及时准确掌握油料消耗、库存情况，以便科学地进行保障决策。

（4）加油站。及时、准确地上传库存油料信息和装备加油信息，方便上级及时准确掌握油料消耗、库存情况，以便科学地进行保障决策。

（5）军队油料供应管理机构。及时、准确地接收所属油库（含后方油库、军港油库、场站和加油站）的油料库存、发放和装备油料消耗信息，科学地进行保障决策；通过网络分配领油指标、增拨指标的申请/签发，提高效率，节约差旅相关的人力、时间和经济支出。

7.2 基于物联网技术的油料储存

7.2.1 军用油库智能化改造

军队油料仓库具有数量多、分布地域广、油料储量大、油料品种多样、设备设施标准化水平高、油库的管理模式高度集中、各项规章制度严密、业务工作执行力强等特点，这些特点为应用 RFID 技术进行军用油库智能化改造提供了可行性。

1. 库区实时监控及管理

石油的储存条件要求非常严格，需要对油库周围的环境进行实时监控，充分利用无线传感器网，将液位、气体浓度和温湿度等传感器及数字摄像头采集到的数据，传送至监控中心。中心处理分析后加以显示，同时把处理结果发送给移动监测器，它能实时收到油库的各种参数信息。

在油库储油区中，对每个油罐设置 RFID 标签，通过手持扫描仪，可以在查库过程中及时地获取油罐内油料的型号、时间等详细数据，以及油罐的安全容量、安全高度等详细指标。在库区的日常管理中，可以为重点油罐，以及重点位置设置 RFID 读写器，当佩戴 RFID 标签的保管员巡查到接收器处，接收器接收来自保管员佩戴的标签的信号，并将数据发送到油库管理系统中，这样通过查看油库管理系统便可对保管员是否检查到该油罐，并且重点部位是否检查进行监督。

2. 移动设备管理

RFID 技术将有效管理油料仓库中的移动设备（比如车辆、加油器材、泵等），可以显著地降低人工劳动强度、提高工作效率。这些设备需要被实时查询到它们的确切位置，这样才能在后续操作流程中被快速部署。此外，还可以建立对这些移动设备的监管系统，以便对这些移动设备进行安全管理。在具体工作安排中，可以指定合适的移动设备进行相应的业务操作。此外，还可以建立这些移动设备的运行和维护档案，便于监管部门了解它们的使用状况和维修、维护情况。

3. 库区访问控制

RFID 技术可用于在油料仓库中进行人员的身份验证。在库区出入口安装射频读写器。工作人员佩戴的 RFID 标签，对应不同的安全级别和授权进入的安全区域。访问控制系统通过读取 RFID 标签的数据，可以识别进入库区的人员是否符合规定。

在发油作业区、零发油区等，只有佩戴 RFID 标签的人员，经过读写器扫

描验证，方可授予作业权限，进行发油操作。对于油库中涉及军事秘密的场所或区域，可以通过设置 RFID 信号读写器，读取 RFID 标签来识别进入人员的合法性，执行门禁或报警操作。如果库区发生突发事故，访问控制系统可以及时响应，快速定位关键人员。

4．作业流程管理

基于 RFID 技术的油库库房管理是在现有油料装备库房、附属油料库房中引入 RFID 技术，对检验、入库、出库、调拨、移库移位、库存盘点等各个作业环节的数据进行自动化的数据采集，保证仓库管理各个环节数据采集的速度和准确性，确保油库管理人员及时、准确地掌握库存的真实数据。通过科学的编码，便捷地对装备的批次、附属油料的保质期等进行管理，还可以及时掌握所有库存物资当前所在位置，有利于提高库房管理的工作效率。

通过 RFID 技术可以监控油料仓库的作业流程，提高油料仓库作业效率。在收油操作中，可以在现场作业、验收、计量等操作的同时，将数据实时传输到油库管理系统中，直接录入数据库，提高作业效率。在发油操作中，可以在发油的同时，将发油数、接收单位等信息传输到油库管理系统中，存入数据库，自动打印发油单等票据。此外，还可以通过 RFID 技术监控油罐阀门何时开启及开启时间等数据，从而估算发油数量、监督油料发出情况。在发油过程中可以通过 RFID 技术的铅封保证油料数量，还可以做到实时监控发出油料的去向。

7.2.2 智能化野战油库

野战油库一般是指在战时或野战条件下按照上级指定地域内临时开设的接收、存储、分发油料的机构。由储油模块、油料收发模块、智能控制模块、质量检验模块、安全监控模块等组成。其主要任务是接收后方前送的油料向作战部队实施补给。一般配备有可搬运的金属油罐或软体油罐、组装式管线、发动机油泵等成套油料装备。一般采用"罐桶结合，以罐为主"的储油方式。具有展开、撤收、转移快、机动性好等特点，适于战役持续时间较长、参战部队较多、距离后方油库较远的条件下开设使用。

智能化野战油库应当具备以下基本特征。

1）智能选择开设地域和规模

根据作战持续时间，利用物联网自动识别技术，对当前用油车辆装备的油料消耗数据进行采集，根据卫星定位系统掌握战区后方油库和用油车辆装备的分布情况，尽量兼顾多个作战方向的压力供应的需要，根据勘察的地形，智能统筹考虑野战油库的开设地域，并适时调整野战油库规模，力求保持相对稳定，尽力避免或减少不必要的转移。

2）智能实施油料供应保障

根据采集的用油车辆装备油料消耗数据，智能切换管路工艺流程，利用GSM、GPRS、北斗通信模块等，将数据远传至野战油库数据中心，及时向前方作战部队运送油料；同时将自身储油数据进行后传，确保及时接收和存储后方送来的油料，智能实施油料供应保障，并自动对储存油料进行取样、检验，确保油料供应前衔，保障油料供应不间断。

3）智能消防与警戒措施

在野战油库周边地域布设无线传感器网络、智能尘埃等，利用这些节点对野战油库进行消防预警，并对野战油库周边状况进行监视，确保野战油库安全可靠，保证油料供应。

7.3 基于物联网技术的油料运输

7.3.1 野战输油管线巡查系统

在国外一些先进的输油管线的铺设和维护过程中，广泛采用了集射频识别（RFID）、全球卫星定位系统（GPS）、地理信息系统（GIS）及CMDA/GPRS通信技术于一体的物联网综合平台，针对野战输油管线的业务需求，实现对管线全程实时监控，状态参数无线采集，从而实现对输油管线的集中、高效、统一管理。

在管线的铺设过程中，如果管道组装不正确，会导致油气泄漏，造成经济损失。此外，泄漏的易燃易爆油气也会威胁管线的安全，破坏环境。过去，管线的连接处往往采用书写标识、金属标识等来标记，进行人工识别。目前，为了提高输油管线铺设的效率和准确性，管道在出厂的时候就会用射频标签标识耐压管线的连接处（螺栓、垫片等），如图7.1所示，从而保证管线正确的组装和铺设。

野战输油管线由于铺设地域特殊，其全程监测是一项耗费人力、财力的工程，过去几乎不可能实现。现在，采用RFID技术来标记管线的连接处，铺设管线时每个连接处的RFID标签芯片存储相关数据，包括野战管线设备的瑕

疵、维护的历史记录、维修规程、报废时间、下次检修的时间等。这些信息不仅存储在芯片里，还存储在联网的后台系统数据库中。

图 7.1　管线连接处螺栓上附着的特制无源 RFID 标签

分布于野战输油管线各处的 RFID 标签还可以安装各种类型的传感器和卫星定位芯片，用于实时监测并报告管线的环境状态、设备操作、位置信息等，结合无线通信技术，从而构成基于物联网的输油管线监测追踪系统。与普通的条码技术不同，RFID 标签在没有光线的情况下也可以识别，从而极大地方便了夜间和恶劣气候条件下对管线的维护和保障。特制的无源 RFID 标签可以永久地附着在管线连接处，在恶劣环境和气候条件下，也能保证数据的完整性和正确性。

基于 RFID 的野战输油管线巡查系统，可实现野战输油管线全方位、多角度的巡查，可用于保障全军野战输油管线部队。该系统主要由三部分组成。

（1）飞机平台系统。飞机平台系统包括动力、遥感传感器、信号处理、北斗接收、控制等系统。

（2）地面控制系统。地面控制系统包括数据处理、北斗导航、无线电控制等系统。

（3）信息采集系统。信息采集系统包括 RFID 标签、云台、相机、传感器、无线电控制等。

7.3.2　智能型输油泵机组

输油泵是输油管道系统的重要动力设备，它为原油在管道中输送提供所需要的动力，是管道系统的"心脏"。基于物联网的智能型输油泵机组可以提高我国军队野战管线输油智能控制技术水平，增强输油装备的战场适应性，减少操作人员，其分为以下三层。

1)智能型输油泵机组感知层

智能型输油泵机组感知层的主要功能是采集输油泵机组的泵体温度、原油压力、出口流量、油泵频率、油泵状态等现场物理传感器信息,并根据协调层节点的运行指令来控制输油泵机组的执行机构做出符合安全输油的动作。

智能型输油泵机组感知层主要包含的节点有温度传感节点、故障处理节点、压力传感节点、变频控制节点、流量传感节点、阀门控制节点、状态传感节点、开关控制节点等。

2)智能型输油泵机组协调层

智能型输油泵机组协调器层的主要功能是将与其共同属性的传感器节点连接成一个个无线通信网络,并定期轮询采集各个传感器节点测量数据,同时根据输油泵机组运行工艺对油泵的开关、频率、阀门做出相应的调节动作。协调器层与上层应用层进行有线通信,它把从传感器收集来的数据发送给本地人机界面进行存储、显示、分析利用等。

智能型输油泵机组协调层包含的节点主要有油泵温度协调器、压力控制协调器、流量控制协调器、逻辑控制协调器等。

3)智能型输油泵机组应用层

智能型输油泵机组应用层为现场站点输油泵机组的工业控制计算机人机界面,它为物联网本地控制中心。考虑到输油泵机组是关键性生产设备,对整个控制系统的稳定性与安全性要求非常高,应当采用合适的通信方式连接各个协调器节点。

智能型输油泵机组应用层可以实现对输油泵机组所有的协调器进行各种数据采集存储、工艺画面显示、测量数据动态趋势曲线、油泵流程安全参数设置等功能。

7.4 基于物联网技术的油料加注

7.4.1 无人化野战加油(车)站

主要用于在危险地域或人员不适合到达的区域,为战术级作战装备或后勤保障装备进行无人化油料补给。

无人化野战加油(车)站主要分为三个模块。

1)储油模块

由于铝合金自重轻,可增加储油量;化学性能稳定,耐腐蚀性比普通碳钢

高70%以上，美观易清洗；使用寿命长，防碰撞，不易产生火花，静电积聚低。故储油模块采用轻型铝合金罐体内部填充抑爆材料。并应用物联网技术对储油模块强度、抗刺穿性、油渗透率、储油性能、超载性能等关键指标进行有效监控。

2）自动对接模块

自动对接模块采用混联式机械臂连接加油管路至受油装备油箱接口。混联式机械臂能模仿人的手和臂的某些动作功能，用于按固定程序抓取、搬运物件或操作工具。自动对接模块由执行机构、驱动机构和控制系统三大部分组成，从而代替人的繁重劳动以实现野战加油无人化，并能在有害环境下保护人身安全。

混联式机械臂克服了串联型、并联型机械臂的缺点，具有刚度大、运动精度高、工作空间大、可快速完成操作等优点，具有高精度、高强度和高速度的特性，同时具备良好的动态性能。

3）智能控制模块

智能控制模块采用双目定位、激光测距和局部GPS测量相结合的方式对接口进行定位，并控制机械臂进行路径规划。该智能控制模块包含两个部分。

（1）高精度的位姿测量模块，位姿测量技术是控制调姿机构运行的前提，目前主要运用激光跟踪测量系统和局部GPS测量系统。激光跟踪是应用激光干涉仪、精密角度解码器和光束导向伺服跟踪机构来实现三维坐标测量。局部GPS测量系统是根据GPS全球定位系统原理开发的类似于全球定位系统，使用红外脉冲激光发射器来代替卫星的局部定位系统。

（2）高效的姿态调整定位技术，其主要根据测量数据，得到机械臂的空间位姿信息，从而确定机械臂位姿调整最佳轨迹，实现机械臂位姿调整。

7.4.2 机场无人化加油系统

用于油库油料保障作业进行智能感知控制和自动化管理，实现飞机加油和油车补油的作业无人化。用于提升机场管道加油能力，实现管道系统工况自适应调节和故障自诊断。一般而言，机场无人化加油系统技术指标为加油口压力控制误差：设定值±10%；流量计量准确度：±5%；平均无故障时间：大于或等于500h。其组成包括以下三个部分。

1）恒压型机场管道加油系统

机场管道加油的恒压控制是实现机场无人化加油的难题之一，机场飞机的降落具有不确定性和无序性,飞机的数量处于时刻变化的状态,这样会导致机场管道加油管路压力、流量产生较大的波动。这种波动会引起管路爆裂、法兰组件渗漏、调节阀损坏、泵频繁启动,并导致电机发热严重和电网波动等问题。这就要求机场管道加油系统在不同数量飞机同时加油时,时刻保证加油管路的流量、压力恒定,并且当加油飞机数量变化时快捷、高效地调整加油管路的流量、压力使其恒定,确保油料保障效果。

2)热加油型机场管道加油系统

"热加油"是一种非常迅捷的加油方式,加油期间战机的发动机不关闭,飞行员停留在座舱内,在战机处于完全运转的情况下由保障人员进行安全检查并迅速加注燃油(见图7.2)。热加油可大幅提高战机持续作战效率,减小同一架飞机、不同架次起飞间隔时间,有效提高后勤保障效率,使战机能更高效地发挥效能。

热加油型机场管道加油系统考验的是两个方面,一方面是后勤保障体系,另一方面是战机维护操作性能。机场管道热加油和空中加油一样,危险系数较大,需要专业的人员、熟练严谨的操作,任何失误都有造成重大损失的风险。该技术也对战机自身性能提高了要求,考验的是一款战机连续作战的能力,是对后勤预判能力和机体维护时间间隔的重要考验。

图 7.2　美军利用热加油技术为 F22 猛禽进行加油

热加油与常规加油不同,热加油管道系统还应当具备油料自循环、远程和手动应急控制功能,完善的油料质量保障和应急处理程序。需要应用物联网相关技术对飞机刹车系统温度、飞机副油箱和武器状态进行监控,并控制最大加油压力,确认飞机燃油是否出现倾泻现象,检查飞机透气阀的空气流通和接地等情况。

热加油管道系统所选用的管线加油终端压力控制阀,具有远程控制开启、

水击控制、热释放、应急关闭、开启速度可调（控制水击现象产生）、下游超高压力释放等功能，选用的流量计具有智能补偿功能，确保加油数量的准确和可靠。

3）飞机掩蔽库管道加油系统

飞机掩蔽库可有效保护飞机的地面维护过程和战斗准备阶段，但空间较为狭小，利用加油车进行飞机油料加注，在敌人袭击时毫无防护能力，极不安全。飞机掩蔽库管道加油系统则可有效克服上述缺点，可采用地下环状管线，在掩蔽库内库门关闭的状态下进行油料加注。但掩蔽库内加油，需对飞机加油期间的爆炸性混合气进行监测，确保人员和装备安全。

爆炸性混合气的监测，需要确定燃料化学特性、闪点和蒸气压，飞机油箱内的蒸汽浓度，外界的环境温度，倾注燃料的温度及加油过程中飞机油箱内燃料的紊流运动等。

7.5 军用油料设施安全防护

油料是国家和军队的重要战略资源，直接关系着作战行动的成败，军用油料设施也成为战争双方军事打击的重点目标。因此，军用油料设施的防护成为各国军队后勤保障防护的重点。

7.5.1 油料设施安全防护现状

油库、加油站等设施存储有大量的易燃易爆物品，一旦遭受攻击，破坏性巨大。一些军用油料设施，如输油管线、加油场站等均为固定目标，容易成为敌方打击的目标。油料运输工具本身缺乏自卫手段，容易遭受攻击，例如，后勤补给的油船就经常成为舰船和舰载机的攻击对象。

为了铺设的方便，军用输油管线往往沿着铁路或公路铺设。军用输油管线通常经过野外，有些甚至位于地上，容易被人为破坏，难以防护，而且一旦被破坏，难以及时发现并响应。以美军为例，伊拉克战争结束之后的几年内，伊拉克境内发生了315起针对输油设施的攻击，其中大部分是针对全境4350英里的输油管线，让美军一筹莫展。图7.3为发生在2004年8月24日的伊拉克输油管线大爆炸。

7.5.2 基于物联网油料设施安全防护

由于油料设施（尤其是输油管线）本身的特殊性，很难做到主动防御。因此，对各种危险的提前预警、事后快速定位及响应成为军用油料设施安全防护的重点。

目前，国外纷纷采用传感器、RFID、移动通信等技术实现油料行业重大危险源的识别与监测，建设和完善安全监测网络系统，提升油料运输、存储和供应过程的监控和应急响应水平。

图 7.3　遭人为破坏的伊拉克输油管线

基于物联网的远程输油管线监控系统采用 RFID、GPS、传感器技术来保证输油管线的安全。在野外的输油管线沿线的管道上大量安装 RFID 标签，标签带有传感器可以实时监控管线的运行状态。RFID 标签还带有 GPS 芯片，可以实现对标签的准确快速定位。RFID 标签采用太阳能供电，并通过 GSM 网络进行通信。如果传感器检测到输油管道发生振动、泄漏及输油管线附近的挖掘行为，就会通过无线通信方式发出警报。远程输油管线监控系统的控制中心收到警报后，使用 GPS 进行快速定位，并及时采取补救措施，并派人及时维修。

为了减少人为破坏的可能性，军用油库和加油站需要有效防止未授权的人员和车辆进入。油库和加油站基于物联网技术进行严格的区域访问控制。工作区域防范分布大量的射频读写器和摄像头，监控移动的人、车辆和设备。工作人员携带射频标签，其位置和身份信息实时显示在控制中心的屏幕上。

如图 7.4 所示，在建有站监控系统的主界面上清楚、详尽地显示了通过射频读写器和摄像头采集得到的进入加油站的车辆、司机和工作人员的相关信息。具体包括：油罐车车牌和注册信息、加油车辆的车牌的注册信息、司机的驾驶证信息和生物信息、车辆的视频信息、加注过程视频信息、厂区活动人员的身份和视频信息等。监控系统可以对驾驶员、车辆和油料进行实时验证。

图 7.4　国外的加油站监控系统主界面

本章小结

军用油料行业所涉及的恶劣的气候、地形和工作环境对射频设备的性能和可靠性提出很高的要求。RFID 标签需要能够在高温、高压、腐蚀、硫化物应力开裂、易爆气体等恶劣环境下长时间正常工作。市场上一般的射频标签难以在这样的环境下工作。因此，无法直接套用其他行业领域成果的技术和识别。目前，满足这些要求的 RFID 标签还比较少，价格也比较昂贵，给物联网在军队油料行业的广泛应用带来不小的成本压力。

目前，关于RFID的标准还不统一。ISO、EPC Global、IEEE分别制定不同的 RFID 标准，硬件厂商也有自己的生产标准。目前，还缺乏适应油料行业的RFID 专业行业标准。同时，考虑到军队油料供应保障的特殊性，出于安全保密的要求，需制定满足军事油料行业需求的军队标准。不只是研究与油料行业相关的数据标准，还应研究软件架构、数据交换格式、空中接口协议，安全要求和最佳实践框架等所有相关技术层面的标准化。

物联网在军队油料行业的应用，涉及与大量已有的业务系统的综合集成。目前，RFID 技术市场仍不一致和不成熟。虽然已经在硬件上取得了很大进展，但市场仍然处于发展的初期阶段，许多中间件系统能够处理标签数据，但与旧系统进行连通和协作的能力仍然未能得到证实。因此，物联网在军队油料行业的应用还存在一定的风险。为了与物联网标准相适应，军队油料行业将需要重新设计信息共享和数据管理的程序和策略，并且要求进一步整合现有的各种业务系统，以方便数据交换。

基于物联网的军用油库、加油站综合集成改造，应当充分利用后方油库现有设施设备，重点考虑零发油、大罐计量、加油系统和油料化验等与油料数、质量直接相关环节的综合集成，形成接口标准。

零发油系统：鉴于目前油料各油库零发油系统自动化程度不尽一致、型号不一、性能各异，零发油系统综合集成采用以下技术路线：对已安装物联网零发油系统的油库，应当植入统一的鉴权算法或更换具有统一鉴权算法的读写器，数据集成零发油系统与油库业务软件系统，实现持统一加油卡自助加油；对未安装物联网零发油系统的油库，在油库开票室配置卡机具，读写统一加油卡进行指标控制操作，保持现有人工发油操作模式。

大罐计量系统：鉴于目前油料行业油库油罐计量自动化程度不尽一致、大罐遥测系统型号各异，大罐遥测系统综合集成采用以下技术路线：对已经安装大罐遥测系统的油库，数据集成大罐遥测系统与油库业务系统，实时掌握罐内存油数据；制定大罐遥测系统数据接口标准，提供大罐遥测系统改造和新建的选型依据。

油料化验：提供油库数据集成接口、数据集成自动化验设备，实现化验数据的自动采集和网络传输。

物联网技术是一个技术的集合，涉及RFID、计算机网络、传感器、视频采集、卫星定位等技术，需要充分研究混合系统的复杂性，科学、合理地设计软硬件架构和平台，并为未来的技术升级预留空间。

为了对物联网在军队油料行业中的应用是否成功做出科学合理的评价，需要建立相关评价模型，包括油料运输、存储、供应等各领域的使用和评价。通过评价模型及时发现物联网在应用过程中的问题，通过不断地更新、升级，使得物联网真正成为军队油料供应保障现代化的重要推动力量。

第 8 章

智慧军事营区

本章重点结合军队需求，介绍了物联网技术在军事营区管理中的应用场景。重点介绍了基于 RFID 的军事营区访问控制、军事设施资产管理、数字化生活办公营区、数字化野战移动营区等，并提供了若干应用案例供读者学习和借鉴。

8.1 军事设施概述

8.1.1 军事区域访问控制

出于安全保密的需要，各类军事管理区和军用设施都需要进行严格的访问控制（Access Control），对受限区域内的人员出入和流动进行管控。

军事区域的访问控制包括如下内容。

（1）所有出入口的自动门禁，对访问者进行授权限制访问，生成访问记录。

（2）访问者车辆的管理，军事区域停车场内的授权停车管理。

（3）访问者在军事区域范围内的移动位置和时间的监控。

（4）在军事区域范围内部署身份识别装置，对人员流动和关键区域全天候监控，自动生成关键区域访问的记录。

访问控制按照从低到高可以划分为 3 个级别。

（1）口令识别级。是否授权的访问依据：访问者知道什么，如密码等。

（2）凭证识别级。是否授权的访问依据：访问者携带的身份凭证，如证件、门禁卡等。

（3）生物识别级。是否授权的访问依据：访问者自身的生物识别信息，如指纹、虹膜、人脸等。

目前，军事设施普遍采用的自动化访问控制系统一般都是凭证识别级，采用接触式的磁卡、非接触式的 RFID 卡等，一些重要的军事部门采用了指纹识别、虹膜识别等来进行区域访问控制。

8.1.2 传统访问控制的局限性

目前的基于门禁智能卡的访问控制系统的不足表现如下。

（1）门禁卡与持有人之间匹配的一致性无法保证。任何人都可以使用别人的门禁卡进出，无法确认当前的持卡人就是授权使用该卡的人。为了解决这个问题，美国的一些军用机场的安检系统将生物识别信息（虹膜识别、面部识别、指纹识别）与智能卡结合起来，进行访问控制。生物识别特征存储在智能卡里，在人员出入门禁时进行比对，从而保证了门禁卡与持有人身份之间的一致性。

（2）无法持续地追踪人员的流动。门禁卡系统能够显示人员从何处出入，但人员一旦进入了军事区域内，就无法持续地提供持卡人的状态，进行实时监控。

（3）条码、磁卡等介质都需要直接放置在识读设备上，无法远程读取。条码的信息只能使用一次，门禁卡信息也无法远程重写，导致授权信息无法实时更新，从而影响访问控制的效能。

目前，视频监控存在一些局限性。

为了提高安全性，军事设施出入口和区域内广泛部署了视频监控系统。但出入口的视频监控系统只能显示进出了一个人，不能在控制台显示该人的身份信息。

传统的视频监控只能显示人员的移动，不能进行有效识别。目前使用的人脸识别技术准确率不高。如果画面里没有直接显示目标的整个面部，或者面部发生形变时(通过服用药物可以改变面部特征)，人脸识别系统的识别率很低。最近国外出现的耳形识别的准确率可以达到 99%，但目前仅限于学术研究，没有相关的军事应用。

8.1.3 基于 RFID 的访问控制

基于 RFID 技术，可以建立高效、简便的自动化访问控制机制。军事设施的出入口和关键区域均部署射频天线，人员携带非接触式射频卡，用于标识其身份。后台系统为每个授权人员设置一个或多个关联权限。每个权限关联一

个或多个授权访问区域，并对应多个访问级别。基于 RFID 的访问控制的优势表现如下。

（1）保障受保护区域的安全性，防止非授权进入。

（2）追踪军事区域内人员的动态流动，提供人员的实时移动信息。

国外的一些机场已经开始采用 RFID 来追踪乘客的位置。例如，匈牙利的德布勒森机场使用 RFID 来追踪乘客及其行李（OPTAG 系统）。当乘客换取登机牌后，会领取一个 RFID 标签。OPTAG 系统通过这个标签可以准确定位每位乘客在机场候机厅内的位置（精确到 1m）。

（3）基于 RFID 系统对人员和物品进行标识和授权，设置访问受限区域（军械仓库等），防止物资丢失。

（4）加快安检速度，防止出现瓶颈。由于 RFID 读写器可以同时读取成百上千个标签，满足门禁系统的大量人员出入检查的需求。

（5）杜绝伪造。RFID 芯片很难被伪造，目前我国军队要求所有的 RFID 应用均采用国产芯片，从而增强了 RFID 门禁卡的安全性。

（6）减少人力消耗。实现了完全自动化的访问控制，从而可以减少各类安保人员的数量和工作量。

（7）后台系统可以根据实时搜集的数据（特定区域的人数等）进行分析，辅助安全控制决策。

通过将 RFID 访问控制与视频监控相结合，可以进一步提升区域监控效能。在监控中心的屏幕上，一方面，可以显示目标的移动画面；另一方面，目标携带的 RFID 标签被 RFID 读写器识读，其身份和授权信息也被显示到屏幕上。将 RFID 系统与 GIS 软件相结合，还可以实现对人员移动场景的虚拟现实，为操作人员提供直观的管控依据。

目前的视频监控中心大多采用人工判断。随着视频监控信息的增多，人工监控已经不能满足准确性和实时性的需要。在未来的 RFID/视频一体化访问控制系统中，摄像头传递到监控中心的画面首先通过画面分析系统分析，然后实时地将反常行为画面（可疑姿势、突然移动、丢弃物品等）反映在控制台上。若操作发现非法行动，会通过 RFID 后台系统远程重写危险人物的 RFID 标签，取消其访问授权，并向该区域或邻近区域的保安人员发出警报，采取预防措施。

与民用 RFID 系统不同，军事设施的 RFID 访问控制系统需要考虑无线频谱的安全，防止无线信号因被窃听导致泄密。由于不同频率的 RFID 设备的读写距离是不同的，可以利用这一特性，采用特定读写距离的 RFID 构建访问控制系统，从而将 RFID 无线信号的作用范围限定在一定区域，提高数据的安全性。

8.2 军事设施资产管理

8.2.1 集成化协同控制

军事设施内部可能部署的系统包括照明系统、空调/通风系统、暖气系统、通信系统、访问控制和监控系统、消防系统、电梯系统、建筑状态监控系统、能源控制系统等。

集成化协同控制就是利用计算机网络、传感器和 RFID 等介质将建筑内的各种系统及其相关设备互连起来，统一规划，统一设计，统一建设，按照统一的协议和标准进行通信和控制；实现中央整体控制，各系统数据共享和分布式协同工作；为建筑内的人员提供灵活、高效、舒适和安全的工作和生活环境。

集成化协同控制的本质就是将各种系统集成起来，通过通信基础设施实现相互通信和协同工作，并提供一个统一的控制接口（界面）。各系统共享布线空间（管道、线路等）、设备、环境数据和操作人员，如图 8.1 所示。

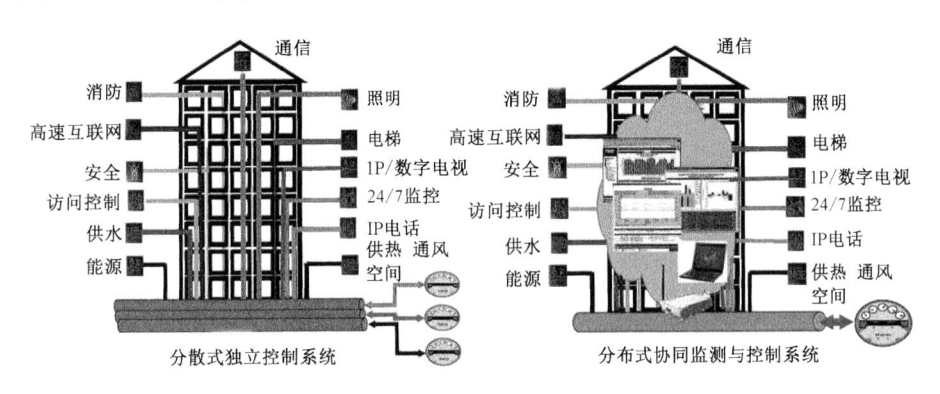

图 8.1 分散式独立控制系统与分布式协同监测与控制系统

集成化控制为建筑内的各个系统之间的协同工作创造了条件。

（1）消防系统与门禁、照明、通风系统的协同。例如，当消防系统检测到火情后，通风系统加大功率排出烟雾，照明系统自动将走廊的灯光打开，门禁系统自动打开大门，从而方便人员撤离。

（2）消防系统与通信系统的协同。例如，当消防系统检测到火情后，自动启动应急广播，网络通信系统将火警信息群发给每个终端用户。

（3）电梯系统与访问控制系统的协同。例如，如果没有得到访问控制系统的授权，电梯不能到达部分受限楼层。

（4）访问控制系统与照明、空调系统的协同。例如，当工作人员在停车场停车或进入建筑后，中央控制系统会自动检测该人员的到来，从而提前打开该工作人员办公室的照明和空调系统。

（5）访问控制系统与通信系统的协同。例如，通过访问控制系统追踪定位特定人员，从而可以用离目标最近的固定电话联系他。

集成化协同控制有利于规范和简化建筑内的布线。目前建筑内各种系统的布线都是独立的，如电话线路、计算机网络线路、视频监控线路、消防线路等。随着建筑内控制系统数量的增多，各种布线错综复杂。一方面浪费了布线空间和线路，导致重复劳动；另一方面增加了维修和升级的难度，往往需要多次改变建筑内的管线结构。

在集成化协同控制的建筑内，在集成通信的基础上，不需要为每个分控制系统单独布线。通过让多个控制系统基于相同的传输介质进行通信，尽量使用同一类型的线路，从而减少单独布线的消耗，方便线路的互换、维修和升级。一方面减少通信物资的采购品种和数量，提高通用性；另一方面可以提高建筑在平时和战时的维护、抢修效率。

集成化协同控制的核心是集成通信系统。目前，建筑内的各控制系统往往自成体系，多种通信系统并存，增大系统的复杂性和应用成本。集成通信基础设施的设计和部署应当考虑把各控制系统的通信统一起来，基于单一的通信协议和线路（如 IP 协议），支持建筑内所有可能的应用，例如：通信系统、监控系统、照明系统、数据处理系统、安全系统及其他系统。

集成化控制的难点在于大量异构系统的集成。各种控制系统来源于不同的厂家，采用不同的技术、标准和协议，需要保证各异构系统和大量设备之间的互连互通和互操作性。因此，需要采用广泛接受的通用标准和协议把建筑系统和设备互连起来，并协同工作。统一的标准和协议已经得到广泛的验证和认可，从而可以减少应用的风险，提高系统和设备的通用性。例如，将不同的通信协议统一为基于 IP 的通信方式。

在集成化通信的基础上实施分布式智能控制。分布式控制可以实现完全意义上的建筑自动化，其最大好处在于：若通信网络出现局部故障或中央控制中心发生故障时，各独立的控制节点仍然能够正常工作。

传统的建筑控制系统中缺乏闭环控制，即响应确认。例如，当房间需要通风时，会打开通风系统，但设备通常不会返回确认信息来提示是否正常打开。智能控制系统应当确认设备的运行状态，从而形成控制信息的闭环，并将建筑的状态报告给中央控制中心。例如，增加空调系统的计算和存储能力，为闭环控制创造条件。此外，各种设备的使用情况被实时记录。在此基础上，智能控制系统可以执行自我故障诊断，报告潜在的故障，并在通信链路发生故障时进行降级使用。

8.2.2 军事设施建设工程管理

军事设施由于其用途的特殊性，在建造过程中就需要采用严格的工程管理，确保工程质量和安全性。一些机要部门对工程材料的来源有严格限制。例如，美国驻苏联大使馆在建造过程中，就要求所有的建筑材料不能从本地采购，而必须从美国本土采购运抵，从而杜绝潜在的安全风险。与民用建筑一样，军事设施建设还需要控制工程进度和预算。军事设施建设管理包括施工人员、建筑材料、施工设备、工具等诸多方面。

军事设施建设管理就是在正确的时间将正确的材料、工具、设备和员工运抵正确的位置。军事设施的建造过程中，包含物资流（施工材料、燃料、劳动力、施工机械等）和信息流（材料供货信息、监测数据等），并通过信息流的双向流动将物资流和信息流集成起来，利用信息流的负反馈来控制物资流。基于 RFID 的工程建设管理为工地内的物资流元素赋予 RFID 标签，从而自动完成从物资流到信息流的转化。

基于 RFID 的军事设施建设工程管理的优势如下。

（1）减少工程材料浪费，防止盗窃。

（2）提高材料收货、验货的效率，减少由于等待材料而造成的窝工。施工材料到达工地后，系统会自动完成收货及来源确认，并通知司机将施工材料卸在特定的区域，方便取货和施工。随后系统自动通知施工管理人员及时开工。

（3）实时掌握工程设备（起重机、推土机上安装 RFID 标签）的使用情况和位置，提高设备利用率。

（4）施工人员佩戴 RFID 标签，实时掌握施工人员的位置，提高人员安全性和工作效率。

（5）追踪手工工具的当前归属和位置，防止遗失，减少找寻时间。

（6）施工材料处理的整个过程完全数字化，减少了纸质文档和人工参与，节省了时间。

欧盟的 FutureHome 项目开发了基于 RFID 的建筑工地材料管理追踪系统，具备在工地范围内追踪施工人员、施工设备和材料的功能。工地所有的材料和设备均通过 RFID 标识。工程管理人员只需手持便携式读写器在工地简单转转，就可以通过材料管理追踪系统实时确定工程的进度及材料的供应来源、质量、数量和消耗情况，如图 8.2 所示。

图 8.2 在预制混凝土构件上安装 RFID 标签

8.2.3 军事设施管理和维护

军事设施建成后的管理阶段，为了实现自动化的管理和维护，需要通过信息流的反馈获得各种设备的状态和性能、建筑的环境参数（湿度、温度、压力等）。信息的自动采集需要在建筑内部安装 RFID、传感器等，甚至将其作为建筑材料的组成部分，在建造过程中就内置到建筑结构中，并在人员、系统和建筑之间实现信息交互。

RFID、传感器、无线网络三者的结合可以为军事设施的集成化控制管理提供实时、准确的数据。例如，RFID/传感器系统可以用于门禁系统和人员追踪，如图 8.3～图 8.5 所示。

图 8.3 军事设施内的人员追踪 　　图 8.4 安装在门口墙面的 RFID 天线

图 8.5　门口的红外线传感器，感知人员的进出

军事设施建筑内置的传感器监测环境参数，监测数据通过无线网络返回中央控制系统，从而减少人工检查。例如，传感器监测的温度、湿度数据，为空调、暖气系统的运行提供参考；安装在建筑结构内的传感器还可以监测建筑的震动、形变、结构状态，如图 8.6 所示。该标签不需要电池，可以测量结构形变，测量的拉力精确度可以达到 10×10^{-6}。

图 8.6　在混凝土和钢结构内嵌入 RFID 混合传感器标签（13.56MHz）

在房顶安装传感器监控积雪的情况，防止积雪压垮房顶，如图 8.7 所示；监控关键受力结构部位的拉伸力，如图 8.8 所示；监控电器开关、保险丝盒的温度，防止电路故障；监控机械装置的形变以便提前维修；监控润滑油的传导性，保证机械设备正常运行；通过传感器检测储油的状态，防止油库泄漏和安全问题，通过 RFID 将输油系统与安全系统、油料仓库业务系统自动对接起来，提高油料管理的效率和精确性等。

建筑行业应用 RFID 和传感器的趋势是小型化。美国加州大学伯克利分校提出"智能沙粒"的设想，试图将传感器做成几个立方毫米大小。当前的原型产品称为"motes"，有几个立方厘米大小，已经应用于建筑节能控制，如图 8.9 所示。欧洲研究机构也提出了类似的研究计划，称为"BTnodes"，传感器之间采用蓝牙通信。

图 8.7　屋顶的压力传感器　　图 8.8　在建筑横梁上安装的 RFID 标签

在军事设施建筑里部署 RFID 标签和传感器，如果是采用主动式 RFID，电池寿命是一个需要解决的问题。在实际情况下，频繁更换电池不太现实，尤其是完全内置的 RFID 标签和传感器，因此可以考虑使用太阳能或其他供电方式。

集成化控制为管理人员提供更为灵活的管理手段。中央控制（数据）中心提供一个统一的操作界面，包含所有系统的运行数据，如图 8.10 所

图 8.9　"智能沙粒"原型

示。这样减少了管理人员和用于建筑监控的人员。但是，对操作人员要求更高，需要掌握所有系统的相关操作技能。此外，管理人员还可以从中央控制中心控制多栋建筑。

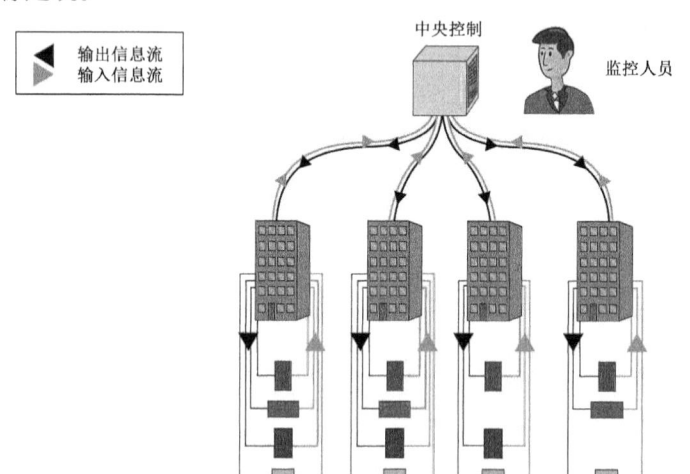

图 8.10　集成化的中央控制

为了便于军事设施维修，地下管线、建筑的内置管线应当安装 RFID 标签，从而可以在不改变建筑结构的情况下，准确定位电路、水管、通信电缆等

的位置。例如，采用纳米技术可以生产内置磁性标记的纳米塑料管道，从而可以非接触式地读取管道的信息。

通过 RFID 和手持读写设备可以提高军事设施维修的效率。如图 8.11 所示，维修人员通过手持式设备可以读取维修对象上的标签，并访问后台数据库获取相关数据。每个维修对象都包含一个唯一的 RFID 识别代码并储存在 RFID 标签芯片内，与后台数据库对应，需要包含以下信息：类型、条目、名称、安全级别、耐久性、使用频率、购买价格、购买时间、部件表、保修期、销售商、使用者、位置等。

图 8.11 便携式建筑维修处理设备

基于 RFID 的军事设施维修辅助系统，可以为建筑内部设施设置维修周期，并提示维修人员哪些设施需要维修，设定维修的顺序，减少维修的准备工作。此外，系统还会统计记录维修对象的数量、维修频率、维修费用、对象使用寿命、损坏/故障原因，为维修工作提供参考。

8.2.4 应用案例：美国海军航空仓库

位于美国北卡罗来纳州的美国海军航空仓库是一个规模庞大的建筑群，如图 8.12 所示，包括 100 栋建筑，每栋建筑均包括空调通风系统、安全系统、能源自动调节系统、监控系统、消防系统等。

美国海军对该仓库采取了网络化建筑的管理模式，如图 8.13 所示。每栋建筑对各分系统进行集成。在此基础上，各建筑的集成控制系统通过网络互连，并通过一个中央数据控制中心进行中央控制，实现了整个建筑群管理的自动化，减少了人力消耗，提高了管理效率。

图 8.12 美国海军仓库一角

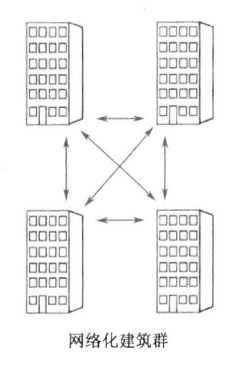

图 8.13 网络化智能管理

8.3 数字化生活办公营区

8.3.1 营区人员进出管理

军队营区不论其所处地位如何，都是开展军事计划和进行军事活动的重要场所，因此对外来人员出入营区进行严格有效的管理是确保营区本身安全、防止军事秘密泄露的一个重要举措。类似于前面所述的营区车辆进出和停车管理系统，都需要在营区的每一个人员出入口设置一个用于控制人员进出的控制室，并在供人员出入的出入口两侧安装带有人员身份识别的装置，用于读取进出人员身份信息，并依据相关条款判定其合法与否。同样类似于车辆进出和停车管理系统，系统应该将进出营区的人员分为在营区内工作或居住在营区的内部人员和临时来营区办事的外来人员。对于在营区内工作或居住的内部人员，系统可以为他们中的每一个人颁发一张 RFID 卡或 IC 卡，也可以借助现在全军使用的军人保障卡作为营区内人员身份识别卡，以节省成本。而对于临时外来人员，应该在各出入口控制室对其身份进行核实后，给每一位满足条件进入营区的临时外来人员颁发一张临时性营区出入卡，并在进门时通过刷卡开启栏杆进入营区。一旦外来人员进入营区，则系统可以通过部署在营区内道路两侧或重点部位的射频读写器实时跟踪外来人员在营区内的活动轨迹，并可通过相关智能分析软件，判断某个外来人员进入营区的行为合理与否。一旦发现某个进入营区的外来人员行为怪异，且和其在控制室所申述的进入营区理由明显不一致，则可以通过报警方式通知相关人员给予处理。由于营区内各个出入口、道路两侧和重点部位的射频读写器均通过营区结构化综合布线系统实现了互连互通，因此可以实现营区内外来人员的统一控制和管理，为保障营区安全提供了重要技术手段。

8.3.2 营区车辆进出管理

车辆进出和停车管理系统主要用于对进出营区车辆进行识别和控制，引导车辆进入营区并有序停车。在车辆进出和停车管理系统中，可以将进出营区的车辆分为固定车辆和临时车辆。固定车辆可以是部队配备的编制车辆，也可以是在营区工作人员购置的私家车，这类车辆基本都有固定停车位；而将其他各类来营区办事车辆都归类为临时车辆，这类车辆停车位基本是随机安排的。通过在固定车辆上安装一个带有 RFID 标签的车载装置或卡片，并在营区大门出入口安装带有 RFID 读写器的出入系统，则可以实现固定车辆出入大门无须卫兵人工干预的进出；而对于进入营区的临时车辆，则需在门卫干预下领取一张临时的营区 RFID 卡，并在该车进入营区后，通过部署在行车道路两侧的 RFID 读写器读取相关信息，判断该车辆行车路线是否正确，最终停车位置是否合理等，实现了对临时车辆进入营区后和离开营区之前车辆行驶位置的全程监控。通过结构化综合布线系统，将营区内包括了大门出入口、车库、停车场等多个位置的车辆进出控制系统和行驶监控系统联网，则可以实现对整个营区内车辆的统一控制和管理。

8.3.3 营区边界入侵防范管理

营区边界入侵防范管理系统是营区安全防范系统的一个重要组成部分，是实现整个智能化营区安全技术防范与科学管理的一项重要措施和必要手段，它通过利用现代电子技术设备和先进技术，对营区内既定周界实施警戒，为营区营造一个安全、良好、有序的工作和生活环境。营区周边防盗报警系统由红外线对射器和接收器、报警主机及传输线缆组成。其工作原理是采用双光束、三光束或四光束的主动红外对射探测器，并将红外接收器沿营区周边布防。当红外线接收器探测到有人（遮断红外线）进入时，报警主机立即向营区安防中心发出报警信号，显示报警区域，同时可以通过联动摄像机进行监控并启动录像机录像。

8.3.4 营区环境绿化管理

营区绿化能美化营区环境，使部队官兵在温馨和谐的绿色营区生活、训练、工作，不仅能陶冶情操，激发工作热情，更能有效地提高官兵的身体素质和心理素质，起到了提升战斗力和保障力的作用。但随着营区绿化覆盖率的不断提高，如何提高水资源利用率，降低绿化维护成本变得尤为重要，而营区智能化绿化灌溉系统就是通过物联网技术，实现水资源的有效利用，提高绿化植物成活率。营区绿化智能化灌溉系统主要有中央控制计算机、无线数据传输设备、绿地土壤信息采集传感器、灌溉设备四个部分组成。绿地土壤信息采集传感器用于采集土壤水分、大气或土壤温度、土壤表层和不同深度的土壤容积含水量等与绿化灌溉有关的参数。无线数据传输设备用于将土壤采集传感器监测到的土壤数据通过无线通信方式以定时或触发的方式上报到中央控制计算机。中央控制计算机一旦接收到来自某个采集传感器数据后，通过地理信息软件判定该采集传感器的地理位置，就可以知道该传感器附近区域所种植的植物种

类，并据此做出是否向该采集传感器附近区域灌溉设备发出灌溉指令。灌溉设备依据从中央控制计算机接收到的灌溉指令，以指令指定的灌溉量和灌溉时间进行实际灌溉操作。

8.3.5 营区节能控制管理

根据欧盟对建筑能源消耗的调查结果（EPBD 2002/91/EC）：在欧洲全社会能源消耗中，建筑（包括取暖、制冷、照明等）消耗了40%能源。美国的研究数据表明，建筑是最大的 CO_2 排放源（包括其电力的消耗），占全社会 CO_2 排放量的39%，如图8.14所示。建筑对各类能源和物资的消耗十分巨大，如表8.1所示。

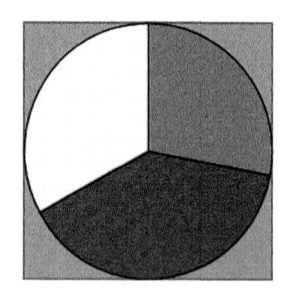

图 8.14　各行业的 CO_2 排放量统计

表 8.1　美国建筑的能源消耗

电能	消耗了 70%的电能
水	消耗了 12%的饮用水（每年 15T 加仑）
材料	消耗了 40%的原材料（每年 300 万吨）
废料	每年产生 13600 万吨废料
能源	占用全美 39%的基本能源（包括与生产相关的燃料）

在全社会日益强调节能减排的今天，军事设施的日常运行也需要考虑节能的要求，降低系统操作消耗，提高能源利用率。与节能相关的设施包括空调通风系统、暖气系统、照明系统、电梯系统等。

通过在建筑内广泛部署传感器，可以感知周围环境参数（温度、湿度、光强等），这些数据可以为建筑节能提供依据。中央控制系统根据传感器收集到的环境数据，由中央控制系统通过被动式制热和通风系统，对设备运行进行优化，从而达到节能的目的。

中央空调系统和暖气系统可以根据当前的温度、湿度、CO_2 浓度等来启动或关闭系统，增大或降低空调/通风设备、锅炉的功率。传感器还可以感知建筑不同区域环境参数的差异，中央空调系统可以根据这些差异，通过可变空气容积或固定空气容积的分布式设计，针对不同区域的需要提供细粒度的环境保障。

中央照明控制系统可以通过图形用户界面来控制每个照明源。照明系统可以根据光传感器返回的环境光强参数自动打开或关闭照明系统，调节照明强度。照明系统还可以根据人员移动的情况来自动打开/关闭移动路径或所在区域的照明设备。

电梯中央控制系统可以全局控制建筑内所有电梯，并进行优化运行。根据传感器返回的信息，电梯中央控制系统可以掌握当前客流情况，从而让部分电梯在一天的若干时间段停止运行以节约能源。此外，当没有乘客时，扶手电梯会降速或停止，从而节约能源。

8.4 数字化野战移动营区

8.4.1 数字化帐篷

物联网在计算机互联网的基础上，利用电子标签为每一物品赋予唯一的标示码——EPC 码，从而构造了一个实现全球物品信息实时共享的实物互联网。它的提出给野战设备认证时获取原始信息并自动生成清单提供了一种有效的手段，而电子标签可以方便地实现自动化的装备识别和设备信息采集，这两者的有机结合使得数字化帐篷成为可能，从而将大大降低认证过程中的人工干预程度，提高设备认证的自动化和智能化水平。数字化帐篷的关键在于对设备的识别和设备信息的采集，电子标签以其独特的优点成为设备自动识别的关键技术，而物联网则为信息的共享和互通提供了一个高效、快捷的平台。

8.4.2 移动营区地入侵防范

移动营区地入侵防范系统的基本原理就是以电子标签作为设备识别和信息采集的技术纽带，通过设置读写器对人员、设备进行自动识别，同时，物联网获取设备的详细信息从而自动生成认证清单，以达到自动化认证管理的目的。基于物联网的移动营区地入侵防范系统主要由自动识别、认证管理、PML 服务

器和本地数据中心四大功能模块组成。

1) 自动识别

设备识别系统的核心是设备的编码和识别，基于电子标签的认证管理系统采用 EPC 码作为设备的唯一标识码。设备识别系统包括电子标签和读写器，每个装备、人员都附有一个电子标签，电子标签内写有 EPC 码作为设备的唯一编码。存储有 EPC 码的电子标签在经过读写器的感应区域时，EPC 码会自动被读写器捕获，从而实现自动化的人员、设备识别和 EPC 信息采集。读写器设置在门禁或野战仓库入口进行自动识别，并将捕获的设备 EPC 码通过数据采集接口传送到认证管理模块做相应处理，没有标识码时直接报警。

2) 认证管理

认证管理模块是系统的核心功能模块，它通过数据采集接口、远程数据接口和本地数据接口三个接口同其他几个功能模块进行交互，从而实现设备自动认证功能。认证管理的作业流程如下：设备认证时，由设置在门禁或野战仓库入口的读写器读取设备的 EPC 码并通过数据采集接口交由认证管理模块，认证管理模块通过远程数据接口访问 PML 服务器以获取设备的详细信息，并自动生成认证清单，然后通过本地数据接口将设备信息更新到本地数据中心。

3) PML 服务器

PML 服务器以标准的 XML 为基础，提供设备的详细信息，它的作用在于提供自动生成认证查询清单所需的详细信息，并允许通过设备 EPC 码对其信息进行查询。PML 服务器架构在一个 Web 服务器上，服务处理程序将数据存储单元中的设备数据转换成标准的 XML 格式，并通过 SOAP（简单对象访问协议）引擎向客户端提供服务，PML 服务器的优势在于它屏蔽了设备数据存储的异构性，以统一的格式和接口向客户端提供透明的信息服务。

4) 本地数据中心

本地数据中心是移动营区地入侵防范系统存储和维护本地库存的本地数据库，人员、设备的信息最终都通过本地数据接口存储在本地数据中心中，以便查询和核对。

基于物联网的移动营区地入侵防范系统围绕电子标签和物联网这两个核心，通过电子标签实现自动识别，利用物联网获取设备原始信息并自动生成认证清单，从而为自动化的认证管理提供了一种行之有效的手段，不仅大大提高了自动化和智能化水平，而且为战时保障的决策奠定了良好的基础。

8.4.3 热源排放控制

通过 RFID 温度标签来实现对热源排放的控制，RFID 温度标签内的温度传感器能够每时每刻收集温度信息，这些信息不仅能够存储到 RFID 的芯片里，还能够通过标签内的天线传送出去，并通过 GPRS 系统实时传送到热源管理控制系统，管理人员能够在计算机前时刻掌握野战移动营区内实时的温度情况。一旦热源排放超过标准或出现异常，系统就会通过设定的条件进行报警提醒管理人员，管理员就可以及时按照相关的预定措施进行处理。

8.5 应用案例：陆军某旅智慧军营

陆军某旅在智慧军营建设中落实习主席指示，坚持信息主导、体系建设，坚持一套顶层设计领域模型、一套物联感知接入框架、一套互联互通承载网络、一套基础支撑计算平台、一套共性数据服务接口、一套个性业务应用体系，全面提升部队信息化、智能化管理水平，成为军队信息化建设的亮点。

8.5.1 智慧军营物联网基础平台

智慧军营建设基于通用功能平台架构——统一平台、统一标准、统一接口建设进行了总体上的设计。通过营区内人与物及行为和环境的全面感知与互连互通，全面提高营区内各项工作的运行效率，总体框架如图 8.15 所示。

（1）感知层设计综合了视频技术、传感器技术、智能组网技术、采集控制器等，通过各类集成化传感器的协作，实时监测、感知和采集各种环境或监测对象的信息，主要包括 RFID、速通门、车辆道闸、摄像机等设备的数据采集。

（2）传输层以新建局域网为承载网，政工网、军综网等多网为辅的方式，统一汇聚各个前端感知数据，进行数据清洗、转换、整合等标准化过程，统一存储至大数据及业务数据库中，以供分析和业务应用。

（3）支撑服务层通过物联技术、云计算、大数据等技术实现对各类感知数据的标识、解析。支撑服务实现对全旅海量数据的融合及综合处理，并提供各种应用程序的安装与运行环境。该支撑服务类似一个操作系统，可对底层各种基础设施、传感设备进行兼容，通过提供各种硬件接口并基于网络服务实现数据的抽取、过滤、清洗、存储和对多结构数据的统一管理。

（4）应用系统层基于基础支撑层的数据服务和计算服务，实现了各种智慧

军营业务管理应用服务，提供了可视化、便携化的人机操作界面。

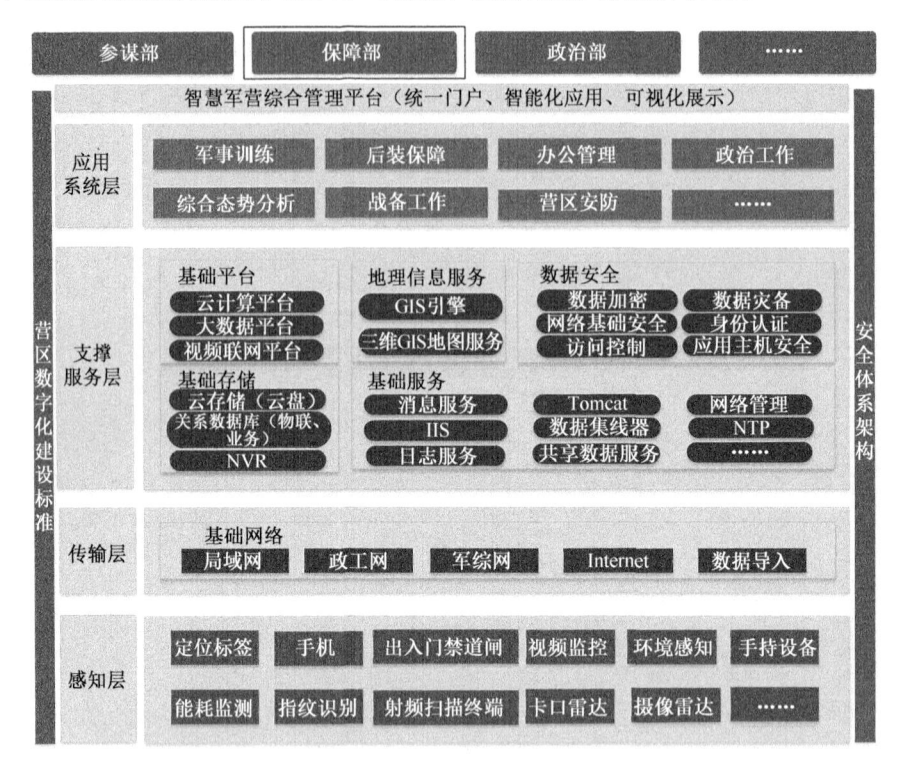

图 8.15　总体架构

8.5.2　网络安全

为了保障营区互联网传输过程中的安全，采用安全隔离闸门，其功能模块有安全隔离、内核防护、协议转换、病毒查杀、访问控制、安全审计、身份认证。安全隔离网闸是由软件和硬件组成的。安全隔离网闸的硬件设备由三部分组成：外部处理单元、内部处理单元、隔离安全数据交换单元。安全数据交换单元不同时与内外网处理单元连接，为"2+1"的主机架构。隔离网闸采用 SU-Gap 安全隔离技术，创建一个内、外网物理断开的环境，如图 8.16 所示。

8.5.3　主要设备

1）标签设备

包括 IC 卡、条码、电子标签、北斗定位标签等。

2）采集识别设备

包括温度、湿度、气压、风力传感器，智能手环，电子水电表识别设备，IC 卡读取设备，条码读取器，射频识别设备，身份证读取器，指纹读取器，摄像机，手持金属探测仪，超声波探测器，智能报靶系统，智能装备箱等。

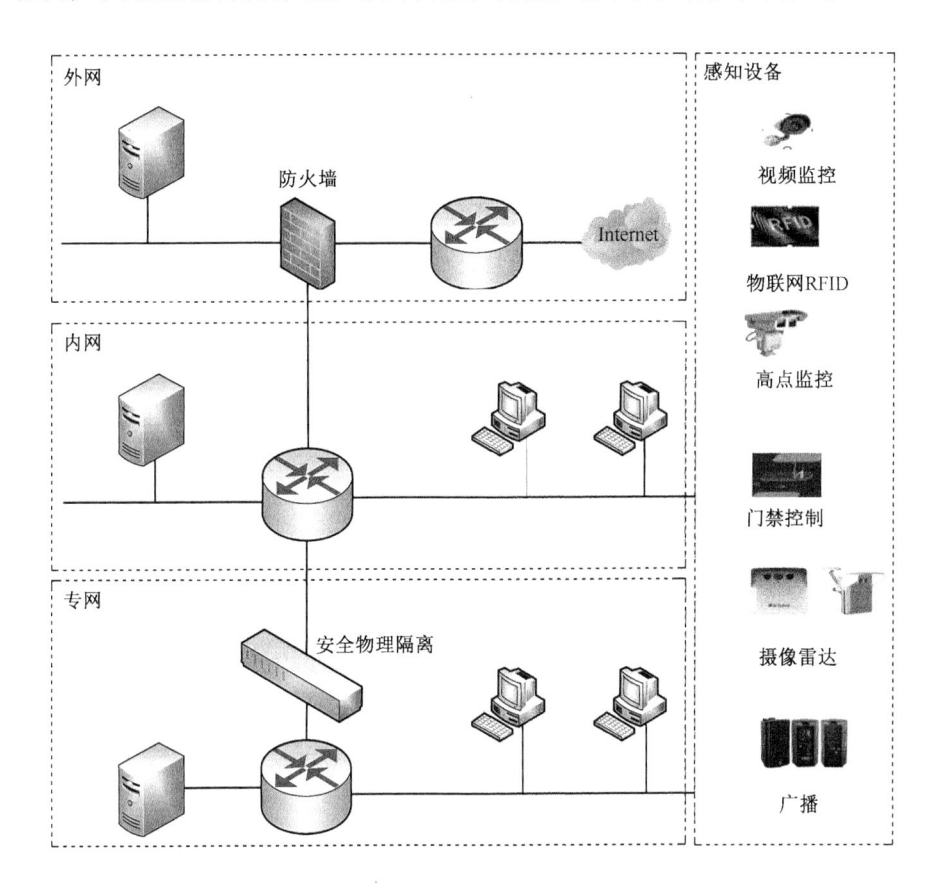

图 8.16　网闸结构

3）控制设备

包括人员通道、车辆闸道、电子伸缩门、各类脉冲控制设备等。

4）网络设备

包括光纤、交换机、物理隔绝设备等。

5）服务器

包括数据库服务器、应用服务器等。

8.5.4 主要功能

8.5.4.1 人员门禁管理系统

将进出营区的人员分为两类：营区人员（一类）、访客（两类），其中访客分为有预约访客和无预约访客。通过人员安全管理系统自动实现对人员的自动化出入。

在营区大门安装人员安全管理系统中，人员出入控制采用刷卡、指纹识别、人脸识别三种方式，当人员满足三种方式的其中一种即通过人员安全管理系统，实现营区门禁的智能化控制和管理，以及进出人员的身份快速识别。采用先进的读卡技术、指纹识别、人脸识别算法，精准识别人员身份，有效拒绝非授权人员，精准掌握人员进出时间，方便考勤管理。并设置一套手持式安检仪，对出入人员进行安检。

当人员为访客时具体功能如下。

有预约访客，需提前在网上申请并上传相关资料（身份证号码和照片）并通过后台管理者授权后，有预约访客可通过刷身份证或人脸识别系统进入营区。

无预约访客出示一/二代身份证或其他证件，访客机扫描或阅读一/二代身份证等相关证件，读取相关个人信息，并打印访客单或发放可循环使用的临时ID/IC卡（可根据需要对访客拍照）。访客凭访客条/卡进出，并可刷卡开门。出门时交还卡片取回证件，系统详尽保存访客信息备查。

8.5.4.2 车辆门禁管理系统

将进出营区内的车辆分为两类：营区车辆（一类）、外来车辆（两类），其中访客分为有预约车辆和无预约车辆。通过车辆安全管理系统自动实现对车辆的自动化出入。在营区及车场出入口采用车牌识别+远程射频读卡技术控制车辆进出管控，包括道闸升降设备、车辆识别摄像头、射频卡信号发射和接收装置。

营区内的车辆，其相关信息需录入系统（车辆中安装射频卡的信息和车牌信息）为合法车辆。车辆出入门禁系统自动识别进入营区内车辆的号码和车牌特征，验证用户的合法身份，并可对进入的车辆进行监控和管理。

有预约外来车辆，需提前在网上申请并上传相关资料（身份证号码和车牌号码）并通过后台管理者授权后，有预约车辆可通过刷身份证或车辆识别系统出入营区。

无预约外来车辆需出示一/二代身份证或其他证件，访客机扫描或阅读一/二代身份证等相关证件，读取相关个人信息，通过授权后，将车牌识别的号码录入授权车辆库，外来无预约车辆可通过车辆识别系统出入营区。

在道闸口建设反恐翻板路障，防止恶意冲关、冲卡。当遭遇没有授权车辆的非法冲撞时，自动弹出反恐翻板路障，以达到保障安全的目的。

8.5.4.3 界线防护系统

对营区的边界和重点区域设置界线防护系统。在防护系统内利用微波、红外、电子围栏、视频监控等技术形成一道防护墙。通过布设界线防护系统，对企图入侵的行为做出脉冲反应、声光联动报警和视频识别，并把入侵信号及其地址区段发送到值班室，值班人员可通过联动视频查看该区域情况，根据现场情况实施远程驱离、系统报警。该系统能够有效地保证营区的安全。

8.5.4.4 视频监控系统

对营区、周界、营门、重要目标进行全方位监控，值班室拥有最高权限，可调取全营院的实时监控。

支持对营区内的人、车进行识别跟踪，查询人、车轨迹，并对超速的车辆进行报警。

监控客户端可实时监视多路实时图像信息并实现"一机多屏"监视；多个网络客户端可以同时监控任意有权限前端图像。可选择1、4、6、9、12、16多种画面窗口分割模式。

8.5.4.5 电子巡更系统

传统的巡逻检查制度的落实主要依靠营区内人员的自觉性，并且无法对巡逻人员的工作质量进行评估，例如：巡逻时刻、巡逻线路、巡逻总时长等。传统的巡检制度监督力度不强，巡逻流于形式。电子巡更系统能够很好地解决这一难题，使巡更系统更加合理、科学。

采用指纹识别和人脸识别系统，在营区确定的巡更线路上设置适量的巡更监测点，通过指纹识别和人脸识别的监测，记录巡更时间和巡更人的相关信息，该方法能有效地促进营区内的巡视工作，加强营区的保安防范措施。

8.5.4.6 消防报警系统

消防报警系统,又称火灾自动报警系统,它是由触发装置、火灾报警装置、联动输出装置及具有其他辅助功能的装置组成的,它具有能在火灾初期,将燃烧产生的烟雾、热量、火焰等物理量,通过火灾探测器变成电信号,传输到火灾报警控制器,并同时显示出火灾发生的部位、时间等,使营区内人员能够及时发现火灾,并及时采取有效措施,扑灭初期火灾,最大限度地减少营区内因火灾造成的生命和财产的损失。

8.5.4.7 涉密载体管理系统

以物联网技术(RFID、条码)为基础实现保密文件或载体管理的信息化、智能化,加快构建适应履行使命要求的现代化保密文件或载体管理体系。通过建设涉密载体管理系统实现对涉密文件进行分类存档,提供定人定物智能存取功能。

系统可对密级文件或载体的借阅、归还、在位情况等进行全方位、全流程跟踪以消除安全隐患。保密文件或载体根据不同的重要程度,划分不同组别或级别,加以编程及设定保管员、管理员,便可以追踪管理员、保管员工作过程。

8.5.4.8 考勤管理系统

通过考勤系统实现对机关干部上下班、加班和出操情况进行登记并分析,考勤系统可采用打卡、指纹识别、人脸识别等,对勤务人员自动登记,对岗哨交接岗和查铺查哨情况自动登记。具备权限管理,各营只能查看各自考勤记录,机关可查看全部信息。

考勤管理使军队对人员考勤实现了信息化管理,目的是实现人员考勤数据采集、数据统计和信息查询过程的自动化,完善人事管理现代化,方便人员上班签到,方便管理人员统计、考核人员出勤情况,方便管理部门查询、考核各部门出勤率。

8.5.4.9 网上办公系统

用户在网上登录账号后,根据用户的权限为用户设计出相应的功能。该系统包括收发文管理、公告管理、文档管理、会议管理、意见管理、营区人员管理(门禁授权管理、请销假管理)、营区车辆管理(车辆门禁授权权利、营区内人员车辆使用管理）的功能。其满足了营区办公信息化管理的基本需求，解决了传统手工操作效率低、出错率高和交互能力差等问题。

移动办公系统，可以让营区工作人员摆脱时间和空间的束缚。办公相关信息可以随时随地通过无线网络进行交互。利用移动终端的信息化系统，建立手机与营区软件应用系统的联系，摆脱时间和场所的限制，有效提高管理效率。

8.5.4.10 远程视频军事训练监控系统

使用视频监控技术，在军事训练场地布设摄像头，摄像头布设在各个角落并设置高空摄像机，通过网络传输到远程训练监控室，能够供领导实时查看训练情况。

8.5.4.11 智能打靶系统

基于本智能系统的报靶方式，在靶位周围安装有数个双排交错配置的光电二极管用来接收目标中靶时的信号，FPGA 随时检测光电二极管电平的变化，据此计算弹着点的坐标位置，并通过 RS232 方式将此坐标传输至上位机。上位机采用 LABVIEW 编制友好的人机界面，射击时按弹序显示各靶位当前射击环数、各靶位总射击次数并同步模拟显示弹着点在靶面上的位置，射击结束后存储射击结果数据。

8.5.4.12 训练数据监测系统

数据采集手环是一种集北斗定位、监测心跳、睡眠、计步、高度、气压、指南针、生命体征等多种参数于一体的腕表，方便用于日常训练、人员定位。每个腕表都有独立的标识码，官兵在使用腕表的时候，在系统中进行人员和标识码的绑定，将腕表检测数据导入系统中，形成官兵的训练和身体检测数据，系统按相关算法，进行人员训练数据的分析，形成相应的报表。

8.5.4.13 后装保障工作

采用现代信息处理技术，对营区会计信息进行采集、存储、处理及传送，完成会计核算、监督、管理和辅助决策任务的系统。

基于系统用户管理系统提供的应用接口，建立营区供给管理系统。用户登录后根据其权限进入营区供给管理系统，通过信息技术实现对军需伙食、给养器材等方面的信息化管理，实现信息的互融互通，提高部队供给工作管理效率。

建立装备基础信息库，运用条码技术和射频识别技术对装备进行基础信息进行采集，实现装备的网上调配、维修等。

通过对营区供水、供电等设备实施智能化改装，对营区公共设施设备进行实时数据采集，实现整个营区公共设施在线监测和远程管控，做到"设备管理可调化，设施管控智能化"。

建立营区环境监测系统，实时监控营区环境质量，为营区内改善环境和活动组织提供强有力的支持。在营区内设置温度、湿度、风向、风力、大气压传感器、PM2.5、PM10、一氧化碳、二氧化硫、二氧化氮、臭氧等电子传感器，将实时数据传送到后台，然后将数据通过广播、首页公告、电子大屏等方式告知营区内人员。

基于系统用户管理系统提供的应用接口，建立营区网上报修系统。用户登录后进入营区网上报修系统，对营区内各类物品进行在线报修，经过后台审核通过，维修人员进行上门维修。

8.5.4.14 战备保障工作

根据战备值班规范，规范细化值班职责、内容和流程、值班员基本信息、值班日志、军警民通联方式，通过战备值班系统，可随时查询了解相关内容，记录值班日志、汇总上报值班情况；系统根据记录的值班情况，可汇总生成周、月、季、年度战备工作情况。值班室可以发出警报信号，各个值班室之间可以实现指令、文件的传输和音频、视频的通信。

通过战备方案管理系统，实现网上方案制订、实时修订、快速生成、精确分发等功能。按照实用、管用和可操作要求，根据担负不同任务，修订完善战备和非战争军事行动方案及相应保障计划；规范设置战备计划种类、任务、机构编成、人员编组、武器装备、物资器材等内容、格式、要素，形成电子化、数字化战备方案，方案涉及人员、装备遇有调整变动时能够实时修改；遇有紧急情况时，作战值班室根据部队首长命令指示，利用系统快速生成相应方案计划，迅速启动相应编号方案（将所有方案编号）、精确分发到各下级部队。

战备指挥调度主要包括代码传递、文电传递、视频传递三个模块，通过这三个模块实现指挥文书下达及指挥信息的交互功能。

建立数字武器弹药库房，利用射频识别技术，对装备和弹药箱进行编码。利用智能装备箱和装备标签，对装备出入库进行智能化管理。在装备箱旁边设置射频识别机器，对装备的出入库进行识别。并利用视频监控系统对武器弹药管理的重点位置进行监管。利用手持金属探测仪对进出枪支弹药库房的人员检查身体。

8.5.4.15 政治管理工作

建立营区政治相关工作的主页，用于政治工作的公告、组织安排、会议管理、政治活动宣传等。

在各营建设触屏计算机电视终端和电子屏显示终端，用于动态展示的信息，信息包括公示信息（政治思想教育活动）、单位信息（重要通知、指示）、本级特色栏目（营区内文化活动）、财务信息、网络教学视频。

全时自动搜索涉军舆情信息，实时快速筛查单位人员网上暴露军人身份问题。舆情信息自动筛查系统主要通过对海量信息的自动抓取、高效智能分析与人性化信息展示和预警，来实现舆情信息的监测和管理。

建立网上图书馆，用于营区内图书的管理，利用电子标签技术实现图书的自动化管理。并建立电子书数据库，提供电子书的下载与上传功能，供营区内人员使用。

8.5.4.16 综合态势分析

综合态势系统基于数据分析相关技术和三维 GIS 平台，建立相关统计评估模型，以图表、报表等可视化方式按不同层级、不同维度统计汇总展现人员、装备、车辆、环境、公共设施及各管理业务等方面，使部队首长和各级领导能够全面方便地了解整个营区和各级部门的综合态势，辅助管理者进行有效决策。综合态势系统包括人员态势分析、装备态势分析、车辆态势分析、营区环境分析四个模块。

本章小结

物联网技术应用于军事营区，既有地方区域管理的共同要求，又有军事营区安全管理的特殊要求。因此，基于物联网的智慧军事营区必然具有鲜明的特点，尤其最后介绍的陆军某旅智慧军营应用案例具有重要的参考价值。

第9章

智能物资管理

本章包括物联网在智能舰艇后勤监控系统、后勤装备维修系统、军队固定资产管理和军队档案管理中的应用,并介绍了医疗设备的管理、美国海军的仪器管理、美国海军的基于 RFID 的资产管理等应用案例。

9.1 智能舰艇后勤监控系统

智能监控是物联网的重要应用之一。在物联网出现之前,智能监控主要是指在嵌入式视频服务器中,集成智能行为算法,能够对画面场景中的人或车辆的行为进行识别、判断,并在适当的条件下,报警提示用户。

物联网技术的兴起和发展打破了传统视频监控固守的狭窄领域,一方面引入了更深层次、更高程度的信息化的管理,建立起能够共享的管理平台,解决了各部门间信息的互联互通问题;另一方面物联网将使原有监控系统上升到更为智能化的层面,无论是从数据采集、管理还是应用,都将通过智能技术更有效地进行处理。物联网概念的发展将使得监控系统朝着智能化、数字化、信息化的方向迈进。

9.1.1 智能舰艇后勤监控系统的技术方案

智能舰艇后勤监控系统由基于中心站服务器的后勤指挥控制软件、各业务部门客户端软件、仓储管理软件、冷链监控系统及任务船应用软件组成,各软件之间通过高速以太网进行数据通信(见图 9.1)。

(1)对于舰艇航海位置和速度等信息,可采用北斗卫星定位技术加以解决,实时获得舰艇的地理位置等信息,并展现到地理信息系统中。

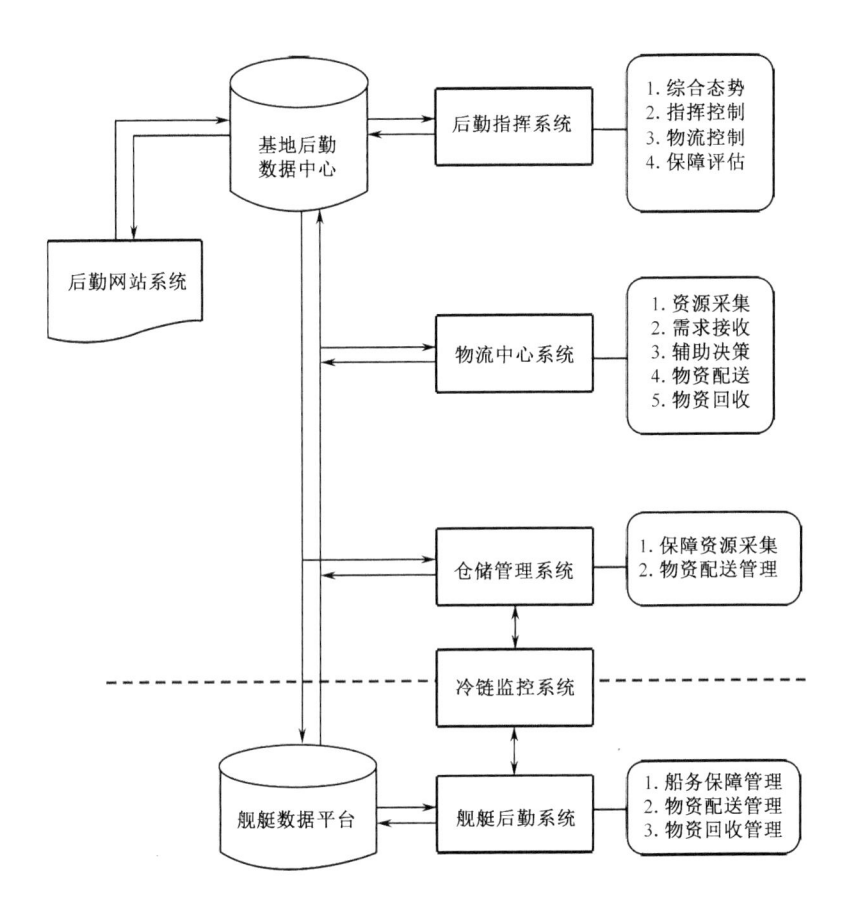

图 9.1 智能舰艇后勤监控系统拓扑图

（2）对于舰艇上的后勤物资，可采用先进的二维码，以数字、文字等信息对库存物资进行标识，提高后勤物资应急保障能力和快速反应能力，重要的后勤装备和器材还可以加装射频卡，实现精确定位和管理。

（3）对需要冷藏保存的食品、药品等物资，可采用 RFID 无线射频识别冷链温度监控系统，即在 RFID 温度标签内部装备芯片、温度传感器和超薄的纽扣电池，它每时每刻收集到的温度信息不仅能够存储到 RFID 的芯片里，还能够通过 RFID 读写天线传送出去。当食品、药品存放在仓库中时，可以通过 RFID 实时观察记录冷库的温度信息；在运输过程中，RFID 温度标签不仅实时地记录冷藏车的温度变化，还可以通过安装在冷藏车顶部的 GPRS 无线传输设备将温度实时传送到管理系统中，一旦出现温度异常的情况，系统就会自动报警，在第一时间采取措施，避免因人为疏忽导致冷链风险。

（4）对舰艇后勤物资的补充过程，可采用射频识别技术和北斗卫星定位技

术对货物进行自动识别、记录和追踪，使业务部门能及时掌握物资补充过程。

9.1.2 智能舰艇后勤监控系统的组成与功能

1. 后勤指挥控制系统

主要实现舰艇后勤物流信息的精确、可视与直观展示，为首长掌握全局与科学决策服务。主要包括以下几个功能模块。

（1）综合态势模块。即在电子地图上显示与查询供应链后端各类后勤资源静态分布状况及其详细信息，包括基地供应站、仓库、其他补给基地及任务船的各类物资储备、供应能力、投送力量等。该模块在电子地图上查询特定物资的储备数量及分布情况；在电子地图上显示与查询供应链前端地方供应商分布情况及其详细资料；实时提供关键物资库存预警状态，如库存物资较充足、消耗过半、不足 1/3 等，并根据用户设定的最低报警数量进行预警。

（2）指挥控制模块。即汇总各业务部门保障建议、保障计划、部队需求。主要包括自动生成综合性后勤保障决策建议，各类指示、批示、命令下达，供应站、仓库、厨房、餐厅等保障视频播放等辅助决策功能。包括离港前预测远洋物资需求、离港前后勤物资筹措（供应链合作伙伴选择模型）、远洋期间外港补给决策（供应链合作伙伴选择模型）、离港补给和外港补给后勤物资配送（人工生命食物链算法）、特殊情况下的保障预案的预先准备（供应链的绩效评价与柔性设计）。

（3）物流控制模块。即通过卫星定位（或定点发送物资到达位置信息）、地理信息系统、射频等技术，提供供应链中在运物资可见性（车队编号、方位、速度、物资品种数量、已有行程等）。通过数字通信手段发出指令，控制车队下一步行动。

（4）保障评估模块。主要对已完成的保障任务进行效果评估，对保障预案进行可行性评估。

2. 物流中心系统

适用于后勤各业务部门实现本专业供应链管理。主要包括以下功能模块。

（1）采集保障资源模块。主要是收集、整理、显示、查询各类后勤保障要素和保障资源的数（质）量、地理分布情况；收集、整理、显示、查询各专业地方保障资源的供应能力、数量、质量、分布等。

（2）接收保障需求模块。实时获取、汇总各保障对象的后勤保障需求。

（3）辅助决策模块。主要包括生成各专业保障预案（决心、建议、计划、方案）；制订物资申请、调拨、供应计划，满足部队临时性保障需求；制订保障物资配送方案；接收上级指示、批示、命令等数据。

（4）物资配送模块。主要包括在电子地图上监控在途物流的各种状况，并能实时调控；对供应站、仓库、厨房、餐厅等保障活动视频进行监控。

（5）物资回收模块。主要包括物资消耗查询（外港补给、国内港口主要针对需要停靠或任务特殊情况时，如任务推迟或气候原因等）；物资回收方案制订（任务结束后）。

3. 仓储管理系统

主要用于舰艇食品供应站等后勤保障实体管理舰艇所需的后勤物资。主要包括以下模块。

（1）保障资源采集模块。包括后勤物资二维码、射频数据编制，查询物资库存和收、发情况。

（2）物资配送管理模块。主要是处理后勤物资收、发业务，建立后勤物资出入库电子账册。

4. 舰艇后勤系统

主要用于舰艇后勤物资管理。主要包括以下模块。

（1）船务保障管理模块。用于保障计划生成与上报（远洋食谱、饮食保障计划等），包括临时性需求上报；外港补给、国内港口停靠补给方案生成；接收上级指示、批示、命令等数据。

（2）物资配送管理模块。包括处理物资入库、出库、消耗等业务；实时查询物资库存和收、发情况；对仓库、厨房、餐厅等保障活动视频进行监控。

（3）物资回收管理模块。包括物资消耗查询、物资消耗预测、物资回收方案制订（任务结束后）。

9.1.3 冷链管理系统

冷链物流指冷藏冷冻类物品在生产、储藏运输、销售，到消费前的各个环节中始终处于规定的低温环境下，以保证食品质量安全、减少损耗、防止污染的特殊供应链系统。冷链物流的特殊性体现在两个方面：一是对象的特殊性，冷链物流的对象是容易腐烂变质的生鲜食品；二是作业环境的特殊性，冷链物

流的储运和作业环境必须限制在适宜的低温环境下。

舰艇后勤冷链物流的构成包括生产、加工、储藏、配送等环节。舰艇食品供应站是冷链食品的配送中心，它根据各舰艇食堂的预约采购计划和战备预案，进行规模化采购、进货、加工和保管，并根据各舰艇食堂的预约采购计划，在规定的时间准时送到舰艇停靠码头。在舰艇食品供应站的工作流程（见图9.2）中引入RFID温度标签，就可以发挥RFID技术的优势，实现温度实时监控。

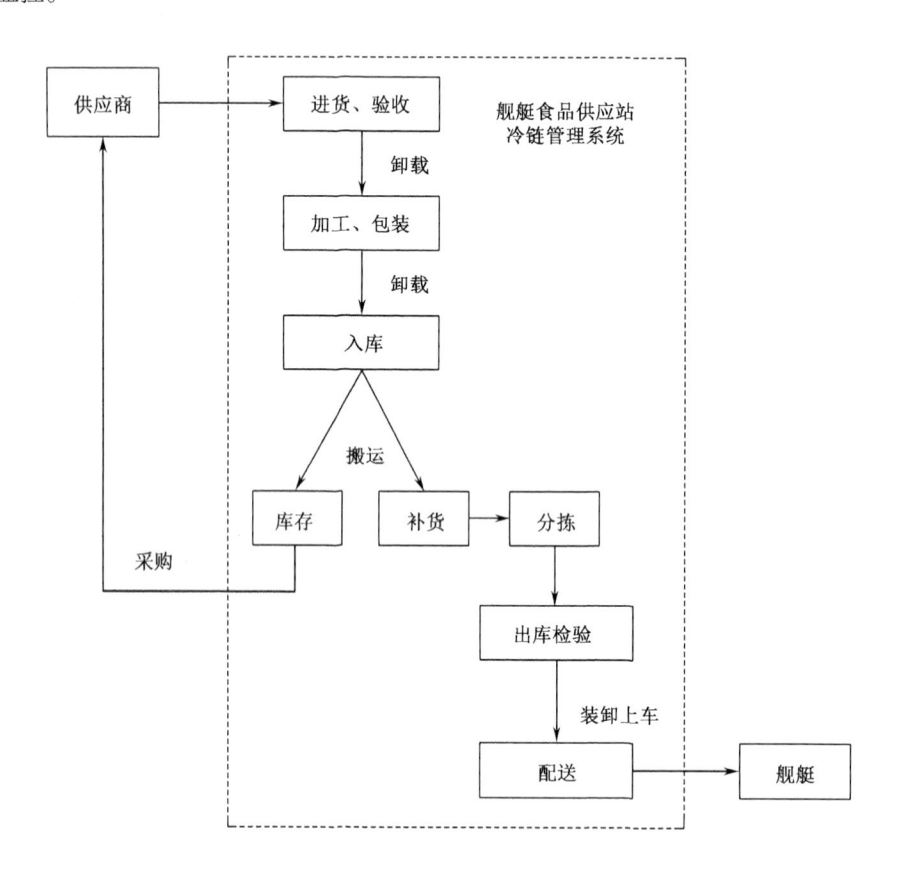

图9.2　舰艇食品供应站冷链管理流程图

RFID温度标签由供应商出厂时写入，包括食物的来源、种类、重量、用途、收货单位等信息，然后将RFID温度标签贴在包装箱上，采用专业的冷藏车运往舰艇食品供应站。在运输途中，电子标签内的温度传感器能够每时每刻收集温度信息，这些信息不仅能够存储到RFID的芯片里，还能够通过标签内的天线传送出去，并通过GPRS系统实时传送到舰艇食品供应站冷链管理系统，这样，管理人员就能够在计算机前掌握车厢内实时的温度情况，如图 9.3、图 9.4 所示。

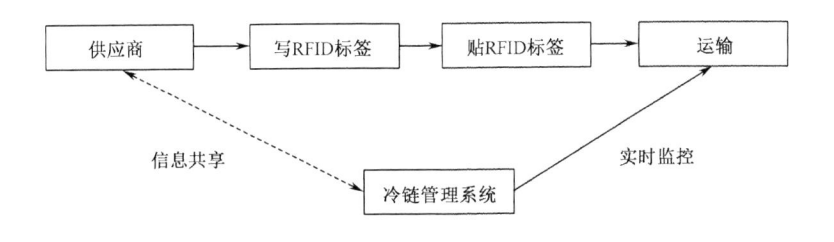

图 9.3 基于 RFID 技术的冷链运输

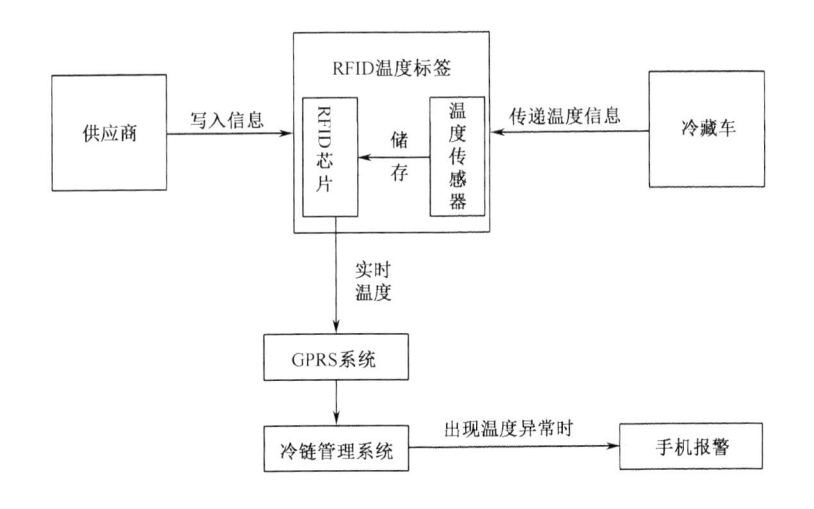

图 9.4 RFID 温度标签工作原理图

同理，食品在舰艇食品供应站的存储过程中，在由舰艇食品供应站冷链运输到码头直至进入舰艇食堂冷藏设备过程中，以及在舰艇食堂的库存过程中，都需要运用 RFID 温度标签。这样，仓库管理员不需要每天到仓库去检查冷库的温度变化，他坐在计算机前就可以随时掌握温度信息，一旦出现异常，系统就会通过设定的条件进行报警，例如，将报警信息直接发送到管理员的手机上，管理员就可以及时检查进行补救，从而实现舰艇食品全程的冷链管理。

9.2 后勤装备维修系统

装备故障诊断是指应用现代测试分析手段和诊断理论方法，对运行中的机

械设备出现故障的机理、原因、部位和故障程度进行识别和诊断,并且根据诊断结论,确定设备的维修方案和防范措施。

装备故障诊断一般包括三部分内容。第一部分是利用各种传感器和监测仪表获取设备运行状态的信息,这就是信号采集。采集到的信号还需要用信号分析系统加以处理,去除无用信息,提取能反映设备状态的有用信息(称为特征信息),从这些信息中发现设备各主要部位和零部件的性能是处于良好状态还是故障状态,这部分内容称为"状态监测",它包含了信号采集和信号处理。第二部分是如果发现设备工作状态不正常或存在故障,则需要对能够反映故障状态的特征参数和信息进行识别,利用专家的知识和经验,像医生诊断疾病那样,诊断出设备存在的故障类型、故障部位、故障程度和产生故障的原因,这部分内容称为"故障诊断"。第三部分称为"诊断决策",是根据诊断结论,采取控制、治理和预防措施的决策。在故障的预防措施中还包括对设备或关键零部件的可靠性分析和剩余寿命估计。有些机械设备由于结构复杂,影响因素众多或对故障形成的机理了解不够,也有从治理措施的有效性来证明诊断结论是否正确。由此可见,设备诊断技术所包含的内容比较广泛,诸如设备状态参数(力、位移、振动、噪声、裂纹、磨损、腐蚀、温度、压力和流量等)的监测,状态特征参数变化的辨识,机器发生振动和机械损伤时的原因分析,故障的控制与防治,机械零部件的可靠性分析和剩余寿命估计等,都属于装备故障诊断的范畴。

9.2.1　便携/可嵌入式后勤装备故障预报装置

便携/可嵌入式后勤骨干装备故障预报装置就是在后勤骨干装备上安装若干不间断监控的微型传感器,通过监测并返回该装备运行过程中的相关参数和状态,实现对后勤骨干装备故障预测报警的一类装置。依靠内置诊断技术,后勤骨干装备能够自己对整个系统进行诊断,并把故障隔离在可以更换的组件中。便携/可嵌入式后勤骨干装备故障预报装置的可编程的传感器和自动装置可对诊断信息进行检测、处理,并通过"信息贴片"(信息 IC 卡)把它传送给后勤指挥中心。通过开发便携/可嵌入式后勤骨干装备故障预报装置完成后勤骨干装备的远程在线监测、诊断与维护,它担负着支持现场人员进行后勤骨干装备的故障诊断、维护工作,采集后勤骨干装备运行过程的重要信息和监控装备的正常运行。

1. 便携/可嵌入式后勤骨干装备故障预报装置的组成

便携/可嵌入式后勤骨干装备故障预报装置的部件通常包括如下内容。

（1）可编程的先进传感器组。用于探测和采集后勤骨干装备子系统和部件的测量数据和信息。

（2）界面装置。它把数据从传感器和后勤骨干装备系统其他部件传送到数据自动收集和存储装置。

（3）数据收集和存储装置。它使后勤骨干装备系统能获取、存储和保存大量数据。

（4）安装在后勤骨干装备系统上的处理器。它的速度和能力使它能够通过数据收集和存储装置处理大量信息。

（5）输出装置。它通过显示器给操作人员提供具体的状态信息、预测信息和维修指令；另外，操作人员可通过键盘、键区或语音指令同内置式诊断装置进行交流，通过内置式诊断装置和输出装置，操作人员不必求助于维修人员就能够对系统进行修理（主动维修）。

（6）外部接口。它可以不间断地给后方指挥员提供信息。

（7）维修程式、交互式电子技术手册和其他软件产品。它们以交互的方式使用数据和信息，据此评估系统的效能，提供状态信息，做出指令并向其他数据系统反馈并发送数据。

（8）中心数据接收系统。它将接收、进一步处理、散发及向战场其他部分和各级后勤管理者传送数据。

2. 便携/可嵌入式后勤骨干装备故障预报装置的主要功能

（1）后勤骨干装备运行状态监测和故障预警报告。

（2）向后勤指挥中心提出维修请求。

（3）主要利用指挥中心功能，通过交互式手段（如信号、音频、视频交互，中心的智能诊断功能等）进行现场的故障诊断与维护工作。

（4）装备故障数据采集、处理和装备状态定期报表。

（5）可接收指挥中心发送的后勤骨干装备状态报告、运行趋势分析报告等。

3. 便携/可嵌入式后勤骨干装备故障预报装置的优点

（1）给后勤骨干装备安装便携/可嵌入式后勤骨干装备故障预报装置来消除对大部分外部检测设备的需要。

（2）协作开发先进的可编程的传感器，用来监控机械的、热能的或电力的状况，并对其变化做出反应；通过对检测数据和正常数据的比较，对故障苗头提前预警，并把数据传送到后勤指挥系统。

（3）和相关科研单位合作使用数据总线、数据采集设备、数据记录仪、处理器和输出系统，并使之一体化，以便能够记录、监控和处理数据。

（4）开发适宜的硬件和软件，使修理可在故障前进行；改进零部件故障隔离技术，使之停留在最低的可换组件一级，以此保障预测和预防性维修的实现。有些故障将由内置的例行自修功能予以修复，这种例行功能由操作员选择。

（5）使更多的修理可由装备操作者完成，从而减少了维修人员短缺可能造成的影响。

（6）削减了常备维修人员，改进了系统诊断功能，缩短了诊断时间，降低了对昂贵的工具和测试设备的需求，准确预测备件的需要量，通过精确诊断减少零部件消耗量，对装备的健康状况进行实时监控，依靠这些措施降低操作与保障费用。

（7）关键的后勤骨干装备（如野战主食加工车）将实时传送变异数据故障预测数据；不太关键的装备则把数据暂时存储，待收到查询时再传送出去；其他一些装备将把数据存储起来，以备维修人员查询。像野外帐篷、野战给养器材单元和单兵装备等将不实行数字化。零部件和其他补给品的需求均可预测，并根据预测的需求进行前送。通过上述措施把后勤同作战联结起来，就可以提供快速的保障，从而减少或消除在战场上储备大量零部件的必要性。

9.2.2　面包加工方舱 PLC 故障自诊断系统

我国军队 2005 年研制成功的 2005-75-面包加工方舱采用 PLC 集成控制系统对面包加工设备进行程序化控制。该集成控制系统通过输入模块采集传感器的信号，经 CPU 运算处理后，将相应的控制信号输出到接触器，控制相应的电机，完成各设备的启动/停止控制、生产过程和设备运行情况的状态监控、工艺参数的设定和显示。同时具有故障自动检测报警功能，可对系统工作状态进行监控，实时反映设备运行情况，分析故障原因以便及时处理。采用 PLC 集成控制系统对面包加工设备进行程序化控制，实现了从面团预醒至面包出炉的全自动化加工，简化了操作，提高了装备可靠性（见图 9.5）。

自诊断系统主要是对方舱 6 个电机和 13 个控制传感器的运行状态进行故障检测。如电机出现故障，则在主屏幕系统状态区显示"设备故障请检查"，如是传感器故障,其相应图标显示为红色;如醒箱温控、烤箱温控、水箱温控、液位、空调等系统故障,其相应工作状态区显示"故障"。

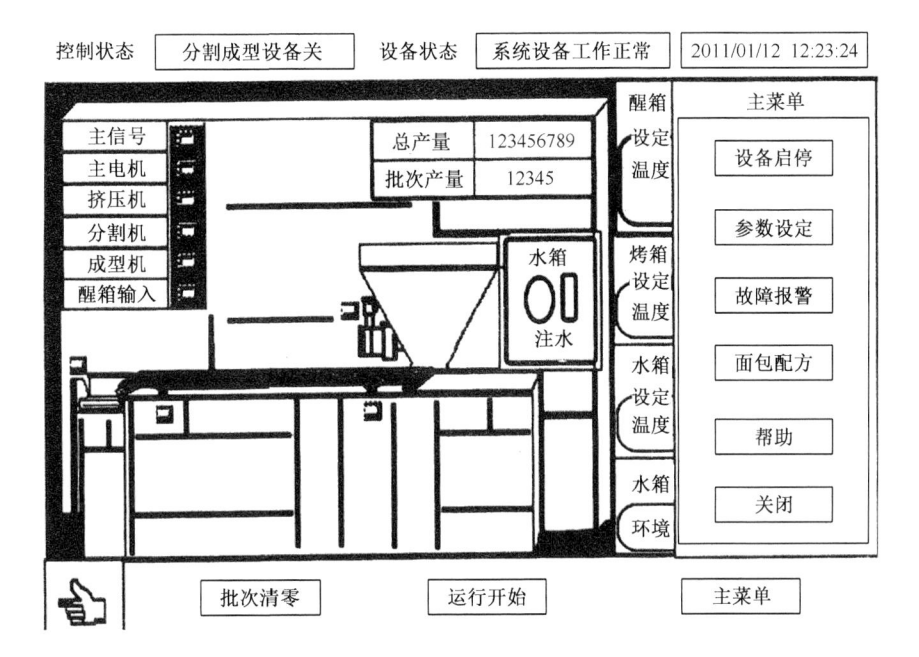

图 9.5 PLC 主菜单屏幕

1. 故障信息查询

当系统设备发生故障,控制箱面板上的蜂鸣器和主屏幕会报警,欲详细了解故障报警信息,可进入故障报警屏幕。在主菜单上按"故障报警"键,进入故障报警屏幕。故障报警屏幕显示故障发生的日期、时间及故障信息,操作员确认故障发生时间和故障恢复时间。故障发生后,若没有删除,可以作为历史记录保存下来。按"开始"键后,光标将出现,光标的样式为在该条记录上下方的底线,在未按"开始"键之前,其他键是无法操作的。按"↑"或"↓",可以向上或向下移动故障信息。按"故障说明"键,进入故障详细说明屏幕,它对造成该故障可能的原因进行分析,供操作人员参考。

2. 故障信息处理

按"删除"键,删除当前光标标识的报警信息,而其后的报警信息将向上移一行。

按"全部删除"键,删除所有的报警信息。

按"确认"键,表示光标标识的报警信息已经检查或确认,显示的颜色变为黄色。

按"全部确认"键,表示所有的报警信息已经检查或确认,所有记录将出现确认的时间,但不会覆盖之前已确认报警信息的时间,记录的颜色变为黄色。当故障已排除,故障排除的时间将出现在记录上,该记录的颜色变为粉色。

按"结束"键,光标将消失,完成在该屏幕的操作。

按"返回"键,退出故障报警屏幕,返回到主菜单屏幕。

需要注意的是,当有数个故障同时出现,为便于逐条处理,可进入冻结模式,其具体操作如下。

(1)如果连续两次按下"开始"键,将进入冻结模式,新的报警信息将暂停显示。在冻结模式下,所有的按键保持有效,但屏幕显示的报警信息并不会更新,直至冻结模式解除。

(2)按"结束"键,冻结模式解除。

(3)注意在冻结模式下,请勿按"删除"或"全部删除"键。如果按"删除"或"全部删除"键,虽然报警信息因冻结模式仍然在显示,但存储在触摸屏的报警信息实际上已被删除。

(4)在冻结模式下,如果因上述动作删除了存储在触摸屏上的报警信息,则已被删除的报警信息,将不会显示说明窗口。

9.2.3 军需装备电路板在线测试仪

随着电子工业技术的发展,军需装备越来越多地运用智能化设计,采用大量的集成电路板,这对维修人员的技术水平提出了更高的要求,利用传统的仪表,采用传统的修理手段,在现有技术条件下,很难完成电路板的准确测试和修理,电路板的修理问题已经成为提高军需装备保障能力的"瓶颈"。因此,需要研究功能强大、技术先进的集故障检测、故障隔离、故障定位、故障修理向导为一体的军需装备维修综合运用平台。主要研究工作涉及野战主食加工车、自行式炊事车、面包加工方舱、野战食品冷藏车、被服洗涤车等新一代大型军需装备。

1. 研究的主要内容

(1)建立电路板包括电路元件的结构、参数等信息的电路描述文件。

（2）建立目标测试系统模型。

（3）在保证故障覆盖率的基础上，优选测试节点。

（4）模拟电路常见故障状态端口征兆，输出节点出错步数、引起错误的元件管脚、故障类型并生成故障字典和测试命令。

（5）节点实板状态测量，输出故障诊断结果，生成维修向导。

图9.6给出了食品冷藏车控制电路板测试方案。

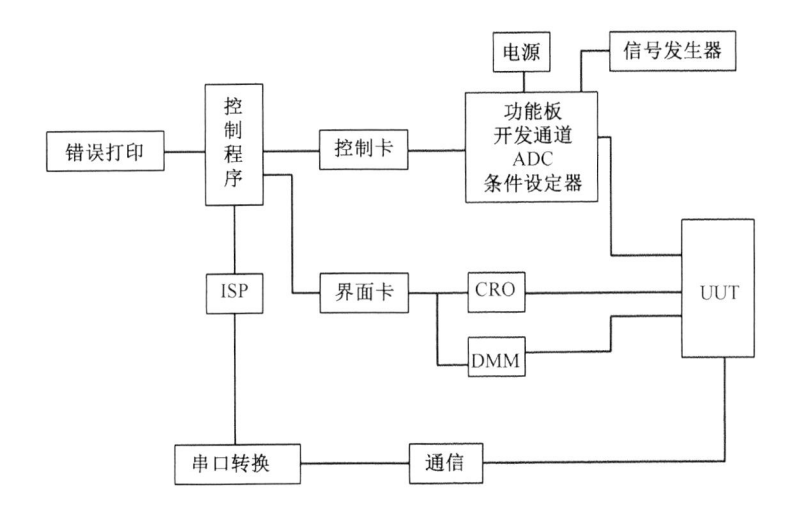

图9.6 食品冷藏车控制电路板测试方案

2. 军需装备电路板故障特点分类

电子设备中的绝大部分故障，最终都是由于元器件故障引起的，对元器件的科学分类有助于故障的诊断。以下是军需装备中各类元器件的常见故障现象。

（1）集成电路类：击穿、过热、数据遗失或不稳。

（2）晶体管类：击穿、穿透电流大、放大倍数变化、开路等。

（3）印制电路板：短路、开路和绝缘降低。

（4）电阻：变质、开路。

（5）电位器：变值、烧断。

（6）电容器类：击穿、漏电、漏油、开路、变值，可变电容器常常发生碰片等现象。

（7）变压器和阻流圈：短路、断路、漏电或绝缘击穿。

(8)其他：除上述故障还会产生绝缘元件损坏，绝缘层破裂，胶木烧焦和机械部分转动不灵活、卡住或位置移动等故障。

3. 军需装备电路板故障检测的基本思路

就电路板维修中故障元器件的分布来看，接口器件故障多，而非接口器件故障少，从器件的损坏类型来看，端口型和功能型故障占绝大部分，这些就是 ICT 应该主要解决的问题。那么，如何实现无图纸、无联机测试条件下的元件级故障检测，拟提出如下思路。

思路一：将电路板仅看成元器件的集合。电路板是由不同的元器件组合而成的，只要设法一个一个检查电路板上元器件的好坏即可。只要能检查出单个的元器件功能正常，即可认为该电路板上的故障与之无关。如此类推，就能检测出故障所在。这里的难点是如何消除电路板上其他元器件对测试的影响，即如何实现"隔离测试"，可以用等电位隔离法。

思路二：与无故障电路板做比较。从已知无故障的电路板上提取某种电特征，然后与故障电路板上的相应特征值进行比较，根据差异大小来判断是否有故障。

4. 电路板故障检测的基本方法

任何一种电路板都不可避免地存在硅片缺陷、光刻缺陷、掩模板缺陷、腐蚀缺陷或氧化缺陷等，而这些缺陷都是难以进行表征的，要利用 ICT 对这些缺陷进行检测，必须对这些缺陷的类型进行科学分类，才能提高 ICT 故障覆盖率。项目组通过查阅大量的资料，反复论证，提出了比较科学的分类方法，将故障类型抽象到逻辑故障级别，并分为三类：一是功能故障；二是参数故障；三是结构故障。前两类测试，可以判断电路是否有故障，对于复杂一些的电路则还要结合后一类测试才能对故障进行隔离、定位，实行元件级修理。

1）功能测试

着眼于输入、输出的对应关系。通过检查端口的特征（也就是输出部分）来判断 PCB 板是否故障。验证被测电路是否保持有设计时所赋予的性能规范是电路检测的主要工作，其中包括对电路的逻辑和时序的正确与否进行确认。功能测试通过在待测电路的输入端加入激励，然后在输出管脚上观察输出响应并与正确的期望值进行比较来判定电路的功能是否正确。一般的 PCB 板硬故障，如电路节点和连线出现短路和开路，使电路拓扑结构发生变化的情况，都能在输出端反映出来。对于规模较大的电路进行完备的功能测试,其所花费的时间是无法忍受的,但做一些必要的功能测试又是必需的。

2)参数测试

着眼于电路参数的变化特征。PCB 板中由于各种原因造成元件参数偏离(漂移)其标称值,参数偏离可引起电路性能下降,若参数偏离超出容差范围,便成为参数型故障,这时电路的拓扑结构虽未改变,但会造成电路性能严重下降甚至失效,这就必须进行电路或元器件参数测试。主要有直流测试和交流测试两类。直流测试是基于欧姆定律来确定器件电参数的稳态测试方法。例如,漏电流测试就是在输入管脚施加电压,这使输入管脚与电源或地之间的电阻上有电流通过,然后测量该管脚电流。输出驱动电流测试就是在输出管脚上施加一定电流,然后测量该管脚与地或电源之间的电压差。直流参数测试包括开路/短路测试、输出驱动电流测试、漏电电源测试、电源电流测试、转换电平测试等。交流参数测试测量器件晶体管转换状态时的时序关系。交流测试的目的是保证器件在正确的时间发生状态转换,常用的交流测试有传输延迟测试、建立和保持时间测试,以及频率测试等。

3)结构测试

着眼于电路的拓扑结构。若检测出电路中存在故障,需进一步定位发生故障的位置或元件,这一过程称为结构测试。结构测试并不以电路的具体功能为出发点,它用一种抽象的方法对电路中的故障进行建模,即建立故障模型。对于已经建立好的故障模型,再通过测试向量生成算法求得能检测到这些故障的测试向量,直至满足一定的故障覆盖率。

9.3　RFID 在军队物资管理中的应用

资产管理(Property Management)是军队后勤日常管理的重要部分,追踪固定资产,验证其所有者和位置。军队资产管理涉及众多固定资产:武器装备、后勤装备、办公器材、营房设备、危险品等。军队固定资产具有价值高、使用周期长、使用地点分散、管理难度大等特点。军队固定资产管理常面临如下问题。

(1)固定资产账面价值统计不准确,导致资产流失,资产重复购置,严重的情况会影响国家安全。

(2)管理人员面临繁重的盘点工作,费时耗力,且信息反馈不及时,影响

了后勤工作效率。根据美军的统计，一个物资管理员在1年的工作时间中有3个月是在对物资进行清理，而往往经过3个月的清理后才知道是否有物资丢失。

（3）资产折旧数据不准确，不能准确反映装备的运行状态，影响战技指标和物资采购。

（4）危险品的管理需要人工参与，增大了管理人员的工作危险性，且不能自动、实时地掌握危险品的保存状态。

9.3.1 应用案例：医疗设备的管理

位于美国乔治亚州的纪念大学医疗中心采用一套 RFID 实时定位系统来追踪和利用医院的移动设备，以更低的成本实现更有效的资产管理。该系统基于 900MHz 有源 RFID 标签，覆盖了医院 75%的面积（共 100 万平方英尺）。

在没有应用该系统之前，医院无法清楚了解资产状况，无法追踪设备位置、维修成本和利用率。高额的设备成本甚至使中心入不敷出，陷入负债境地。在部署了该系统之后，管理人员可以在医院局域网上查看医院平面图或单个设备的位置，只需输入一个资产号就可在医院 RFID 系统覆盖区定位出设备的位置。通过该系统还可以查看特定区域有哪些设备，或通过类别过滤设备。根据评估，在应用了该系统后医院每年可节省 40 万美元的资产管理经费。

在实际应用过程中也发现了该系统的一些问题。例如，系统有时无法精确定位出设备所在的楼层。在 X 光检测区，X 光放射线干扰了 RFID 设备的运行等。

美国加利福尼亚州的霍华德纪念医院（Frank R. Howard Memorial Hospital）部署了一套基于 ZigBee 的资产管理系统（Skytron），用于实时监控其 9 个建筑物区域内高价位设备的位置和使用情况。

Skytron 系统遵循 IEEE 802.15.4 标准，在 9 座建筑物中安装了大约 90 个 ZigBee 传感器，其功能类似于 RFID 读写器，为医疗设备安装了约 300 个有源标签。在 Skytron 系统中，标签通常需要读取附近至少 15 个传感器的范围，以帮助查明确切位置，其反过来传送回网桥。网桥可计算数米之内标签的位置，然后将这些信息连同标签的 ID 号和状态（如要求维修），通过有线网络连接到医院服务器，并上传到 Skytron 的网络运营中心。然后，Skytron 系统会在网站上解释并显示有关数据，只有授权用户才能查看。Skytron 系统还能够自诊断，所以如果其中一个传感器节点出现故障，数据仍然可以通过其余传感器进行传输，并发送警报。

通过 Skytron 系统，医疗部门和资产管理人员依据不同的权限可以实时获取医疗设备（轮椅、轮式工作站、便携式温度计和射线影像增强器等）的当前位置、状态和使用历史记录，例如，设备在哪个建筑物中或一些特殊资产的维修和清洁状况。当意外行动发生时，例如，资产在非特定时间或意想不到的出口离开时（这说明可能被盗），系统还可以向授权用户发出警报。在部署了该系统之后，医院的工作人员每月平均应用 Skytron 资产管理软件搜寻项目 750 次。医院资产丢失率从每月 30 起下降到零。

9.3.2　应用案例：美国海军的仪器管理

仪器设备的流动性比较大，且需要定期校准，管理难度较大。美国海军将条码和射频技术应用到自动测试设备（Automatic Test Equipment，ATE）的管理。

由于 80%的自动测试设备都是金属表面，因此采用了 Gen2 EPC 抗金属无源标签附着在仪器外表面，如图 9.7 和图 9.8 所示。该系统提供了自动测试设备的生存期管理和追踪（位置、当前用户、使用记录等），可以监测和报告带有 RFID 标签的仪器设备进出实验室的情况，准确掌握仪器的当前状态。依据标签记录的仪器使用历史记录和仪器的生产信息，该系统还可以提前提示管理人员仪器需要校准和维护的时间。

图 9.7　美国海军的仪器库房　　　图 9.8　仪器标签附着 RFID 标签

9.3.3　应用案例：美国海军的基于 RFID 的资产管理

美国海军在若干军用码头开始试验将 RFID 应用于物资的装船/卸船过程，对上下船的集装箱和其他移动物资进行追踪，以提高装运的效率和准确性。

原型系统采用 EPC 编码的无源 RFID 标签，包括 6 个移动式门禁和一个固定读写器，具体部署位置如图 9.9 中黑点所示。

图 9.9 美国海军某码头的 RFID 读写装置设置情况

码头上的 RFID 读写器设置点主要有三处：①码头坡面（Ship Ramp）的移动式读写设备，如图 9.10 所示；②起重吊车（Lift-On/Lift-Off）处的移动式读写设备，如图 9.11 所示；③集装箱位（Contain Lot）处的固定式读写设备，如图 9.12 和图 9.13 所示。

图 9.10 码头坡面的移动式读写装置　　图 9.11 吊车移动读写装置

图 9.12 集装箱位处的固定式读写装置　　图 9.13 集装箱的货物进出的自动记录

美军对有源和无源标签进行了实际测试。测试结果显示，有源标签的识读准确率只有 88%，其中一个致命缺陷就是电池的寿命短。这也是美国海军最终选择无源 RFID 标签的原因之一。无源标签的识读准确率可以达到 94%。对于读写错误的情况，有的可以通过对工作人员进行训练或改进标签的位置来避免。采取上述措施后，准确率可以上升到 98%。

美军在装运设备上安装了抗金属的无源 RFID 标签（见图 9.14），并对标签在设备上的附着位置进行了实际测试。如图 9.15 所示，预先设定了三处候选附着位置，用不同颜色标注，并进行比较试验，试验结果用于确定最终的附着位置，并形成标准文档。

图 9.14　拖车上安装的抗金属 RFID 标签　　图 9.15　标签附着位置测试

9.3.4　应用案例：基于 RFID 的核材料管理

20 世纪 80 年代的苏联切尔诺贝利核电站爆炸和 2011 年日本福岛核电站泄漏事故在造成巨大损失和恐慌的同时，也不断提醒我们核材料安全的重要性。军用核设施的安全，核武器、核材料的存储和运输的管理理应得到足够的重视。

为了提高军用核材料管理的安全性，美国阿尔贡国家实验室（Argonne National Laboratory）在美国能源部的支持下，进行了基于 RFID 的核材料管理的应用试验，取得了良好的效果。

试验系统在存放放射性核材料的容器上安装有源 RFID 标签，如图 9.16 所示。RFID 标签可以实时获得核材料的当前状态和历史数据，减少人工操作，提高效率和安全性。

考虑到存储核材料使用的是金属容器，RFID 标签采用 433.9MHz 的有源抗金属标签。有源标签用两个螺栓固定在容器外侧，只要其中一个螺栓变松，传感器就会发出警报，向读写器发送信息并在标签存储区内进行记录。

图 9.16　安装有源 RFID 标签的核材料存储容器

后台系统根据收到的信息，提示操作人员采取措施。

RFID 标签自带的传感器监测的环境参数包括温度、湿度、振动、光强、密封情况，只要发现测量值超出预定阈值就会发出警报。传感器可以检测到容器的移动，从而保障核材料的安全。

试验结果显示，频繁的报警会消耗电池的电能，但所幸出现报警的情况比较少。周期性将标签存储的文件发送给读写器，尤其在文件较大的情况下，会严重消耗电池电能，但通过合理的控制周期，电池的预期寿命可达到 10 年。

试验还测试了标签在核辐射环境下的性能和电池寿命。该项测试持续了 3 个月，测试结果显示：当核辐射吸收总水平低于 31krem 时，所有的标签都能够正常工作；当核辐射吸收总水平超过了 31krem 时，少量标签出现了故障。按照美国存储核材料容器的表面辐射情况，这意味着标签能够累积正常工作 17 年。实际情况下，在存储和运输核材料的过程中，核辐射水平更低，因此工作寿命会超过 17 年。

为了方便远程管理，软件系统采用直观的图形界面向管理人员呈现核材料存储和运输过程中的实时状态，如图 9.17 和图 9.18 所示。操作人员可以点击鼠标来查看特定区域的容器的状态。软件根据 RFID 标签返回的状态数据，用不同的颜色来表示容器的状态。绿色表示安全，黄色表示警告，红色表示危险。当点击到特定容器，其详细状态信息也会显示出来。

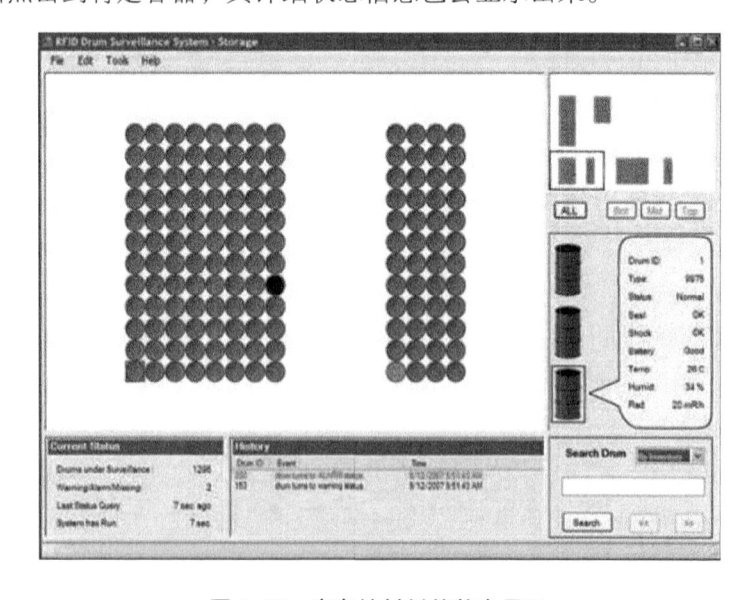

图 9.17　库存核材料的状态显示

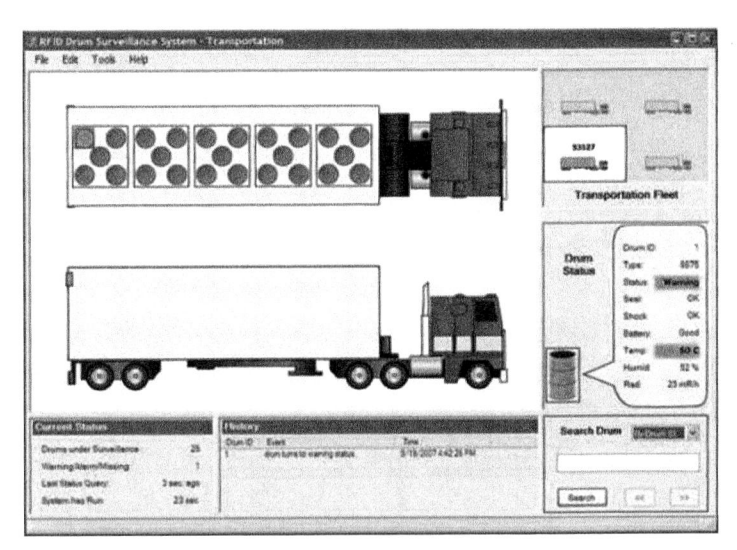

图 9.18　运输核材料的状态显示

9.4　军队档案管理

9.4.1　传统的档案管理方式的不足

当前的军队档案管理普遍采用实物档案管理的方式，但由于借阅人员归档意识淡薄、规章制度欠缺、保管条件受限及实物档案自身的建档时间不确定、载体多样性等特性，现有的实物档案管理方式仍然存在诸多弊端，主要表现在以下 4 个方面。

（1）实物档案管理不完善。由于实物档案形成时间不确定、形成规律不一致，具有一定的不可预见性，加之相关部门归档意识薄弱、相关规章制度不健全，往往导致实物档案归档延时、归档疏漏，收集过程中的时效性、完整性难以保障。

（2）实物档案保管效率较低。在传统的档案管理中，档案管理员需要人工定位、取阅、核对档案。当档案规模较大时，面对频繁的调阅请求，管理员的工作量巨大，较低的工作效率影响了档案工作的服务质量。

（3）实物档案管理自动化程度不高。档案室每天面临大量借用记录的手工录入。手工录入容易出现输入错误。录入信息存在滞后性，检索的利用价值大大减低。实物档案存在跨库房、跨区域存放的现象，即使在同一库房，也可能分散在各处。这些都给大规模档案材料的日常保管、维护、定位带来不便。

（4）实物档案追踪困难。无法跟踪外借档案的实时状态（持有人、存放位置、时间等）。档案管理人员往往只登记档案借阅者借还文档的记录。但是二次借阅档案的情况无法监控，存在管理盲区。往往在档案丢失很长一段时间后，才重新寻找，但无法确定丢失发生在二次借阅的哪个环节。

9.4.2　基于 RFID 的智能档案管理

美军早在 20 世纪 80 年代初就开始将条码技术应用于保密档案的管理。相对于传统的人工管理，实现了实物档案信息的自动识别与核对，减少了 40% 的人工。目前美军的档案管理正由条码技术向 RFID 技术过渡。美军保密档案自动管理系统的数据库设计如表 9.1 所示。

表 9.1　美军保密档案属性表

字段	说明
Control Number	标签控制码
Division	部门
Classification	保密级别
Date Received	接收时间
Status	借阅状态
Courier Register Number	注册码
Review Declassify	消密
Individual Item	个别项目
Number of Copy	复制数目
Date Originated	生成时间
Description	内容描述
Originator	生成人
Remarks	备注
Destruction Transmission Data	销毁时间
Bar Code Label Number	条码代码
Discrepancies	差异

档案管理从原来的纸签名，转变到系统定位自动记录。档案管理员从原来的条码扫描，手工整理，转变到一键获取文档使用报告，提高了档案管理的及时性、可视性和可追溯性。

每份档案上粘贴一个 RFID 标签，可以存储文档借阅人的信息，借阅后的位置和时间信息也可以存储在标签内。通过 RFID 读写器，可以快速定位特定档案的位置，不仅使得档案管理人员能够通过软件系统轻松获知该实物档案目前的位置、存放地点，确认实物的移动和保存状况，甚至能够控制标签上的蜂鸣器和 LED 发出声光提示，从而轻松便捷地掌握文件。通过 RFID 标签还可实时跟踪该实物档案的入库、出库记录及借阅者使用相关情况，提示档案馆（室）工作人员及时干预或催还。

基于 RFID 的档案追踪技术可以对档案进行全生命周期的全方位追踪，减少档案定位和处理所带来的消耗，提高工作效率，防止文档丢失，保证文档的安全性。通过摄像头、传感器、RFID、无线通信的有效结合强化了档案监控，档案的使用效率及安全保护得到了有效平衡。减少了人工参与，提高了档案管理的自动化程度，一些系统的实际应用显示档案查找定位效率提高 90%。

目前基于 RFID 的档案管理系统以无源 13.56MHz 的最为多见，少数应用系统采用了 2.4GHz 的有源 RFID 技术，进行大范围全向 24 小时定位、监控。在有源标签上集成蜂鸣器和 LED 发出声光提示，把标签与文件一体化。实际测试中，室内定位精度可达 3~5m，档案放于铁皮柜，保险柜内也能被读写器的命令呼叫成功，并以声音回应，极大地方便了档案搜索。

基于 RFID 的档案管理系统通常由以下部分组成。

（1）RFID 档案标签。用于标识档案实物，直接粘贴在档案表面，可根据文档形式具有不同的标签标记方法，如图 9.19 所示。在每个实物档案形成之初便植入 RFID 标签，并在标签中存储该实物档案的存放地点、理化性状、来源、内容等摘要信息。档案馆（室）工作人员可以对实物档案提前控制，预知实物档案的数量、性质、完整程度等信息，保证接收实物档案的齐全与完整，也有利于征集实物档案工作的开展。

（2）RFID 档案柜管理。具有 RFID 读写功能的档案存放设备，可存放带有标签的档案或档案盒，同时对存取进行权限认证和记录，如图 9.20 和图 9.21 所示。

（3）档案定位与追踪系统。对档案的出入、流转进行自动监测追踪，对于未经允许的文件资料流转，系统发出报警、通知、定位，防止档案泄密和损坏。一些系统在整个办公区域部署吸顶设计的控制器，安装在天花板上，不占用办公室平面空间，使得安装更为方便，如图 9.22 所示。

图 9.19　粘贴 RFID 标签的档案 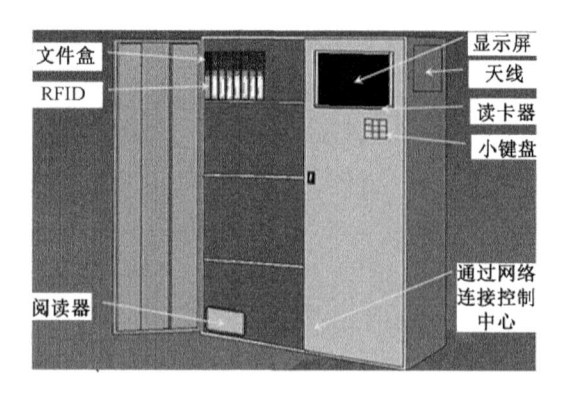　　　　图 9.20　RFID 档案柜图

图 9.21　粘贴 RFID 标签的档案盒 　　　图 9.22　吸顶式 RFID 控制器

（4）档案室 RFID 门禁系统。通过在档案室出入口安装固定式 RFID 读写器，对档案进出感应记录。监测是否有非法档案带出，并对非法带出人员进行拍照记录。

（5）档案环境监测系统。在库房或实物档案陈列室等保管环境中部署各种传感器，监测实物档案的保存环境，及时自我调控，及时预警。监测参数包括温度、湿度、化学气体或液体浓度、异常进入等。

（6）网络接入。通过有线或无线的方式与中央控制数据中心进行数据交换。

（7）中央控制数据中心。控制整个系统高效正常运行，后台数据库存储了档案的相关数据。

9.4.3　应用案例：WhereDoc 文档管理追踪系统

获得 2006 年度 Oracle 创新奖的 WhereDoc 系统是一个采用 WhereX 框架、基于 RFID 的档案管理系统。WhereX 框架用于大规模识别、感知和定位应用系统的开发，其内嵌的 WhereDoc 系统可以同时管理上千个感知设备，包括 RFID

读写器、无线传感器和地理信息系统等。

WhereDoc 可以自动定位档案，解决档案归置错误给档案定位带来的困难，还能够一定范围内监控档案的位置和移动情况。WhereDoc 系统中，每个档案均粘贴上 RFID 标签，可以实时记录谁移动或替换了该档案，操作是否得到授权；档案管理员持有用于身份标识的 RFID 卡，用于认证管理员的身份；在档案室的出入口设置固定的 RFID 读写器，对档案的出入进行自动控制和记录。基于 Web 的软件系统与 RFID 自动识别系统、后台数据库相结合，可以显示档案的位置及档案当前的借阅人的个人信息等。

档案上的 RFID 标签采用 EPCGen2 被动式标签，读写器的识读距离可以达到 12 英尺。标签采用一次性设计，防止人为移动、伪造标签。档案销毁时，其对应的 RFID 标签也应当销毁。

固定式 RFID 读写器部署在天花板后面、门口和走廊等处，可以一次性读取一批档案的信息。读写器自动记录档案标签信息，将其传输到后台数据库，并更新档案的当前位置。档案管理员通过手持式 RFID 读写器来快速定位、取阅档案，如图 9.23 所示。尤其是一些未按标准程序归置的档案，手持机可以向管理员提示档案的位置。手持式 RFID 读写器可以 2m/s 的速度移动，可以读取档案架或档案柜上的档案 RFID 标签。档案标签可以相互紧贴，不需要保证最小间隔距离。该系统实际应用后的数据显示，取阅档案的时间缩短为原来的 15%，定位误放档案的时间缩短为原来的 5%。

图 9.23 通过手持式 RFID 读写器定位档案

本章小结

　　以 RFID 和传感器为代表的物联网技术在很大程度上改变了军队物资管理的模式。一方面，军队和地方的应用具有很多类似的地方，可以借用成熟的技术和经验直接应用；另一方面，军队又有其特殊的应用与限制。需要针对其特殊的应用环境和业务流程，进行充分的技术测试，才能让先进的技术真正发挥最大效能。特别是无线信号的安全问题值得注意。

第10章
基于物联网核污染应急监测

本章重点结合核应急管理的"一案三制"需求,从核辐射应急监测技术角度,描述了物联网技术在核污染应急监测领域的应用场景。

10.1 核应急概述

能源是人类社会的生命线,是满足人类基本需求、支持和促进经济发展提高生活水平的重要因素。全球正面临着化石燃料枯竭的危机,解决这一问题的最好办法之一就是开发核能,但任何事物都有其两面性,核电也不例外。核技术的广泛应用,在给人类带来巨大利益的同时,也会因为某些人为的和技术的原因,发生危及人类生命和财产的放射性事故和核事故。根据国际原子能机构(IAEA)公布的 1945—1997 年,世界范围内发生的较重大的核事故或放射事故 135 起(不完全的统计),使 669 人受到显著照射,87 人死亡。其中涉及中国的放射事故 10 起,受照人员 47 人,6 人因受照死亡。

核应急是为了控制核事故、缓解核事故、减轻核事故后果而采取的不同于正常秩序和正常工作程序的紧急行为,是政府主导、企业配合、各方协同、统一开展的应急行动。核应急事关重大、涉及全局,对于保护公众、保护环境、保障社会稳定、维护国家安全具有重要意义。

《国家核应急预案》是中央政府应对处置核事故预先制订的工作方案,涵盖了核应急预案、核应急法制、核应急管理体制、核应急机制"一案三制"建设,通过法律制度保障、体制机制保障,建立健全国家核应急组织管理体系。

核应急能力提升离不开先进技术的支撑。核应急支撑技术主要包括核应急

区域前端核污染信息和气象环境信息等数据采集、核应急数据实时传输、核放射性剂量估算、核事故后果评价与决策支持和核应急医疗救治等。

采用先进物联网传感器技术，通过车（船）载巡测设备、航空辐射监测系统、辐射监测与事故响应机器人等装备完成对地面、空中、水下等与核应急有关的核污染和气象环境数据的实时采集。通过先进通信技术，核应急指挥中心采用核放射性剂量估算系统和核事故后果评价系统对采集核应急信息数据进行处理，为政府决策和核应急医疗救治等提供技术支持。

10.2 物联网核应急监测平台框架

一旦发生重大核事故，如发生在 1986 年乌克兰切尔诺贝利核电厂由于第四号反应堆爆炸而导致大量高辐射物质泄漏，以及 2011 年日本大地震引起的福岛核电站放射性泄漏等核事故，再有就是核潜艇在执行任务时在海底发生重大核事故，或者战时遭受敌方核攻击等，一旦发生这类核事故，则必将在核事故发生的某个区域范围内产生很高剂量的放射性物质。如何能够快速及时地监测到这类区域的放射性剂量，对于核事故评估和事后处理策略的制定具有非常重要的指导意义，而核污染应急监测就能快速及时地完成对核事故区域的放射性测量。构想中的物联网核应急监测平台系统如图 10.1 所示。

图 10.1 物联网核应急监测平台系统

某个区域由于核事故而引起了放射性污染。为了监测该区域放射性剂量率，且还由于该区域可能存在很高放射性剂量或地理环境限制（如海面），不适合通过人员进驻区域进行实地测量，更为安全的做法是通过某种方式，比如

直升机空投方式，将足够数量的放射性传感器尽可能均匀地投放到需要进行放射性测量的区域。这类核辐射传感器除了可以正常地对不同种类的放射性，（如 β 射线、γ 射线及 α 核辐射等）进行测量之外，还具有无线自组网通信功能，使得投放在监测区域内能正常工作的放射性传感器形成一个无线多跳网络，处于传感器网络边缘节点必须通过其他节点向网关节点发送测量数据。而网关节点可以通过无线自组网相关协议自动选举产生，整个区域内传感器测量到的放射性数据传输到通过选举产生的网关节点后，由该网关节点通过无线通信传输技术发送到空中信息中继设备。空中信息中继设备既可以是安装在直升机上的一个无线通信中继设备，也可以是一个悬挂了无线通信中继设备的气球等。该空中信息中继设备一旦接收到来自核污染区域内放射性传感器的测量信息后，再通过无线通信技术将相关数据传输到核辐射监测中心，作为后方技术人员和决策者判断现场核辐射污染程度等级的重要依据。

地面人员通过车载指挥信息系统与无人机进行通信，远程遥控搭载各类监测设备的无人机对核电站进行高清光学影像侦察、气象数据测量及核辐射剂量率的监测等，无人机通过数据链将监测设备传回的数据连同卫星导航定位信息发送至移动专用应急车，车内指挥信息系统将各类信息整合在 GIS 中，将温湿度等气象图、核污染区域变化图等显示在指挥大屏上，以便指挥人员进行分析与指挥。另外，车内指挥人员通过中心收发机与后方的应急综合指挥调度中心进行通信，将综合数据发送到后方，后方也可以发送文字指令至移动专用应急车，车内指挥信息系统可将其转换成语音指令进而指导车内指挥人员下一步的行动。

10.3 物联网核应急监测关键技术

核污染应急监测涉及的关键技术主要有核辐射探测传感器技术、无线自组网技术、气象环境信息采集技术和无人机技术等。

10.3.1 核辐射探测传感技术

核辐射是原子核从一种结构或能量状态转变为另一种结构或能量状态过程中所释放的微观粒子流，具体包括 α 射线、β 射线、γ 射线及中子辐射等。核辐射可以引起物质的电离或激发，称为电离辐射。核辐射探测器就是通过粒子与某种特殊介质相互作用而产生电离或激发信号，这种信号经过电子学线路放

大后被记录、分析，转变为各种形式的直接或间接可为人们所感知的信息，从而确定粒子的数目、能量、位置、方向等重要物理量。

按照传统的探测器分类方法，依据具体的工作介质不同可分为三种：气体探测器、闪烁体探测器、半导体探测器。这三类探测器是目前核探测器领域最常用的探测器，构成了现代核辐射探测技术的基础。同时，随着核物理和粒子物理基础研究的深入，需要更高能量分辨率、超快时间响应、实时测量获取实验数据等先进的辐射探测技术，相应地发展了多种类型的新型探测器。

10.3.1.1 气体探测器

这类探测器的主要特点是以气体作为探测介质，在核物理发展的早期，由于当时技术水平有限，气体探测器曾是应用最为广泛的探测器，对核物理研究的发展做出了重要的贡献。直到 20 世纪 50 年代，由于闪烁体探测器和半导体探测器的发展，气体探测器才逐步被取代。然而，由于气体探测器所特有的优点，它制备简单、性能可靠、使用方便，目前在核物理研究及核技术应用领域仍在被大量使用。气体探测器的主要类型有电离室、正比计数器和盖革—米勒计数管（G-M 计数管），其中以 G-M 计数管最为常用。

气体探测器是一个内部充有气体，两电极间加有电场的小室。它的主要工作原理为，当带电粒子进入气体介质内，和气体发生相互作用，使气体电离成为电子和正离子，正离子和电子将会在电场的作用下，分别向两极运动，在阳极产生信号，由电子学系加以成形、放大、记录并输出。三种类型的气体探测器基本工作原理类似，但电离室工作电压比较低，没有放大功能。正比计数器的工作电压相对比较高，可以将原始的电离信号等比例放大后输出。而 G-M 计数管的工作电压最高，此时的输出信号已不再正比于原始的信号，因而只具有计数功能。

电离室及正比计数器可用于 α 源等重离子的强度测量、能量测量。在当前，由于半导体探测器及闪烁体探测器的应用与发展，除了很少数特殊的测量场合，电离室及正比计数器在实验室级的测量中已经很少使用。G-M 计数管虽然只能用于计数，但因其结构简单使用方便，因而在测定放射性相对强度、方向等方面应用还一直比较广泛。

10.3.1.2 闪烁体探测器

闪烁体是利用辐射与特殊的闪烁体物质相互作用，使其电离、激发而发出

闪烁荧光来探测电离辐射的探测器。闪烁体探测器是目前核辐射探测中被应用比较广泛的一种探测器，经过几十年的发展进步，现已成为相当完善的一种探测手段。

闪烁体探测器是由闪烁体、光电倍增管和相应的电子仪器三个主要部分组成。闪烁体探测器的主要工作过程如下：射线进入闪烁体使闪烁体原子电离或激发，受激原子退激而发出闪烁荧光，荧光光子被收集到光电倍增管的光阴极，通过光电效应打出光电子，电子运动并在光电倍增管中倍增，经过倍增后的信号最后由阳极输出回路中输出。

根据闪烁体具体材质的不同，常见的闪烁体探测器可分为三类。

（1）无极闪烁体，如 NaI（Tl）和 CsI（Tl）晶体，它们对电子、γ 辐射灵敏，发光效率高，有较好的能量分辨率，但光的衰减时间较长。例如，BGO 晶体，密度大，发光效率高，因而对高能电子、γ 辐射探测十分有效。例如，ZnS（Ag），主要用来探测 α 粒子，如玻璃闪烁体，可以测量 α 粒子、低能 γ 射线。

（2）有机闪烁体，这一类闪烁体包括塑料、液体和有机晶体，它们的普遍特点是光衰减时间短，常用于时间测量，探测效率极高。

（3）气体闪烁体，包括氙、氦、氩等惰性气体，气体闪烁体的发光效率不高，但其光衰减时间极短，而且与其他类型闪烁体相比，它的发光强度与入射粒子能量有很好的线性关系。

闪烁体探测器的适用范围很广，对于能量在 1 eV~10 GeV 范围内的粒子都比较适用。闪烁体探测器探测效率高，时间分辨快，已成为当今应用最多的探测器之一。在高能物理及核物理、地球物理学、放射化学、医学物理、安全稽查等众多领域都得到了应用。其中又以无极闪烁体探测器的应用最为广泛，NaI（Tl）是一种实验室经常使用的探测器。在中子测量领域，液体有机闪烁体也有着广泛应用，研制成功的多种有机闪烁体在中子能谱测量领域发挥着重要作用。同时，闪烁体既可以用于能谱测量领域，也可以用于强度测量、时间测量等领域。

10.3.1.3 半导体探测器

在核辐射探测领域，一个最为标志性的重要进展，就是半导体探测器的发明和使用。电离辐射在半导体介质中产生一对电子、空穴平均所需要的能量大约为在气体中产生一对离子对所需能量的 1/10，因而半导体探测器具有很高的能量分辨率。自问世以来，这种探测器就得到迅速发展并被广泛使用，是目前

性能最突出、使用最广泛的一类探测器。

半导体探测器的基本原理是带电粒子在半导体探测器的灵敏体积内产生电子-空穴对，电子-空穴对在外电场的作用下漂移而输出信号。半导体具有很多突出的优点：①非常好的位置分辨率；②很高的能量分辨率；③很宽的线性范围；④非常快的时间响应；⑤体积可以做得很小。半导体探测器广泛地应用于各个领域的射线能谱测量，在粒子物理与核物理实验中得到广泛应用，在天体物理、宇宙线科学、核医学数字成像技术等领域的应用也迅速发展。

半导体探测器的种类很多，大多数是基于加反向偏压的 PN 结。常用的半导体探测器如下。

（1）金硅面垒型探测器：适用于带电粒子的能谱测量，具有十分突出的能量分辨能力，分辨率仅次于磁谱仪。

（2）Si（Li）/Ge（Li）探测器：可以获得很好的 X/γ 射线能谱。

（3）高纯锗探测器：主要用于带电粒子和能量在 300~600 keV 的 X/γ 射线。具有与闪烁体探测器相比拟的探测效率，同时可以达到很高的能量分辨。

除此之外，还有 CdTe、HgI$_2$、GaAs 等化合物半导体探测器。表 10.1 总结了以上三种最为常用的探测器类型及各自的性能。

表 10.1　各类探测器性能比较

探测器	主要类型	信息载流子	平均电离能	电荷收集时间
气体探测器	电离室、正比电离室、G-M 计数管	电子-离子对	300 eV	6~10 s
闪烁体探测器	无机闪烁体、有机闪烁体、气体闪烁体	PMT 收集的电子	30 eV	9~10 s
半导体探测器	金硅面垒探测器、高纯锗探测器、Si（Li）/Ge（Li）探测器	电子-空穴对	3 eV	8~10 s

10.3.1.4　其他类型的探测器

1. 径迹型探测器

径迹型探测器直接记录粒子的径迹图像。根据径迹的粗细、疏密、长度、曲度等信息可以推断粒子的各种信息，径迹型探测器主要用于高能物理实验中，目前用到的最主要径迹型探测器为固体径迹型探测器。重带电粒子打在诸如云母、塑料等一类的材料上，沿粒子的路径会产生一定的损伤，经过化学处理（蚀刻）后，将损伤扩大成可在显微镜下观察的空洞，就可以获得粒子的路程径迹图像。

适用于做固体径迹的材料有石英、云母及各种玻璃、金属和陶瓷等。

2. 磁谱仪

磁谱仪是通过测量不同能量的带电粒子在磁场中的不同偏转位置来测量粒子的速度和能量的。磁谱仪规避了射线与介质相互作用过程中统计涨落对能谱测量精度的影响，可以达到很高的能量分辨率。但这种谱仪系统结构复杂、技术难度大、体积庞大、造价不菲。一般针对某一大型专门实验项目而建造，适用于一些精细的、基准性的测量研究工作。

3. 热释光剂量计

热释光剂量计是一种主要用于辐射工作人员个人剂量监测的仪器，它的精度能够满足剂量测量的要求，而且使用方便，测量迅速，价格低廉。热释光剂量计可以测量一定时间内较长时间的累积照射量，在 $0.1\mu Gy \sim 100\ Gy$ 都有比较好的线性。热释光剂量计的基本原理为，当入射粒子进入热释光剂量计，将相当数量的电子从满带激发到导带，产生一系列的电子与空穴，此时如果陷阱的密度足够大，相当一部分的电子与空穴将会被陷入在陷阱的局部能级之中。当再次受到射线辐照时，会导致被俘获的电子、空穴数量不断地增多。被陷住的电子与空穴的数量代表了射线作用的累积效果，因此热释光剂量计可以测量一段时间间隔内的累积照射量。加热被辐照过后的热释光剂量计，当达到陷阱能级相匹配的某一温度时，陷阱上的电子与空穴就会被释放出来，在符合时放出荧光。光的强度直接反映了在这段时期内的辐照剂量。

10.3.1.5 新型探测器发展趋势

1. 气体探测器的新发展

气体电子倍增器（Gas Electron Multiplier，GEM）是 1997 年由 CERN（欧洲核子研究中心）提出并开发的。在两面覆铜（厚 $5\mu m$）的薄板（厚 $50\mu m$）上通过光刻技术蚀刻高密度的小孔（孔径 $70\mu m$，孔距 $140\mu m$），在两面之间施以一定的电压差，那么各个小孔处就会形成强电场，电子在此处可以发生雪崩放大，这就是 GEM 探测器的基本原理。GEM 探测器的增益可达到 10^4，空间分辨率可达 $40\mu m$。在 GEM 中，电子通过小孔倍增放大后又回到了气体中继续漂移，因此可以实现多层 GEM 结构，以达到更高的增益。

阻性板室（Resistive Plate Chamber，RPC）是由两块平行的阻性塑料板组

成的，两板之间气隙厚度约为几毫米，RPC 外表面涂覆导电石墨层作为电极，加高压在气隙中产生均匀电场。带电粒子通过气隙时会产生流光放电，在高阻的 RPC 上产生瞬时的压降，使气隙内的电场强度骤降，放电淬灭，而且放电只限制在放电点周围几平方毫米范围内。放电引起的信号可通过金属感应条或者感应片读出，以实现灵敏的位置分辨。RPC 的主要特点是时间分辨好（<1.5ns），探测效率高（约 90%），输出信号较大（200~400mV），造价低并且适合批量制作，在许多大型的高能物理实验中被大量使用。

2. 有机闪烁体测量中子

各种有机闪烁体都是碳氢化合物，都含有大量的氢原子，因而可以用作反冲质子来测量快中子。快中子产生的反冲质子在有机闪烁体内产生闪烁发光而被光电倍增管所记录。有机闪烁体的一个共同特点是发光时间短，因而可以用于强中子流的测量。在测量中子能谱的飞行时间方法中，发光时间快的有机闪烁体往往是唯一可用的。目前常用作中子能谱测量的有机闪烁体只有 NE213、BC501A 和 EJ30 等液体闪烁体和芪晶体。

有机闪烁体的突出优点是含氢的密度很大，14MeV 的质子在 NE213 闪烁体内的射程仅为 2.5mm，中子的探测效率非常高且探测效率随能量的变化非常缓慢。有机闪烁体具有超快的时间响应，快成分的光衰减时间常数为 2~4ns，是闪烁体中比较快的一种。有机闪烁体的脉冲甄别性能极好，可用于强 γ 场中测量中子。有机闪烁体体积小、结构紧凑，闪烁液体还可根据需要制成不同形状和大小的探测器。

3. 半导体探测器的新发展

硅漂移探测器（Silicon Drift Detector，SDD）是在传统半导体探测器基础上发展起来的，带电粒子在半导体灵敏体积内形成载流子，不是马上漂向两极并立即在电极板上产生感应信号，而是把电子存储在探测器内，使之沿硅片平面大体平行的方向进行漂移。这种探测器突出的一个优点是可以大大节省电子学仪器，而且更重要的是，电子在漂移很长的距离后到达一个尺寸很小的电极，所以其电容比一般的半导体探测器要小很多，因而对于提升能量分辨是十分有利的。SDD 的主要结构是一块低掺杂的高阻硅，背面的辐射入射处有一层很薄的异质突变结，正面的异质掺杂电极设计成间隔很短的条纹，反转偏置场在电极间逐步增加，形成平行表面的电场分量。耗尽层电离辐射产生的电子受

该电场力驱动，向极低电容的收集阳极"漂移"，从而形成计数电流。SDD 探测器具有高计数率、高能量分辨率、可在常温下工作、线性范围宽、响应时间快和体积小等突出优点。

另一种存储型的半导体探测器是基于电荷耦合装置（Charge-Coupled Device，CCD）。在硅微片上制成许多二维的小位阱，每个位阱覆盖几平方毫米。一个芯片上包括了几万个单元。当射线照射在其中产生载流子之后，电子被陷入这些位阱之中，当这些电子从一个位阱向另外一个连续移动直到读出电极时，这些电荷的信息被读出。目前 CCD 器件在成像领域得到了广泛应用，被认为是最有前途的探测器件，在许多方面都得到了广泛的应用。CCD 器件具有以下突出优点：①低噪声输出；②动态范围大；③量子效率高；④电荷转移效率高；⑤光谱响应范围宽；⑥稳定性好。

CZT（CdZnTe，CZT）半导体探测器是近年来发展起来的新型室温Ⅳ~Ⅵ族、三元化合物核辐射探测器，在 CdTe 中掺入一定量的 Zn 以改善晶格常数，增加其禁带宽度，提高电阻率。CZT 材料具有高电阻率（约 $1010\Omega \cdot cm$）、宽禁带（$1.572eV@RT$）、高密度（$\rho = 5.86g \cdot cm^{-3}$）、高光电探测效率（$Zeff = 49.1$）、强抗辐照能力并可室温操作等优良辐射探测性能。CZT 辐射探测器具有体积小、漏电流小、探测效率高、射线能量分辨率高、抗辐射干扰强、可以在室温下工作等突出的优点，被认为是未来高能射线探测技术发展的重点，是最有潜力的 γ 射线探测器之一。

10.3.2 核辐射传感器自组网技术

10.3.2.1 无线自组网技术

无线自组网是一个由多个节点组成的、采用无线通信方式的、动态组网的、多跳的移动性对等网络。无线自组网不需要特定的设备支持，各节点之间自行组成网络，当网络中某些节点或链路发生故障，通信时可由其他节点进行数据转发。这种网络形式突破了传统无线蜂窝网络的地理局限，不依赖有线设备，因此具有较强的自组性，建立简单，可以便捷、快速、高效地部署网络节点，适应应急场合通信。

无线自组网辐射剂量监测系统用于放射性污染区域辐射剂量监测任务实时监测。系统通过自成网络，具有无线数据传输及数据信息管理等功能。辐射剂量监测节点同时具备测量、通信与中继功能，所有系统内辐射剂量监测节点均可自动接力转发数据。系统应用灵活，其无线自组网功能适宜于核设施周围及

现场无人值守的定点布设测量，更容易满足不同地形、不同环境、多种事故条件下的辐射剂量监测的需要。

监测站点通过自组织网络协议，能够确定自己在网络中的级别的同时，确定上级和下级监测节点的相关信息。该监测站点处理完这些应答信息后向上级节点发送包含自组织信息的数据包，直到数据包传送到基站站点，这样可以确定整个网络的拓扑结构，并为每个监测节点确定了一条能量高效的数据传输路径。如图10.2所示为无线自组网辐射剂量监测系统的结构图。

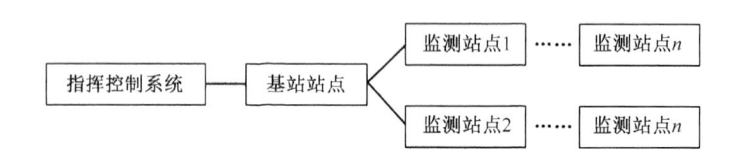

图 10.2　无线自组网辐射剂量监测系统的结构图

辐射剂量监测节点将定时采集到的剂量数据通过无线自组织网络传送至基站站点。发送数据的节点发送完一个数据包后，需要接收来自接收数据站点发送的应答信号来确保数据的正确发送。基站站点与指挥控制系统相连，当接收到监测站点发来的数据时立即通过串口发送到指挥控制系统显示，以实现辐射剂量的实时监测。

10.3.2.2　自组网技术途径

无线自组网辐射监测系统包括一个与指挥控制系统相连的基站站点和若干个散落的辐射监测节点。监测站点开机上电初始化以后，首先会向基站站点发出请求分配级别的命令，然后进入低功耗状态并打开定时器。若在设定时间内收到基站站点分配的级别，该监测站点就会马上向基站站点发送自组织信息的数据包，主要包括该站点的地址、级别、电量和周围节点的相关信息，并等待接收应答信号。若接收到基站站点的应答信号，则表明该监测站点成功加入网络中。如果在设定时间内没有收到基站节点分配的级别，该监测节点会从低功耗状态唤醒，并再次发送请求基站节点分配级别的命令，如此循环。

当监测站点发出请求基站站点分配级别的命令达到设定上限后，仍然没有确定自己在网络中的级别。该监测站点就会向全网发出广播请求加入网络的命令，然后进入低功耗状态并打开定时器。定时时间一到，该监测站点重新回到发射广播命令状态。每次发送完广播命令后进入低功耗前都需要将无线收发模

块设置成接收数据状态，随时准备接收周围监测站点的应答信息，以便确定该节点在网络中的位置。若接收到应答信息，会以中断方式唤醒监测站点，让站点对应答信息进行保存、处理。

当监测站点发射广播的次数达到设定值，该节点就会将接收到的应答信息进行整理，确定自己在网络中的级别的同时，也确定了上级和同级监测站点的相关信息。该监测站点处理完这些应答信息后就向上级监测站点发送包含这些自组信息的数据包，直到数据包传送到基站站点，这样可确定整个网络的拓扑结构，并为每个监测站点确定了一条能量高效的数据传输路径，同时还可能包含多条备用路径（见图10.3）。

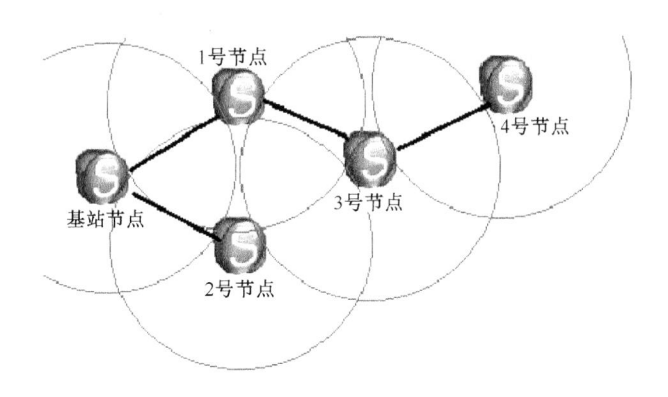

图10.3　辐射剂量监测站点自动生成网络拓扑结构

网络拓扑结构一旦确定，站点将采集环境辐射数据并将采集到的数据打包，同时向该站点的上级监测节点中能量最多的节点发送采集的信息，直到该信息到达基站站点。当有站点加入或退出，网络的拓扑结构就会发生变化，这在指挥控制系统上也能得到反映。基站站点与指挥控制系统通过串口相连，实时监测网络中各站点的辐射剂量数据。

10.3.3　气象信息采集技术

10.3.3.1　探空仪的发展与现状

高空气象探测是获取大气中各种气象要素的基本手段，是气象科学研究和保障业务的最重要资料来源，也是大气探测业务最重要的组成部分。高空气象探测所获取的大气温度、湿度、压力和风速、风向等多模参数是保障战略弹道

导弹、精确制导武器、火炮等武器装备发挥最佳效能的重要气象要素，是制作天气预报、分析预测气候、军事气象保障和大气科学研究的基础数据。

随着军队信息化建设的不断深入，从指挥决策到最大限度地发挥武器装备性能的整体要求上，对战场气象保障的需求显著增加。实时、精确的战区气象信息，如温度、湿度、高度、气压、风速与风向等多模气象要素，不仅能够保障高技术武器装备作战性能和使用效能的有效发挥，而且已成为指挥员决策的重要依据。特别是高精度的机动高空气象探测装备，更是为航天器发射回收、武器装备试验、空中侦察和空投空降等军事行动提供气象保障的关键装备。

基于卫星导航的高空探测技术，是使用卫星导航信息进行定位和测风：具有无须高精度的地面跟踪系统、地面系统的构成简单、易在机动平台上实施探测、使用和维护方便、极大地提高位置和风场测量精度等优点，具有极大的应用潜力和极强的生命力。

目前美国、加拿大、日韩、澳大利亚和欧洲等国都已把GPS探空仪作为军用高空气象探测的重要组成部分，尤其是将下投式探空仪作为直接获取敌占区、海洋、无人区和其他环境恶劣的复杂地形区域气象资料的主要探测工具和探测手段。国际上芬兰Vaisala公司研制的RD93下投式探空仪和RD94下投式探空仪，已多次被应用于飓风探测和军事气象保障。美国国家海洋和大气管理局（NOAA）、美国空军、美国国家航空航天和宇宙航行局（NASA）、德国宇航中心（DLR）、日本的国立极地研究所（NIPR）都广泛应用下投式探空仪。

10.3.3.2　小型移动式自动气象站发展与现状

国外厂商对小型移动式自动气象站的研发较早，其系列产品较为成熟，代表厂商及系列产品为 VAISALA 公司的 WXT530 系列、LUFFT 公司的 WSx-UMB 系列及 GILL 公司的 GMX 系列。国内厂商大多采用以上国外公司小型移动式自动气象站的测量方案来开发自己的产品，代表厂商及系列产品有西安中铭公司的 WXA100 系列、深圳智翔宇公司的 MULTI 系列，但是产品的性能指标远不及国外这三个代表厂家的产品。

10.3.3.3　核污染区气象系统构想

核污染区气象系统由轻型机载全自动下投探空系统和小型移动式自动气象站总体构成，系统示意图如图 10.4 所示。

地面控制中心可通过数传链路或卫星链路远程控制无人机平台到达指定地区高度，并通过远程命令激活并投放下投探空仪，下投探空仪在降落过程中实

时采集空中动态风速、风向、温度、湿度和气压，无人机的机载探空接收系统实时接收下投探空数据，并通过飞机数据链路传回至地面控制中心，经软件处理生成有效的气象数据。为增加探测密度和探测范围，无人机载探空接收系统支持多个下投探空仪的连续投放和接收。

小型移动式自动气象站借助无人机飞行平台在指定地区释放，落地后自动完成架设任务，开始执行地面气象测量任务，将采集到的地面温度、湿度、气压、风向、风速和降雨数据通过无线电传至机载接收平台，并回传至地面控制中心，小型移动式自动气象站自带电源，可连续多天进行气象观测业务。

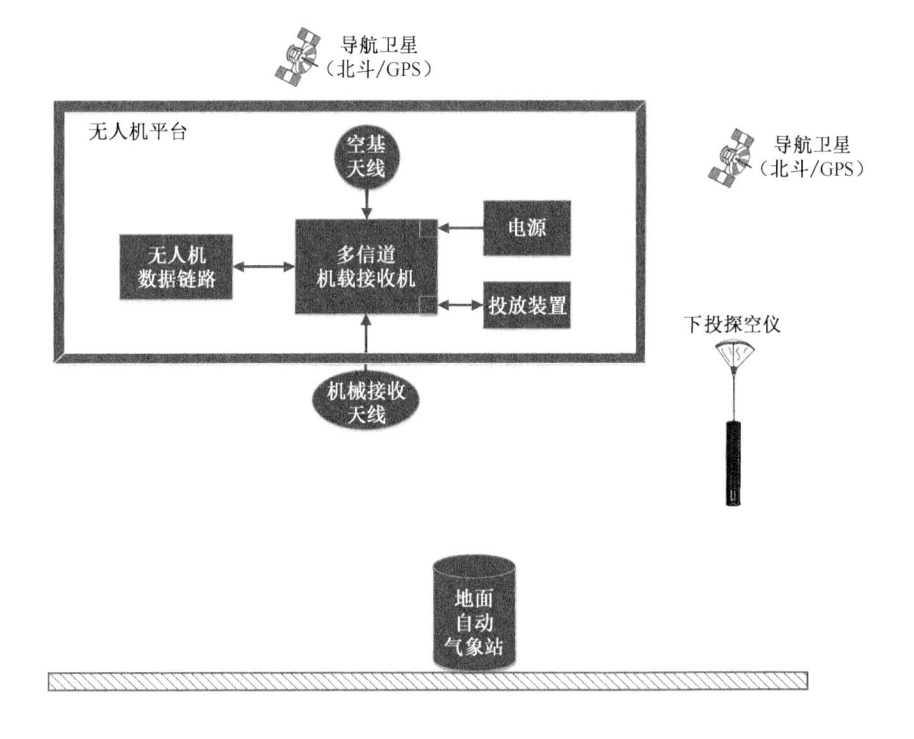

图 10.4 核污染区气象系统示意图

1. 轻型机载全自动探空系统

轻型机载全自动探空系统由下投探空仪、小型机载多信道接收机、机载接收天线、空基天线和自动投放装置构成。

1）下投探空仪

（1）组成及工作原理。

下投探空仪主要由温湿压传感器、北斗/GPS 接收模块、采集控制模块、

处理器、数传电台、发射天线（403MHz 天线）、电池和降落伞构成。

下投探空仪对空中环境的测量分为两部分：一是利用传感器测量大气温度、相对湿度和大气气压；二是利用北斗/GPS 导航定位数据，对风进行测量（图见 10.5）。

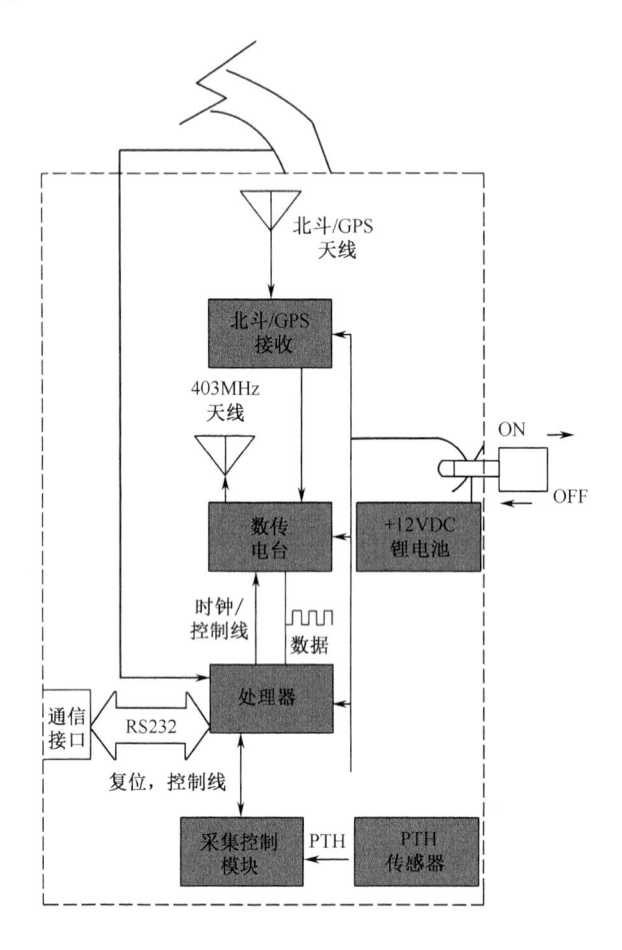

图 10.5　下投探空仪原理框图

下投探空仪传感器每 0.5s 采样一组数据，并实时发送给接收机进行处理。温度传感器裸露在大气中，用于测量大气温度。湿度传感器具有加热功能，这样可使传感器不会出现结冰、结露现象，保证了传感器的测量精度。气压传感器放在探空仪内部，探空仪内部保持与大气连通，气压传感器用于测量大气气压，气压传感器还集成温度传感器，用于测量探空仪内部温度。

下投探空仪接收的北斗/GPS 定位数据和测量的高空温度、气压、湿度数

据（简称温压湿数据）送到探空仪处理器进行处理，处理后的数据再送到探空仪数传电台，数传电台把接收到的北斗/GPS 定位数据和高空温压湿数据调制到 400.15~406MHz 的气象频率上，发射给无人机载接收机。

（2）气压传感器。

气压测量元件采用硅压阻进行气压测量。由于气压传感器一般温度系数较大，必须进行校准补偿，另外一般将气压传感器安装在探空仪壳体内部，让其经历的温度变化最小，可通过电池和电路的发热量降低探空仪内部温度的变化，最终保证气压传感器的温度始终保持在正常的工作温度范围内。

（3）温度传感器。

下投探空仪是探测高空到地面的气象要素，其下降速度从每秒几十米到每秒十米，在强逆温条件下，传感器响应时间可能带来较大的滞后误差，因此需选用响应速度快的温度传感器，以准确反映高空大气温度廓线。

小体积珠状热敏电阻常压下响应时间一般小于 1s，具有很好的动态测量性能，可作为温度测量的传感器，珠状热敏电阻为负温度系数（NTC），其特性曲线多呈指数级，温度越低灵敏度越高，但其线性度很差，可通过进行多点校准以较高精度拟合特性曲线。另外珠状热敏电阻阻值一般较高（常温下几十千欧），故其工作消耗的功率引起的温升很小。

温度传感器的安装应考虑：温度传感器必须安装在探空仪的下方，以便空气最先经过传感器，避免空气先经过探空仪壳体然后到达传感器造成测量不准确，另外为保证传感器的测量性能，传感器要有较好的通风。

（4）湿度传感器。

基于与温度传感器的同样考虑，必须选用响应快速的湿度传感器，湿敏电容传感器具有很好的线性度、稳定度和很快的响应时间。所以下投探空仪宜选用湿敏电容作为湿度测量元件。

另外湿度传感器在穿云过程中可能沾染湿气，在传感器表面结露甚至结冰，造成湿度传感器对环境湿度变化不灵敏甚至不响应，需要做好防护措施，因此在湿度传感器表面增加加热电阻，使湿度传感器表面温度高于环境温度，避免结露或结冰。

由于湿度传感器加热或受辐射影响，造成湿度传感器温度异于环境温度，这会带来较大的湿度测量误差，需要测量湿度传感器的温度，并对该部分误差进行修正。

(5)北斗/GPS 接收模块。

北斗/GPS 接收模块是测风的核心部件,北斗/GPS 模块具有体积小、测速精度高等优点,为提高系统的可靠性,本方案选择北斗/GPS 双模接收芯片,即可同时接收北斗和 GPS 卫星信号,联合完成定位解算,这样稳定性和精度均有提升,同时也可通过设置单独采用北斗或 GPS 方式进行定位解算,这样也能解决特殊环境下的安全问题。

为避免探空仪抛出后定位耗时长(冷启动 40s 左右)引起探测高度损失,本项目设计下投探空仪在装载后上电持续工作即可。

(6)采集控制模块。

采集电路:温度和湿度均采用频率-时间转换电路,即将温湿度传感器分别置入振荡电路中,测量其周期 T。

(7)处理器。

处理器采用基于 Cortex-M3 架构的 32 位处理芯片,该芯片具有较快的处理速度,可直接在芯片内计算传感器数值,芯片时钟频率 56MHz,其出色的能效优化使得同主频下的工作电流比市场同类产品降低,同时该芯片还具有丰富的资源:5 个串口,3 个 SPI,10 个定时器,16 通道的 12 位 ADC 等,可充分满足探空仪传感器采集、北斗/GPS 导航数据接收,数传电台控制的需求,同时也可检测探空仪状态。

如图 10.6 所示,处理器采用定时器测量温湿度传感器测量电路振荡周期;气压传感器与处理器采用 SPI 通信;北斗/GPS 定位模块与处理器采用串口通信;处理器通过 SPI 控制数传电台和数据传输;电池电压监控通过处理器自带 A/D 进行测量;降落伞开伞检测通过外部中断进行检测;探空仪状态通过 I/O 口控制三色二极管颜色进行指示;处理器通过串口与外部探空仪进行通信,进行修改频率等操作。

(8)数传电台。

下投探空仪完成测量后,通过数传电台将探测数据发送给小型机载多信道接收机。数传电台采用无线发射芯片加线性功率放大器方案,发射芯片采用小数分频锁相环和 LCVCO,可在 400.15～406MHz 频率范围内连续设置发射频率,最小步进频率1kHz。发射芯片由处理器进行控制,处理器负责设置发射芯片的输出功率、发射频率、调制方式等参数,并将探测数据串行发送给发射芯片,由发射芯片进行调制输出,经后级放大器放大,由天线发射。图 10.7 为数传电台原理框图。

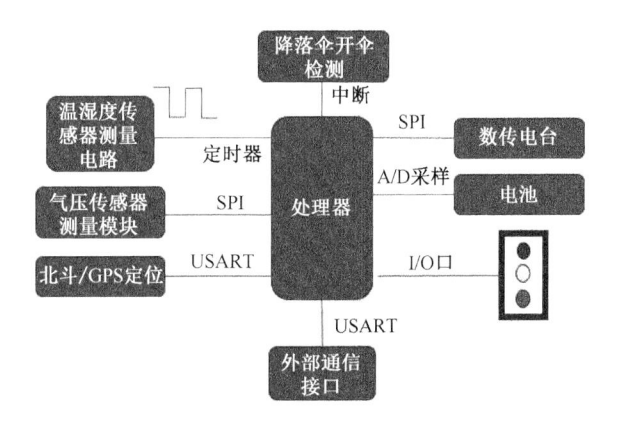

图 10.6　探空仪处理器外设接口资源使用图

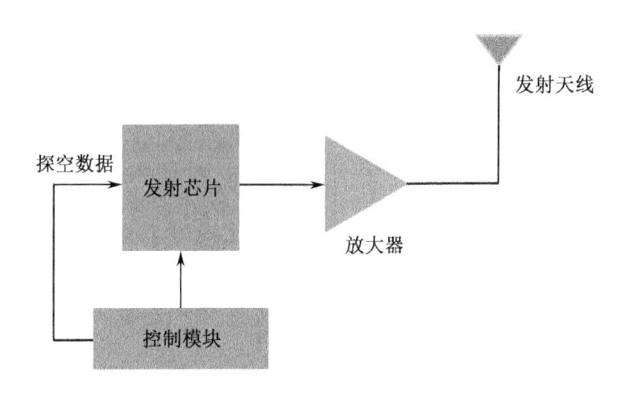

图 10.7　数传电台原理框图

（9）电池。

电池可采用锂铁电池供电，锂铁电池具有质量轻、容量大等特点，下投探空仪工作电流约 100mA，本方案选用 500mA·h 锂铁电池，完全保证探空的工作时间。

（10）降落伞。

降落伞是一种有效的减速装置，被广泛应用在航空航天、兵器和体育运动领域，技术成熟度高，稳定性强，成本低，因此降落伞可用于下投探空仪的减速和姿态控制。降落伞的种类很多，按形状可分为圆形伞、翼形伞、带条形伞和锥形伞等。由于锥形伞相对于其他伞具有整体结构简单、加工工艺要求低、体积小等特点，所以适用于下投探空仪。此类型降落伞在国外相似产品中已实际应用。伞衣设计为冲压式立方锥形伞，该型伞接近球型伞，漂浮性好，摆角小。

2）小型机载多信道接收机

（1）组成及工作原理。

小型机载多信道接收机由滤波放大模块、功分模块、N 信道接收模块、北斗/GPS 模块、电源监测与管理模块、主控模块、通信接口模块、报警模块和数据存储器构成（见图 10.8）。

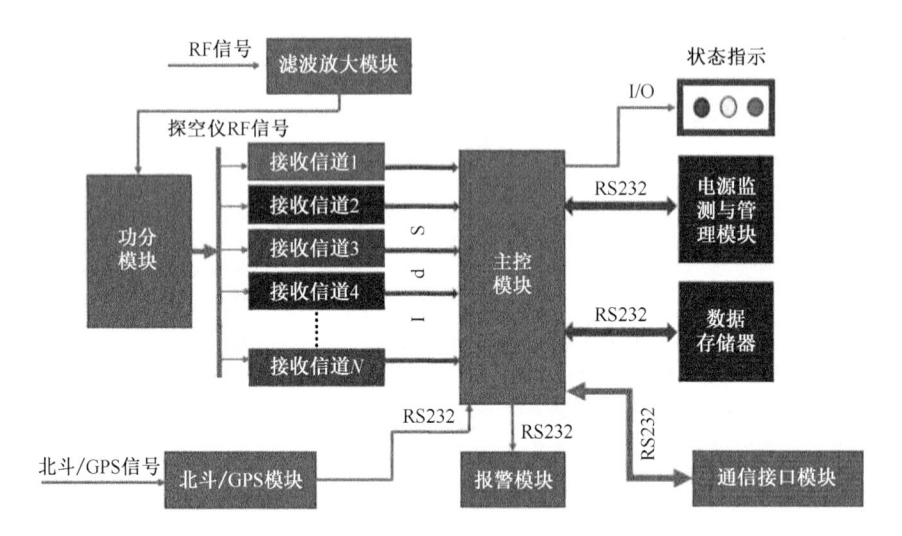

图 10.8　小型机载多信道接收机功能结构图

（2）滤波放大模块。

对探空仪信号进行预处理，防止干扰，提高接收灵敏度。如图 10.9 所示，低噪声放大器前端采用插损不大于 0.7dB 的滤波器，带宽为 12MHz，中心频率为 403MHz，主要滤除带外干扰信号，避免阻塞响应。低噪声放大器主要用来降低整机噪声系数，提高接收灵敏度，$G=23.5$dB，NF$\leqslant$0.5dB。后级滤波器主要是抑制镜像干扰，带宽 12MHz，中心频率 403MHz，插损 0.7dB。

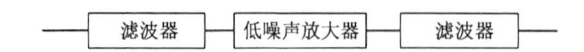

图 10.9　滤波放大原理框图

（3）功分模块。

天线接收到的探空信号经滤波放大模块后进行功分，将探空信号分配给 N 个接收信道。

功分模块（见图 10.10）具体设计参数如下。

① 放大器：G = 23.5dB，NF=0.5dB；
② 带通滤波器：Δf_{3dB}=12MHz，插损为 0.7dB；
③ 6 路功分器：隔离度为 32dB，插损为 9.2dB。

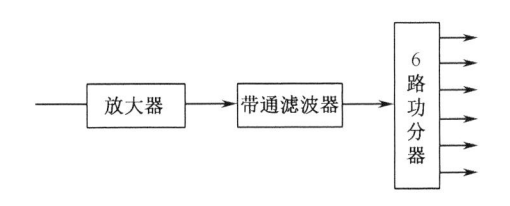

图 10.10　功分模块原理框图

（4）N 信道接收模块。

N 个信道的接收模块用于接收探空仪发回的 400.15～406MHz 载波数据，并把解码出的温湿压数据和北斗/GPS 数据送到主控模块。

由于接收机可接收到的最小信号为-120dBm，解调输入端信号为-10dBm，则信号总增益为 110dBm，一般为了电路的稳定性，同一频点链路增益不超过 40～60dB，所以接收机采用超外差结构，两级变频方案，一般中频选择为 70MHz、21.4MHz、10.7MHz、455kHz 等，对应的滤波器选择范围比较广，有利于降低设计难度，同时为了减少高阶交调分量混入信号，下变频分频比一般小于 0.1。

（5）北斗/GPS 模块。

用于提供飞机位置和速度信息，同下投探空仪用导航接收模块相同。

（6）主控模块。

接收机主控模块处理器采用基于 ARMCortex-M4 架构内核的芯片，最高 200MHz 主频，拥有丰富的片内资源，集成 3MB Flash、256KB SRAM，同时还集成了 8 个 16 位通用定时器，2 个 32 位通用定时器，2 个先进的 16 位定时器，2 个基本定时器，1 个 SysTick，2 个看门狗，1 个 RTC，4 个 UART 口，3 个 I2C，6 个 SPI 口，1 个 SDI 口，2 个 CAN2.0B，1 个 USB OTG FS/HS，1 个以太网 MAC，3 个 24 位 ADC，2 个 DAC，140 个 GPIO 口。

处理器采用开源 uC/OS-Ⅲ操作系统，支持多线程、多任务操作，能快速响应外部事件，实时性好，可靠性高。

（7）通信接口模块。

通信接口模块作为与外界的接口，主要与飞机数据链路进行探空数据传输或控制命令发送。在模块中加入了电源隔离器和数据隔离器，抑制外界干扰和

防止电磁辐射。隔离器原理如图 10.11 所示。

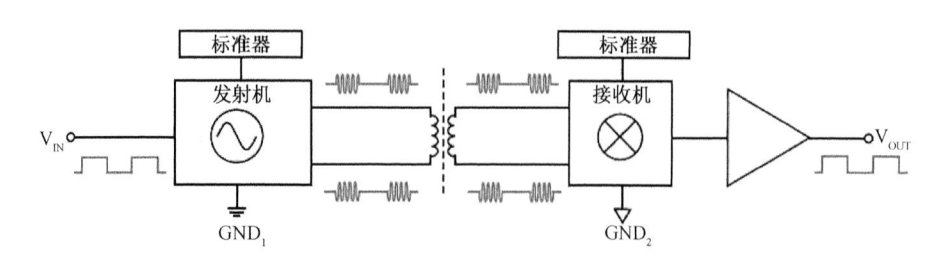

图 10.11　隔离器原理框图

2. 小型移动式自动气象站

小型移动式自动气象站主要由风场测量模块、降水测量模块、温湿度传感器、采集和调理模块、气压测量模块、核心控制和处理模块、数据传输模块及电源组成（见图 10.12）。

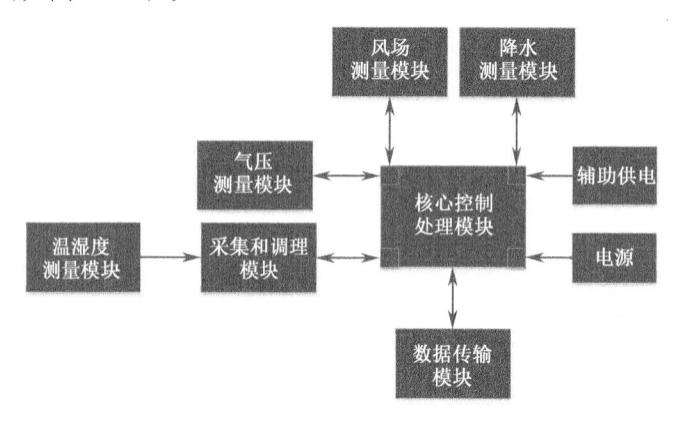

图 10.12　小型移动式自动气象站结构

1）风场测量模块

风场测量模块核心原理采用超声测风技术、超声波时差法原理来实现。超声测风传感器的超声换能器结构采用体积较小的反射式结构，利用超声波在顺风和逆风路径的传播时间精确计算风速在传感器轴向方向的速度分量，将分量数据送入核心处理模块进行深入处理。

2）降水测量模块

降水测量模块将内部降水量传感器产生的振动信号转化为脉冲信号，并将整形和调理后的波形送至处理模块进行计算。

3）温湿度测量模块

采集和调理模块将温度传感器和湿度传感器变换成一定的电压和频率信号，整形和调理后的信号再传输至核心处理器进行计算。

4）气压测量模块

气压的测量采用数字式硅谐振气压传感器，直接将数字信号送入核心处理模块进行数据补偿。

5）核心控制和处理模块

核心控制和处理模块用于控制数据传输、采集各个模块的数据并进行内部计算，最终输出有效的气象数据，通过数据传输模块发出。

6）数据传输模块

数据传输模块拥有多种不同方式的数据接口，供用户使用，传输方式包含了有线传输和无线传输。

7）电源

小型移动式自动气象站提供了多种途径的供电方式，既可外部供电，也可使用内置电池供电，还可利用太阳能供电。

10.3.3.4 小型无人机监测技术

1. 小型无人机的发展与现状

目前在军事领域，固定翼无人机仍在承担绝大多数的作战任务。近年来，随着民用多旋翼无人机技术的成熟化和应用的市场化，越来越多的国家对多旋翼无人机在军事领域的应用前景逐渐重视起来，多旋翼无人机开始在战场侦察、隐蔽打击、察打一体等领域崭露头角。

1）战场侦察

微小型多旋翼无人机主要用于短近程侦察，多为单兵作战装备，通常体积较小，拆卸方便，可实现对作战环境的侦察和对敌方目标的跟踪，有效弥补了大型侦察无人机任务准备时间长的弊端，缩短了空中支援时间。

因为微小型无人机结构控制技术相对简单，因此单兵侦察无人机是当前多旋翼发展较为成熟的一个领域。以"即时眼"背包式无人机为例，"即时眼"是美军研发的众多背包式四旋翼无人机中的佼佼者。其起飞质量仅 0.45kg，使用者 1min 内即可完成将无人机从背包中取出到发射的整个过程。该无人机可在 10s 内飞至 122m 的空中，并配备具有红外 LED 装置的轻型摄像机，可快速锁定并跟踪地面人员和机动车辆，为夜间侦察提供了条件。

2）隐蔽打击

多旋翼无人机飞行灵活机动，可快速转移阵地，战场生存能力强。采用多旋翼无人机携带其他武器对目标进行打击，可有效地增大炮弹的射程，提高目标的命中率。

不久前，俄罗斯发布一款多旋翼反坦克攻击机。该机为八旋翼无人机，装备了一个内置火焰喷射器，并可使用 RPG-26 反坦克火箭筒发射火箭弹，对目标进行垂直和水平射击。

此外，美军正在研制一款具有伪装色、配备大口径短枪、主要用于执行暗杀和反狙击任务的微型四旋翼机。当士兵在复杂战场，如城市、丛林等执行任务时，可使用该机对可疑环境进行侦察，找到敌军的狙击手并将其猎杀，而在整个侦察、猎杀过程中士兵处于隐蔽状态，极大地降低被狙击的风险。

3）察打一体

丝绒黄蜂无人机是察打一体式无人机。该无人机不是第一种可挂载和发射弹药的无人机，但却是第一种专门为此设计的无人机。在伊拉克对抗"伊斯兰国"的部队时就受到了敌方使用改装的四旋翼无人机投掷的手榴弹的攻击。这些四旋翼无人机非常简易，与"伊斯兰国"使用的汽车炸弹和路边的简易爆炸装置（IED）相比致命性不强，但这种方式证明了非政府组织在没有机场和直升机起降场的情况下也能发起空中打击。

丝绒黄蜂能为正规地面部队提供同样的能力。无人机机身使用订制的碳纤维制作，使用了在多旋翼无人机领域的顶级技术：电光和红外传感器、多光谱传感器或雷达及加密的信号。

丝绒黄蜂搭载了哈里斯公司、FLIR 公司的传感器及通信设备，通过适当的通信链路和信号转播能力，丝绒黄蜂无人机的使用范围可达 100km，但在山区等不利于信号传播的地区使用范围可能缩短。无人机的飞行速度在 96km/h 左右，可在 74km/h 的风速下使用，但是无人机在风力作用下性能会降低。

航展上的丝绒黄蜂无人机装备了德事隆的复仇女神滑翔制导弹药。发射该弹药时无人机飞行高度须在 300m 以上，飞行速度须达到 37km/h 以保证炸弹的前向动能并确保其集中目标。丝绒黄蜂可搭配 12 种弹药，复仇女神是其中之一，这 12 种弹药均是滑翔炸弹和导弹的结合体，均可在低空、低速条件下发射。

杜克机器人公司研制了一款微型攻击无人机TIKAD，是一种目前微型无人机中相当流行的多旋翼无人机，它采用 8 个旋翼，可实现 6 自由度全姿态机动

飞行。在无人机主体结构下方，伸出两个固定式的滑橇式起落架，用于无人机自主起降。TIKAD 自重不超过 10kg，却可以携带近 30kg 的设备。

据杜克机器人公司创始人拉吉尔·阿特尔介绍，TIKAD 无人机目前可以携带包括 M4 突击步枪、SR25 狙击步枪和榴弹枪在内的多种轻武器。目前该无人机巡航时间仅为 15min，后续仍会进一步提高。

随着技术的成熟，在未来战场上，具备隐蔽飞行且能够对移动目标进行识别、跟踪和打击的多旋翼无人机无疑将发挥巨大作用。

国内各大科研院所在无人机领域进行了多年的理论和应用研究，近年来一些生产多旋翼无人机的公司也逐渐发展起来。比较有代表性的是深圳大疆公司制造的 PHANTOM 2，搭配 GoPro 云台和 iPad 地面站，广泛用于航拍。另一个在国内市场受到好评的是北京零度智控有限公司研制的 ZERO 1200 旋翼机，该无人机为全碳纤维结构，具有重量轻、可折叠、携带方便等特点。

另外，深圳大疆创新科技有限公司及北京零度智控有限公司也研制了六旋翼无人机，分别命名为筋斗云 S800 和 ZERO 1600。同时，上述两家公司还分别设计了筋斗云 S1000 和 E-EPIC 八旋翼结构的无人机，在带载能力和续航时间上比四旋翼无人机有所提高，但仍主要应用于航拍领域。

目前国内军方有关多旋翼无人机的应用公开资料不多，但从军事技术近年来的发展趋势来看，未来多旋翼无人机将在军事领域得到越来越广泛的应用。

2. 小型无人机系统组成

小型无人机系统主要由无人机平台、载荷吊舱、地面控制站、车载配套设备组成，如图 10.13 所示。

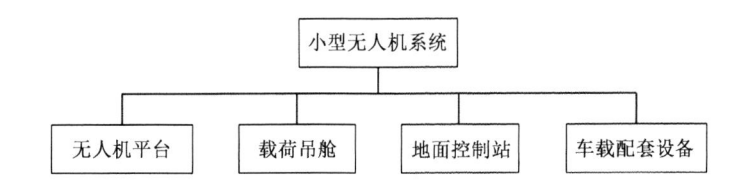

图 10.13　小型无人机系统组成

1）无人机平台

无人机平台主要由动力单元、电源管理单元、无人机机体、飞行控制单元、导航定位单元、机载数据链终端组成，如图 10.14 所示。

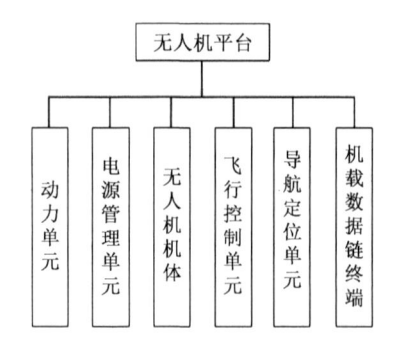

```
                    ┌─────────┐
                    │ 无人机平台 │
                    └────┬────┘
       ┌──────┬──────┬───┴──┬──────┬──────┐
     动力  电源   无人   飞行   导航   机载
     单元  管理   机机   控制   定位   数据
           单元   体     单元   单元   链终端
```

图 10.14 无人机平台组成

2）载荷吊舱

载荷吊舱由无人机云台、光学相机、无线剂量仪、自动气象站组成，如图 10.15 所示。

```
              ┌────────┐
              │ 载荷吊舱 │
              └────┬───┘
      ┌────────┬───┴────┬────────┐
   无人机云台  光学相机  无线剂量仪  自动气象站
```

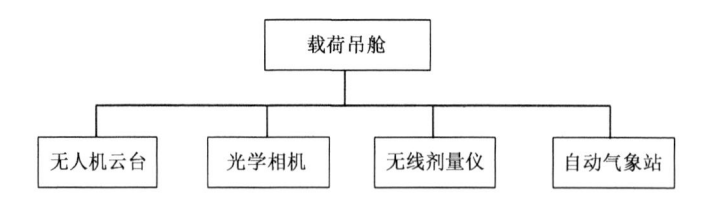

图 10.15 载荷吊舱组成

3）地面控制站

地面控制站系统主要由指控计算机、地面数据链终端和全定向天线组成，地面控制站也可以集成到车载平台中。

4）车载配套设备

车载配套设备主要包括电池平衡充电机、备份电池、无人机携行包及一些无人机检查测试设备等。

综上所述，整个小型无人机系统基本组成如图 10.16 所示。

3. 小型无人机系统功能

1）目标侦察与定位

无人机搭载光学侦察与定位设备后，可以对事故现场的各类目标进行搜索与定位，并通过数据链传回高质量的影像数据。

2）飞行基本性能

无人机不仅可以执行前飞、倒飞、侧飞、水平旋转、定点悬停及绕点盘旋

等各种飞行动作,从而满足战场目标的侦察与跟踪等,还能够实现一键自动起飞、回家降落、紧急降落等。

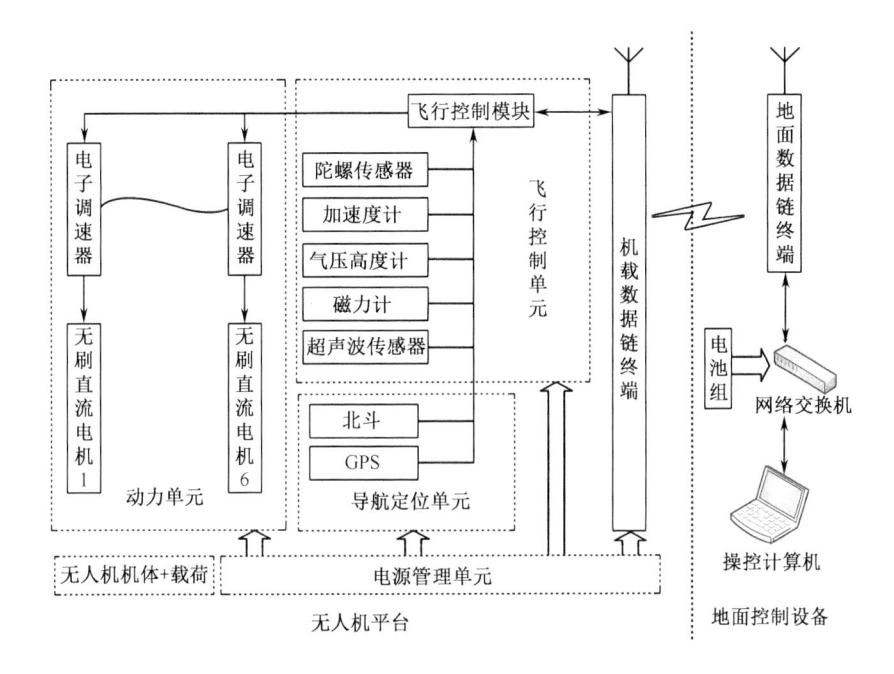

图 10.16 小型无人机系统组成示意图

3)控制模式

无人机具有手动控制和程序控制两种飞行控制方式,满足不同飞行阶段、不同任务的需求。

4)导航定位

无人机采用"惯导+北斗卫星导航+气压计+磁力计等"的组合导航定位系统,可以在不同环境条件下确定无人机的位置和姿态。

5)任务规划

操作人员通过地面站可以随时规划无人机的飞行任务和航迹,计算机根据操作人员的任务输入,可进行全自动的飞行航线规划与跟踪、航点设置(侦察)、任务分配等飞行规划功能。

6)健康管理与异常处理

地面站在飞机起飞前进行全系统健康状态自动检查,满足起飞条件后无人机才能起飞。飞行过程中地面站实时监测无人机及其任务载荷的健康状态,并具有遥控遥测数据链中断、电压不足、降落保护、导航信号丢失就地降落等异

常处理功能。

7）综合信息显示、记录、回放功能

地面站的指控计算机可综合显示侦察图像、飞行器位置（经纬度、高度、与地面站距离等）、速度（垂直和水平速度）、姿态角、机载电池电压、遥控遥测命令和飞行任务数据等综合信息，可自动记录整个飞行过程的关键信息，飞行结束后可回放影像以便分析等。

8）环境适应性

无人机能够在各类场地进行自主起降，满足车载运输、单兵携行使用要求。同时也可以满足低劣度条件下的防尘、防雨、抗风、抗电磁干扰、抗核辐射等，具有较强的环境适应性。

10.4　物联网核应急监测平台实现构想

基于物联网核应急监测平台系统主要用于解决当前军队和国家核与辐射应急监测自动化技术手段缺乏和信息传输不畅的问题，实现核与辐射应急监测自动化和智能化。

平台系统主要由辐射监测、信息传输和核与辐射应急指挥三大部分组成。系统框架如图 10.17 所示。

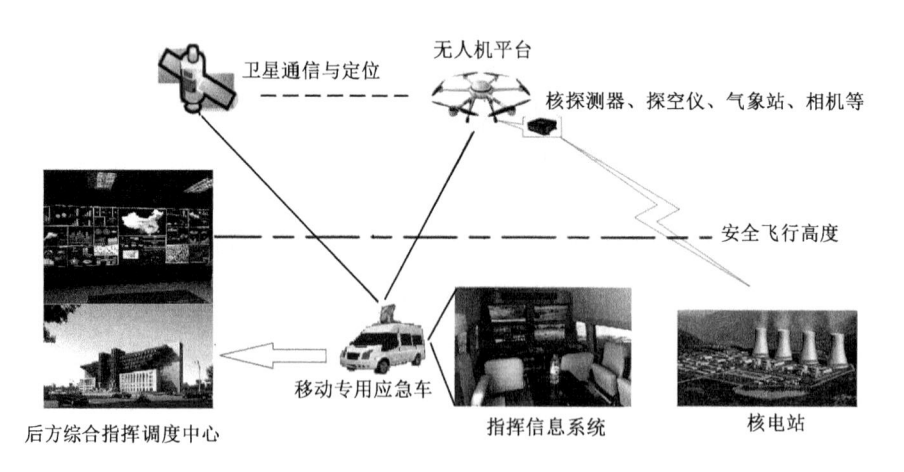

图 10.17　物联网核应急监测平台系统

辐射监测部分实现对敏感区域伽马辐射剂量率的实时监测，并通过内嵌的北斗通信/移动通信/局域网通信接口，将辐射剂量率和被测剂量率位置等重要信息传输到指挥中心。

信息传输借助北斗数据通信网、移动通信网和局域网等网络通信功能实现，实现辐射监测前端和指挥中心之间的双向通信。在此之所以同时采用北斗通信、移动通信和局域网通信等多种通信方式，是为了保障在不同通信环境下，均能实现信息数据的可靠传输。此外，单兵北斗终端之间、移动北斗终端之间、单兵北斗终端和移动北斗终端之间、北斗终端和应急指挥中心之间既可以实现两两之间的明码数据通信，也可以实现数据的加密传输。

核与辐射应急指挥中心指挥人员可以通过指挥中心的大屏幕实时感知敏感区域伽马辐射剂量率分布状况，也可以通过后果评价模型预测未来某个时段内在当时气象条件下伽马辐射扩散态势和剂量率分布。

基于北斗导航定位系统的核与辐射应急自动监测信息系统主要研究内容涉及核与辐射应急监测数据传输技术规范、内嵌北斗通信模块自组网γ辐射剂量率仪及核与辐射应急监测信息平台三个部分。

10.4.1 地面站指挥系统

采用的无人机地面综合指挥、控制与数据处理系统主要由移动专用应急车、指控计算机与地面数据终端等组成。

1）移动专用应急车

采用南京依维柯公司生产的多功能中型依维柯汽车，该型汽车具有较强的越野性能，内部空间大，通过对其进行一定程度的改造，可作为本项目的移动专用应急车使用（见图10.18）。

图 10.18 移动专用应急车

2）指控计算机

指控计算机为一台双屏笔记本计算机，主要具有飞行控制功能、任务控制功能和系统监控功能。

（1）飞行控制功能。

飞行控制主要完成任务规划和飞行控制功能。

任务规划：包括航线、航速、飞行高度、航行点停留时间等。

飞行控制：包括解锁、一键起飞、加锁、飞行模式切换、回家降落、就地降落、遥控指令及航迹数据注入等。

（2）任务控制功能。

任务控制功能主要是对任务载荷设备进行控制，处理下传数据，显示侦察结果、任务载荷状态监视。

（3）系统监控功能。

接收无人机遥测信息，实时显示飞行器姿态、高度、航向、速度、位置、航迹、电压及链路质量等信息，同时可以显示现场图像、辐射测量信息等。

（4）专用网络交换机。

专用网络交换机主要实现地面控制设备之间的网络连接、数据交换和集中供电。

3）地面数据终端

地面数据终端由地面收发设备和天线组成。地面收发设备包括收发信机和地面综合数据处理单元。天线由全向天线和定向天线组成。地面数据终端完成上行遥控指令的编码扩频、调制发射和下行图像遥测信息的接收、解调和解码输出。

10.4.2 平台系统软件

后果评价模型是信息平台系统的核心，它能依据现场部署的内嵌北斗通信模块的自组网γ辐射剂量率仪监测到实时剂量率数据，结合现场气象数据测算在某个时间段内辐射剂量扩散分部状况，并在三维电子地图上绘制测算某个时间段内辐射场分布演进，根据测算结果对核应急分队与核救援医疗分队的剂量风险进行分析，给出基于预测结果的防护行动建议。

后果评价模型包括如下几个主要方面的功能：应急事故模式预设置、现场测量的数据分布计算、实时剂量分布仿真计算、应急辅助决策等。图 10.19 给出了后果评价模型软件架构。

从图 10.19 可以看出，后果评价模型软件架构可分为三层，包括数据层、支撑层和应用层。

1）数据层

数据层一方面负责对各类数据进行管理，另一方面为整个系统的运行提供数据支撑。包括地理信息数据、源项数据、气象数据、辐射监测数据、应急分队数据、应急资源文档数据等。

2）支撑层

支撑层为应用层提供模块化服务支撑，包括应急事故模式预设置系统、实时剂量分布仿真计算系统、剂量率分布仿真系统、地理信息系统、结果展示系统、数据库管理系统和系统管理系统等。

3）应用层

应用层为用户提供具体功能的应用，具体包括后果预测子系统、实测数据分析子系统、行动风险分析子系统等辅助决策子系统。

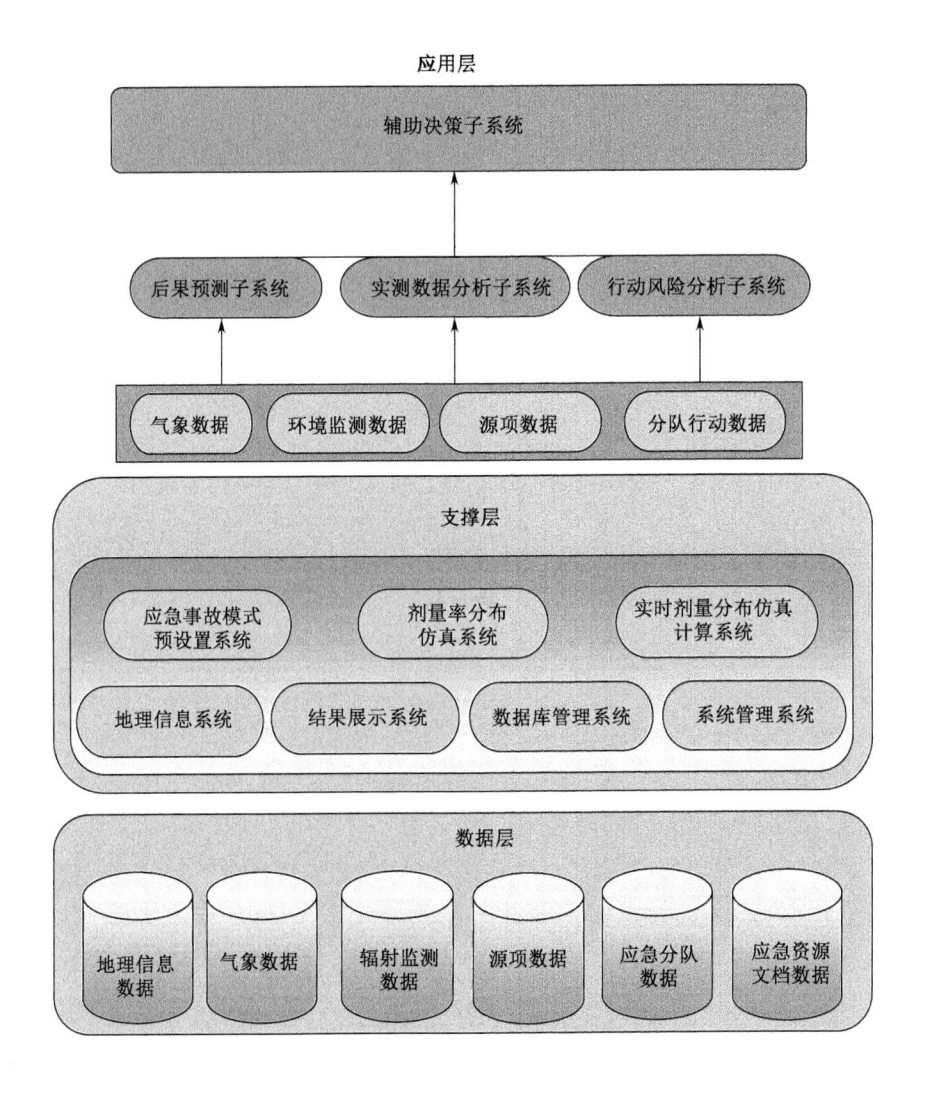

图 10.19　后果评价模型软件架构

10.4.2.1 应急事故模式预设置

针对不同核与辐射应急事故类型,提供与之相关的模式数据输入、数据转换和数据在线编辑,以便在发生应急事件时能快速地为仿真测试提供基础数据。

10.4.2.2 实时剂量分布仿真计算

对现场实际监测所得外部数据自动完成转换和分析,获取实测数据的 γ 辐射剂量率分布场。

10.4.2.3 剂量率分布仿真计算

依据不同核与辐射应急事故类型的原始基础数据,通过实时获取现场监测到的 γ 辐射剂量率数据和在线获取的风速、风向、大气稳定度、混合层高度等气象参数,采用合适的扩散模型,计算出某个时段内 γ 辐射剂量率分布,并据此测算出放射性烟羽浸没外照射、吸入内照射、地面沉积外照射、再悬浮吸入内照射等多种照射途径下的人员受照剂量,以及采取隐蔽、撤离或服用稳定碘的防护措施后的可避免剂量。

1. 剂量计算模式

在核电站核事故后果预测中,注重的是在最快的时间内指导干预行动,在最大程度上减少人员的伤亡和财产的损失,因此,在此仅考虑核事故后果的早期影响,主要考虑放射性烟羽的浸没外照射、吸入内照射和地面沉积外照射,再悬浮吸入的剂量仅仅在烟羽经过之后才计算,在烟羽经过期间,由于其与总的吸入剂量相比只占一个很小的份额,因而往往忽略不计。下面介绍计算三种照射途径剂量分布的模式和方法,除了近距离网格中的烟云外照射途径可按光子"射程"法计算剂量,其他途径的剂量计算方程都包括以下几种量:核素积分浓度、剂量转换因子和屏蔽因子。

计算气载放射性物质的直接外照射剂量通常有两种模式,它们是半无限烟云近似和有限烟云近似。半无限烟云近似假设烟云尺寸大于所含放射性物质发射的 γ 射线在空气中的平均自由程,并且烟云中放射性物质浓度分布均匀。这样就可以认为受照者位于无限大半球形放射性烟云包围之中,烟云处于辐射平衡中,烟云中任一小体积所吸收的能量与该小体积释放的能量相等。根据半无限烟云近似假设,可以预先建立各核素的半无限烟云浸没外照射剂量转换因

子。采用半无限烟云近似计算气载放射性物质的直接外照射剂量所需要的计算时间少。但是，在不利于扩散的天气条件下和释放点几千米范围内，计算的近似值较之采用更严格的计算方法导出的值相差数倍。有限烟云近似考虑烟云中放射性物质浓度的实际分布，并且也考虑烟云的实际大小，故有限烟云近似更具有普遍的适用性。但是，有限烟云近似将需要较多的计算时间。基于以上分析，远距离烟云外照射计算采用半无限烟云模式，而近距离烟云（5km 以内）外照射计算采用有限烟云模式。

2. 基于预测结果的辅助决策

在释放发生早期通常采用的紧急防护措施为隐蔽、撤离、服用稳定碘。

表 10.2 列出了国际原子能机构（IAEA）对紧急防护行动所建议的通用干预水平。这些数值满足干预的基本原则：避免确定性效应；干预一般是正当的；由该行动所避免的风险，大于由这些行动本身带来的风险。由隐蔽和撤离的干预水平提供的防护是在考虑最大的持续时间（分别是 2 天和一周）优化得到的。

表 10.2　对紧急防护措施建议的通用干预水平

防护行动	通用干预水平（由防护行动避免的剂量）(对应（1）和（2）)
隐蔽	10mSv（对应（3））
撤离	50mSv（对应（4））
服用稳定碘	100mSv（对应（5））

在执行这些防护行动时，应优先考虑在 2 天内可能接受超过表 10.2 中数值的预计剂量的那些人员。

（1）这些水平是可避免的剂量，即如果这种行动所能避免的剂量（考虑到由于推迟或其他实际原因所引起的效能丧失）大于所给的值，则应采取这种行动。

（2）在所有情况下，水平是指在当地的居民中的取样平均值，而不是受照最大的个人。然而，对受较高照射的个人居民组的预计剂量应该保持在确定性效应的阈值以下。

（3）不推荐多于两天的隐蔽。当局可以希望在较低的干预水平下在较短时间内隐蔽或使进一步的对策（如撤离）容易实施。

（4）不推荐在一周以上的撤离。当局可以希望在较低的干预水平下较短时间内撤离，也可以更快地或更早地撤离，例如对小的人群组。在撤离比较困难

的情况下,较高的干预水平可能是适宜的,如对于大的人群或在缺乏足够的运输能力的条件下。

(5)甲状腺的可避免剂量。为便于实际应用,对所有年龄组推荐一个干预水平。

为了确定需要采取紧急防护措施的范围,需要计算各种防护措施的可避免剂量。对于隐蔽人员,就是计算两天时间内所接受的预计剂量与采取隐蔽措施后所接受剂量的差值,隐蔽期间的屏蔽因子如表10.3所示。对于撤离人员,就是计算七天时间内所接受的预计剂量与撤离期间所接受的剂量的差值。撤离期间所接受的剂量主要考虑撤离途中所接受的烟云外照射、地面沉积外照射和烟云吸入内照射。碘预防的可避免剂量就是计算七天时间内甲状腺所接受的预计剂量。

表 10.3 隐蔽人员的屏蔽因子

烟云外照射(SFC)	地面沉积外照射(SFI)	烟云吸入内照射(SFG)
0.6	0.11	0.33

在剂量估算完成之后,需要根据所得到的大量离散的某一时刻的预计剂量值或可避免剂量值绘制出一系列的等剂量曲线。

等值线图的绘制步骤一般包括:离散数据点网格化;在网格边上内插等值点并计算等值点位置;连接所有等值点以绘制等值线;等值线的润色,如光滑处理、标注等值线、辅以彩色填充的方式显示数据等。目前已经出现的等值线连接绘制算法大体上分为两类:一是基于等值线追踪的传统算法,这种算法需要跟踪等值点和判断等值线的走向,跟踪搜索算法通常比较复杂;二是通过将二维四边形网格三角化,依序生成每个小三角形中的等值线小段,从而生成整个四边形网格的等值线的算法。

根据估算结果对整个沾染区的辐射场分布情况进行描述,在数字地图上画出几个代表性剂量值(如10mSv、50mSv全身剂量,100mSv甲状腺剂量)的等剂量曲线,并以不同颜色对等剂量曲线间的区域进行填充。根据所绘制的图形生成事故辐射场分布的报告,指出剂量较高的热点区域,对于所关心的特定区域给出辐射场的分布说明,提出需要采取紧急防护措施的建议,以及开展辐射巡测的区域和路线等。

3. 基于操作干预水平（OIL）的辅助决策

应急辐射监测包括环境监测和人员监测。环境监测是指对环境剂量（率）的监测，以及对空气、水、食物等的取样分析，不同应急阶段的监测内容不同。人员监测包括外照射剂量监测、体表污染监测和体内污染监测，监测对象可分为公众和应急工作人员两类。应急辐射监测的内容如图 10.20 所示。

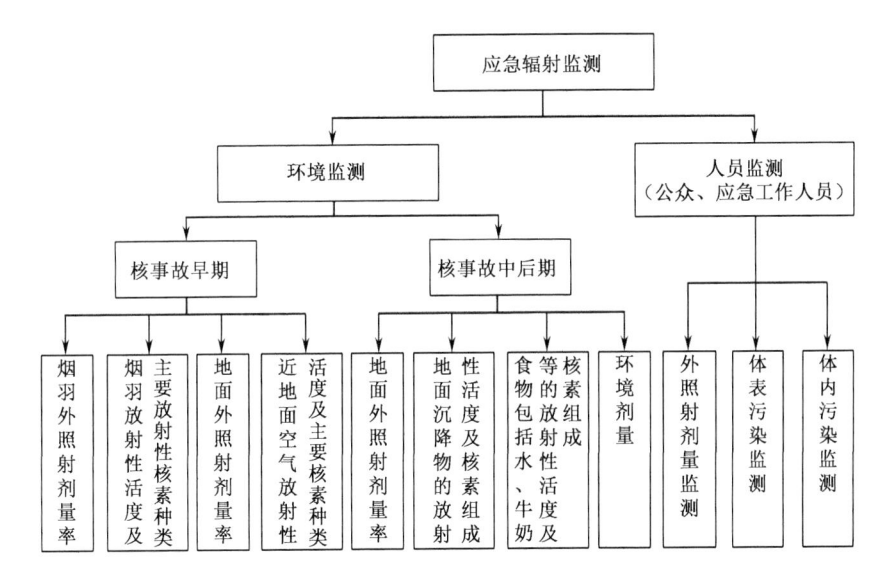

```
                          应急辐射监测
                   ┌──────────┴──────────┐
                环境监测              人员监测
                                   （公众、应急工作人员）
          ┌────────┴────────┐          ┌──────┼──────┐
       核事故早期         核事故中后期
    ┌────┬────┬────┬────┐ ┌────┬────┬────┬────┐ ┌────┬────┬────┐
    烟   烟   地   近    地   地   食   环   外   体   体
    羽   羽   面   地    面   面   物   境   照   表   内
    外   放   外   面    外   沉   等   剂   射   污   污
    照   射   照   空    照   降   的   量   剂   染   染
    射   性   射   气    射   物   放           量   监   监
    剂   活   剂   放    剂   的   射           监   测   测
    量   度   量   射    量   放   性           测
    率   及   率   性    率   射   活
         主       活         性   度
         要       度         活   及
         放       及         度   核
         射       主         及   素
         性       要         核   组
         核       核         素   成
         素       素         组
         种       种         成
         类       类
```

图 10.20 应急辐射监测内容

核事故早期辐射监测的任务主要是获取烟羽辐射水平和地面辐射水平的信息，可以采取航空监测、固定监测站网监测等方式进行，监测结果包括烟羽外照射剂量率及其主要核素种类、地面外照射剂量率、近地面空气放射性浓度及主要核素种类等。核事故中后期辐射监测的任务主要是对早期可能已经开始的地面辐射水平监测从地域和详细程度上加以扩展，并开展食物链的取样和监测，可以采取车载监测、船载监测、环境剂量计监测和取样实验室分析等方式进行，监测结果包括地（水）面外照射剂量率、环境剂量，地面沉降物的放射性活度及核素组成，以及食物包括水、牛奶等的放射性活度及核素组成等。

操作干预水平（OIL）是指通过仪器测量或通过实验室分析确定的并与干预水平或行动水平相当的一种计算水平。OIL 通常可表示为剂量率或所释放的放射性物质的活度、时间积分空气浓度、地面或地表浓度、食品或水样中的放射性核素的活度浓度。OIL 是行动水平的一种类型，可以直接（无须进一步评价）

用来根据应急辐射监测结果确定适当的防护行动。

基于 OIL 进行决策的基本过程是：将应急辐射监测数据与 OIL 值（称为"参照 OIL"）进行比较，如果存在超过参照 OIL 值的地点，则提出防护行动建议。

IAEA-TECDOC-955 给出的反应堆事故中的操作干预水平默认值（或称设定值），列出了 9 个操作干预水平（OIL1～OIL9）所依据的剂量率或起支配作用的核素活度浓度、默认值和在计算默认时所采用的假定条件。

10.4.2.4 平台系统接口

平台系统的硬件通信接口包括平台系统北斗卫星中心管理机接口、外部 Internet 接口、移动通信（GSM/CDMA）网络接口、FTP 接口和外部数据软件接口五个部分。

1. 平台系统北斗卫星中心管理机接口

系统通过串口（RS232）与北斗指挥机进行数据交互。系统显示指挥机波束号、信号强度和数据库连接状态等，从而便于工作人员了解系统工作状态。

系统与北斗卫星中心管理机采用双向数据传输，一方面，系统接收指挥机发送的数据包信息，在系统内部进行相应处理；另一方面，系统发送信息指令至北斗卫星中心管理机，通过北斗卫星最终发送至现场北斗用户终端。

2. 外部 Internet 接口

系统为用户企业提供 Web 方式的服务，只要能接入互联网就能使用现场设备监控、信息查询等功能。

系统显示查询模块采用 B/S 架构设计技术，其客户端建立在浏览器上，无须在客户端安装软件，以更加丰富和生动的表现形式和用户交流，用户可以通过 Internet 直接访问系统，查询所需数据。

3. GSM/CDMA 网络接口

系统支持与 GSM/CDMA 等移动通信系统进行数据互通业务。现场终端用户与其他现场终端用户、平台系统中心用户可以通过卫星系统和 GSM/CDMA 移动通信系统进行信息互通。

当现场用户终端需要发送短消息至手机用户时（包括移动 GSM、联通

CDMA 及电信），系统接收用户终端发送的指令，解包后，通过 GSM/CDMA 网发送至手机用户。

当手机用户发送短消息至北斗用户终端时，系统接收 GSM/CDMA 网络发送的数据，通过指挥机发送至北斗用户终端。

4. FTP 接口

系统可通过 FTP 数据传输业务将信息主动推送至用户端，实现各类数据下载功能。

5. 外部数据软件接口

外部数据接口主要实现应急事故模式外部数据导入、现场 γ 剂量率仪实测数据在线读取和格式转换、气象数据在线获取、与系统数据库之间的数据交换，以及和 GIS 系统之间的数据交换等。

本章小结

本章依据国家有关核应急管理的"一案三制"要求，首先在介绍核应急基本原则基础上，给出了物联网核应急监测平台框架。针对平台框架涉及要素，对核辐射探测传感技术、传感器自组网技术、核应急区域气象环境数据采集技术、无人机监测和数据中继等关键技术进行了较为详细的描述，并在此基础上提出了物联网核应急监测平台构想，并给出了相应的软硬件实现方法。

第 11 章

物联网在其他军事后勤保障领域的应用

本章主要介绍物联网在机场应急起飞、野战条件下设备身份认证、工程机械与工程车辆等后勤保障领域的应用，既分析了这些领域应用物联网解决的主要问题和解决思路，又介绍了设计方案和具体应用情况。

11.1 机场应急起飞指挥系统

11.1.1 建设机场应急起飞指挥系统的必要性

战时夺取战场制空权对现代战争胜负起着决定性作用，摧毁机场和机场上的飞机是迫使敌方空中指挥管理失效、消灭敌方空中力量十分有效的方法。各种作战飞机电子信息化程度的不断提高和作战保障的日益复杂，导致空中力量对机场的依赖性也越来越大，机场在战争中的地位也显得更为重要。因此在未来战争中，如何确保作战飞机能在战时环境下实现应急起飞对战争最终胜负起着至关重要的作用，而建设机场应急起飞指挥系统显得尤为必要。

在战时为了夺取制空权，敌方可以通过破坏机场跑道方法使敌对方飞机在一定时间内无法利用机场跑道进行起飞和着陆滑跑，而被封锁方则应该想方设法地通过各种手段使己方飞机在短时间内能够达到起飞作战目的。传统恢复飞机起飞的方法之一是采用跑道抢修技术，但这类方法缺陷之一是需要相当长一段时间才能恢复。随着技术进步，在战时环境下，恢复战机应急起飞的另一种方法是借助当前高速发展的高亮度 LED 照明、红外探测等高新技术，实现战机应急起飞指挥系统。

11.1.2 机场应急起飞指挥系统的体系结构

机场应急起飞指挥系统由以下几个主要部分组成：高亮度 LED 指示系统、跑道状态传感系统、红外探测自动引导系统和指挥作业信息系统。

（1）高亮度 LED 指示系统的高亮度 LED 等平时处于地表以下，一旦启用应急起飞指挥系统，就可以通过某种升降机制上升至某个地面高度，并能依据当时机场跑道受破坏的实际情况快速组建一条可供飞机起飞的跑道，并根据相关指令引导飞机驾驶员通过肉眼观察 LED 灯光进入可起飞跑道并起飞。

（2）跑道状态传感系统无论是战时还是和平时期，均可用于检测和监测跑道道面实际情况。跑道状态传感系统通过能对诸如路面平坦度、跑道是否存在裂缝等反映跑道质量状况的参量实时感知的分布式传感器来实现，而感知信号的传送既可以通过无线自主网的组网形式，也可以通过光纤等有线传输方式，实现传感信号的实时传输。

（3）红外探测自动引导系统是跑道状态传感系统的一个辅助系统，通过红外传感技术实现飞机跑道的自动选择和起飞。战机通过某种红外接收机接收预先在机场明暗跑道两旁布设的红外装置发射的红外光，就可以自动感知到机场指挥系统给该战机安排的应急起飞跑道，实现无灯光指示的跑道起飞指引。

（4）指挥作业信息系统在整个机场应急起飞指挥系统中起着大脑作用，它应该是一个具有电子地图作业功能的综合性工程地理信息系统。通过系统提供的图形化界面，向指挥人员直观地显示整个机场跑道可用状况和机场设备设施质量状况，以便指挥人员可以根据预先制订的应急预案，快速给战机分配可起飞的跑道，实现战机应急起飞。

数字化场站是现代科学技术应用于军事领域而产生的新事物，是飞行保障适应信息化战争的需要、实现质的飞跃的关键。建设数字化场站，要正确把握其含义，深刻认识其概念与特征；要对数字化场站的用户需求进行深入的分析，确立数字化场站应达到的建设目标和应具有的功能构成；要科学地制定其建设的具体对策措施，力争最大的军事效益。

场站是确保航空兵作战、训练和建设有效推进的保障实体，是联合作战保障体系的重要支撑点，也是建设战略空军的重要内容。长期以来，空军后勤系统紧紧抓住场站飞行保障的核心职能，场站信息化建设取得成效。

近年来，空军党委抓住国家、军队加快信息化建设的有利契机，推进场站信息化建设迈上新台阶。他们依托国家、军队某重点示范项目，采取试点先行

的方式，以融入联合作战体系为目标，以构建指挥员决策、保障分队实施两个应用示范为重点，同时在两个场站分别组织感知保障支撑、物联网运用试点。

试点围绕飞行保障指挥、安全管控、特情处置、维护维修等重点领域展开，着重研究解决难点问题，着力构建机场区域整体态势图，确保综合信息服务中心等系统平台高效运行，全面提升场站综合保障质量效益。

11.2 野战设备身份认证

野战设备身份认证就是在野战条件下，对我方装备和器材等设备进行识别、归类和认证。主要任务是对各种设备进行识别、核对和登记，生成设备管理清单，包括设备的名称、规格型号、生产厂家、战技指标、所属单位等信息，并将这些信息更新到身份认证数据库中，实现信息化的管理。在野战设备身份认证的过程中，最重要、最核心的问题是设备的身份识别及其基本信息的获取。

11.2.1 传统的设备身份认证

最原始的设备身份认证是在设备上贴上铭牌，由人类通过肉眼读取铭牌内容，从而完成设备的识别、归类和登记认证。这些工作准确性要求高、工作量大，人工作业强度和难度都十分巨大。因此，迫切需要能自动识别产品的技术和方法，以减轻管理人员的工作量，提高工作效率。随着条码等自动识别技术的出现，人们发现，通过在设备上贴上条码标签，由一定的扫描装置对条码进行识读，从而掌握设备的相关信息，再由计算机对设备进行归类和处理，识读效率和速度有了很大的提高，减轻了人员的工作量，提高了识别认证效率。因此，条码技术在野战设备保障中得到了大量的应用，但受制于条码技术本身的限制，它还不能满足信息化条件下野战设备身份认证的需要。

11.2.1.1 野战设备识别困难

未来信息化战场上，参战兵力多，作战规模大，作战与保障力量组成复杂，与之相应的各类野战设备也是种类繁多，构成多元，识别对象的空前增大给野战设备的识别带来了不小的难度。目前，在某总部主持下进行的"可视后勤试点"的研制工作中，二维条码、IC 卡等物资识别技术在军需、油料等物资管理中虽然有一定应用，但条码扫描仪必须"看到"条码才能读取，条码容易撕裂或毁损，给野战设备识别带来一定的困难，而且条码的识别距离很短，也

不能同时对多个设备进行识别，致使识别效率不高，这些缺陷使条码识别技术在野战设备身份认证方面的应用受到一定的限制。

11.2.1.2　设备信息难以实时获取

未来信息化战场上，战场形势瞬息万变，作战样式和作战行动转换频繁，作战部队多维空间交织，这些特点对野战设备保障的时效性提出了更高的要求，野战设备必须具备快速反应和应变能力，能够根据战场情况变化实施随机动态保障。当进行身份认证时，必须对设备的名称、分类、规格、生产厂家、战技参数、所属单位等信息进行记录，并生成清单以便以后核对查实。由于野战设备的保障带有很大的不确定性，因此这些信息的获取往往比较困难，有时甚至需要生产厂商的协助，协调难度大，信息的时效性也往往比较差。

11.2.1.3　自动化程度不高，人工依赖性强

由于我国军队尚未完全建立野战设备身份认证体系，除了个别单位初步实现了利用二维条码及 RFID 射频识别技术识别，大部分认证过程还停留在手工操作阶段，尤其是当认证的设备种类繁多时，更是需要人工清点、登记，远远不能满足快速、准确的认证需要，人工清点不仅工作量大，而且十分复杂，非常容易出错。

11.2.2　物联网条件下的野战设备身份认证

物联网在计算机互联网的基础上，利用电子标签为每一物品赋予唯一的标示码——EPC 码，从而构造了一个实现全球物品信息实时共享的实物互联网。它的提出给野战设备认证时获取原始信息并自动生成清单提供了一种有效的手段，而电子标签可以方便地实现自动化的装备识别和设备信息采集，这两者的有机结合使得高速便捷的野战设备身份认证成为可能，从而大大降低认证过程中的人工干预程度，提高设备认证的自动化和智能化水平。

设备认证管理的关键在于对设备的识别和设备信息的采集，电子标签以其独特的优点成为设备自动识别的关键技术，而物联网则为信息的共享和互通提供了一个高效、快捷的平台。基于物联网的野战设备自动认证管理系统的基本原理就是以电子标签作为设备识别和信息采集的技术纽带，通过设置读写器对设备进行自动识别，同时，物联网获取设备的详细信息从而自动生成认证清单，以达到自动化认证管理的目的。基于物联网的野战设备身份认证系统主要由设备识别、认证管理、PML 服务器和本地数据中心四大功能模块组成，如

图 11.1 所示。四大功能模块介绍详见 8.4.2 节。

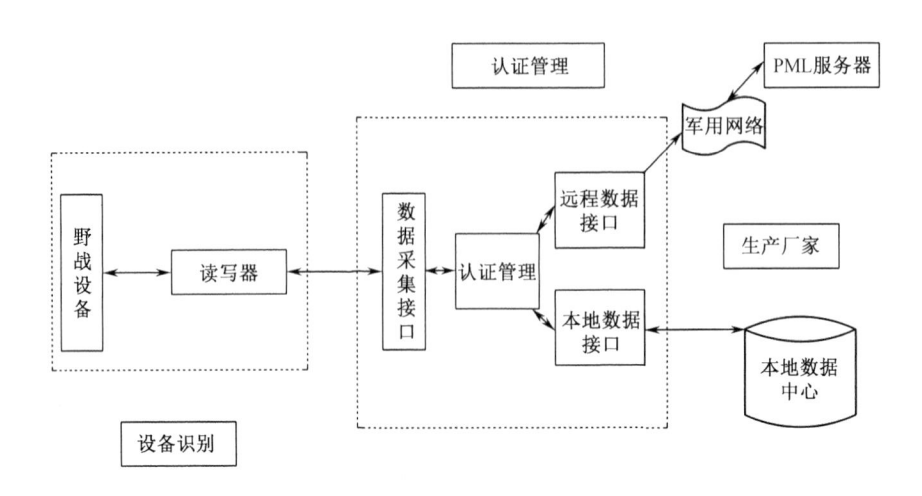

图 11.1　基于物联网的野战设备身份认证系统

11.3　工程车辆故障预测和健康管理智能化

军事工程（Military Engineering）是用于军事目的的各种工程建筑和保障军队作战行动所采取的其他工程技术措施的统称。依照《军事工程百科辞典》，现代军事工程（按用途大致可分为阵地工程、战略和战区指挥所及通讯枢纽工程、军事交通工程、军港工程、军用机场工程、军事训练基地工程、后勤基地和基地仓库工程、营房工程、武器试验场工程和军用输油管线工程等。防护工程（地下战略和战区指挥所、地下仓库等）、军港工程、军用机场工程、营房工程等一般建设规模大、建设过程复杂且承担的任务重要，是军事工程的典型代表。

由此可见，军事工程是创建良好战场环境、争取战争主动权、提高军队战场生存能力的基础平台，是军队遂行指挥、作战、训练等任务的保障基地，是舰船、飞机、导弹等武器装备形成战斗力的重要支撑，包括指挥防护工程、军港工程、军用机场工程、洞库工程等，但军事工程也是战时敌方的重点打击目标。可以说，军事工程既承担着为指挥系统和武器平台提供保障的任务，也肩负着战时遭受敌方打击时防护的任务，即"防护"与"保障"是军事工程的双重使命。

工程机械无疑是战时军事工程遭受敌方破坏后恢复保障的主要工具之一，确保装载工程机械的重型车辆处于良好运行状态至关重要。通过构建基于物联网工程机械车辆平台，实时感知工程机械本体及运载车辆运行状态，提升军事工程抢修能力，为实现军事工程的"保障"使命提高技术支撑。

11.3.1 CPS 基本概念

信息物理系统（Cyber-Physical System，CPS）是美国与德国工业 4.0 体系中共同定义的智能化技术核心，与其他工业智能化技术流派相比，CPS 更适合工业智能化的应用要求，其特点是从实体空间中的对象、环境、活动产生的大数据进行采集、存储、建模、分析、挖掘、评估、预测、优化、协同，并与对象的设计、测试和运行性能表征相结合，产生与实体空间深度融合、实时交互、互相耦合、互相更新的网络空间（包括机理空间、环境空间与群体空间的结合）；进而通过自感知、自记忆、自认知、自决策、自重构实现工业资产的全面智能化。

第四次工业革命的大背景下，世界各国的改革和创新举措都集中在智能化工厂和生产流程智能化方面，结合系统工程和互联网技术，以发展 CPS 为基础的智能化服务升级，其要素包括以故障预测与健康管理为核心的智能设备、物联网技术、大数据分析技术、网络安全、传感器技术、优化决策技术、分布式仿真技术等，通过数据采集和智能分析，提升生产与运维效率，降低生产成本和挖掘新的客户服务价值，保证企业安全生产。

传统设备定期检测的局限在于只能检测并判断当下设备运行是否正常，但是无法评估设备的衰退程度，而设备逐步衰退却是设备最终失效的根本原因。故障预测与健康管理（Prognostics and Health Management，PHM）是评估工业设备健康状态、衰退监测和故障预测与诊断的技术。面向 PHM 的智能维护技术目标是通过对生产过程中产生的各项数据分析来预测设备健康状态与部件剩余使用寿命，实现预测性维护，从而达到提前发现设备和生产的问题，消除安全隐患，提升生产效率，优化设备管理。

将基于 CPS 架构的智能维护技术应用到工业设备管理，可以创造一个"智能设备互联网"，使得设备间、设备与用户间传递的不仅仅是数据，而是数据背后的设备健康状态信息，分析挖掘隐藏的问题根源，对设备进行全寿命周期的预测性维护，进一步提高设备利用率和安全性，降低维护成本。

CPS 的概念虽然看似很抽象，却可以用日常生活中常见事物来解释。例如，国内使用的"滴滴"打车就是在网络端将乘客和出租车的地理位置联系在一起。将乘客的请求推送给距离较近的出租车，满足的是乘客对于出行的"按需服务"。又如，当我们开车经过一个路段时，GPS 自动提醒我们前方路段道路颠簸请减速，使用的是许多其他车辆的经验和历史数据，是自身的传感所不能够探测到的。所以在虚拟（Cyber）世界中我们每个人都有一个数字化镜像（Digital Twin），是我们现实生活的记录和反映，这些数字化镜像可以形成一个虚拟的社区，彼此共享信息和协同活动，进而对我们现实生活进行对称性的指导和辅助。

同样地，任何产品也可以存在于虚拟和实体两个世界。如何在虚拟世界中将实体的状态及实体之间的关系透明化，正是 CPS 技术诞生的目的和意义。未来的产品，如机床、汽车、飞机、船舶等都会有实体与虚拟的价值结合。虚拟世界中的代表实体状态和相互关系的模型和运算结果，能够更加精确地指导实体的行动，使实体的活动相互协同和优化，实现价值更加高效、准确和优化的传达。以 CPS 在船舶上的应用为例，在实体世界中，船舶、海洋、环境、设备和船员构成了航行活动的主要要素，而在 Cyber 端可以建立这些要素的关联模型。当海洋的环境改变时，我们可以在 Cyber 端分析洋流变化对船舶能耗的影响，再动态优化出当前最佳的转速和航行姿态，使船舶时刻保持最经济的状态航行。

11.3.2 CPS 技术体系架构

CPS 技术体系架构包括智能感知层（Connection）、"数据—信息"传递层（Conversion）、"网络—实体"融合层（Cyber）、认知层（Cognition）、配置层（Configuration）5 个层次的构建模式。

图 11.2 给出了 CPS 技术体系架构。

1）智能感知层

此层并不是简单的数据采集，而是一个多数据源融合的数据环境。一方面尽可能地采集设备全生命周期数据，并打破以往设备独立感知和信息孤岛的壁垒；另一方面按照活动目标和信息分析的需求进行选择性和有所侧重的数据采集，实现以分析目标为导向的柔性采集策略。"按需采集"是智能感知层的核心要求。

2)"数据—信息"传递层

通过建立设备的数学模型,对数据进行特征提取、筛选、分类和优先级排列,保证数据的可解读性。在工业环境中,数据可能来自不同的资源,包括控制器、传感器、制造系统(ERP、MES、SCM 和 CRM 系统)、维修记录等。这些数据必须被转换成有意义的信息,如健康评估和故障诊断等。

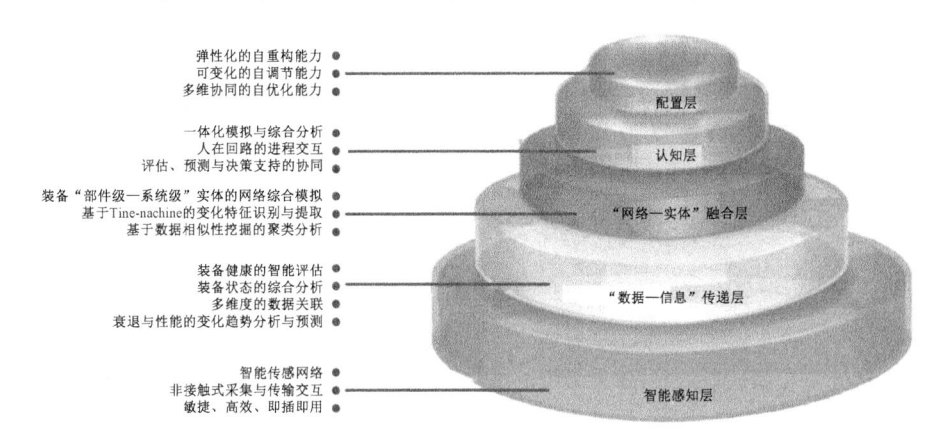

图 11.2 CPS 技术体系架构

3)"网络—实体"融合层

即网络化的内容管理。在网络层构建网络空间与实体系统的映射,通过建立虚拟系统与实体系统的镜像模型,对实体系统进行对称性管理。从被监控的系统中提取的信息与其他类似的设备比较,或与在不同时间历程的设备进行比较,能够深入了解系统的变化和预测任务状态。通过网络化的内容管理,建设对每一台机器完整而准确的知识基础。

4)认知层

即识别与决策层。在认知层面上,机器本身应该利用在线监测系统的优势,提前确诊潜在的故障,并意识到其潜在的问题。根据对历史健康评估的适应性学习,系统可以利用一些特定的预测算法来预测潜在的故障,并估计到达一定程度的故障的时间。

5)配置层

即执行层。由于可以在网上追踪设备健康状况,CPS 可以提供早期故障检测和发送健康监测信息,及时反馈给业务管理系统,使操作员和工厂管理人员可以基于维护信息做出正确的决定。同时,机器本身可以减少机器故障的损

失,最终实现以弹性系统调整工作负荷或制造时间表。

在这个架构中,CPS 从最底层的物理连接到数据至信息的转化层,通过先进的分析和弹性能力,最终实现系统的自我配置、自我调整、自我优化的能力。

CPS 技术体系具有如下优势。

(1)对数据标准化的管理与应用能够实现数据来源标准化、数据编码标准化、数据质量标准化、数据存储标准化、信息出口标准化、远程与本地通信标准化。

(2)实现数据分析规模化对于实时性高速数据流(热数据)由自记忆层中的相对固化模型进行实时处理(Machine-based Algorithms),对于静态数据池(冷数据)由自认知和自决策层中的大数据算法进行批量处理(Advanced Cognation Algorithms)。

(3)高可扩展性满足客户定制化需求的快速开发,将 CPS 的技术体系进行结构化分解后,对每一层的核心技术进行模块化和标准化开发,并通过对不同模块的组合产生新的功能。

① 以 1 个平台搭载 N 个应用的形式实现低成本、规模化地满足多种设备的各类分析需求,为未来系统的扩展打下基础。

② 1 个平台搭载多个应用模式的两大核心:模型库中的大数据分析算法引擎和功能库中的部件、装备、行业模板。

11.3.3 工程车辆 PHM 架构

对工程车辆本体而言,大量的数据可以通过 Canbus 及发动机的 OBD 系统得到,足以支撑针对核心设备的异常诊断等功能,但工程车辆的智能化应当不仅仅限于核心设备的异常诊断,而应该与运营维护系统深度融合,提供更多的优化决策系统,提升系统整体的运行效率。同时,对工程车辆而言,单体的价值总是有限的,针对车队集群进行统一管控,会创造更大的价值。

针对工程车辆的智能化,所涵盖的范围如下。

(1)工程车辆 PHM:包括卡车的核心子系统,如发动机、变速箱、轴系、轮胎等的在线监测与故障诊断。

(2)工程车辆运行能耗优化:基于卡车本体设备的健康状态,以及外部环境信息(包括路面信息等),给出优化驾驶建议。

(3)工程车辆车队集群管理:针对卡车集群,给出最优化的路径优化建

第 11 章　物联网在其他军事后勤保障领域的应用

议、货物装载建议及加油站点建议。

（4）工程车辆车队维修维护排程：针对车队及卡车单体，提供最优化的维修维护建议，包括维修对象、维修时间及维修站点等。

图 11.3 给出了工程抢修车辆物联网架构示意图。

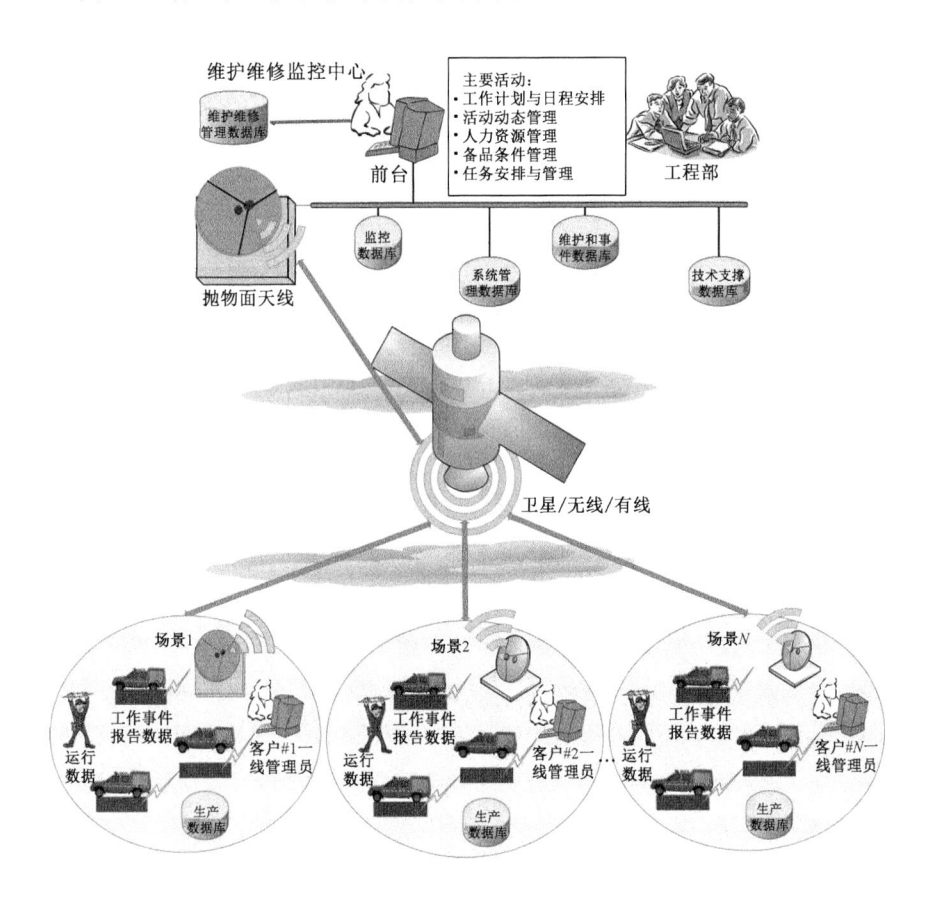

图 11.3　工程抢修车辆物联网架构示意图

从图 11.3 可以看出，工程抢修车辆物联网架构是一个典型的"端管云"三层体系。

第一层（端系统）：端系统也即车联网。通过车内部署的智能传感器，采集与工程机械本体、车辆运行状态及环境等相关信息，并将获取的信息通过车载通信终端上传到平台中心。

第二层（管系统）：管系统也即通信信道。可以通过卫星、无线等通信方式，实现车与车、车与平台中心、车与人等要素之间的互联互通。

第三层（云系统）：工程抢修车辆物联网是一个云架构的工程抢修车辆物联网信息平台，在通过对多源海量信息收集、汇聚、计算和智能分析的基础上，得出工程机械本体和运载车辆健康状况，为参与工程抢修的工程车辆调度提供技术支撑，确保工程抢修任务的圆满完成。

11.3.4　工程车辆车联网

图 11.4 给出了工程车辆内主要传感器部署图。

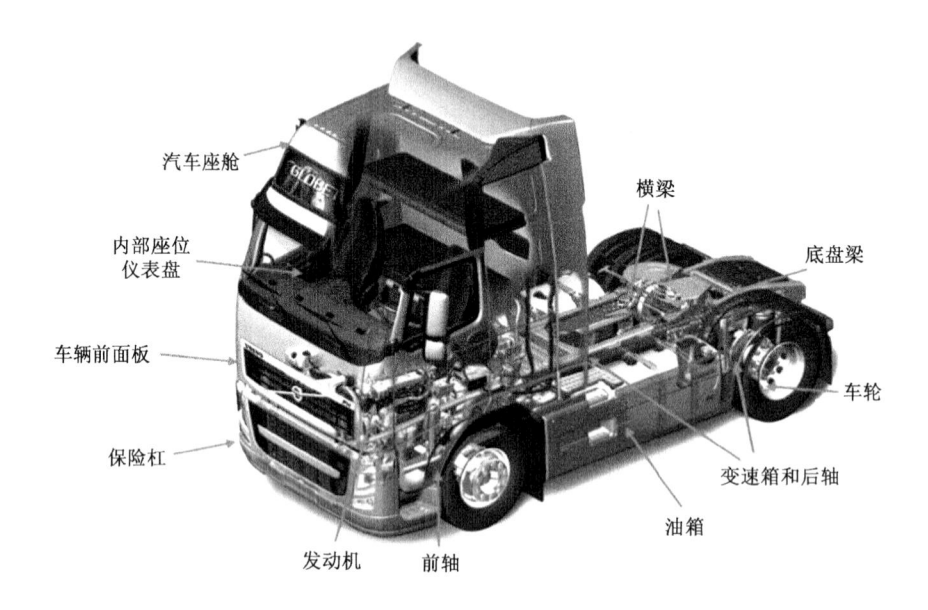

图 11.4　工程车辆内主要传感器部署图

从图 11.4 可以看出，通过在工程车辆内部署各类传感器，可以采集到车辆发动机、底盘、悬挂、传动装置和轮胎等车辆核心设备的运行状态。通过车辆内部自组网，如蓝牙自组网或 WiFi 自组网等，传感器将采集到的信息传送至车载信息终端，进行信息汇聚后再将信息传送至后台。

11.3.5　工程车辆 PHM 技术

工程车辆故障预测和健康管理平台采用故障预测与健康管理技术，实现工程机械车辆的预测性维护和智能运维。PHM 核心是采用机器学习和大数据挖掘等智能算法，对故障特征判据进行分类、聚类、模式识别、递归预测和关系挖掘等分析，从而利用历史数据对故障的诊断和预测进行智能建模，并利用模型

对在线监测数据进行实时分析与决策，以便防止设备运行中的事故风险，同时，又能够最大限度地安全使用，减少不必要的维护成本。

采用数据驱动分析手段，利用采集工程车辆核心设备监测数据，对设备故障的发生过程进行建模和预测。应用于工程车辆故障预测和健康管理的数据驱动的智能分析系统采用了如图 11.5 所示的分析框架，包括六个主要步骤：数据采集、特征提取、性能评估、性能预测、性能可视化及性能诊断。

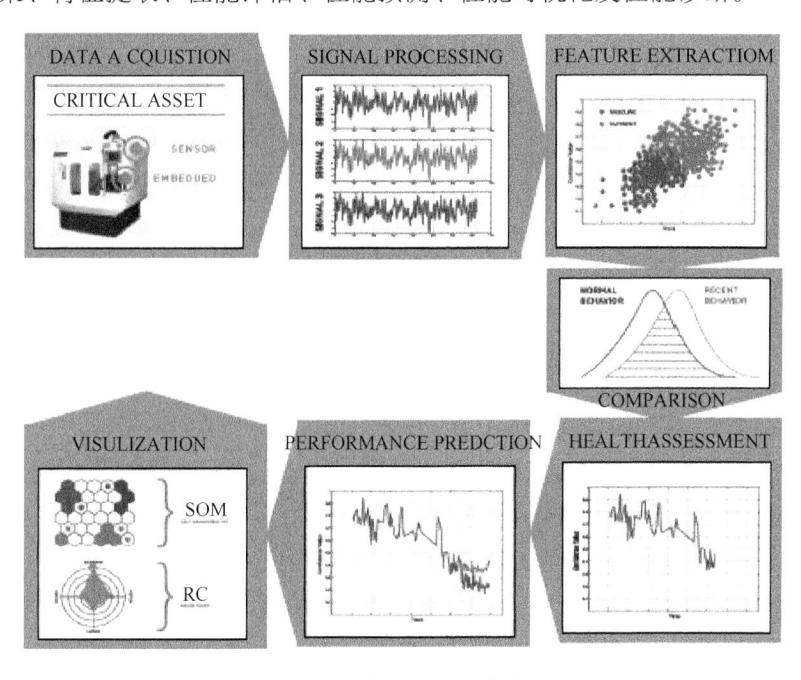

图 11.5　工程车辆 PHM 建模分析流程

可用数据包括传感器信号、状态监控数据、维护历史记录等。这些数据可以用特征提取的方法进行处理，从而得到衰退性的特征。基于性能特征，生产系统的运行状况可以通过健康置信值（Confidence Value）来评估和量化。另外，可以在时域内预测特征在将来的值，从而可以预测性能的衰退趋势和问题发生的剩余时间。最后，诊断方法可以用来分析问题产生的根本原因。PHM 流程中的核心步骤是设备关键部件的健康评估和预测建模，对于设备的预测建模问题，需要系统的建模分析方法论，其步骤主要包括五个方面：数据前处理、特征提取、特征甄选、模型开发和模型验证，具体见图 11.6。

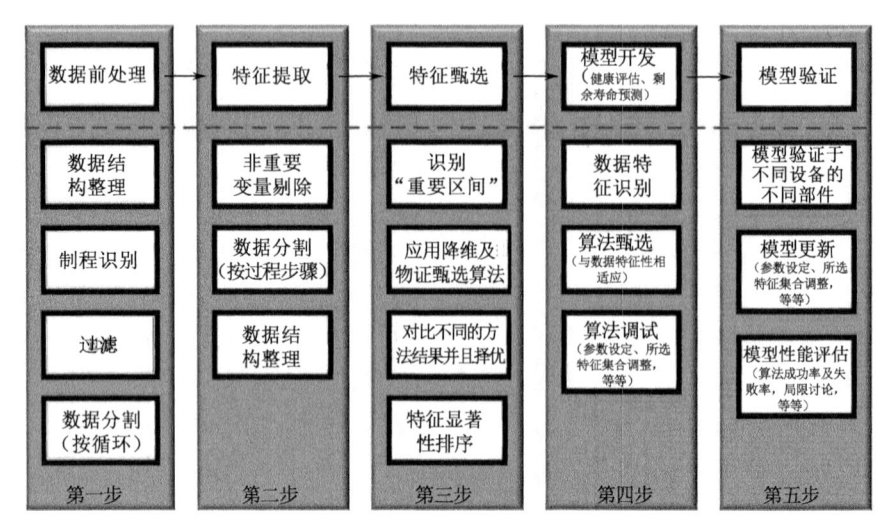

图 11.6　工程车辆 PHM 建模分析步骤

11.3.6　工程车辆智能化管理平台

为了满足整个系统针对不同类型工程车辆、不同应用场景和不同用户需求的可扩展性、重构性及普适性，工程车辆智能化平台结构应满足遵循模块化、标准化设计原则，并能为各个数据类型空间预留余量，以保证其可扩展性。构建的工程车辆智能化平台主要由下面五个部分组成。

（1）数据感知层：数据库及设备状态知识库，包括多源异构数据的整理、存储、索引和调用，以及设备健康状态、健康特征值等分析结果和知识库的存储。数据库与知识库的存储格式需要保证上层算法可以方便、高效地对其进行使用。

（2）共有算法模组：包括信号处理、健康特征提取、健康状态评估、趋势预测、大数据挖掘等共有算法模型。

（3）专有算法模组：针对各个系统与设备类型的专用解决方案及算法流程，包括信号需求、基于设备的健康特征提取、设备故障模式分析、设备集健康信息等所需算法模型。

（4）应用层：包括设备层特征提取、设备层健康诊断/故障定位与预测、系统层状态整合、基于大数据的评估功能、决策优化等功能应用。

（5）人机交互层：提供算法结果、设备状态的可视化显示工具；提供人机界面以便人工录入所需信息。

工程车辆智能化平台应具有如下管理功能。

（1）在线状态监测及故障诊断：采集和分析传感器信息、生成警报、允许维护人员可视化及管理数据和结果。

（2）提供系统健康信息：帮助用户优化机器性能、最大化机器正常运行时间、降低机器维护成本和提高机器安全性。

（3）采集动态和静态传感器数据：周期性或以用户定义的时间间隔采集众多类型的传感器数据，并且可读取启动或关机等状态数据。

（4）分析波形数据：提供全面的算法来分析动态波形数据、计算关键特性和状态指标来跟踪和确定设备的健康状态。

（5）建模分析：通过集成建模分析流程及算法模块，为快速开发、调用及部署算法模型提供支撑。

（6）可视化原始数据和结果：维护人员可远程查看行业标准的曲线图、跟踪历史趋势、关联数据和事件及将当前数据与之前记录的数据进行比较。

（7）生成和管理报警：用户可根据转速和其他计算结果来设置报警条件。报警的设置可下载至采集系统进行实时报警检测，自动邮件通知也可设置为即时提醒。

（8）管理数据：使用行业标准的数据层次架构将通道和设备关联至传感器和设备，并对数据进行老化处理，以充分利用磁盘空间。

（9）配置和监测系统：简化固件部署和设备配置，并监测采集系统的状态，以确保监测解决方案的可靠性。

（10）用户和设备身份验证：确保接收的数据仅来自授权的采集设备，并设置用户查看和更改系统数据和参数的权限。

（11）集成至基础设施：互操作性和开放的软件架构实现了与常用历史数据库和现有 IT 软件的集成，同时系统管理功能可允许 IT 专业人员监控采集设备的连接和网络带宽。

（12）在线状态监测：根据设置的时间间隔、测量和用户触发进行登录，可读写启动和关机等瞬态事件的时域波形数据，直到达到稳定状态，周期性监测相关数据，支持各种动态波形和静态测量传感器。

物联网与后勤保障

本章小结

本章描述了物联网技术在场站应急起飞和场站环境监测、监控等方面的应用前景,给出了机场应急起飞指挥系统体系结构和机场物联网基础平台应用架构和功能。在分析现有野战设备识别困难的基础上,提出基于物联网技术野战设备身份认证设想,并给出了相应的解决方案。本章最后在介绍信息物理系统原理的基础上,展望了设备故障预测和健康管理技术在军用工程机械和工程车辆中的应用前景,给出了通过采用基于物联网技术,实现军用工程机械和工程车辆管理智能化的方式和技术途径,对于将来的具体实施具有一定的指导意义。

第 12 章
后勤领域军民兼容物联网安全防护

军事物联网是军事网络"智能感知"的延伸,军民兼容物联网主要是指对民用物联网基础设施的军事化应用,是扩展军事物联网覆盖范围的重要方法和途径,是未来军事后勤应用的主要形态。针对军民兼容物联网安全防护体系研究具有很重要的意义。

12.1 军民兼容物联网概述

军事物联网是通过军事技术革命和作战方式变革,使军队后勤建设和保障方式发生新的重大变化,其在后勤保障领域的推广应用将有助于实现"动态精确化"保障。军队后勤保障业务具有军地通用性、互补性强的特点,军地协同资源丰富、潜力巨大,在军地协同方向上大有作为,后勤军事物联网在充分保障安全的前提下,借助民用物联网的基础设施,比如主动利用现代物流网络、民用"传感网"建设的布局完善等民用物联网行业优势,成体系推进后勤军地协同发展,创新保障模式,升级保障手段,提升后勤保障质量和效率。

这种转变需要确立现代后勤就是军地协同后勤的理念,坚决破除自成体系、自我保障的传统思维,主动把军事后勤保障的力量之源扎根在经济社会发展的土壤之中,努力构建现代化的军事后勤军地协同体系。同时,充分利用后勤在仓储、医疗卫生、应急救援等方面的优势,通过民用物联网与后勤军事物联网联通,可以更好地服务人民、服务社会。但是民用物联网信息网络在设计之初就有开放性和资源共享性,衍生出自身脆弱性,这对后勤保障将是一个巨大的安全隐患。因此,需要把信息网络的安全运行和保密放在首位。这就要求深入研究军民兼容物联网安全防护技术和安全防护管理体系。首先,根据分级

保护的思路，合理确定军民兼容物联网安全需求和安全级别，构建合理的防护架构和防护体系；其次，研究安全技术中的重点难点，加强研发轻量级加密技术、统一身份识别认证技术、动态授权管理技术等关键技术，确保后勤物联网的安全运行；最后，制定相关技术规范，确保物联网设计、建设过程中，充分考虑未来安全功能扩展的需求，保证对军事物联网承载的可靠性和安全性。

12.1.1 军民兼容物联网面临的问题

军用物联网将军事设施、军队人员与军用网络结合，从而实现物与物、人与物、人与人互联的智能化、信息化网络。而民用物联网基础设施一般主要承载非涉密数据，用于非军事化用途，因此其在设计上主要以功能性为主，安全防护机制往往较为欠缺。

民用物联网基础设施进行军事化应用，涉及将民用物联网和军用物联网这两种不同安全级别、不同安全要求的物联网进行共用，势必引入众多新的安全风险和威胁。

（1）终端非法接入的风险。由于民用物联网终端的安全防护能力往往较弱，容易被敌方控制、冒充和利用，信息易遭泄露、信号易被干扰、设备易被控制。在民用物联网基础设施军事化应用场景中，一旦这些民用物联网终端被恶意控制，并通过民用物联网基础设施而接入军网，势必给军网的终端安全准入管理机制带来冲击，甚至给军网带来严重的信息安全风险。

（2）军事信息泄露和篡改风险。民用物联网在数据获取、存储、处理环节方面的安全措施往往不足，可能出现数据泄露或被篡改、删除，将影响作战数据的准确性和指挥的成效。民用物联网往往缺乏高强度的加密机制，甚至可能采用明文方式传输物联网信息，在民用物联网基础设施军事化应用场景中，如果不采用增强的加密机制，通过民用物联网传输的这些军事化信息可能很容易被窃听、篡改、伪造；另外，残留在民用物联网中的军事信息如果不能得到及时有效的清除，就可能给军网带来严重的信息安全风险。特别是在战场环境下，民用物联网的无线传输数据极易在使用者不知情的情况下被截获、监听，从而造成机密信息泄露，甚至被跟踪或定位造成目标方位暴露。

（3）外部攻击破坏风险。民用物联网基础设施的军事化应用势必极大地扩展军事物联网的边界和范围，使得军事物联网的外部接入边界更广泛、接入场景更复杂，从而导致面临的外部安全攻击风险更大，安全监控和审计的难度也更大。民用物联网基础设施的军事化应用可能带来的外部攻击破坏风险包括拒

绝服务攻击、重放攻击、路由攻击等，一旦这些外部攻击破坏行为成功实施，就可能导致我方情况甚至作战意图完全暴露在敌方面前，其后果将是灾难性的。

12.1.2 军民兼容物联网安全能力需求

面向我国军民兼容物联网安全防护机制建设方面存在的主要问题，针对军民兼容物联网的"海量终端异构化、安全接入跨网化、安全防护智能化"的安全需求，结合 NIST 网络安全工作组对物联网网络安全和风险管理的指导意见，以及国标《GB/T 22239.4 信息安全技术网络安全等级保护基本要求 第 4 部分 物联网安全扩展要求》中的相关要求，对军民兼容物联网安全防护需求进行梳理，提出如图 12.1 所示的安全防护能力框架。

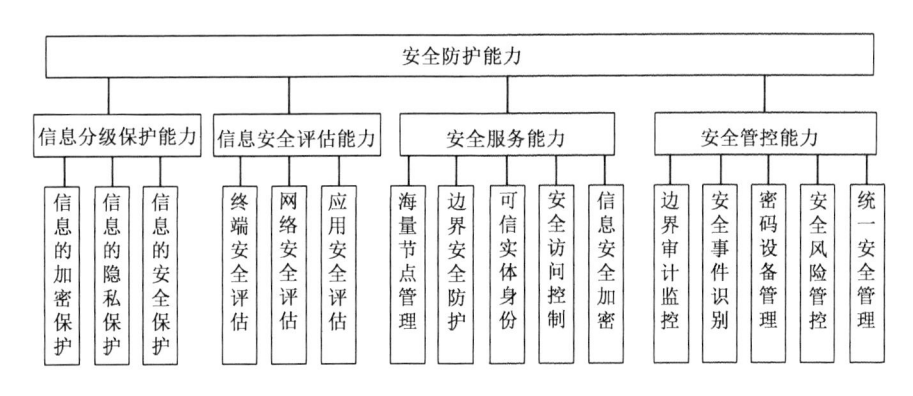

图 12.1 安全防护能力框架

（1）信息分级保护能力是指保障军民兼容物联网中的公开信息、敏感信息、秘密信息在存储、传输、处理环节中的数据安全、身份安全、管控安全。具体途径包括信息的加密保护、信息的隐私保护、信息的安全保护。

（2）信息安全评估能力是对军民兼容物联网信息系统安全保密机制和效能的安全评估和测试。具体途径包括终端安全评估、网络安全评估、应用安全评估。

（3）安全服务能力是指针对军民兼容物联网信息系统应用融合、分级防护的安全需求而采取的一系列措施。具体途径包括海量节点管理、边界安全防护、可信实体身份、安全访问控制、信息安全加密等手段。

（4）安全管控能力是对军民兼容物联网中的密码、装备、事件以及风险进行管理和控制。具体途径包括边界审计监控、安全事件识别、密码设备管理、

安全风险管控、统一安全管理等。

12.1.3　后勤军民兼容物联网安全能力需求

针对港口、物流、仓储等后勤保障的典型应用，在军民兼容物联网的建设趋势下，其安全防护能力的建设需求体现在如下几个方面。

1）对于信息分级保护能力建设

在军地协同后勤业务中，对于货物标签、仓储物资、感知数据、定位数据、监测数据等进行处理时，由于敏感信息程度的不同，需要进行区别和分级防护。尤其是在军用设施和民用设施进行共享利用时，根据承载的业务类型，遵循相应的防护标准规范。

2）对于信息安全评估能力建设

军地协同物联网安全防护涉及身份识别、访问授权、数据加密、边界防护、审计监控等安全综合防护手段，组网方式和防护体系一般比较复杂，在业务使用中，对于数据的敏感性要求又至关重要，因此对于信息安全防护体系的评估能力建设是建立有效安全体系的重要基础。

3）对于安全服务能力建设

军地协同物联网安全防护能力的建设是一项系统工程，传统的网络安全设备无法拿来直接使用，需要根据后勤应用业务特点，进行相应的技术研究和装备研发，才能满足业务的实际使用需求。特别是对物联网轻量级密码、边界安全防护、统一安全管理等安全技术进行深入研究，指导和规范后勤军民兼容物联网的安全防护体系建设。

4）对于安全管控能力建设

基于海量物联网终端的部署和接入特性，在后勤物资的筹划、生产、配送、接收、储存等过程中，物联网终端以及各种智能控制信息系统，会形成海量的安全审计事件，对于安全事件进行识别分析，对于系统运行中的威胁进行统一管控，并且建立有效的安全管理机制，将终端、设备、人员、网络纳入安全管控体系，安全管控能力建设是军民兼容物联网后勤业务稳定运行的重要保障。

12.1.4　后勤军民兼容物联网问题与挑战

1）安全问题

在军事领域，物联网技术的开发、部署和应用面临诸多难题，其中，安全是最大的挑战，尤其是大量的简易设备和应用程序会增加电子和网络战的脆弱

性。当所有设备都智能化、网络化，边界概念将被进一步削弱，如何保证军事物联网在应用时的安全问题，是一个亟待突破的障碍。针对这个问题，首先利用指纹、声控、视网膜、密码等物理安全手段；其次通过安全路由、密钥管理、加解密算法、端到端认证等手段，并且针对跨网架构的网络要确立安全的衔接机制。

2）标准化问题

目前各种传感识别种类多样，各类协议标准的统一将是一个漫长而艰巨的过程。同时，网络传输模式多样，尤其军事上还有专用卫星网络和数据链，信息的融合交换还存在很多技术挑战。

3）数据处理技术问题

物联网的基础是巨大的感知传感网络，将获取的数据进行聚合，最后为决策系统提供依据。这些都需要数据融合技术、数据挖掘技术、云计算、数据压缩技术、人工智能理论及智能信号处理技术等作为支撑。

4）自主可控问题

我国军用物联网发展虽然取得了一定的成绩和进展，但在传感器节点核心芯片、嵌入式操作系统、智能计算等核心关键技术领域仍需突破。目前，我国元器件的自给率不到40%，传感器芯片的进口率达到90%，面临巨大的安全隐患，提高信息装备的国产化率，是军用物联网进入实战应用必须首先解决的关键问题。

这需要借助军地协同式发展机制，建立军民共用重大项目的联合研究机制，整合军地通用网络技术资源，共同攻克军用物联网与互联网链接的技术难题，打造自主可控产业生态圈，确保安全可靠运行。

12.2 军民兼容物联网安全问题

12.2.1 物联网通用安全问题

物联网和互联网一样，都是一把"双刃剑"。物联网是一种虚拟网络与现实世界实时交互的新型系统，其特点是无处不在的数据感知、以无线为主的信息传输、智能化的信息处理。物联网技术的推广和运用，将显著提高经济和社会运行效率，但由于物联网在很多场合都需要无线传输，这种暴露在公开场所之中的信号很容易被窃取，也更容易被干扰，这将直接影响到物联网体系的安全。

根据物联网自身的特点，物联网除了有传统网络安全问题外，还存在着一些与已有移动网络安全不同的特殊安全问题。这是由于物联网由大量的机器构成，缺少人对设备的有效监控，以及数量庞大、设备集群等相关特点造成的。物联网特有的安全问题主要有以下几个方面。

（1）点到点消息认证。由于物联网的应用可以取代人来完成一些复杂、危险和机械的工作，因此物联网机器/感知节点多数部署在无人监控的场景中。那么攻击者就可以轻易地接触到这些设备，从而对它们造成破坏，甚至通过本地操作更换机器的软硬件，因此物联网中有可能存在大量的损坏节点和恶意节点。

（2）重放攻击。在物联网标签体系中无法证明此信息已传递给阅读器，攻击者可以获得已认证的身份，再次获得相应服务。

（3）拒绝服务攻击。一方面，物联网 ONS 以 DNS 技术为基础，ONS 同样也继承了 DNS 的安全隐患；另一方面，由于物联网中节点数量庞大，且以集群方式存在，因此在数据传播时，大量机器的数据发送使网络拥塞，产生拒绝服务攻击。另外，攻击者利用广播信息、通信机制中优先级策略、虚假路由等协议漏洞同样产生拒绝服务攻击。

（4）篡改或泄露标识数据。攻击者一方面可以通过破坏标签数据，使得物品服务不可使用；另一方面窃取标识数据，获得相关服务或者为进一步攻击做准备。

（5）权限提升攻击。攻击者通过协议漏洞或其他脆弱性使得某物品获取高级别服务，甚至控制物联网其他节点的运行。

（6）业务安全。传统的认证是区分不同层次的，网络层的认证就负责网络层的身份鉴别，业务层的认证就负责业务层的身份鉴别，两者独立存在。但是在物联网中，大多数情况下，机器都拥有专门的用途，因此其业务应用与网络通信紧紧地绑在一起。由于网络层的认证是不可缺少的，因此其业务层的认证机制就不再是必需的，而是可以根据业务由谁来提供和业务的安全敏感程度来设计。

（7）隐私安全。在未来的物联网中，每个人包括每件拥有的物品都将随时随地连接在这个网络上，随时随地被感知，在这种环境中如何确保信息的安全性和隐私性，防止个人信息、业务信息和财产丢失或被他人盗用，将是物联网推进过程中需要突破的重大障碍之一。

12.2.2 军事物联网安全威胁

技术上，军事物联网也由感知层、网络层和应用层所构成。其中，感知层由传感器、RFID 标签、RFID 感应器及智能终端等组成，主要负责包括战场环境、作战单元和作战人员状态、物资保障需求等战场态势感知，网络层主要负责通信联络和指挥控制，应用层则负责对来自感知层的数据进行处理，通过各应用系统实施作战行动指挥。

（1）感知层面临的安全威胁。军事物联网的感知层相对于民用物联网处在更加复杂恶劣的环境中，面临的威胁更加严峻。一是物理安全难以保证，电子标签和智能终端易于在战斗进程中遭受物理损坏；二是信号容易泄露易被干扰，感知层的 RFID 技术是基于无线通信的，特别是被抛射到敌方阵地的传感器，通常采用无线自组网的方式工作，信息传输完全依赖无线网络，信号传输很容易被敌方检测和干扰；三是容易被敌方控制、冒充和利用，散布在敌方阵地的传感器及智能终端，极易被敌方侦测发现，如果缺乏有效安全机制，敌方有足够的时间获取节点身份信息，甚至攻破通信协议，智能终端将被敌方操控并加以利用，敌方还可能通过虚拟节点对物联网发起攻击。

（2）网络层面临的安全威胁。军事物联网的网络层安全包括无线传感网、移动通信网、基础通信网的传输安全和异构网络互联安全。

传统互联网中的安全威胁在军事物联网中同样存在。多数国家的军事信息网是与国际互联网物理隔离的，军事物联网的网络层通常依赖军事信息指挥基础网络进行通信，但有资料表明，西方发达国家有能力通过无线方式攻破与互联网物理隔绝的通信网络。因而，互联网中的安全威胁在军事物联网中同样存在。例如，在互联网中一些常见的安全威胁，包括窃听、篡改、中断、伪造等，其方式有拒绝服务攻击、重放攻击、路由攻击、假冒身份等，这些攻击方式同样会发生在军事物联网的基础通信网络中。

物联网的异构复杂性使得物联网的安全性难以保证。物联网的接入方式多样，网络层多异构性，这使得网络的互通性、稳定性和安全性较差，这也是物联网在网络层的薄弱环节。物联网的集群庞大也是安全的重要隐患，由于物联网本身节点数量庞大，且以集群方式存在，在终端节点遭敌方控制并增加大量虚拟节点时，容易发生大量数据同时发送，进而导致网络拥塞，产生拒绝服务攻击。

（3）应用层面临的安全威胁。如前所述，军事物联网的应用层负责对来自感知层的数据进行处理，各应用系统通过指令形式实施对各作战单元、战斗人

员和武器装备的作战行动指挥,这一环节既至关重要也非常复杂。其面临的安全威胁一是战场数据和指令的保密性遭到破坏,系统数据被敌方窃取,甚至发向作战单元、战斗人员甚至武器装备的指令被敌方捕获,导致我方情况甚至作战意图完全暴露在敌方面前;二是指令的正确性、完整性遭篡改,应用层遭受入侵,发向作战单元、战斗人员和武器装备的指令被篡改,可能直接导致作战单元、战斗人员和武器装备不听指挥,甚至为敌所用,其后果将是灾难性的。

12.2.3 外军物联网安全现状

本节以美军为例简述物联网基本情况。2017年2月底,美国国防科学委员会(DSB)网络空间供应链工作组发布了名为《国防科学委员会网络空间供应链工作组》的报告。国防科学委员会是美国联邦咨询委员会,宗旨是为国防部部长提供独立的建议。

美军的物联网安全情况也不容乐观。报告显示,美国国防部开展的一系列调查和举证显示出伪冒元器件已大量进入美军武器装备。美国商务部发布的《国防工业基础评估:伪冒元器件》报告中称,美国国防采办中,伪冒元器件案件数由2005年的3369件增长到2008年的8644件,增幅达两倍多。美国参议院军事委员会发布的《国防供应链伪冒元器件调查》报告中称,其调查的1800件伪冒元器件案件中,发现总数超过100万片的伪冒元器件已进入美军现役装备,包括空军C-17、C-130J、C-27J运输机和P-8A反潜机,海军陆战队AH-64、SH-60B、CH-46直升机,以及陆军"萨德"系统等。

美军表示伪冒元器件可导致武器系统可靠性每年下降5%~15%,甚至可使装备失效。美政府问责署例证,导航系统中的伪冒振荡器将造成无人机无法返回。参议院军事委员会也例证,已部署到阿富汗的2架C-27J运输机中发现伪冒存储器,会使飞机发动机状态、燃料情况、诊断数据等重要信息极易丢失。而更重要的是,伪冒元器件的大举入侵暴露出美国国防电子元器件供应链安全措施的薄弱,美军担心恶意软硬件漏洞的植入会借由供应链的薄弱环节在美武器装备中长驱直入,实现从性能退化到功能故障,再到系统崩溃的各种攻击。美国国防科学委员会在此次调查中也发现了已被恶意植入武器系统但尚未实施攻击的漏洞。

美国国防部用电子元器件强烈依赖全球半导体商业供应链,通过该供应链,敌方拥有多种机会来损害器件或利用/植入软硬件漏洞来发起攻击。其中,外部原因主要体现在以下几个方面。

（1）元器件复杂度不断提升，传统测试难以发现漏洞。随着技术发展，担负系统信息处理功能的中央处理器、存储器等电子系统中最常用的数字集成电路动辄包含数十亿门电路，特别是使用日益广泛、具备更高灵活性、可在武器系统部署前后重新写入功能的现场可编程门阵列等器件。根据目前硬件攻击手段，只需几百至几十个门电路就可植入比软件漏洞更难以去除的硬件漏洞。而费时费力的传统性能测试仅能保证器件具备所需功能，由于无法穷尽对所有功能的测试，因此无法保障不包含非预设功能。

（2）武器系统长时间保持不变，给予敌方充足攻击时间。武器装备长达数十年的服役期大幅增加敌方发现系统可被攻击弱点的可能性。而且若能利用现有漏洞而无须植入，则是最具成本效益和最低风险的攻击实施方式，将极大简化攻击的难度和缩短攻击实施时间。工作组估计，到2025年前，现已部署的武器装备所提供的军事实力占美国总军事实力的80%还多。这些系统就像多年来一直等待攻击的"静态目标"，如爱国者导弹、地面环境集成系统（AEGIS）和中距空-空导弹（AMRAAM）等，这些前线作战系统就是最好的例子。因为维护或更换的招标公告是公开的，敌方可充分研究其所需的重要组件和供应链，定位关键部分的关键器件，进而找到可实施攻击的潜在漏洞。

综上所述，美国军用物联网体系的安全状况不容乐观。

12.3　军民兼容物联网安全防护体系

12.3.1　军民兼容物联网安全防护内涵

军民兼容物联网作为一个在军地协同指导思想下建立的新型IT基础设施，既面临民用物联网基础设施的一般性安全需求，也存在作为军用物联网基础设施的增强性安全需求。同时，军用物联网在承载民用物联网应用时，也要充分考虑并采用安全隔离等措施，确保军用物联网运行的安全性。

如图12.2所示，基于军民兼容物联网海量终端异构化、安全接入跨网化、安全防护轻量化的安全需求，研究军民兼容物联网一体化安全防护体系、编制军民兼容物联网安全防护标准规范、开展面向军民兼容物联网的安全技术可行性评估，研究突破终端接入轻量级安全认证、边界访问控制、安全监控与审计、安全事件识别、云端安全管理平台等关键技术，研发军民兼容物联网一体化安全网关、边界访问控制设备、安全监控与审计系统、安全事件识别系统、云端安全管理平台等装备和系统。

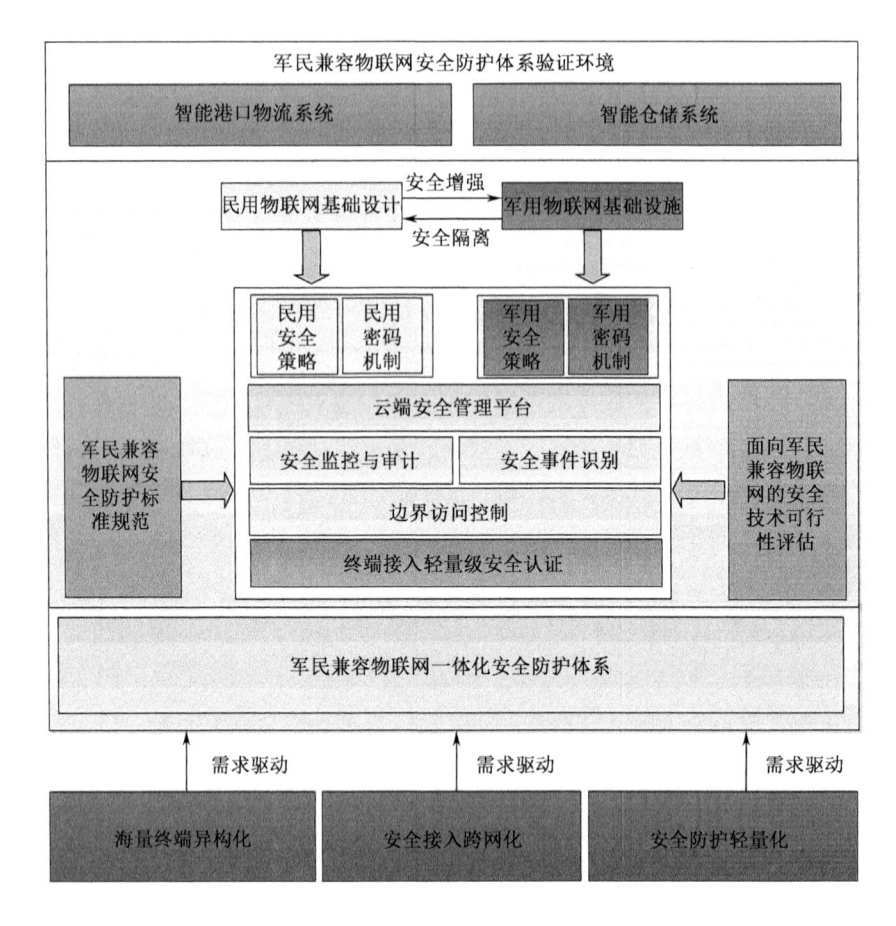

图 12.2　军民兼容物联网内容视图

12.3.2　军民兼容物联网安全防护架构

从物联网的威胁和挑战来看，物联网时代安全风险无处不在，大到系统平台，小到传感器，任何一处风险都有可能使威胁扩散到整个网络与核心系统。

由于物联网所对应的传感网的数量和终端物体的规模是单个传感网所无法比拟的，物联网所连接的终端设备或器件的处理能力将有很大差异。加上物联网所处理的数据量将比现在的互联网和移动网大得多，已有的对传感网、互联网、移动网、安全多方计算、云计算等的一些安全解决方案在物联网环境中仅可以部分使用。

即使分别保证了感知层、网络层、平台层和应用层的安全,也不能保证物联网的安全。这是因为物联网是融合几个层次于一体的大系统,许多安全问题来源于系统整合;物联网的数据共享对安全性提出了更高的要求;物联网的应用对安全提出了新要求,比如隐私保护不是单一层次的安全需求,而是物联网应用系统不可或缺的安全需求。

鉴于以上原因,对物联网的发展需要重新规划并制定可持续发展的安全架构,使物联网在发展和应用过程中,其安全防护措施能够不断完善。

由于物联网终端和网端节点可能处于无人值守的环境中,物联网终端的本地安全相较于现有通信网络终端的安全问题更加巨大,因此需要更加重视物联网终端和网端节点的安全性。

物联网具有节点数量巨大、网端节点组群化、低移动性等特点,而且,一般的物联网终端携带能量有限,因此需要针对物联网的这些特点定制更加符合物联网特性的、低能耗的安全要求。

物联网中轻量级的、特定的安全要求将会使得物联网安全机制与现有网络安全机制略有不同。但是,由于物联网尽可能地复用了现有网络,因此物联网安全保护强度不能低于现有网络安全强度,避免在现有网络中制造安全薄弱环节。

物联网的安全技术架构包括云(应用层)、管(网络层)、边(接入层)、端(感知层)四个层面的安全防护手段,如图12.3所示。

1)云(应用层)

应用层集中运行着各类应用业务和平台,安全防护的重点是应用服务及数据的安全性。应用层的安全是整个物联网安全防护体系的重点,安全防护的对象涉及较多,安全手段可以分为数据安全、边界安全、访问控制、安全管理四大部分。

(1)数据安全:包括数据加密、数据脱敏处理、数据安全交换等防护手段。

(2)边界安全:包括入侵监测、入侵防范、安全审计、应用隔离等网络安全增强防护手段。

(3)访问控制:包括身份认证、授权管理、访问控制等应用安全防护手段。

(4)安全管理:包括统一安全管理、虚拟化平台安全管理等手段。

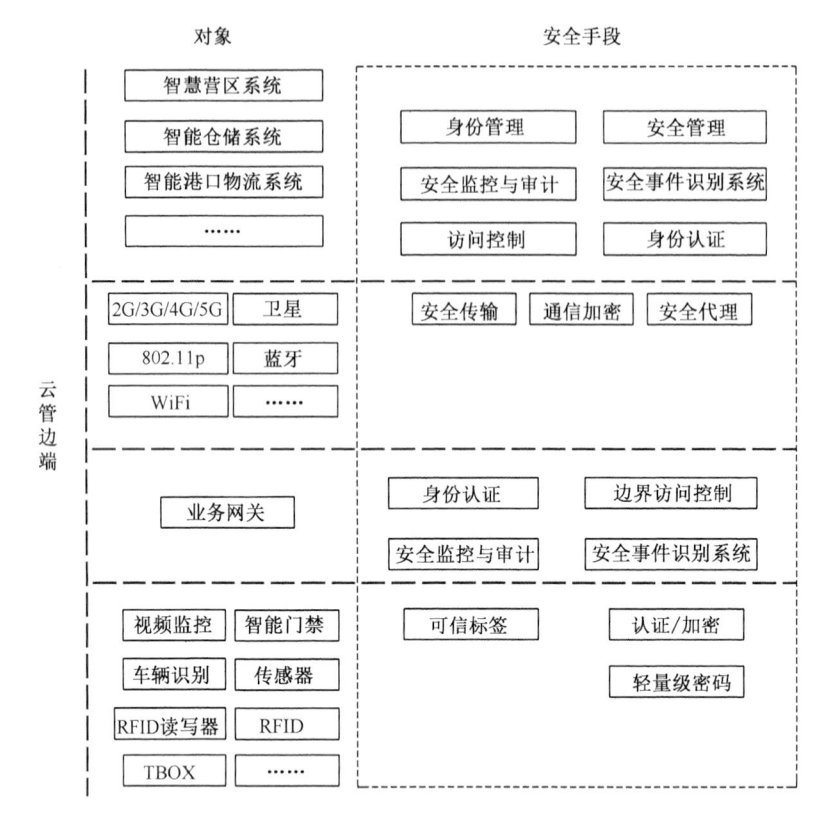

对象	安全手段		
智慧营区系统	身份管理		安全管理
智能仓储系统	安全监控与审计		安全事件识别系统
智能港口物流系统	访问控制		身份认证
……			
2G/3G/4G/5G 卫星	安全传输	通信加密	安全代理
802.11p 蓝牙			
WiFi ……			
业务网关	身份认证		边界访问控制
	安全监控与审计		安全事件识别系统
视频监控 智能门禁	可信标签		认证/加密
车辆识别 传感器	轻量级密码		
RFID读写器 RFID			
TBOX ……			

(云管边端)

图12.3 物联网的安全技术架构

2）管（网络层）

网络层主要是针对物联网终端所依赖传输网络的安全保护，防止通信数据被恶意窃听和非法篡改。主要的安全手段是采用网络隧道和安全代理技术，进行安全传输、通信加密。

3）边（接入层）

针对军民兼容物联网终端接入的特殊性，需要进行统一的安全接入保护。通过部署集中的接入网关，支持海量移动终端的安全接入，实现对于终端身份的识别和访问控制。

4）端（感知层）

针对感知层各种传感器终端运行环境和业务应用的特点，防止被窃取数据和身份仿冒的风险，在增强终端的物理安全、硬件安全、操作系统安全的基础上，重点提供可信身份标识、轻量级密码以及数据加密等安全防护手段。

虽然和平与发展仍是当今世界的主题，但冲突是不可避免的，我们必须随时准备战争，以战方能止战。然而，"兵马未动，粮草先行"。后勤过去是、现在是、将来仍是战争胜利与否的关键。一方面，战争对后勤保障的要求越来越高，"保打赢"是一切后勤工作的目的和意义，后勤有不断扩大的内在动力；另一方面，后勤又必须精简，无论是人力、物力还是财力，后勤摊子扩大了，国民经济都难以承受，经济与国防协调发展就成为一句空话。在这种两难的境况下，后勤就只有一条路可走，以先进的技术和理念支撑后勤在精简的同时，提高效率。精确保障、智能保障是实现后勤精干高效的重要保障模式，客观上需要物联网、大数据、人工智能等新一代信息技术的支持。

12.4 军民兼容物联网安全关键技术

在现有民用物联网安全防护体系和技术等研究成果基础上，从军民兼容物联网自身特点出发，对军民兼容物联网安全防护体系和技术进行深入研究，实现军民兼容物联网整体安全防护，为技术减型增效和管理减员增效提供基础，以应对面向未来军用兼容物联网的大规模应用。

军民兼容物联网安全防护的核心思想就是制定出建设军民兼容物联网所需的软件和硬件的技术标准规范，以能实现基于标准的人与物的"实时对话"和物与物的"动态交流"。在对物联网标识与传感层、网络层、平台层和应用层等安全特性进行分析的基础上，对涉及数字签名、数据传输加密和数据加密等的信息加密技术，涵盖边缘认证和中心认证的身份认证技术，终端、边缘和平台三个层面的边界防护技术进行深入研究，实现军民兼容物联网安全防护的统一管理，并能针对特定业务应用场景灵活地进行安全防护能力设计和配置，做到在感知、传输、应用过程中，防止军事信息被他人利用，确保军用物联网健康、快速发展，为基于信息系统的后方勤务的形成提供强有力的技术支持。

12.4.1 军民兼容物联网轻量级安全认证技术

物联网是新一代信息技术的重要组成部分，这种物物相互连接的网络可实现节点间通信、实时监测、按需管理等功能。近些年来，物联网技术在军事领域开始普及并迅速发展，以军用网络为基础的军事物联网的应用越来越广泛，建立末端传感器到各型装备系统之间的联系，可以有效地提高我国军队的作战能力,从而实现平时与战时的态势感知、装备监控、实时保障等一系列功能。但是军事物联网的安全问题日益突出,尤其是节点间通信的安全问题成为亟需解决的问题,提出一种适用于军事物联网节点间的身份认证方案具有重要意义。现阶段常用身份认证的主要方式包括一次性口令认证、静态口令认证、基于证书的认证、无证书认证以及基于硬件安全设备的认证。

本项目通过一系列技术创新和改造,建设一个适用于物联网实际生产环境的物联网身份认证体系,包括新轻量级密码协议研究、两级认证网关设计及实现,支持云环境部署,主要包含以下四个方面。

1. 轻量级密码认证

综合 PKI 公钥密码体制、基于身份的公钥密码体制和无证书公钥密码体制的优点,考虑物联网资源受限的应用环境,设计一种新的基于椭圆曲线的、不使用双线对的轻量级无证书公钥密码体制。采用新的密钥分配方式,对用户密钥进行有效管理。不需要进行复杂的证书管理,不使用双线对运算,用户密钥就可以撤销。在这种新的无证书公钥密码体制的基础上,构造基于身份的签名(Identity Based Signature,IBS)方案和基于身份的密钥协商(Identity Based Authentication Key Exchange,IBAKE)协议,与现有椭圆曲线密码算法完全兼容,具有运算效率高、占用资源少、安全性强的明显优势,适合于具有海量用户的超大规模系统应用。

2. 两级认证网关

在物联网的实际应用场景中,大量的感知终端并非采用和中心平台直连的组网模式,而是采用 Bluetooth、ZigBee 等通信协议和本地的设备网关进行数据交互,由设备网关进行数据汇总后提交到中心平台,这种情况下,需要在本地部署边缘认证网关,负责本地的物联网设备接入认证。

认证网关分为边缘认证网关和中心认证网关两级结构,边缘认证网关、中心认证网关可分别独立部署或采用云、边分级部署,终端由边缘认证网关完成认证,并获取授权策略。统一认证时边缘认证网关需要预先得到中心认证网关的认证,并获取授权策略。

边缘网关能够缓存中心网关的授权策略,在本地网关优先认证的设计下,能够极大地提高接入认证的效率和时延,提供业务连续性,满足高可用性要求。

边缘认证网关支持轻量级安全认证，主要功能如下：

（1）支持现有设备的密码认证技术（适配多种密码算法及协议）。

（2）支持海量终端的接入能力，不低于 100 万的单点接入能力。

（3）支持对终端的授权及访问控制。

（4）支持容错技术，在故障发生时，继续保证终端的接入及认证。

（5）支持异构网络跨网认证。

（6）支持与中心认证网关的认证，此处采用传统 PKI 技术进行身份标识及认证。

图 12.4 给出了物联网边缘安全接入示意图。

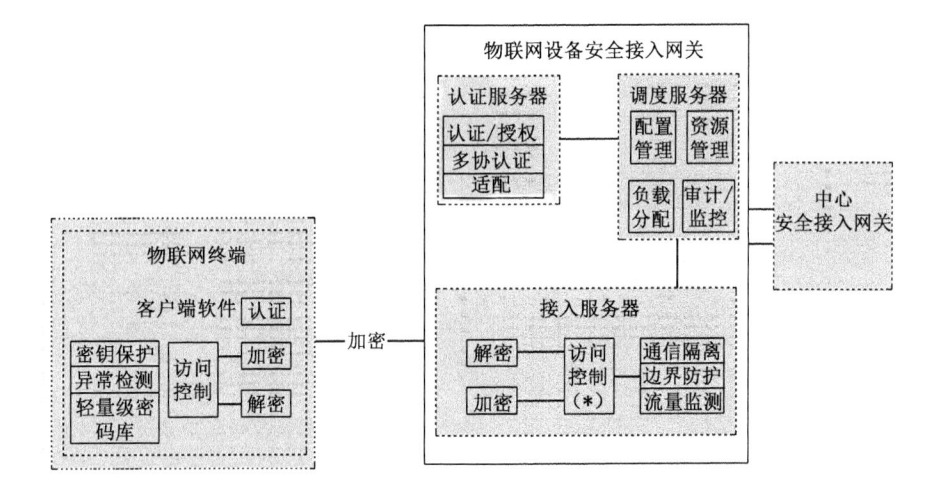

图 12.4　物联网边缘安全接入示意图

中心认证网关的功能如下：

（1）支持对边缘认证网关的认证。

（2）支持边缘认证网关的授权管理。

（3）支持物联网终端的授权管理及策略下发。

（4）支持物联网的状态监控及态势感知。

（5）支持对第三方业务系统的接入及授权管理。

图 12.5 给出了物联网中心接入示意图。

3. 密钥数据安全防护

数据传输过程中所采用的加密算法的安全性主要取决于密钥的安全性，因

此安全防护模块首先要考虑的就是保证密钥的安全性。

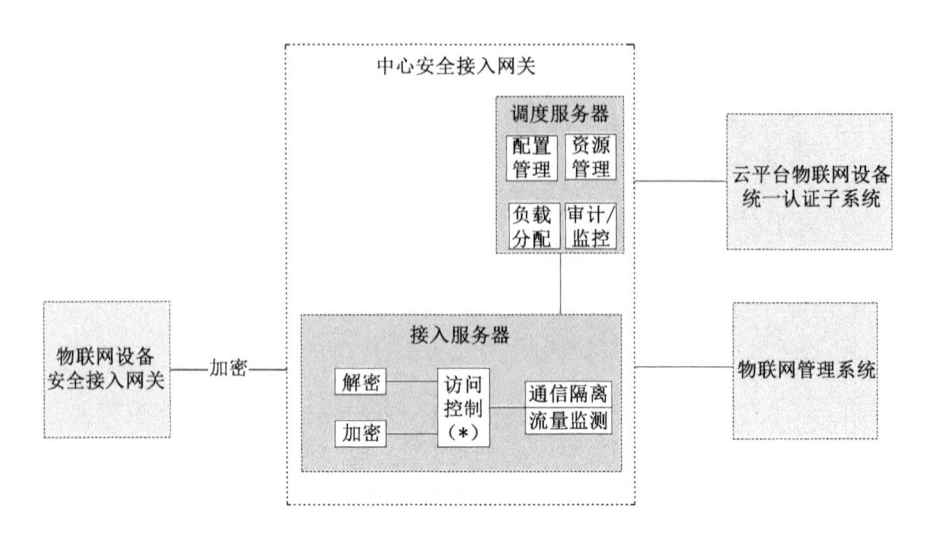

图 12.5　物联网中心安全接入示意图

在安全防护模块中对密钥数据进行保护，也需要采用对密钥数据进行加密的手段，在进行加密算法的选择时，考虑到安全防护模块能够适应更多的通信终端设备，同时应该具有加密速度快、占用资源少、加密强度高的特点，因此选取现阶段应用比较广泛的公开算法——AES 算法。AES 算法从其运算方式上来说是一种分组算法，它是以一个固定长度的数组为单位进行加密或解密处理，通常在处理后会得到一个等长的密文数组 C 或者是明文数组 M。通常来说，明文数组 M 与加密后的密文数组 C 是一种对应的映射关系。分组算法在当前应用比较广泛，通常采用的数组长度是 64 位或 128 位。在众多分组算法中，由于 AES 算法具有对 RAM 和 ROM 要求低、算法执行速度快、程序相对紧凑的特点，因此更加适用于安全防护模块的应用平台实现。

安全防护模块在进行设计时，还需要考虑到模块自身的安全性，包括确认操作者身份的合法性，当身份合法时，才能对安全防护模块进行操作，这个过程就是身份认证过程。目前，进行身份认证可以借助多种载体，如智能卡、虹膜技术、指纹识别技术、RFID 技术等。其中，智能卡的应用最为广泛，它不仅具有对硬件要求低、应用简单、功能强大等特点，还具有较高的安全性。智能卡来源于英语单词"Smart Card"，根据其工作特点，我们又称其为 CPU 卡。CPU 卡内部由一个低功耗 CPU 处理器进行数据处理，同时由一个小容量的数据存储 RAM 和一个相对较大的非易失性 Flash 作为数据集程序存储区，对外由

I/O 接口电路负责数据通信。在 CPU 处理器中安装了卡内操作系统 COS（Card Operating System），整个芯片相当于一个功能完备的微型计算机系统，可以完成数据存储、数据加密、数据传输等功能，同时也可以支持更复杂的有安全要求的应用。高端智能卡还带有用于完成加密算法的协处理器，以及随机数发生器、CRC 校验模块等，以进一步提高智能卡的安全性和信息处理速度。

1）安全防护功能模块设计

通过对通信终端设备安全防护的需求分析，确定对通信终端设备的安全防护模块设计主要着力于以下几方面：

（1）运用安全防护模块对通信终端设备的安全性实施监控，防止对通信终端设备的非法探测。

（2）对通信终端设备所使用的算法、算法参数、密钥数据等重要参数、数据进行有效的管理，防止上述参数、数据的超期使用。

（3）对通信终端设备所使用的重要参数进行管理，实施对通信终端设备的有效控制功能。

（4）对通信终端设备所工作的环境进行失效管理，能对异常情况进行快速判断响应。

因此，使用通信终端设备安全防护模块需要具备以下功能：

（1）对通信终端设备的使用者进行身份管理，确定操作者身份的合法性。

（2）能够感知对通信终端设备的非法操作，包括非法开机、搬运等。

（3）能够对非法操作做出响应，包括可以输出报警信号、销毁安全防护模块内存放的关键数据、记录异常情况等。

（4）具备紧急情况下手动快速销毁关键数据及断电数据销毁的能力。

（5）支持安全防护措施的设置。

（6）能够为通信终端设备提供安全的敏感信息存储空间。

在保证功能性的同时，在技术实现中需要秉承以下原则：

（1）与通信终端设备间通信采用标准通信接口，确保安全防护模块的通用性。

（2）提供较强的物理防护措施和环境失效检测与响应措施。

（3）采用模块化设计，各部分简洁明了，功能清晰，集成度高。

（4）采用低功耗设计技术，降低功耗和电磁辐射，减小对终端设备的影响。

（5）小型化设计，易于安装；软件便于扩充升级；功能相对独立和集中；模块间交互尽可能少。

（6）各模块的具体实现对安全防护模块软件结构的影响尽可能小。

根据以上的分析，可以建立一个总的安全防护模块功能模型，如图 12.6 所示。

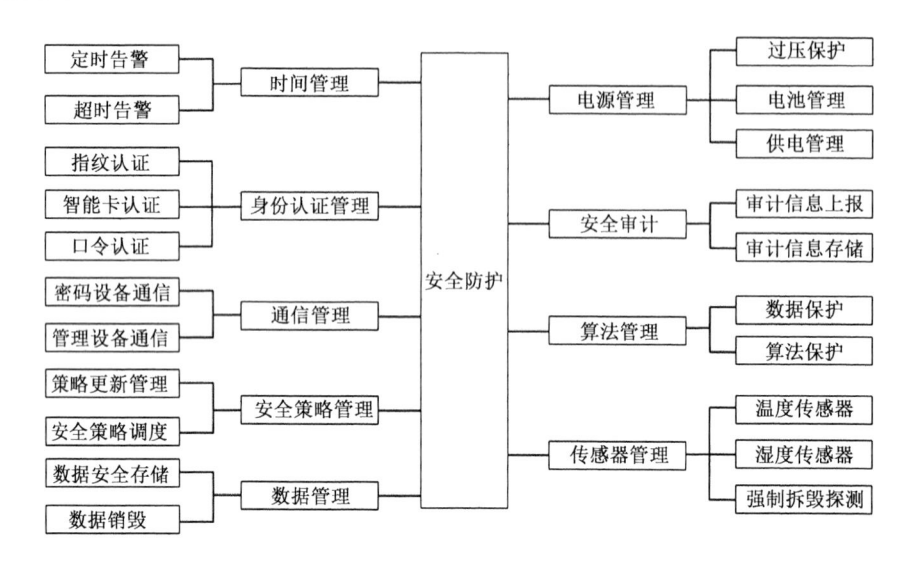

图 12.6　安全防护模块功能模型

由图 12.6 可以看出，实现通信终端设备上的安全防护必须要解决时间管理、身份认证管理、通信管理、安全策略管理、数据管理、电源管理、安全审计、算法管理、传感器管理九个方面的技术问题。各模块介绍如下：

（1）时间管理。需要提供日历功能，能够为整个安全防护模块提供准确的时间信息，其时间精度越高，达到的效果越好，核心处理模块就可以根据时间信息对密钥及算法实施时效管理，同时也可以为终端设备提供各种定时销毁指示。

（2）身份认证管理。主要是对安全防护模块的应用者进行身份认证，可以根据实际情况选择指纹认证、智能卡认证、口令认证等方式。各种认证方式的使用和比较将是项目研究的一个重点。

（3）通信管理。对安全防护模块与终端设备或其他外界设备通信的管理，包括物理链路的技术实现及通信协议的制定。

（4）安全策略管理。包括安全策略的更新及安全策略的调度两部分，这关系到使用者对设备的安全要求程度，策略制定越高，其安全防护等级越高，但同时也会造成通信终端设备过于敏感。因此，在制定安全策略时，需要制定者

根据实际环境和使用要求进行适度的更新和调度。

（5）数据管理。包括数据安全存储和数据销毁两部分。如何保证数据的安全存储和数据及时有效的销毁是安全防护技术的重点。

（6）电源管理。包括过压保护、电池管理、供电管理三部分，过压保护即对供电系统的电压进行监控，维护电压的稳定，避免高电压造成设备损坏，同时需要为通信终端设备提供可靠的电压检测，能够及时切断高压，达到保护设备硬件电路的目的。通过采用电源控制芯片对电池的使用进行管理，能够极大地提高电池的工作时间，降低损耗，延长电池使用寿命，即使在无外部电源供电时，也可以使用内部电源对整个安全防护模块提供一个稳定和持续的电压，协助安全防护模块在任何情况下都能够为终端设备提供有效的安全防护。供电管理主要是对电压进行 DC-AC 转换。

（7）安全审计。包括审计信息上报和审计信息存储，这项技术对终端设备的任何异常状态进行有效的记录和上报，保证了操作的备案。

（8）算法管理。包括数据保护和算法保护两部分，数据保护主要保证安全防护模块上敏感数据的安全存储，算法保护是指对出入终端设备算法单元的明密数据进行检测，防止临界数据出现，保护算法不被攻击和探测，同时提供随机数检测手段。

（9）传感器管理。包括对各种传感器及探测器的管理，对通信终端设备的工作环境进行监控。对打开设备外壳、工作环境温度失效（温度过高或过低）、湿度过大，有强烈振动发生等异常情况能够自动检测、感知，并将感知到的异常信息上报给处理模块进行处理。

2）安全防护硬件初步架构

通过对终端设备的安全防护技术进行分析，建立安全防护模型，并进行技术分解，进而将防护技术进行细化，并考虑到实际应用情况及日后推广情况，尽量设计低功耗、小尺寸、处理速度快的安全防护模块，其硬件初步原理如图12.7 所示。

根据以往的经验，在硬件选择上，选择低功耗、小尺寸、高速度的 ARV 单片机为处理核心，选定高性能、低功耗的 ARM®8 位微 ATmega128 处理器作为处理核心。在其他电路元件选择上，也基本遵循低功耗、小尺寸的原则，如电源管理芯片及传感器芯片，降低整个平台对终端设备的影响。同时具有精度要求，能够敏感地测量出环境变化。

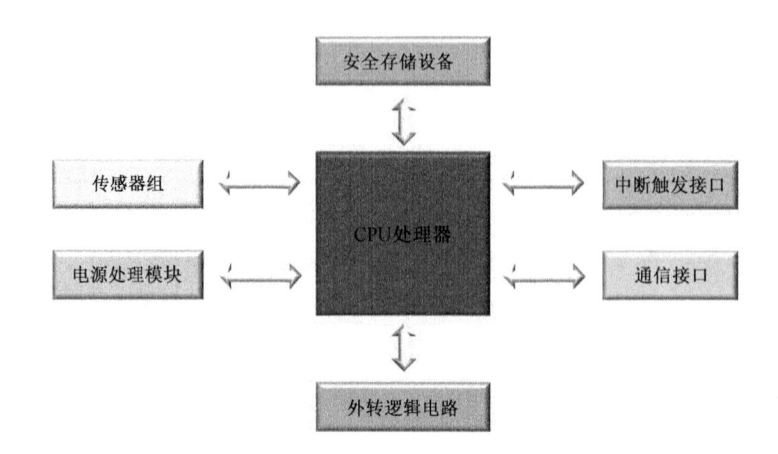

图 12.7　安全防护模块硬件初步原理图

在对外接口上，可以通过转接设备完成对 IC 卡、口令、指纹等认证，因此需要在电路设计上增加相应的通信接口，以完成对相关设备的通信操作。内部数据不以明文形式存放，初步确定采用分组算法进行保护，保护算法选择 AES 算法。

4. 高性能、高并发接入技术

安全网关采用了多种优化技术，提升了接入性能。

1）高并发通信模型

网关采用 epoll 模型，结合 I/O 线程、队列及工作线程池技术，大大提高了通信的效率和并发处理能力。在转译技术和高效率压缩技术、数据库连接池、网络连接池、数据缓存及访问优先级等方面进行精心设计，通过多种优化技术显著提高系统整体性能。

2）专用应用协议适配层

为实现无缝增加新的应用协议和方便支持新的应用系统，引入应用协议管理层，将应用协议的管理和执行分离。由应用协议管理层负责应用协议的总体管理，主要包括协议增删、请求预处理、协议识别、协议调度等模块；而应用报文的具体处理由应用协议负责，主要包括协议解析、协议转换及资源交互等模块。

3）负载均衡功能，满足大并发接入

面对大并发的用户量，单个设备所能承受的并发数毕竟有限。为了更好地支持大并发的用户，系统通过管理服务器，将负载分配到不同的传输设备上，从而实现更大并发的用户接入。

4）支持双机热备

安全认证网关内置了双机热备技术，在性能强大的同时，保证了系统稳定、高效地运行。

基于按需服务的云计算模式，具备如下特点：

（1）用户/设备登录到统一认证调度服务器进行认证。统一认证调度服务器根据系统的资源，以及用户权限进行调度。

（2）按需自助服务。在需要的时候，消费者可以通过自助方式从各云服务提供商购买计算资源。这个过程是自动完成的，提供商不需要进行人工干预。

（3）资源池化。提供商的计算资源被集中起来，成为资源池。这些资源支持多租户模式，可供多个用户使用。资源根据用户的需求被动态地分配给用户。用户一般不需要控制或者关心资源所在服务器的物理位置。

（4）平台相关组成模块，在虚拟化平台上进行分布式部署，注册调度服务模块负责资源调度，安全传输服务模块可以根据接入端的性能需求进行扩展，用以满足物联网海量终端对高并发、高性能、高可用等特性有高要求的业务场景。

12.4.2 物联网边界访问控制技术

物联网环境下，通过 RFID 等无线传感技术将数以亿计的各类物品连接到网络中来，相比于传统网络，物联网感知层中节点数量大、种类多、层次复杂，呈现出海量性和异构性的特点。一方面，物联网终端设备大多智能程度较低，不具备自我保护措施，极易遭受攻击者的恶意破坏，如盗取用户的身份信息和密码信息、复制节点后进行克隆攻击、将若干个合法节点联合进行攻击等。另一方面，由于物联网分布的地理范围广泛且分散，很多终端节点分布在无人值守的偏远环境下，这就使得物联网节点容易遭受到物理破坏，例如，终端节点被盗取或者滥用。因此，在物联网感知层中，需要建立安全高效的节点的访问控制机制，来为大规模的用户访问提供安全保障。目前在互联网领域应用较为广泛的是基于角色的访问控制，此模型需要为用户一一分配角色，在物联网中这种海量用户和节点的环境下并不适用，所以亟需一个安全高效的边界访问控

制方法，以实现对物联网中海量节点的细粒度的访问控制。

物联网的边界防护和传统的边界防护完全不同，需要在云端和边缘进行边界访问控制。

云端边界访问控制：平台对防护策略进行集中管控，对边缘设备下发策略，通过 NFV/SDN 对虚拟防火墙进行统一控制，完成粗粒度的边界防御，同时借助安全网关进行细粒度的访问控制。

边缘边界访问控制：根据云端的策略，边缘安全网关对终端进行身份认证及访问控制，并对数据进行过滤，预防病毒、木马等潜在攻击。

12.4.3 物联网安全监控审计技术

1. 安全监控审计全面数据采集

全面采集军民兼容物联网资产、性能、事件、漏洞、配置等相关信息，对于各种监控对象都能进行全方位细粒度的监控，提供丰富的监控指标。自带性能信息采集功能，同时也支持在用户网络中分布式部署多个性能采集器，就近采集管理对象的性能信息，包括可用性信息、运行状态信息、性能信息等，并汇聚到管理中心，从而实现对分散管理对象的性能信息采集，同时提高性能监测的并行性，进而提升性能监测的性能。通过多种方式来收集设备和业务系统的日志，如 Syslog、SNMP Trap、FTP、OPSEC LEA、NETBIOS、ODBC、WMI、Shell 脚本、Web Service 等。

2. 安全监控审计数据集成

系统对收集的各种日志进行范式化处理，将各种不同表达方式的日志转换成统一的描述形式。审计人员不必再去熟悉不同厂商不同的日志信息，从而大大提升审计工作效率。系统提供的范式化字段包括日志接收时间、日志产生时间、日志持续时间、用户名称、源地址、源 MAC 地址、源端口、操作、目的地址、目的 MAC 地址、目的端口、日志的事件名称、摘要、等级、原始等级、原始类型、网络协议、网络应用协议、设备地址、设备名称、设备类型等，数量超过 50 个，使范式化后的日志详尽而易读，更能满足复杂的多维度统计分析和审计要求。

数据集成实现与各业务系统的接口，并提供相关数据，具体功能如下。

（1）数据接口：支持以 CSV、Web Service 等方式集成第三方外部系统数据；非上述接口，可以通过定制采集接口，再通过 Web Service 标准接口提供

给平台。

（2）数据标准化：通过数据字段映射，实现与态势感知指标体系的映射关系。

（3）映射判定：关联字段、判定条件设置。

3. 安全审计日志范式化与审计事件分类

对收集的各种日志进行范式化处理，将各种不同表达方式的日志转换成统一的描述形式。审计人员不必再去熟悉不同厂商不同的日志信息，从而大大提升审计工作效率。提供的范式化字段包括日志接收时间、日志产生时间、日志持续时间、用户名称、源地址、源 MAC 地址、源端口、操作、目的地址、目的 MAC 地址、目的端口、日志的事件名称、摘要、等级、原始等级、原始类型、网络协议、网络应用协议、设备地址、设备名称、设备类型等，数量超过 50 个，使范式化后的日志详尽而易读，更能满足复杂的多维度统计分析和审计要求。

对每种日志进行了手工分类和分析工作，加入了日志类型字段，丰富了日志所蕴含的信息量，让枯燥的日志信息变得更可理解。与此同时，系统将原始日志都保存了下来，以备调查取证之用。审计员也可以直接对原始日志进行模糊查询。

12.4.4 物联网安全事件识别技术

1. 分布式安全日志存储

采用分布式日志存储支撑海量军民兼容物联网事件的存储与分析。分布式事件存储器安装并运行在独立的服务器上，将海量安全事件分布式地存储到多个事件存储器上，通过并行计算、分布式计算、聚合计算技术获得超高速的事件处理能力。管理中心可以对网络中分散的事件存储器进行集中管理。

2. 基于策略的安全事件识别

为用户在进行军民兼容物联网安全事件的实时分析和历史分析提供基于策略的安全事件分析过程。可以通过丰富的事件分析策略对军民兼容物联网的安全事件进行全方位、多视角、大跨度、细粒度的实时监测、统计分析、查询、调查、追溯、地图定位、可视化分析展示等。每个事件分析策略就像是地图的图层，只展现用户关心的信息，帮助用户快速从海量事件中筛选出重要的事

件。可以自定义事件分析策略，包括定义筛选的机制和展示的方式。不同的事件分析策略可以任意组合成为仪表板视图，在系统工作台中予以集中展示。

3. 基于规则关联的安全事件识别

通过事件关联引擎进行规则匹配，识别已知模式的军民兼容物联网攻击和违规事件，属于最经典和传统的一种关联分析技术。基于规则的关联分析核心在于规则的编写。提供可视化的规则编辑器，可以定义基于逻辑表达式和统计条件的关联规则，所有日志字段都可参与关联。规则的逻辑表达式支持等于、不等于、大于、小于、不大于、不小于、位于……之间、属于、包含、FollowBy 等运算符和关键字。规则支持统计计数功能，并可以指定在统计时的固定和变动的事件属性，可以关联达到一定统计规则的事件。

支持建立单事件规则和多事件规则，实现单事件关联和多事件关联。

（1）单事件关联：通过单事件关联，系统可以对符合单一规则的事件流进行规则匹配。

（2）多事件关联：通过多事件关联，系统可以对符合多个规则（称作组合规则）的事件流进行复杂事件规则匹配。

4. 基于情境关联的安全事件识别

基于情境关联的安全事件识别是指将军民兼容物联网安全事件与当前网络和业务的实际运行环境进行关联，通过更广泛的信息相关性分析识别安全威胁，这种技术也被称作"情境感知"。

情境关联就是在分析安全事件的时候，不仅考察被分析的事件本身，还要考虑到事件的上下文相关信息。例如，一个事件表示了一个源 IP 攻击了一个目的 IP，那么这个目的 IP 是什么资产？它重要吗？是什么操作系统？有什么漏洞？开放了什么端口？开放的端口是否正好是攻击被利用的端口？这些 IP 之间的拓扑关系如何？这就是情境分析。

基于资产的情境关联：分析师可以将事件中的 IP 地址与资产名称、资产价值、资产类型（包括自定义类型）、自定义资产标签进行关联。

基于弱点的情境关联：将安全事件与该事件所针对的目标资产当前具有的漏洞信息进行关联，包括端口关联和漏洞编号关联。

基于网络告警的情境关联：将安全事件与该事件所针对的目标资产（或发起的源资产）当前发生的告警信息以及当前的网络告警信息进行关联。

基于拓扑的情境关联：根据网络故障沿网络拓扑水平传播的特性，通过对大量网络告警事件在拓扑空间中的分布，以及传播时间上的顺序，自动进行网络根本故障源诊断。

5. 基于行为关联的安全事件识别

基于行为关联的安全事件识别的安全分析实现向基于异常检测的主动分析模型逆转。关联规则分析依赖专家经验定义的攻击签名或已知的攻击方法。高级威胁经常没有签名，并且确切的攻击者行为也难以实现预测。事件行为分析是基于异常检测的主动分析模式，它并不是基于静态的关联规则，而是建立被观测军民兼容物联网对象正常基准行为，通过对实时活动与基准行为的对比来揭示可疑的攻击活动。事件行为分析可以智能发现隐藏的攻击行为，加速确定没有签名的威胁，减少管理人员必须调查的事故数量。

6. 事件告警管理

支持事件属性重定义、弹出提示框、播放警示音、发送邮件、发送 SNMP Trap、发送短信、执行命令脚本、设备联动、发送飞鸽传书、发送 Syslog、派发工单等告警方式。告警信息可查询、可追踪和可统计分析。告警支持多维度统计分析，用户可以自定义告警统计策略。

7. 安全事件预警管理

可以通过预警管理功能发布内部及外部的早期预警信息，并与网络中的 IP 资产进行关联，分析出可能受影响的资产，提前让用户了解业务系统可能遭受的攻击和潜在的安全隐患。系统支持内部预警和外部预警；预警类型包括安全通告、攻击预警、漏洞预警和病毒预警等；预警信息包括预备预警、正式预警和归档预警三个状态。

12.4.5 军民兼容物联网云端安全管理

针对军民兼容物联网安全管理趋势，在云端建立物联网安全管理平台，提供服务化、软件化的安全能力体系和运用方式等。图 12.8 给出了云端安全管理总体架构图。

1. 总体架构

如图 12.8 所示，安全资源池组件对上层提供了多种安全能力，IPS 资源池提供了入侵防护的能力，WAF 资源池提供了 Web 防护的能力，防火墙资源池提供了访问控制的能力。资源池中的资源可以是厂商甲的，也可以是厂商乙的；可以是硬件安全设备，也可以是虚拟化的。只要这些资源提供标准的对外描述、管理和控制接口，就可以统一管控。安全应用可以根据控制平台的北向接口描述，动态调用这些能力，而无须关心到底是调用了谁家的安全设备或是哪类安全设备，更不用关心如何部署或配置这些设备。

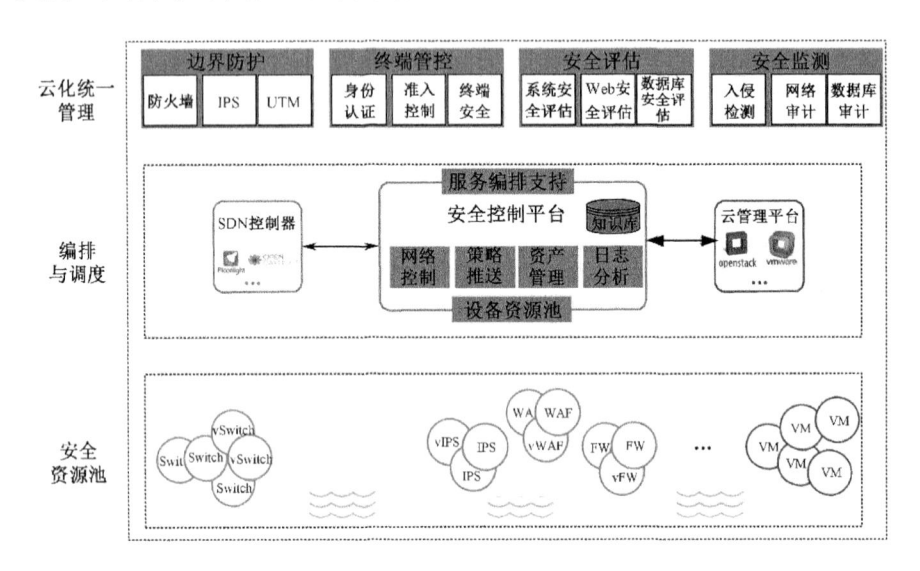

图 12.8 云端安全管理总体架构

云端安全管理平台具有如下五大特征。

（1）运行自动化。可在系统部署、配置、操作、移除等方面减少人为参与，即一旦策略成功建立，在以后每个控制阶段都不再需要人为参与。这样无论是在初期部署还是后期维护的过程中，操作都能更为高效。

（2）安全能力抽象。大多数传统架构中，安全策略依赖于硬件设备、物理网络边界等因素。随着底层物理设备实现虚拟化、分布式，安全运维抽象成独立于硬件设备、网络拓扑的安全能力包，安全维护不依赖于底层物理架构。该架构将安全功能抽象成独立于底层硬件、网络环境的 SaaS 服务，可以部署于不同规模的硬件平台上；要保护的对象（单个服务器配置）则被抽象成逻辑的工作负荷组，通过这种抽象可实现安全的自动化。例如，管理员通过 Web 接口为

一组工作负荷（逻辑应用）定义防火墙，而不是针对静态的网络参数，所以新的工作负荷可自动触发相应的防火墙规则设置。

（3）编排与调度。通过动态、自动、集中管理将多个独立控制的安全功能重组成集成的、全方位的安全服务。

（4）按需弹性部署。因为用户在某些时段可能要占用云计算中心更多的资源，如果在空闲时段也维持数量庞大的资源接入平台，那么不仅对操作系统是低效的，还会带来高昂的开销。在该架构中，安全能力可以根据云计算中心规模的变化自动进行调整。

（5）良好的可扩展性。通过可编程 API 与其他交互点和其他基础设施整合与交互，可以使安全应用与管理能够实时掌握 HQ 虚拟专网的变化；服务提供商等能够将其他 SDN 控制器、编排平台、云管理和可视化分析工具整合进来；可提供开机即用的安全解决方案，不需要本地编程和其他措施就可完成配置和部署。

2. 安全资源池

安全资源池提供云端检测服务，可以对经过授权的租户资产自行管理运行云端监测和安全扫描；云端监测服务可对指定域名进行监测，产生可用性监测事件报告、篡改监测事件报告、黑链监测事件报告并提供下载，页面显示最近一个月的各事件个数以及每个报表概述（报告编号、事件类型、报告描述、发生时间），得到正在监控的域名数、故障域名数。

云端安全扫描服务可对指定域名进行安全扫描，产生扫描报告。页面显示扫描结果的字段有扫描开始时间、扫描域名、站点名称、当前扫描状态，并得到高风险数。另外，云端监测和安全扫描都支持任务取消操作。

3. 软件定义网络

SDN（Software Defined Network，软件定义网络）是一种创新性的网络架构，它通过标准化技术（如 OpenFlow）实现网络设备的控制层面和数据层面的分离，进而实现对网络流量的灵活化、集中化、细粒度的控制，从而为网络的集中管理和应用的加速创新提供了良好的平台，由此可获得对网络的前所未有的可编程性、自动化和控制能力，使网络很容易适应变化的业务需求，从而建立高度可扩展的弹性网络。

从 SDN 的实现方式来看，分为广义和狭义两种。广义的 SDN 主要包括网络虚拟化 NV（指的是 Overlay）、网络功能虚拟化 NFV，狭义的 SDN 主要通过 OpenFlow 来实现。用一幅标准的 SDN 规范图来说明 SDN 的核心思想（见图 12.9）。

从图 12.9 中可以看出实现 SDN 的重点在 Data Plane 和 Controller Plane，SDN 的核心思想就是数据面与控制面分离。

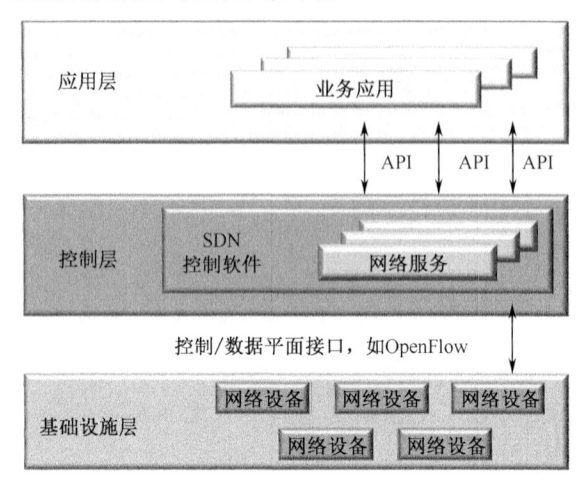

图 12.9　SDN 原理图

4. OpenStack 开源项目

OpenStack 是一个由 NASA（美国国家航空航天局）和 Rackspace 合作研发并发起的，以 Apache 许可证授权的自由软件和开放源代码项目。

OpenStack 是一个开源的云计算管理平台项目，由几个主要的组件组合起来完成具体工作。OpenStack 支持几乎所有类型的云环境，项目目标是提供实施简单、可大规模扩展、丰富、标准统一的云计算管理平台。OpenStack 通过各种互补的服务提供了基础设施即服务（IaaS）的解决方案，每个服务提供 API 以进行集成。

OpenStack 是一个开源的基础架构即服务（IaaS）云计算平台，可以为共有云和私有云服务提供云计算基础架构平台。OpenStack 使用的开发语言是 Python，采用 Apache 许可证发布该项目源代码。OpenStack 支持多种不同的 Hypervisor（如 QEMU/KVM、Xen、VMware、Hyper-V、LXC 等），通过调用各个底层 Hypervisor 的 API 来实现对客户机的创建和关闭等操作，使用 libvirt API 来管理 QEMU/KVM 和 LXC、使用 XenAPI 来管理 XenServer/XCP、使用 VMwareAPI 来管理 VMware 等。

OpenStack 是 IaaS（基础设施即服务）组件，让任何人都可以自行建立和提供云端运算服务。目前大部分商业云平台也都借鉴或参考了 OpenStack 的实现。OpenStack 架构如图 12.10 所示。

第 12 章 后勤领域军民兼容物联网安全防护

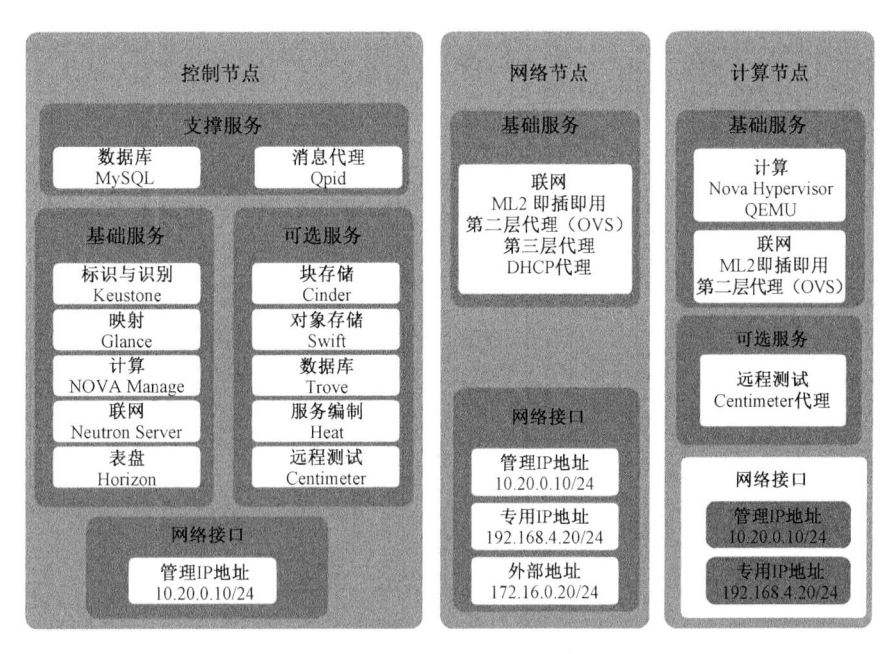

图 12.10 OpenStack 架构图

5. 与 OpenStack 对接

安全资源池与 OpenStack 的对接方案如图 12.11 所示。

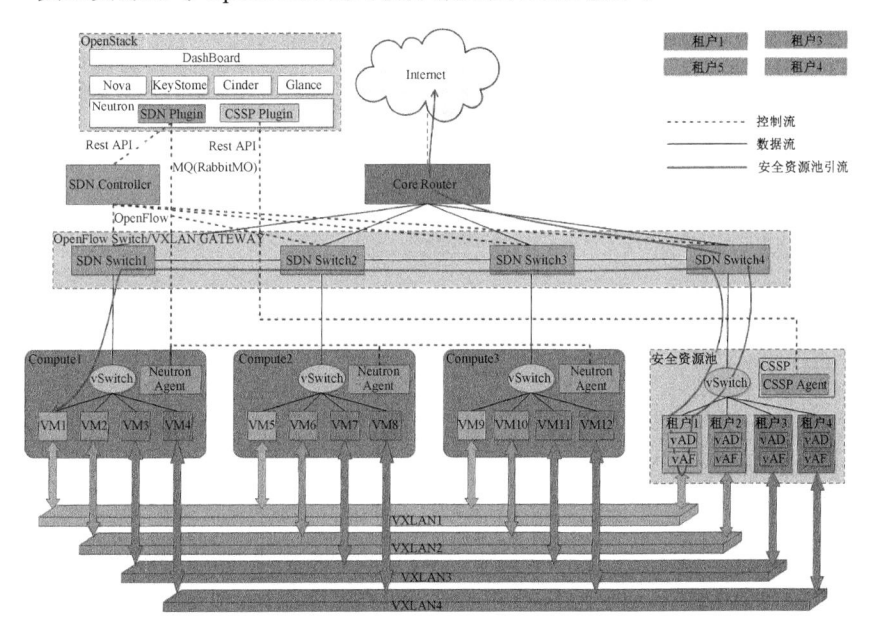

图 12.11 安全资源池与 OpenStack 的对接方案

图 12.11 为 OpenStack 支持典型网络拓扑代表。在实验环境，SDN 交换机为软件的 OVS，在生产环境可为硬件的 SDN 交换机。SDN 控制器则可以为 ODL、RYU、ONOS 等。

思路如下：

（1）安全资源池网络接入 OpenStack 的 SDN 网络中。

（2）将 Neutron CSSP Plugin 部署在 OpenStack 中，通过 CSSP 上的 CSSP Agent 部署与 CSSP Plugin 进行对接。

（3）在 Dashboard 中增加安全资源池策略配置相关的栏目，如 VPN 接入策略、WAF 策略、IPS 策略、负载策略、EPS 策略等。

（4）当租户通过 Dashboard 配置了安全资源池的策略后，CSSP Plugin 先通知 CSSP 生成对应的租户网络，创建对应的安全组件，然后通知 SDN Plugin 生成安全资源池引流的服务链流表规则下发到 SDN 交换机，完成对接。

6. REST API 接口

RESTful 架构是目前最流行的一种互联网软件架构，其结构清晰、符合标准、易于理解、扩展方便，因而得到广泛的应用。云安全资源池同样大量采用了这种架构，从而实现良好的对内对外的标准通信处理。

12.5 军民兼容物联网典型应用场景

12.5.1 智能港口物流系统

1）应用背景

为了使民用港口在现有物流系统基础上满足军用货船的物流需求，需要进行改造以支持军事应用。

2）需求分析

智能港口物流系统综合使用无线传感器网络、RFID、移动通信及宽带通信等技术。集中建设智能闸口管理系统、散杂货码头营运管理系统、智能堆场通信及定位系统、电子车牌电子驾照系统、货物配送信息采集系统（包括 GIS 系统）等一整套港口物流信息化平台。在军地协同物联网智能港口物流系统中，可共享各种读写终端设备及网络设施，如手持终端和车载终端、RFID、条形码、NB-IOT 基站、4G、WiFi、监视器、边界安全网关等资源。

3）系统功能与技术指标

系统功能应使民用港口满足军用要求，具体包含以下几部分：

（1）支持军用货物标签。

（2）支持军用物联网终端的接入认证。

（3）支持军用物联网数据与军用物联网平台的数据交互。

（4）边缘安全网关支持 100 万的终端接入。

4）系统组成和系统工作原理

系统组成如图 12.12 所示，包含以下几部分：

（1）军用标签读写器。

（2）军用物联网网关。

（3）安全转发系统。

系统工作流程描述（以 NB-IOT 标签为例）过程如下：

（1）首次读取 NB-IOT 标签，获取物品信息。

（2）终端向军用物联网安全接入网关发起连接请求。

（3）军用物联网安全网关完成 NB-IOT 认证。

（4）认证通过后，安全网关将数据发送到军民兼用服务平台，服务平台将数据传送到军用管理平台。

（5）转入业务交易流程。

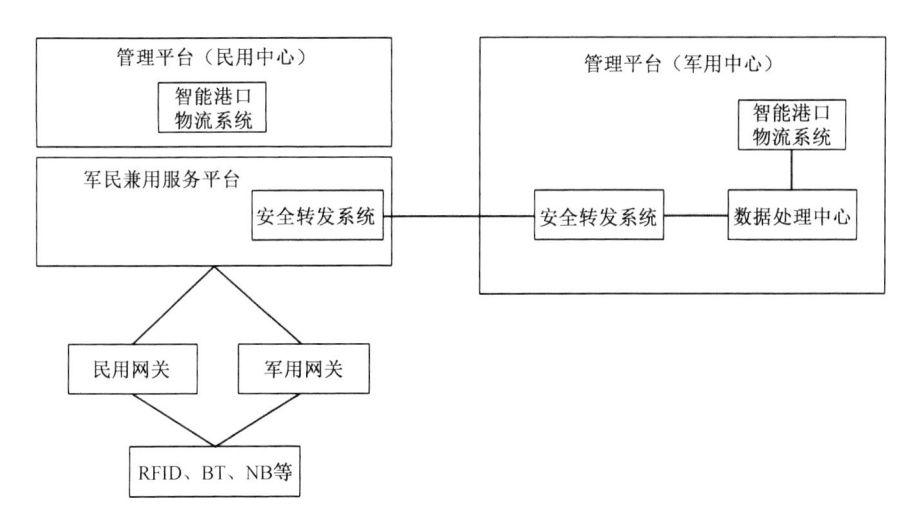

图 12.12 智能港口物流系统组成

12.5.2 智能仓储系统

1）应用背景

为了使新建智能仓储系统同时满足民用和军用物品的仓储需求，需要在物联网基础的设计阶段就充分考虑，并满足安全要求。

2）需求分析

智能仓储系统对仓库到货检验、入库、出库、调拨、移库移位、库存盘点等各个作业环节的数据进行自动化数据采集，并通过各种无线通道和手持终端及车载终端将采集数据实时上传至后台系统，保证仓库管理各个环节数据输入的速度和准确性，确保企业及时准确地掌握库存的真实数据，合理保持和控制企业库存。利用系统的库位管理功能，可以及时掌握所有库存物资当前所在位置，有利于提高仓库管理的工作效率。在军地协同智能仓储系统中，可共享各种读写终端设备及网络设施。

3）系统功能与技术指标

系统功能要求民用港口满足军用要求，具体包含以下几部分：

（1）支持民用和军用货物标签。

（2）同时支持民用和军用物联网终端的接入认证。

（3）支持军用物联网和民用物联网的隔离运行。

（4）物联网网关支持100万的终端接入。

（5）支持轻量级加密算法和认证算法。

4）系统组成和系统工作原理

智能仓储系统组成如图12.13所示，包含以下部分：

（1）标签读写器。

（2）边缘安全网关。

（3）安全转发系统。

（4）中心安全接入网关。

（5）物联网设备授权管理系统。

（6）物联网设备标识管理系统。

（7）物联网设备统一认证系统。

（8）物联网设备密钥管理系统。

军/民物联网终端设备密钥发放流程如下：

（1）物联网终端设备特征信息采集，并录入物联网设备标识管理系统。

（2）物联网终端设备在物联网设备授权管理系统中分配权限。

（3）物联网终端设备在物联网统一认证系统中建立设备账号。

（4）依据物联网终端设备相关数据，通过物联网设备密钥管理系统为物联网终端设备生成密钥或密钥请求。

（5）密钥或密钥请求根据规则下发到物联网终端设备。

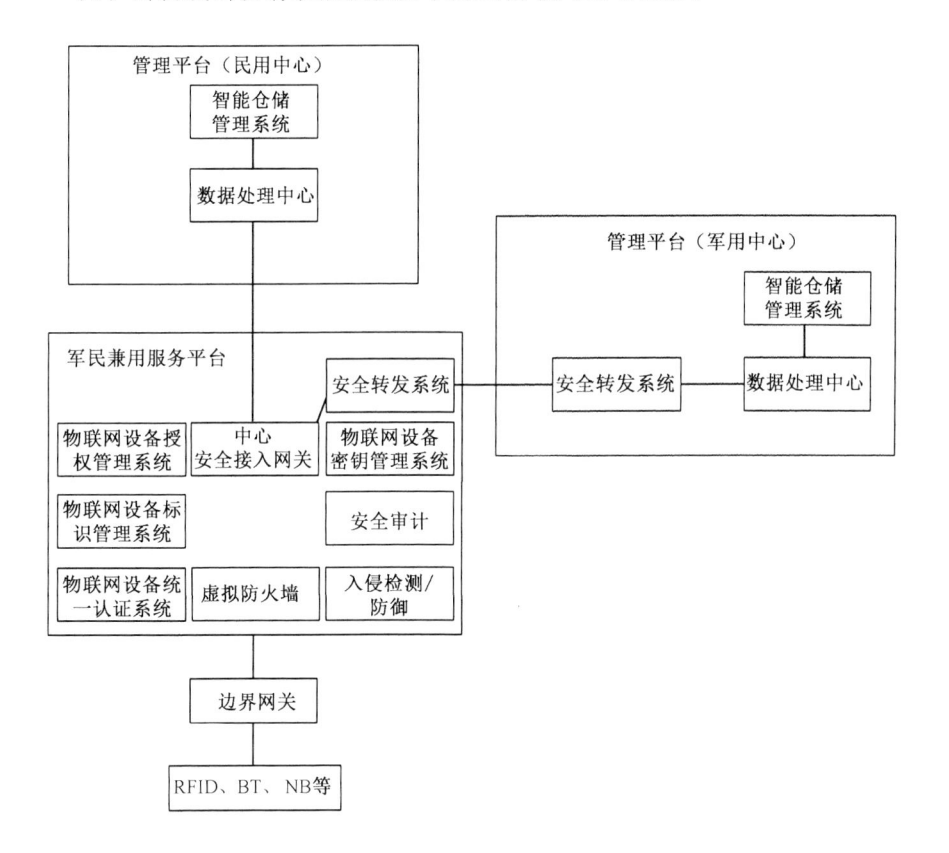

图 12.13　智能仓储系统组成

军用流程描述如下：

（1）军用扫码枪扫描 RFID 标签，获取物品信息。

（2）军用扫码枪向物联网安全接入网关发起连接请求。

（3）物联网安全接入网关根据军用扫码枪的特征值（标签）确认是民用还是军用扫码枪。

（4）相关认证信息提交到军用中心安全接入网关。

（5）军用中心安全网关将相关认证信息转发到物联网设备统一认证系统进行认证。

（6）认证通过后，将认证通过的数据下发到物联网安全接入网关，并建立安全传输通道。

（7）军用扫码枪与相关业务系统转入业务交易流程。

民用流程描述如下：

（1）民用扫码枪扫描 RFID 标签，获取物品信息。

（2）民用扫码枪向物联网安全接入网关发起连接请求。

（3）物联网安全接入网关根据军用扫码枪的特征值（标签）确认是民用还是军用扫码枪。

（4）相关认证信息提交到民用中心安全接入网关。

（5）民用中心安全网关将相关认证信息转发到物联网设备统一认证系统进行认证。

（6）认证通过后，将认证通过的数据下发到物联网安全接入网关，并建立安全传输通道。

（7）民用扫码枪与相关业务系统转入业务交易流程。

5）方案验证

为了确认系统到达设计指标，要进行以下验证：

（1）功能性验证。符合军民兼容要求，验证轻量级密码加密及认证算法。

（2）安全性验证。满足边界防护安全、通信安全、访问控制安全、数据隔离、安全审计等安全要求。

（3）性能验证。进行模拟测试，验证 100 万的终端接入能力。

本章小结

本章针对军民兼容物联网的安全需求，开展军民兼容物联网一体化安全防护体系研究，提出军民兼容物联网安全防护体系，对军民兼容物联网终端接入轻量级安全认证、边界访问控制、安全事件识别、安全监控审计等关键技术进行了详细描述，给出了军民兼容物联网安全防护在智能港口和智慧仓储两个典型应用场景。

第 13 章

智能后勤保障

迅猛发展的信息栅格、云计算、物联网、移动宽带、智慧地球、人工智能等，不仅昭示着一个新周期的开启，而且孕育着一场新的信息革命的风暴。人工智能时代的疾风骤雨将如期而至，它将深刻改变军事后勤领域的方方面面，可以想象，以信息技术发展为动因的世界新军事变革，将深刻改变传统的后勤保障形态和保障力生成模式，推动世界军事后勤由铁甲奔流的机械化向信息化、智能化疾进。

13.1 智能后勤保障的演变过程

信息技术的应用使军事领域的发展由技能时代逐渐过渡到信息时代。随着信息技术的迅速发展，信息化的后勤保障模式日渐成形。同时，随着物联网技术在军队后勤领域的不断深入运用，将对现有军事后勤系统格局产生巨大冲击，并触发新一轮军事后勤变革，使军队后勤建设和保障方式发生新的重大变化。军事后勤保障在以物联网技术为核心的科技群的作用和引导下，逐步进入智能时代的高级阶段，并最终形成更为稳定的、成熟的模式与形态。也可以说，物联网技术的发展过程为智能后勤保障的演变过程提供了清晰的脉络。

13.1.1 初级阶段：自动化形态

自动化形态是指在数字化的信息采集设备与信息处理设备广泛使用的基础上，通过建立覆盖整个保障区域的信息网络，并构建基于信息系统的指挥与保障平台，从而提高决策的科学性和速度，进而实现后勤自动化的指挥与控制过程。事实上，这是一种现行的信息化后勤保障的发展形态。与传统后勤保障能

力相比，高技术性是自动化形态下最为显著的特征。它改变了那种作业方式基本上是人抬肩扛，通信手段基本上是手工抄写、电话传递的原始落后的后勤保障形态。代之而来的是以信息技术为核心的高技术群的广泛运用，给后勤建设带来了巨大的推动，在后勤装备、后勤指挥、后勤管理等方面，都发生了前所未有的变化。从这种形态中，我们已经能够清晰地看出物联网的端倪，如以RFID技术应用为标志的仓储信息自动采集技术的使用与发展，IPv6传感器动态IP地址分配技术的不断发展完善等，正是由于物联网相关技术的不断成熟与进步，促使以数字化、网络化和基于信息系统平台为标志的自动化形态不断向更高层次的方向发展。

13.1.2 过渡阶段：可视化形态

可视化形态是指依托国家、国防信息基础设施，以信息技术与军事物流理论为支撑，实时、准确、透明地获取军事后勤保障资源、保障需求、保障状态等信息，并对保障活动进行控制的一体化综合信息形态。它具有实时、精确、透明、一体等特点，能够实现对保障行动的实时调控、全程自动跟踪、全程实时评估、全程动态显示，使指挥人员对整个保障态势始终了如指掌。与自动化形态相比，可视化形态下的后勤保障由静态走向动态，由分散走向集中，由粗略走向精益，这种形态亦是与物联网技术紧密结合的。一方面，作为物联网核心技术的射频技术能实现物流现场运作的可视化，准确、快速地传递数据，以合理、高效的方式即时选取并呈现数据，可以说可视化的实现依赖于射频技术的发展与应用；另一方面，随着物联网技术的不断成熟，尤其是泛在感知网络技术的发展与完善，它必将实现与现有后勤网络的完美融合，从而实现为保障过程中的采购、运输、仓储、配送环节提供无处不在的网络服务。而卫星定位技术（北斗卫星定位技术）与后勤保障信息网进行无缝连接是实现可视化形态的技术基础。因此，可视化与物联网是相辅相成、密不可分的。

13.1.3 高级阶段：智能化形态

随着"智慧地球"概念的提出，以及生物技术、纳米技术、人工智能等新兴技术的不断完善，可以想象的是，物联网将走向其最终的形态——智能化形态，与之相对应的是，基于物联网的后勤保障也最终走向"智能化保障形态"，这是一个全新而令人期待的阶段。这种形态下的后勤保障具有很强的自选择、自适应能力，在任务框架内自主执行保障任务，包括信息处理在内的大

量、烦琐、基础性、程序化的工作都将由智能保障系统完成，后勤人员从此可以真正从日常性、事务性、模式化的工作中解脱出来，获得智能发挥的自由。随着智能化保障形态的成熟，保障模式将逐渐从以智能主导但仍带有一定技能印记的智能时代初级阶段，过渡到彻底的智能运用阶段。我们不妨可以设想：在这种形态下，后勤保障人员将经过"智慧的物联网"处理过的各类信息结论，在智能助手（智能辅助决策系统）的帮助下，去伪存真，抽象出一般性结论。并根据战场环境，运用非线性、发散性思维等创造性思维方式，创新保障工具、保障方式，找出最恰当、最合适的方式，并形成计算机指令或者软件程序，下达给智能工具执行。具有一定人类智能的智能保障装备，将像人类一样按照指令要求或程序组功能设置，"一丝不苟""不折不扣"地去完成保障任务，而无须后勤人员的过多干涉。

13.2 智能后勤保障的特点

13.2.1 高智能性

诚然，作为智能化的后勤保障，它要求广泛应用物联网技术，力求使各种智能化的理念几乎渗透到保障的每一个角落，因此必然体现出高智能性的特点，如美军的"未来士兵系统""作战营养自给系统""力量提供者系统""全球作战保障信息系统""全资产可视系统"等。以"未来士兵系统"为例，其核心是由"传感器头盔"和"新型作战服"组成，其中传感器头盔负责控制瞄准和通信，并与指挥控制中心保持无线联系，新型作战服共分为三层：外层为防护层，可以防止单兵受战场环境伤害；中层为控制层，可以控制随身装置的动力系统以及提供与其他武器系统的接口；里层为生命监测层，负责监测士兵的身体状况，整套系统不仅具有导航、净水、防水防漏的功能，还可以自动调节制服内部的温度和湿度，大大减少了美军单兵更换衣服的需要。

13.2.2 整体性

信息化战争将越来越强调运用系统理论来指导战争，强调实施一体化作战，追求发挥系统整体作战效能。而对于其更高境界的基于物联网智能化后勤保障能力的生成机理，既不是保障要素、保障单元、保障力量的简单叠加，也不是以各种保障平台为中心突出保障装备的性能指标，而是以物联网为纽带，通过信息的主导作用，形成网络化的保障整体，最大限度地凝聚所有保障能

量,最大限度地消除计划因素对保障行动的影响,并根据保障需要做到精确、高效、协调、有序地释放。

比如,按照传统的区分,后勤战略、战役、战术保障力量的界限十分明确,在每一个层次中又区分若干具体的层次,各层次力量空间布局及保障任务也有着相应的区分,通常是由后往前逐级部署,形成多层次、多环节相互衔接的保障布局。基于物联网的后勤保障,战略、战役、战术原有的界限在一定程度上趋向模糊,出现了一个相互交叉、渗透的交融状态。例如,美军新的《作战纲要》指出,"战略、战役和战术各级别行动之间没有明确的界线,更确切地说,它们倾向于融合在一起"。又如,军民结合是我国军队战无不胜的一大法宝,也是后勤保障实现"保障有力"的宝贵经验,但在传统"军民结合"中,民间保障力量基本上处于一种自发的或者说"半组织"状态,它与军队保障力量有着明显的区分。但在未来的基于物联网的智能化保障中,后勤保障在利用民间保障力量时,必须更加依托物联网建设的大环境,必须打破军民界限,实现军民"融"合和一体化保障。

13.2.3 精确性

"战争迷雾是这样一种状态:一名指挥官或一名战士由于缺乏准确的情报或无法判断现有情报的准确性,往往不能了解真正的战场态势或不能选择恰当的行动方案"。"战争迷雾"反映在后勤保障上,一是"需求迷雾",即无法实时、准确地了解部队的后勤保障需求;二是"资源迷雾",即对于所掌握的后勤资源数量、种类及所处的位置等信息知之甚少,因而很难控制资源的流量和流向。在"战争迷雾"的笼罩下,传统后勤保障不得不采取"超量预储"式的物资储备办法,来保障作战行动的巨大消耗。这种保障模式强调的是"充分准备"和"以防万一",不仅规模庞大、浪费严重,而且反应速度慢、保障效率低。因此,传统的后勤保障能力是一种依靠"数量"和"规模"取胜的粗犷型的保障能力。

相比而言,基于物联网的智能化保障是一种依靠"质量"和"效益"取胜的精确保障能力。现代信息技术在实现战争形态信息化的同时,也正在驱散长期笼罩后勤保障上的"迷雾",基本上做到了两个"透明",即"需求透明"和"资源透明",在技术上为实时、适地和适量的后勤保障奠定了基础。另外,立体化、信息化的后勤保障手段也为精确保障的实现提供了保证。比如,目前美军提出并正在建立一个从工厂到散兵坑的陆军物资装备透明度全息控制系统，它的目标就是保证士兵手中需要什么就有什么，又能有效地实施库存管理，使紧缺的资源为作战提供高效率的保障。由此可见，精确性是基于物联网的智能化后勤保障的又一大显著特征。

13.2.4　全域性

与以往战争相比，智能时代作战往往会突然发起，战争时间将大大缩短，而物资消耗却大大增加。战争的快速性，要求一举突破敌防御体系，摧毁其战斗能力，速战速决，直接达到战争的政治军事目的。因此，"首战就是决战"是智能时代战争的显著特点。正因为如此，战争爆发之初，参战国必定是"举国相抗""与时间赛跑"，后勤保障必须具有"快速反应、快速动员、全域到达"的能力。比如，美军为了适应"全维作战""全域作战"的要求，强调后勤必须在作战行动涉及的全部空间范围内对部队实施保障，由此提出了"速度后勤"的保障理念。所谓速度后勤，突出强调的是提高后勤保障效率，其核心是以速度换取时间、以速度换取数量。这种新的后勤理念反映在后勤保障上，就是改革后勤保障能力建设模式，通过缩减规模和数量，建设精干、高效的速度型智能型后勤。同时，在后勤保障方式上，表现为减少保障环节、实现快速、直达保障，从而达到全域保障的目标和效果。

13.3　智能后勤保障的构想

在前面物联网技术后勤保障应用的基础上，我们将选取后勤保障专业的几个方面，从智能营房、智能卫勤、智能军服、智能食品供应链、智能军交以及智能后勤装备几个方面对智能化后勤保障提出构想。

13.3.1　智能营房

智能营房是以军用营房设施为平台，兼备建筑、网络通信、智能家电、设备自动化，集系统、结构、服务、管理为一体的高效、舒适、安全、便利、环保的军营居住环境，这种智能化营房还可以定义为一个过程或者一个系统，利用先进的计算机技术、网络通信技术、综合布线技术，把和官兵日常室内生活有关的各子系统有机结合在一起，通过统筹管理，让官兵的生活更加舒适、安全、高效。与普通的军用营房相比，智能营房不仅具有传统的居住功能，提供舒适、安全且宜人的生活空间，还由原来的被动静止结构转变为具有能动智慧的工具，提供全方位的信息交换功能，优化官兵生活方式，陶冶官兵情操，维护和提高广大官兵战斗力,甚至节约各种能源费用。

　　试想一下:在烈日炎炎的下午,在如火如荼的训练场上,战士们利用训练中的间歇时间,通过随身携带的遥控装置,只需一键式操作就能提前开启宿舍的空调和热水器。当夕阳西下,劳累了一天的战士们回到营房,通过指纹识别,系统会自动比对每个战士的个人信息,营房的安防系统自动解除室内警戒,廊灯缓缓点亮,空调、新风系统自动启动,背景音乐轻轻奏起,官兵享受舒适的淋浴缓解一天的训练疲劳。在室内,只需一个遥控器就能控制所有的电器。当夜幕降临之时,所有的窗帘都会在熄灯号吹响的那一刻自动关闭,入睡前,床头边地面板上,值班排长触动"晚安"模式,就可以控制室内所有需要关闭的灯光和电器设备,同时安防系统自动开启并处于警戒状态。

　　组成智能营房系统离不开营房自动化、营房网络、网络电器、智能家电这四大产品组合。营房自动化是指利用微处理电子技术集成或控制家中的电子电器产品或系统,如照明灯、计算机设备、保安系统、暖气及冷气系统、视讯及音响系统等。营房自动化系统主要是以一个中央微处理机接受来自相关电子电器产品(外界环境因素的变化,例如,太阳初升或西落等所造成的光线变化)的信息后,再以既定的程序发送适当的信息给其他电子电器产品。中央微处理机能够通过许多界面来控制家中的电器产品,这些界面可以是键盘,也可以是触摸式屏幕、按钮、计算机、电话机、遥控器等。使用者可发送信号至中央微处理机,或者接收来自中央微处理机的信号。营房自动化是智能营房的重要系统,它将是未来智能化营房的核心之一。

13.3.2　智能卫勤

　　未来的信息化战争,战场环境复杂激烈、瞬息万变,随着高科技和高智能化的新式武器系统的广泛使用,致伤更加复杂化,对医疗设备和救治技术要求愈高。虽然随着医疗技术的发展出现了个人紧急响应系统(PERS),以防遇到紧急情况可以一键呼救,但由于战场上会出现身体伤残、意识混乱,或远离呼救按钮等情况,致使许多人并没有使用一键呼救。因此,亟待出现智能化的远程监测和远程健康系统来改善战场上作战士兵的护理工作。

　　传感器技术在医疗界起着越来越重要的作用,它们所监测的不仅仅是设备,还可跟踪病人的生命体征、生活习惯和服药情况。设想一下:在战场上,当你佩戴着一块特制的手表,这是一种可提供多种传感器的远程健康监测系统,包括接触传感器、运动传感器等。但只靠传感器未必会告诉战场救护人员

某人需要帮助，所以监控系统将不同传感器获得的信息关联起来，同时自动分析数据，评估士兵是不是偏离了正常的状态模式，若有偏离，就表明可能有问题，然后它就会发出警报。除通过传感器监测战场上官兵的生存状态以外，系统还能传输远程健康信息，这些信息可能包括血压或体重、心率、体表温度等生命体征方面的数据，这些数据每天会被发送到战地医院的中央监测站，以实时观测战场上作战官兵的健康状况。

13.3.3　智能军服

新一代智能军服的问世，毫无疑问将打破传统的保障理念，智能军服不仅仅局限于以往的识别与防护功能，更是将隐身、防护、通信、净化、防疫、预警、救生甚至食用等功能聚合一体的"多功能数字化军服"。

设想一下：当你穿上一套"纳米"材料的智能军服，你会觉得它是多么的无与伦比：你带的头盔是由纳米粒子制成，备有微型计算机显示器、昼夜激光瞄准感应仪、化学及生物呼吸面罩等，在头盔的保护下，你不仅可以利用卫星通信系统与战友联络，还可以通过头盔前额部分的屏幕观察战场上的情况，从头盔上翻下的小型显示器通过热能和夜视传感器系统与武器系统相连接，同时提供一个态势图，使你能够清楚地掌握同伴以及敌人的位置，在战场上请求火力支援，就像发一个 E-mail 那样简单；你的军服中还嵌入生化感应仪和超佩感应仪，它能够辨别体表流血部位，并使该部位周边的军服膨胀收缩，起到止血带的作用。同时，你伤情的数据也会向战地医生的个人计算机系统发送，军医可以远程操控军服进行简单治疗；当你路过生化武器沾染地带时，你的面前将出现一个自动弹起的屏幕，它将释放出防御生化武器的解毒剂，生化武器对你来说再也不是可怕的梦魇了；无论是走在丛林、沙漠还是在山岩之中，你丝毫不用担心敌人会发现你，纳米技术将使你"隐身"，军装色彩的种类、色调、亮度，对光谱的反射性，以及各种色彩的面积分布比例都经过精确的计算，使"隐身衣"上的斑点形状、色调、亮度与背景一致。在可见光条件下，即使在活动时也难以被敌方目视发现；当你在沙漠或险恶环境下执行特殊任务时，军服还能够成为你的"大餐"，特殊的蛋白质、氨基酸和多种维生素合成的军服既能吃又能穿，保证你 6 天所需的营养和能量，虽然不是大餐，但足以维持身体所需，即使你面临最艰苦的条件，也能生存下来。

13.3.4 智能食品供应链

食品安全与官兵的战斗力息息相关，作为衣食住行的重要一环，食品安全就显得尤为重要。因此，发挥物联网在货物追踪、识别、查询、信息等方面的作用，推进物联网技术在农业养殖、收购、屠宰、加工、运输、销售等各个环节的应用，实现对食品生产过程关键信息的采集和管理，保障食品安全追溯，实现对问题食品的准确召回，具有重要的意义。

设想一下：如果有这样一种"电脑猪肉"，购买后可以凭小票查到是哪里养的猪，在哪儿屠宰的，在哪儿交易的，又是如何卖到你手中的。

猪肉要实施源头溯源，必须具备电子溯源芯片、读卡器、可以打印小票的电子秤、企业身份识别卡、销售小票和质量安全可追溯信息系统。在每一块生猪肉上绑上一个 RFID 标签，记录着生猪的各种信息，如产地、销地、身高、体重、部位等各种信息。合格的白条猪的信息记录在一张带有芯片的卡中，通过读卡器可以清楚显示出合格肉的种类和数量等信息，实现生猪来源追溯和生猪产品流向追溯。当猪肉进入超市或市场中，进行进货查验时，信息通过卡片的读写直接录入市场计算机系统。

13.3.5 智能军交

智能军交的出现，将带来军事交通领域管理的大变革时代。利用先进的物联网技术，将人—车—道路—计算机有机结合成一个完整的网络系统，实现信息的智能化收集整理与管理终端的智能化指挥控制。

智能军交可自动将军车驾驶员的操作信息和车辆的运行信息记录到芯片当中，形成实时的数据信息，供后台信息处理和一体化军交调度管理系统调用。再运用计算机和网络通信技术，通过军交子系统与一体化后勤保障指挥平台间的数据共享，实现科学管理、客观地处理和分析来自信息采集层的运输信息，产生各种车辆调度，并综合其他相关资料，提供出多种路线布置和车辆调度信息供后勤指挥员选择，以确定最佳的布设方案、最佳调度方案和最佳配车数，进而提高车辆运输决策依据的有效性。

对后勤指挥员来说，通过智能化的设备，他们就像长了一双"千里眼"，车辆行驶到什么位置，时速多少，是否超载、是否按照既定路线行驶，都可以适时地传送到计算机上。若车辆遇到交通事故等特殊情况还可以启动报警系统，将现场信息发送到相关部门，以便组织救援行动。

同时，还可以设定时速、载重等安全标准，车辆一旦超过标准，系统会自动发出警报，提醒驾驶员，有力地保证了行车安全。智慧军车还可方便地统计出车辆的运行距离，在什么地方加油，加了多少油，最大限度减少不必要的损耗；通过对在线车辆进行实时监控和调度，保证了车辆运行计划的有效实施。信息的及时反馈，保证了车辆的合理化运行、运力资源的最优配置。实现了业务流程重组、优化资源配置、建立合理的流程管理。将车辆的运行状态、位置信息和道路信息实时上传到后勤指挥中心，监控平台可以根据这些信息，规划出最佳行驶路径，从而减少了大量的人工统计工作，实现了军事和经济效益的最大化。

13.3.6 智能后勤装备

目前，虽然越来越多的普通技能的机器人走入军营，但这些机器人应用范围有限，机动能力、智能化程度不高，且仍需人遥控。真正意义上的军用机器人，机动速度更快、部署更加灵敏，高智能化水平使其具备独立作站的能力。因此，需要制造能在战场上使用的完全"智能"机器人还有很多技术问题亟待突破。而物联网是一种能将包括人在内的所有物品相互连接，并允许它们相互通信的网络概念。物联网不仅是物与人、物与物之间相连，还包括机器与机器之间的通信。物联网被誉为"武器装备的生命线"，随着信息技术的进一步发展，物联网与人工智能技术、纳米技术的结合应用，未来战场的作战形式将发生巨大变化。新一代网络协议，能够让每个物体拥有自己的"大脑"来运算和分析，纳米技术和小型化技术还可以使目标对象越来越小。在不远的将来，你不仅可以与身边的一切物体"交流"，而且物体与物体之间也可以"开口讲话"。在这些技术的支持下，具有一定信息获取和信息处理能力的全自主智能作战机器人将从科幻电影中步入现实，各种以物联网为基础的自动作战武器将成为战场主角。将会出现"车辆抢救机器人""战斗搬运机器人""自动加油机器人""医疗助手机器人"等，它们不仅能够在泥泞、污染等恶劣条件下执行运输、装卸、加油、抢救技术装备、抢救伤病人员等任务，同时具有智能决策、自我学习和机动侦察的能力，比人类士兵以更快的速度观察、思考、反应和行动，操作人员只需下达命令，不需要任何同步控制，机器人就可以完成任务并自行返回出发地。

13.4 智能后勤保障建设的思路与基本框架

13.4.1 建设内容

1. 保障信息采集环境建设

保障信息采集环境建设，主要是在对军用物资及保障装备进行集装单元化包装改造的基础上，在后勤保障的各环节应用电子标签和识别系统，形成物资自动识别和跟踪等非接触数据采集环境。在保障物资筹措及采购环节，组织生产企业使用电子标签对包装单元的名称、型号、编码、战技指标、包装规格、生产企业等属性进行标识。在仓储环节，使用识别技术对托盘单元物料的标识、批次、储存要求、寿命周期等属性进行标示，并建立识读系统，实时获取物资库存量、质量状态等仓储作业信息。在运输环节，可根据物资电子标签中的包装规格等属性数据组织运输，在库房、港口、码头、站台等固定标志物上安装识读装置，与卫星定位和通信技术相结合，实时获取物资动态信息。

2. 保障数据传输环境建设

后勤保障数据传输环境建设，主要依托国家和军队信息传输的固定和移动网络基础设施，统一构建保障信息中心，搭建军地融合、资源互补的数据传输体系。例如，在保障物资筹措及采购环节，统一建设军队物资采购门户，通过国家公共网络基础设施，健全物资产品编目等共享信息发布制度，提供供方动态回填服务和数据安全交流服务。在物资运输环节，通过国家与军队相关职能机构之间的互信通道，在保障信息中心，通过军队与地方相关托管机构之间的互信通道，在地方运力供需平台发布、接收运力供需信息，集中处理运力服务合同。在物资仓储环节，联通军队仓库作业网关，自动采集仓储作业数据；利用全军信息网络资源，联通全军物资仓库，自动传输仓储作业数据，形成军队虚拟仓库。在物资供应环节，统一配备单点业务处理系统和军队 CDMA 数据终端，通过国家移动数据传输基础设施，衔接供应保障末端，实现新增基础数据向上级业务数据中心请领、动态业务数据按流程本地产生、业务控制数据通过数据携带卡逐级分解等功能。

3. 保障信息资源环境建设

后勤保障信息资源环境建设，主要是依托军地网络资源，在主要网络节点

构建数据中心，按照国家职能部门、军队职能部门、军队保障实体 3 种类型进行采购、运输、仓储、供应等环节的相关信息功能部署，通过统一搭建基础组装平台，提供用户认证、权限管理、数据传输等公共服务，规定业务构件接口和数据访问规范，实行数据分级集中管理、按需订阅、有序分发、授控交流，形成军地数据共享的后勤保障各环节信息平台。例如，在军队物资采购主管部门，部署军队物资采购信息平台，形成采购环节的电子商务服务能力。在军交运输主管部门，部署物资联运供需信息，形成运输环节军地运力衔接服务能力。在军队物资供应管理部门，部署物资供应协同信息平台，提供仓库计划管理、仓库联动供应、库存结构优化等功能，形成供应环节军地物资联供协同能力。在军队物资仓储保障实体，部署物资联储配送信息平台，提供物资仓库能力管理、物资入库处理、物资调拨凭证管理、物资出库处理等功能；提供物资配送方案制订、配送力量调度、物资运输申请等功能；提供库存账务管理、储备质量报告等功能，形成仓储环节军地物资联储和联合配送保障能力。

4. 保障信息应用工程建设

后勤保障信息应用工程建设，主要是根据不同流体对象的本质属性，构造专业化的信息平台。在我国军队现行编制体制下，后勤保障体系所承载流转的物资不仅包括通用物资，还包括装备部门保障的武器装备及零配件、被装、给养、油料、药材等专业物资，以及通过国际贸易进口的军品物资等，从这些物资保障活动的对象属性来看，不同物资的需求资源分布规律和其物理化学属性不同，对之进行操作的设施设备和运输、保管要求都有不同，与之伴随的信息采集、处理手段和信息流向也有区别。因此，在专业性强的职能域内，采用"纵向一体化"的建设模式，面向装备、油料、被装、给养、药材等业务归口管理部门，以需求信息流为牵引对物资采购、仓储、运输、配送环节运用信息化手段，实施统一规划与控制，实现后勤保障相关要素的供需衔接，形成从市场到战场紧密衔接的保障链。

13.4.2 体系框架结构

对于复杂系统的建设，常采用分层设计的思想构建系统的体系结构，各层的功能、结构相对独立，公共部分与专用部分划分在不同层，有利于专用部分的灵活扩充和公共部分的相对稳定，也可减少结构上的重复。对于基于物联网的智能后勤保障复杂系统，一般将其划分为 3 个层次：一是感知层，即利用各

种传感器、RFID、二维条码等随时随地获取物体的信息；二是网络层，通过各种电信网络与互联网的融合，将物体的信息实时准确地传递出去；三是应用层，把感知层得到的信息进行处理，实现智能化识别、定位、跟踪、监控和管理等实际应用。而在实际应用中，根据实际需求和应用环境，每种应用又具有非常灵活的组织结构，如采用 RFID+互联网、传感器+互联网、有线网络连接、无线网络连接等不同网络结构的组合。因此，基于物联网架构，结合后勤保障信息平台建设的内容，可以构建包括 5 个层次、2 个体系的平台体系框架结构，其与物联网的层次对应关系如图 13.1 所示。

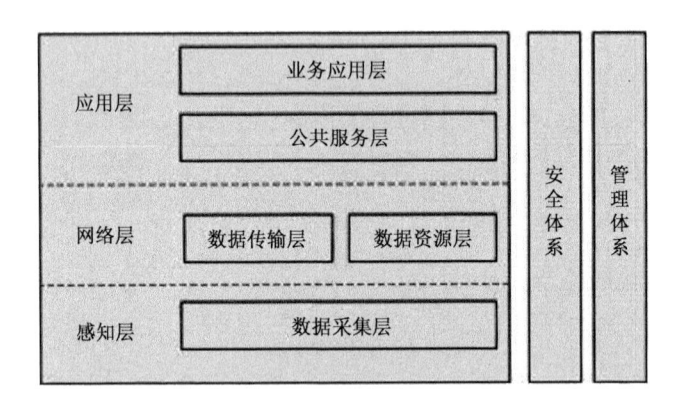

图 13.1　智能保障平台体系框架图

（1）数据采集层。主要是采集信息并将采集到的数据上传。该层中，把所有物品通过一维／二维条码、射频识别、传感器、红外感应器、视频监控、全球定位系统等信息传感装置自动采集到与物品相关的信息，并传送到上层网络。

（2）数据传输层。主要是支持用户通过各种信息传输网络来传递信息。该层通过互联网、移动通信网、军事综合信息网、军用通信卫星网和其他无线通信网、局域网等设施设备，将数据在整个信息平台中进行传递。

（3）数据资源层。主要是对平台中的数据资源进行管理和控制。该层通过在后勤保障节点建立数据中心，集中控制管理存储在网络各数据服务器中的保障信息资源，并支持实现对这些信息资源的按需部署、查询、分析、理解、传输、访问等控制管理功能。

（4）公共服务层。主要是提供后勤保障信息处理中公用的基础服务。该层服务主要包括目录服务、单点登录服务、消息服务、卫星通信服务、单位代码服务、物资代码服务、数据字典服务、数据提取及载入服务,并且按照确定的安全策略进行各种业务应用软件的调用。

(5)业务应用层。主要是对后勤保障进行业务特定功能的处理。该层由完成后勤保障决策智慧和业务管理所需要的具有特定功能的软件组成,由使用部门提出具体需求,形成业务规则和工作流,产生需求分析报告,按照技术规范研制开发。

(6)安全体系。主要是基于国家和军队有关法规和技术标准,规范后勤保障信息系统的安全建设与应用,包括抗电磁干扰和泄密、网络安全、数据加密、身份认证、服务授权等。

(7)管理体系。主要是依据国家、军队的有关法规,制定相应的标准、规范和制度,确保后勤保障信息平台建设各项标准、指标的实现和使用维护的有序进行,并为提高后勤保障能力服务。

13.5 智能后勤保障亟待解决的问题

13.5.1 军地协同问题

随着科技革命和新军事变革的加速发展,世界各国都越来越重视军队后勤保障与社会资源的融合,美国等发达国家都在逐步收紧后勤的规模,更加强调用民力来弥补军队后勤力量和资源的不足,并在最近几场局部战争中发挥出了作用。就我国军队而言,习近平总书记在党的十九大报告中指出"坚持富国和强军相统一,强化统一领导、顶层设计、改革创新和重大项目落实,深化国防科技工业改革,形成军地协同深度发展格局,构建一体化的国家战略体系和能力"这一重要思想,给后勤保障工作走军地协同式的发展指明了方向。物联网作为一种民用技术,可以为军地协同式发展提供重要支持,军队物联网建设只有纳入国家建设的统一轨道,以国家为依托,才能实现进一步的发展。例如,传感器作为最基本的采集工具,要求被大规模地铺设,同时大规模的使用也意味着需要大规模的生产,这必然要涉及相关民用设施及地方商业利益,如何协调这种关系,实现军民双方"共赢",将是摆在军队决策者面前的一个重要问题。因此,要适应未来物联网建设和军队信息化建设的双重需求,必须有计划、有步骤地进行相关建设。从当前来看,随着民用物联网技术的不断发展与应用,军队应当充分吸收民用成果,在军队范围内进行相关建设,并小范围地逐步与物联网对接,进行后勤保障的前期运行。在物联网技术逐步发展和完善

的过程中，要着力研究基于物联网模式的后勤保障举措，并投入实际应用。按照循序渐进、边研究边建设的思路进行探索，有效地将物联网和军队后勤保障结合起来并发挥效益。

13.5.2 信息安全问题

在物联网中，物联网的互联互通和智能管理是建立在系统与系统间、实体与实体间信息开放的基础上，这与军事后勤对信息的安全要求和保密特性相悖，如现行的安全机制对于只读标签中的数据信息无法进行很好的保密，对于可读可写标签，存在电子标签上的信息有被恶意更改的隐患。如果电子标签中的信息被窃取甚至恶意更改，将带来无法估量的损失。随着军地融合式发展向军民一体化迈进，二者之间的矛盾就更加突出，因此大量的数据及军队用户隐私如何得到保护，就成为亟待解决的问题。

为了解决安全保密对物联网应用的制约，在开发应用相关安全技术手段、制定安全保密法规和相关机制的基础上，建立专用信息通道、信息限制级别和访问权限，提高对透明信息的筛选，使双方最大限度地获得应占有的有用信息，实现军事后勤网络的互联互通和军队后勤的智能化管理。

13.5.3 综合集成问题

目前，与后勤业务相关的各级部门和部队用户都有用于业务管理的信息系统，条形码、射频识别已经在部分后勤仓库的业务管理中得到应用，军事后勤信息化建设初见成效。但由于建设时间不长，缺乏经验，忽略了系统顶层设计和统一规划，从而造成信息系统"烟囱"林立，数据标准差异较大，"信息孤岛"现象严重。这显然不能实现物联网对信息综合集成、互联共享的要求。

为了解决上述矛盾，在充分利用物联网技术升级改造原有系统的基础上，开发与各相关业务部门及部队信息系统和数据中心相互对接的接口，或者统一便于实现各业务系统间以及与数据中心数据交换的模块，同时建立配套的数据同步机制，实现各业务系统间相关数据的提取、交换和共享。这样既兼顾了各业务部门和部队原有系统的延续性，避免了因重复开发造成资源上的不必要浪费，又在满足需求的基础上降低了开发的难度，提高了开发针对性和效率。

13.5.4 人才建设问题

在加快转变智能保障生成模式的诸要素中，人是最活跃、最具决定性的因

素。随着物联网技术大量应用于军事领域，人的因素在战斗力生成中的作用不但没有降低，反而更加突出。未来智能化战场上，掌握新一代信息技术和高信息素养的人才将发挥越来越重要的作用。物联网式保障不仅需要精通物流配送业务的人才，而且需要掌握各军兵种知识的人才；不仅需要了解射频条码技术的人才，而且需要熟悉网络信息技术的人才。这就决定了人才培养不能局限于某一个领域，要向复合型人才培养模式转变。一方面，要发挥部队院校的主渠道作用，使学员掌握联合作战后勤保障的基本知识；另一方面，应委托地方院校或者物流公司和网络信息公司进行培养，学习先进的物流技术和信息技术。通过全面提高人才的信息化水平，为形成智能作战能力提供人才和智力支持。

本章小结

　　物联网技术的发展给智能化军事后勤保障提供了新的手段和方法。它孕育着军事变革深入发展的新契机，不但扩大了未来作战的时域、空域和频域，而且将应用于战争后勤准备、战争后勤保障实施的每一个环节，必将引发一场划时代的军事技术革命和作战方式变革。随着我国军队信息化建设的不断深入，军用网络建设已初具规模，后勤信息化也得到了迅速的发展，但不可否认，我国军队的后勤信息化建设还处于基础性研究和建设阶段，与实现物联网目标还存在一定的矛盾和差距。"坐观风云只能欣赏别人的精彩，瞻前顾后必将丧失发展的良机。"这要求我们始终以战争需求为主轴，随战争理念变化而变化，通过理论创新设计未来保障，借助战场淬火理论，牵引后勤保障不断实现自我更新与完善，走出了一条军事理论引领技术进步，推进后勤装备升级换代，进而改造编制体制的新路。

参考文献

[1] 顾金星，苏喜生，马石.物联网与军事后勤[M]. 北京：电子工业出版社，2012.

[2] 吴功宜. 智慧的物联网[M]. 北京：机械工业出版社，2010.

[3] 任连生. 基于信息系统的体系作战能力概论[M]. 北京：军事科学出版社，2010.

[4] 库桂生，黄成林. 军事后勤新变革[M]. 北京：解放军出版社，2004.

[5] 高凯，潘竞科. 信息化战争后勤[M]. 北京：国防大学出版社，2003.

[6] 周璞芬，王通信. 美国军事后勤革命[M]. 北京：解放军出版社，2007.

[7] 王东明. 军队后勤信息化建设[M]. 北京：海潮出版社，2007.

[8] 邹生. 物流信息化与物联网建设[M]. 北京：电子工业出版社，2010.

[9] 杨刚. 物联网理论与技术[M]. 北京：科学出版社，2010.

[10] 俞磊. 基于物联网技术的智慧医院架构及服务访问研究[D]. 合肥：合肥工业大学博士学位论文，2014.

[11] 赵萍. 基于物联网的军事物流智能化管理[J]. 物流技术与应用，2010年增刊.

[12] 刘兴. 物联网对军队后勤的影响[J]. 后勤指挥学院学报，2009（6）.

[13] 王丰，张剑芳. 军事仓储管理[M]. 北京：中国物资出版社，2005.

[14] 张铎. 物联网大趋势[M]. 北京：清华大学出版社，2010.

[15] 王丰，姜玉宏. 应急物流[M]. 北京：中国物资出版社，2007.

[16] 王丰. 军事物流学[M]. 北京：中国物资出版社，2004.

[17] 周林和. 积极推进我国军队物流体系建设[N]. 解放军报，2000-03-19.

[18] 王宗喜. 军事物流学[M]. 北京:清华大学出版社，2007.

[19] 吴功宜. 智慧的物联网[M]. 北京：机械工业出版社，2010.

[20] 王忠敏. EPC技术基础教程[M]. 北京：中国标准出版社，2004.

[21] 张铎. 物联网大趋势[M]. 北京：清华大学出版社，2009.

[22] 马秀让，王立明. 油库自动化与信息化管理[M]. 北京：石油工业出版社，2017.

[23] 苏喜生，贺德富. 战场物资主动配送模型与信息系统[M]. 北京：国防大学出版社，2016.

[24] 何明珂. 物流系统论[M]. 北京：中国审计出版社，2010.

[25] 贺德富，吴福斌. 军需信息技术应用[M]. 北京：解放军出版社，2007.

[26] 应晓书. 基于射频识别（RFID）技术在冷链物流中的应用研究[D]. 武汉：武汉理工大学硕士学位论文，2008.

[27] 郭靖. 物联网产业发展和建设策略[J]. 数字通信世界，2010（07）.

[28] 浦敏琦，江锡民，姜圣瑜."物联网"向"感知中国"中心起跑[N]. 新华日报，2009-08-20，第 A02 版.

[29] 李波，谢胜利，苏翔. 嵌入式 RFID 中间件系统的研究与实现[J]. 计算机工程，2008（15）.

[30] 时继庆，韩云君. 基于 RFID 的战时军事物流系统研究[J]. 论证与研究，2008（2）.

[31] 焦宗东. EPC 物联网中流通信息的研究[D]. 合肥：合肥工业大学硕士学位论文，2008.

[32] 李如年. 基于 RFID 技术的物联网研究[J] 中国电子科学研究院学报，2009（12）.

[33] 史梦龙，文德卿，乐汉华. 无线射频识别技术在军需保障中的应用研究[J]. 军需研究，2007（4）.

[34] 税爱社，方卫红. 油料储运自动化系统[M]. 北京：中国石化出版社，2008.

[35] 杨建. 野战油库油料调拨方案优化方法研究[D]. 长沙：国防科学技术大学硕士学位论文，2010.

[36] 刘云浩. 物联网导论[M]. 北京：科学出版社，2016.

[37] 田夹心，周良驰，朱昭，等. 基于物联网技术的石油输油泵远程测量与控制系统[J]. 价值工程，2017（17）：114-116.

[38] 杜文奇. 机场恒压加油系统研究与设计[D]. 哈尔滨：哈尔滨工程大学硕士学位论文，2016.

[39] 侯超. 一种新型五自由度混联机器人的动力学研究[J]. 舰船防化，2014（2）：36-41.

[40] Gustavo RG, Mario MO, Carlos DK. Early Infrastructrue of an Internet of Things in Spaces for Learning[C].Eighth IEEE International Conference on Advanced Leaning Techonologies,2008:381.

[41] International Telecomm Unication Union UIT.ITU Internet Reports 2005:The Intenet of Things[R].2005.

[42] Fagui Liu,Yuzhu Jie,Wei Hu.Distributed ALE in RFID Middleware,Wireless Communications,Networking and Mobile Computing[R]. WiCOM'08.4th International Conference on 12-14, Oct.2008.

[43] Sang-Do Lee,Myung-Ki Shin, Hyoung-Jun Kim. EPC Mechanism, Advanced Communication Technology[J],The Conference on Volume 2,12-14 Feb:24-26 vs.IPv6 mapping 9th International.

[44] Report of the Defense Science Board Task Force on Management Oversight in Acquisition Organization Office of the Under Secretary if Defense for Acquisition, Technology and Logistics Washington, D.C. March 2005, 226.

[45] Frederick S. Hillier. Introduction to Operations Research. NewYork:The McGraw-Hill Companies, Inc, 2006.

[46] Heinz Weihrich. Management: A Global and Entrepreneurial Perspective (Twelfth Edition). Tata McGraw-Hill Publishing Company Limited, 2008.

[47] H. C. Tsai, K. Chen, Y. Liu, J. P. Norair, S. Bellamy and J. Shuler. Applying RFID technology in nuclear materials management[J]. Packaging, Transport, Storage & Security of Radioactive Material, 2008, 19(1): 41-46.

[48] Filipe, Carlos Almeida. RFID based Monitoring and Access Control System[C]. INForum 2009.

[49] XERAFY.com. White paper. Military Usage of Passive RFID[R]. 2005.http://xerafy.com/sites/default/files/resources-files/Military%20Usage%20of%20RFID%20Whitepaper.pdf.

[50] Katalin Emese Bite. Staff access control at airports[R]. 2010.http://www.pp.bme.hu/tr/2010_1/pdf/tr2010_1_02.pdf.

[51] USMC Passive Radio Frequency Identification Project. USMC Blount Island Command Passive RFID Report[R]. 2009.http://www.omni-id. com/pdfs/US-Marines_Passive_RFID_Report.pdf.

[52] Robert Wing. RFID Application In Construction and Facilities Management. ITcon[J], 2006, 11 711-721.

[53] Technology Roadmap for Intelligent Buildings[R]. 2002. http://canmetenergy-canmetenergie.nrcan-rncan.gc.ca/fichier/79207/intelligent_building-batiments_intelligent_eng.pdf.

[54] ICT for a Low Carbon Economy: Smart Buildings[R]. 2009.http://ec.europa.eu/information_society/activities/sustainable_growth/docs/sb_publications/smartbuildings-ld.pdf.

[55] Waldo O Smeby. Property Management Guide: A Guide to Implementing a Property Management System in an Organization[R]. 2005. http:// www.idplate.com/files/pdf/revision05_web.pdf.

[56] Phillip Robinson. Smart Home: RFID Access Control and Automated Lighting System[R].2008.

[57] Chien-Ho Ko, Jiun-De Kuo. Enhancing Building Maintenance Using RFID Technology[C]. EPPM2010, 2010.

[58] James M Ganz. Classified Document Control[R]. http://www.humanservices.gov.au/spw/corporate/freedom-of-information/resources/disclosure-log/2011_401309_v1-3.pdf, 2010.

[59] XERAFY.com. RFID Implementation in the Oil & Gas Industry[R]. www.rfiq.co.za/pdfs/Oil-and-Gas-Best-Practices.pdf, 2010.

[60] motorola.com. INDUSTRY BRIEF: RFID Solutions in the Oil & Gas Industry[R].www.motorola.com/.../RFID_Solutions_in_the_Oil__Gas_Industry.pdf, 2008.

[61] Wipro Technologies. Blending Oil With RFID[R].www. oilit.com/ papers/ wipro.pdf, 2005.

[62] Duos Technologies, Inc, CHARLES GOSLIN. White Paper International Petroleum Industry Security Systems[R]. .www. duostechnologies.com/.../WP-International PetroleumIndustry.pdf, 2008.

[63] Dr. Gary M Gaukler,Adithya Hemmige,Daniel Merchan.White Paper: RFID Solutions for the Upstream Oil & Gas Supply Chain[R]. 2009.

反侵权盗版声明

电子工业出版社依法对本作品享有专有出版权。任何未经权利人书面许可，复制、销售或通过信息网络传播本作品的行为；歪曲、篡改、剽窃本作品的行为，均违反《中华人民共和国著作权法》，其行为人应承担相应的民事责任和行政责任，构成犯罪的，将被依法追究刑事责任。

为了维护市场秩序，保护权利人的合法权益，我社将依法查处和打击侵权盗版的单位和个人。欢迎社会各界人士积极举报侵权盗版行为，本社将奖励举报有功人员，并保证举报人的信息不被泄露。

举报电话：（010）88254396；（010）88258888
传　　真：（010）88254397
E-mail：　dbqq@phei.com.cn
通信地址：北京市万寿路173信箱
　　　　　电子工业出版社总编办公室
邮　　编：100036